UNA VITA DA CAPITANO

红 狼 队 长 生 涯

TOTTI
10

在梵蒂冈内尔维大厅，教皇保禄二世抚摸依偎在妈妈怀里的我（6 岁）。

小时候前往罗卡拉索雪山时的留影。

在家门口不远的维图罗尼亚大街骑自行车。

与父母和哥哥里卡多在圣托斯特凡诺港度假。

在托法亚尼卡一次夏季联赛上，身着 4 号球衣。

在特拉斯提弗列区圣玛利亚俱乐部与队友们合影。

罗迪贾尼俱乐部时期的一次右脚长传。

我早期获得的个人荣誉之一——在菲乌米奇诺切托雷利联赛中赢得最佳球员称号。

1989 年，我在蒙特萨克罗鲁杰里球场迎来第一场德比。我身后是拉齐奥队长亚历桑德罗 · 内斯塔，我一生的朋友和对手。

在高中教室里（我穿着外套是因为暖气片坏了）。

1998 年 6 月，在切奇尼奥拉基地服兵役期间。

1990 年圣诞节。“弗朗切斯科 · 托蒂，对吗？很棒，你很棒。罗马将会需要你。”我的第一任俱乐部主席迪诺 · 维奥拉对我说。

玩纸牌是我永远的爱好：1994 年，在拉瓦罗内进行职业生涯第一次夏季集训期间，我与弗朗切斯科 · 莫雷罗一起玩牌。

我的导师卡尔洛 · 马佐尼。

兹德涅克 · 泽曼执教期间，我成为队长，并有了罗马队“球星”的称号。

庆祝赢得意甲冠军的场景：罗马对阵帕尔马比赛后，与队友们和卡佩罗在更衣室。

与弗朗哥·森西和温琴佐·蒙特拉一起在马西莫竞技场，我们面前是上百万球迷。

2001 年赢得超级杯，与泽比纳、巴蒂斯图塔和阿松桑共同庆祝。

2007 年在圣西罗战胜国际米兰后捧得意大利杯。

几个月后，我们重返圣西罗，并赢得超级杯。

2008年，在连续第二年赢得意大利杯后，
我与罗塞拉·森西共同举起奖杯。

在罗马对阵恩波利比赛中受伤，被迫居家休养。

与主帅马尔切洛 · 里皮沟通。

在对阵澳大利亚比赛中打入点球。

柏林之夜。

2002 年 3 月 10 日，在 5 比 1 大胜拉齐奥的比赛中，我进球后跑向马里奥山看台区，展示球衣下献给伊拉莉那件著名的 T 恤，那是她第一次来看我的德比。那一天，是一个改变我一生的故事的开始。

我和伊拉莉的惬意时光。

婚礼现场，在卡比托利欧广场阿拉科埃利圣母玛利亚教堂台阶上。

婚礼招待会上，我站在一生的挚友安杰洛和詹卡洛中间合影。

维托·斯卡拉，我永远的、无可替代的左膀右臂。他在一次体能训练间隙帮我放松肌肉。

达尼埃莱，我的兄弟，我把队长袖标传给了他。

中场与吉吉在一起。我们是意甲赛场上永远的对手；从 U17 青年队到 2016 年柏林，他是我国家队队友。

安东尼奥 · 卡萨诺，与我并肩作战的最强队友。

我与克劳迪奥·拉涅利。

我和路易斯·恩里克。

我和鲁迪·加西亚。

卢西亚诺 · 斯帕莱蒂第一次执教罗马时期。

我的最后一个赛季，与斯帕莱蒂在一起。

在对阵曼城比赛中，我打入一个进球，这让我成为冠军杯历史上进球年龄最大的球员。几周后，在与莫斯科中央陆军对阵中，我再次将此纪录提升到 38 岁零 59 天。

2007 年 6 月，荣膺欧洲最佳射手后，我与儿子克里斯蒂安和森西主席在欧洲金靴奖庆典上。

来自德比的激动时刻：我的最后一个进球将意甲德比战最佳射手的进球纪录定格在 11 个。

在南看台下自拍，兴奋的情绪达到顶点。

2017 年 5 月 28 日，身为职业球员最后一个星期日。早上，我与伊拉莉一起再次查看几小时后将在奥林匹克球场向大家宣读的告别信。

离家前往特里戈利亚与队伍会合前，伊莎贝尔递给我球鞋。

向南看台告别致意。

更衣室里，维托递给我最后一件红黄战袍。

SERIE A
TIM
ROMA
1927

Stadio

我和我的球场。

拥抱妻子和孩子们。

我的球迷们。

告别之战的比赛用球。

第一次作为球队管理层在奥林匹克球场亮相，我甚至打起了领带。球迷们在大屏幕上看到我之后发出欢呼声，我站起来向大家致意。

担任队长意味着什么？意味着我应该承担起责任、成为团队核心、帮助队友、为自己的战袍和球迷竭尽全力、享受胜利的喜悦、直面失败的苦涩。

我还应该抽出时间找到训练机会，与队里青少年球员玩耍，给他们传授些什么。这才是正确的足球之道，这应该有利于罗马。

Barilla
Barilla
INA Assitalia
INA
DIADORA INA
DIADORA INA Assitalia
DIADORA INA Assitalia
Kappa INA
Kappa INA Assitalia
Kappa mazda
DIADORA mazda
DIADORA mazda
DIADORA
DIADORA
Kappa WIND
Kappa WIND
Kappa WIND
Kappa WIND
Kappa WIND
Kappa WIND
ROMA Cares

狼王托蒂自传

UN CAPITANO

[意]弗朗切斯科·托蒂 ◎著
[意]保罗·孔多

陈坚
朱晓雨 ◎译

金城出版社
GOLD WALL PRESS
中国·北京

图书在版编目（CIP）数据

狼王：托蒂自传 / （意）弗朗切斯科 · 托蒂，（意）保罗 · 孔多著；陈坚，朱晓雨译.
—北京：金城出版社有限公司，2023.1
ISBN 978-7-5155-2341-5

Ⅰ. ①狼… Ⅱ. ①弗… ②保… ③陈… ④朱… Ⅲ. ①托蒂－自传 Ⅳ. ①K835.465.47

中国版本图书馆CIP数据核字（2022）第040340号

狼王：托蒂自传
LANGWANG: TUODI ZIZHUAN

作　　者	[意] 弗朗切斯科 · 托蒂　[意] 保罗 · 孔多
译　　者	陈　坚　朱晓雨
责任编辑	李明辉
责任校对	王思硕
责任印制	李仕杰
开　　本	710毫米×1000毫米　1/16
印　　张	25
插　　页	32
字　　数	300千字
版　　次	2023年1月第1版
印　　次	2023年1月第1次印刷
印　　刷	天津旭丰源印刷有限公司
书　　号	ISBN 978-7-5155-2341-5
定　　价	79.80元

出版发行	**金城出版社有限公司** 北京市朝阳区利泽东二路3号　邮编：100102
发 行 部	（010）84254364
编 辑 部	（010）64391966
总 编 室	（010）64228516
网　　址	http://www.jccb.com.cn
电子邮箱	jinchengchuban@163.com
法律顾问	北京市安理律师事务所　18911105819

献给伊拉莉、菲奥蕾拉、夏奈尔和伊莎贝尔，我的女人们。

献给恩佐、里卡多和克里斯蒂安，我的小伙子们。

目录

导读

坐在第二排的小伙子非常躁动。我觉得他应该没有听监狱长的致辞，他甚至现在也并没有在听我的发言。虽然我说的并不是什么让人毕生难忘的内容，但不管怎么样，我之前也是为此做了准备的。怎么回事？他在椅子上坐立不安，让人感觉到他最期待的时刻还没有到来。一定是合影。在莱比比亚监狱大礼堂一个角落里已经做好了常规布置：五人制足球联赛颁奖仪式结束后，我将在那里与所有想跟我拍照的人一起合影。这正是他等待的时刻。

“我第一个，嘿！”他脸上堆满极为兴奋和喜悦的笑容说道。这让我感到好奇。我第一个做什么？直到发言结束，我的目光仍注视着他：他仍然坐在椅子上焦躁不安。他应该有20岁，最多不超过22岁，穿着打扮比其他服刑人员要好一些。

“我第一个合影。”他再次说道。这一次他面向我双手竖起大拇指，好像在向我传递信息，让我明白他为什么要这么做。

颁发奖牌，然后跟所有人一一握手。他们的目光跟一般球迷们没什么不同，却是更加炽热。这不是我第一次来到莱比比亚监狱，我也访问过天后监狱——每一次都是令人感动的体验，因为在外面你无法想象监狱究竟是什么样子。

“我来了，我来了，我第一个。”

所有人都涌向拍照的地方，警卫友善而坚决地控制着朝我扑面而来的人流。但在此之前，我的“朋友”已经一个箭步冲了上来。我觉得有点好奇：第一个拍还是第十个拍，或者第一百个拍，对他来说有什么不一样呢？我会跟所有人合影，直到最后一个，这一点我早就跟大家说过。但是这个小伙子还是比其他人来得更快，在队伍中坚定却并不鲁莽地穿插。令人欣慰的是，排队的人也并未加以阻拦。他的体格并不让人觉得望而生畏，反而是又瘦又小。其他人对他的态度戏谑中却不乏敬意，他还在上蹿下跳，就像一个正在研究对手的拳击运动员。

他喊道：“我来了，轮到我了”。这时候我们相隔只有3米左右的距离，但是在我们中间应该还有其他两位犯人。他带着一丝不屑的微笑看着他们，而后者也腾出位置让他通过。但是，他是谁？难道是一位大佬？大佬怎么会如此年轻？

我佯装怒意地叫他过来：“你够了，快点过来，别闹了。”他一下就窜到我的身边，我把一只手搭到他的肩膀上，而他则顺势搂住了我的腰。1、2、3……快门按动了。他竖着大拇指，脸上洋溢着满足和骄傲。他的眼光里闪烁着那种从心底里喜欢我的球迷们会带有的光芒，而他的快乐也是如此富有感染力，所有人看到他都会笑出声。正当他要走的时候，我拽住他。我太好奇了，我想知道，他为什么一定要第一个合影？

“队长，我一周前就应该出狱，刑期结束了，有减刑。但是我知道你要来，我对自己说：‘以后何年何月我才可能再有机会跟队长摆拍一张合影？永远没机会，哪怕过上百年。’所以我提出要求，跟监狱长见面，求他让我待到今天。但是按规定这是不行的。所以我跟监狱长开玩笑说：‘您看，要是您让我现在就出狱，我会整点乱子再被抓进来，这对我俩可都不好。’他当然懂了。但是我想出去，我的女朋友已经苦苦等待3年了……”

希望那个女孩也有耐心再多等一周，特别是如果这个家伙告诉她，他有多能耐。免费多坐7天牢，仅仅是为了与我拍一张合影。

我知道，这个故事让人不禁莞尔：当他出狱后跟朋友们共进晚餐时，他的朋友们一定会惊得目瞪口呆，然后认定他编造了一个关于我的故事，最后为此乐上一阵。但是，我跟他们告别后回到自己家里，睡觉之前我还在反复地回想这件事。我应该怎么做才能对得起这种对我如此疯狂、绝对和夸张的喜爱？我从来没有问过他们，而且我这么说也不是为了逃避这种喜爱背后我应该承担的责任。我不会逃避责任，不会。我没有问过，只是因为我怯懦的性格。

是的，我今天说出来了。我知道，我在场上看起来并不怯懦。但是你们只要把球场设想成丛林就会明白，如果你的牙齿不能迅速地变得锋利，你就没有机会。在足球场上，最重要的首先是生存。而现在我跟你们谈及的是内心最深处的弗朗切斯科·托蒂，那个小时候独自在家的小男孩——妈妈出去买东西时，会让他自己在家里待上半小时。他因为害怕而蜷缩在被子里，为了不让自己听到想象出来的、从另外某间屋子里发出的怪声，他会把电视机的音量调得很大，让电视剧《加州公路巡警》（*Chips*）里骑着摩托的两名警察——他童年最早的朋友——陪伴他。我从小就性格怯懦，一直到现在也是。在我面对人们对我毫无保留的激情时，我会感到局促，甚至有些沉重。一直到现在还是如此。我与球队一起走进球场、机场或酒店，所有人都会朝我蜂拥而来。每当在那种时刻，我都想找个地洞钻进去。我已经不再踢球了，现在的主角是他们。请你们去追随他们，就像二十五年如一日待我一般把爱献给他们吧。请你们去支持达尼埃莱（德罗西）吧，他才是现在的罗马队长。我怎么能这样？我努力地安慰自己，这样做能够减少球员们的压力，我应该尽量让他们安心地为比赛积蓄能量。

但是我很抱歉，我真的很抱歉。

事实上从第一天开始，情况就总是如此。我是罗马人，也是罗马队员，人们视我如家人，也许所有的球迷们都希望邀请我参加他们孩子们的圣礼。是的，这可能就是我跟其他人最大的区别：一个出色的足球运动员、一个俱乐部的最佳球员，一般都会是一个偶像、一个楷模、一位球迷房间里海报上的主角。这些都令人感到无比亲切，但与被视为一位家人不可相提并论。更重要的是，我甚至还被人们当作儿子和兄弟。这多么美好！但是也让我倍感压力。偶像光环终会褪去，墙上的海报也有一天会被撕掉。但是儿子和兄弟永远不会背叛家人，至少没有人认为他会这么做。很多人都对我怀有这样的特殊情感，让我成为他们心目中罗马精神的代表。也就是说，这是另外一种伟大的荣誉，而我甚至从未要求如此。

有一次，在《绝美之城》（*La grande bellezza*）赢得奥斯卡（最佳外语片）奖项之后，我决定去看一下这部欣赏起来稍感沉重的电影。在电影开始60秒，或者还差一点的时候，我看到了我自己。这不是开玩笑。所有人都没有注意到，或者至少没有任何人告诉过我他注意到了，但是我一眼就看出来了。影片刚开始的场景是在贾尼科洛山拍摄的，就在加里波第雕像旁边。而电影中出现的第一段文字就是“无罗马，毋宁死”。随后，镜头转移到花园里，在一排爱国志士的半身雕像中捕捉到几个陌生的面孔，并停留在一位女士身上。她并不年轻，但妆容精致，双唇之间叼着一根向下垂落的香烟。她正在阅读一份拿在手里的《米兰体育报》（*Gazzetta dello Sport*）。没错，报纸的新闻标题正是影片里出现的第二段文字：“托蒂告急。”我心里一惊。标题下面有一张我痛苦地倒在地上的照片，我想这篇文章的主题应该是关于我的伤病，而“告急”应该是关系到我能否参加下一场比赛。这只是我的猜测。但是，全世界的人都热爱罗马，并且看过这部影片，而在它的一开始就出现了我的名字。

罗马就像妈妈，这是我们所有人的共识。成为她最宠爱的儿子是一件非常美妙的事，尽管有时候这也会让人害怕。所以在这里我再次提出那个问题：我应该怎么做才能对得起这种对我如此疯狂、绝对和夸张的厚爱？

1

命中注定

表哥安杰洛做出不耐烦的举动。他低声嘟哝着“你快点，快走”，脸上却是一副在大吼的表情。而我却不知所措，浑身鸡皮疙瘩。因为害羞，我恨不得钻进地洞里。

高音喇叭里刚刚喊到我的名字，我获得了联赛最佳射手。那是一个美妙的夏夜，整个佛蒂图多俱乐部球场2000多名球迷都在鼓掌喝彩，而我当时才只有6岁。

“弗朗切斯科·托蒂。”经理停了一会儿说道，“他去哪儿了，弗朗切斯科？”

安杰洛在我面前拍着手掌，好像在跟我说：“喂，醒醒，轮到你了。”我对他做了一个难看的表情，额前出现了抬头纹。他是我童年的密友，舅舅的儿子，这些对他来说很简单：他总是脸皮很厚，特别是对大人，但这并不仅仅因为他比我大10个月。

“弗朗切斯科！”经理终于看到我，并高声喊起我的名字。他挥舞着大手冲我喊道：“过来，过来。”好像所有人对我说话都会把每一个词重复两遍，似乎我的理解能力有问题。事实上，我只是怯懦，非常怯懦。我给自己打气，做了一个深呼吸之后，爬着台阶走上观众席的最高处，也就是举行颁奖仪式的地方。

我在佛蒂图多俱乐部踢了差不多一年。俱乐部就在我家楼下，位于整个居民区中心。所有住在梅特罗尼亚门街区踢球的孩子们都在这里注册，因此每年夏天都会举办一场联赛。有12支队伍参赛，每队8名球员，我们所在的博塔佛戈队在决赛中战胜了弗拉门戈队。我们的队长另有其人，因此今晚我很平静地来到这里，认为到时候去领奖杯的应该是队长。但是，我不知道还有个人奖项的颁发环节。经理把奖牌发给我，我知道爸爸妈妈应该在球场的某个地方，但是我看不到他们。跟我同在队伍里的安杰洛则冲我高兴地笑着，因为他以为我战胜了怯懦。其实没有。我仍然想着钻到地缝里，当2000多双眼睛都看着你，你不可能无动于衷。我的思绪很乱，觉得应该有礼貌地致谢，但是在话筒前讲话对我来说连想都不敢想。我的眼神直勾勾地盯着地面，一感到领队的手跟我握手的力度有所减弱，我就开溜了，只希望人们能够把注意力集中到下一个奖项的颁奖。我飞快地走下台阶，重新回到球场，回到队友臂膀的庇护之下。有人想要看我的奖牌，而我静静地站在队伍中央，完美地把自己隐藏起来。

随着一声哨响，高音喇叭再次响起。经理的声音平淡无奇，好像他并不明白他将要宣布的消息意味着什么："联赛最佳球员，弗朗切斯科·托蒂。"噢，不。

我性格怯懦，这是肯定的。我沉默寡言，这一点更突出。我比较难以正确地进行表达。一直到5岁左右，说话还是比较费劲，以至于妈妈要定期带我去见语言治疗师，以确定我的喉咙是不是有问题。在做了各种测试以后，治疗师让我妈妈放心："您不用担心，弗朗切斯科只是需要'起步'。您把他想象成一辆拉着手刹的汽车，没错，您要做的就是放下手刹。"他说得没错。就像所有小孩，一旦"起步"，我再也没有被这个问题困扰过。

现在回想起来，我不愿意表达自己，可能是受悲情的影响。外公科斯坦特在一条腿截肢后，来到家里跟我们一起生活，他的状况不太好。他一辈子都在从事冷库维护工作，这种不断在冷热环境的切换显然是他患坏疽的主因。我俩当时住在一个房间里。每天晚上我总是假装睡着了，然后注视着妈妈费力地替外公取下假肢并放在暖气片旁边。这样的场景给我留下的印象越来越深刻。在我看来，妈妈是在卸下外公的一条腿，这让我不寒而栗。有一天晚上，等外公发出呼噜声之后，我从床上爬起并悄悄地去触摸假肢，这才发现它是木头做的。我冒着吵醒外公的风险飞快地跑回床上，把头埋在枕头下。再往后，等我开始上学之后，外公的病情加重了。妈妈请求邻居斯基布阿女士，希望能让我到她家里住上一段时间。爸爸准备了一张沙发床，放到她的家里。我开始跟斯基布阿女士的女儿弗拉维娅和罗伯塔一起上学，我乐在其中。外公去世后，妈妈在清理他的遗物时，给我看了他的罗马俱乐部终身会员证。这是一件让外公非常自豪的事。

我不得不经常独自在家，而我也确实有点像胆小鬼。通常，上午爸爸去银行上班，大我6岁的哥哥里卡多去学校上学，而妈妈则要出去购买家用。她会在对我各种叮咛嘱咐之后出门，而我还没起床。两分钟后我听到关门和她走下楼梯的声音，恐惧随之而来。我感到其他房间里有奇怪的声音，吱吱嘎嘎的，好像有什么东西在摩擦地面，声音很低沉，像金属般的声响。于是我在被子里缩成一团，假装自己已经死去。我觉得家里应该进了贼，当他来到我房间时看到一个死去的小男孩，他一定会感到惊奇和难过，然后就会离开。我的战略似乎有些凄惨，但是奏效了。因为一直没有人进我的房间，或者至少没有人掀开我的被子。更有甚者，有一次我确信已经安全，于是打开电视——爸爸买了家里的第二台电视机，比我们放在客厅里的要小一些，并把它放在我的房间。这真是个大礼物。我搜到最喜欢的电视剧《加州公路巡警》，把音量调到最大，这样就听不到那些令人不安的怪声了。过了一会儿，妈妈气喘吁吁地冲进我的房间，而我甚至都没听到她进来。她立刻把声音调低，冲我喊道："你疯了吗？你这样会变成聋子的！"我的嘴角有点往上撇，但实际上我很高兴，因为我又一次熬过一段独处的时光。更重要的是，妈妈回来了。（偷偷告诉你们，对我来说，恐惧感从来没有彻底离开过，直到今天，家里警报响起时，我还会假装睡着，然后让伊拉莉起来查看发生了什么……）

我喜欢看《加州公路巡警》是因为它承载着我当时的梦想：像两位美国警察一样骑着摩托在加州高速公路上巡视。还有什么比一辆哈雷戴维森更让人期待呢？下午电视还会播放《夏威夷神探》（*Magnum, P.I.*），当然还有《足球小将》（*Holly e Benji*）：在我这一代球员里，我不知道是否有人在小时候没有为这些日本的足球小将们痴迷过。在那些年里，街道对我们有着非凡的号召力。因为在我们居住的街区所有人都互相认识，而妈妈们也非常放心让自己的孩子出门——有数十双眼睛看着他们。例如，在没有客人的时候，维图罗尼亚街上的商店老板们都不会像今天这样在货柜背后待着，而是站在店门口或者直接站到店外的人行道上相互拉家常，或者跟路人甚至像我们这样的孩子聊上几句。他们的儿女都是我的小伙伴，包括因为总是脸色苍白被称为“死人”的安东尼奥，还有班比诺、贾恩卡洛·潘塔诺和贾恩卡洛·奇卡奇，以及酒吧老板的儿子马尔科和女儿索尼娅，当然还有我形影不离的表哥安杰洛。我们就像一个小帮派，不过是由好孩子组成的小帮派：我们从来不调皮捣蛋。好吧，几乎没有。

大概在我12岁那年，有一次安杰洛、班比诺和我出门没带足球，看到校园里有两兄弟在运球。他们不是哪支有名号的球队队员，因为他们只是偶尔出现，他们的父母应该对他们的学习抓得很紧。但我们彼此认识，所以想当然地认为我们能够加入：当时只差一个人我们就可以来一场3对3（的比赛）。但是，他们并不给我们传球，两个家伙表现出“球是我们的，你们别想玩”。哎哟，我们越请求，他们就离我们越远，脚下在互相传球，却小心翼翼地避开我们。班比诺性格最火爆，某些情况下总是他挑头：他把将自行车和球门柱绑在一起的链子拿过来，并把它缠到学校的栅栏门上拉扯，发出刺耳的声音。但是两兄弟很顽固，不愿意大度一点稍做让步，而是使劲地推门。他们显然不是我们的对手，在那个年纪，实力既取决于身体强壮程度，还取决于在街上混的时间长短。两兄弟逃跑了，把足球留在那里。我们开始踢球，心里很得意在较量中占了上风，争吵的不快很快忘到了脑后。但只是我们忘了。我们在傍晚时分回到家，发现我们的妈妈正在大门口等着。她们非常生气，以前从没看过她们这样。她们刚刚从奇立奇亚路警察局回来。长话短说，两兄弟的父母报案了，告我们袭击以及抢夺足球。警察都认识我们，把我们的妈妈召集到警察局进行调解，以免我们受到进一步的指控。在最后达成的协议里，除了要赔偿足球的钱，还得保证让我们接受一个严重的惩罚，连续好几天我们都不能指望再去街区里四处游荡了。这还不算完，第二天学校里还有后续。我在教室里听到敲门声，敲门的是教音乐的帕拉卡洛老师——一位体形壮硕的女士。她把头从门口探进来，跟讲台上的老师致歉之后用一种令人生疑的、温柔的声音对我说："弗朗切斯科，你能出来一下吗？"我当然不能不去，尽管我感到一丝不妙。果然，我刚走出门，她就闪电般地用两根手指捏住我的一只耳朵，另一只手如法炮制地捏着安杰洛的一只耳朵，不管他如何抗议。我们就这样被捏着耳朵在整个学校里"游行示众"，大楼的每一层都不漏掉。这时候下课铃声响起，所有孩子都从教室里跑出来看着我们，冲我们大笑。那一对该死的兄弟一定也在其中，奚落、嘲笑我们。这真是绝对的、巨大的耻辱。

当然，我人生中最悲剧的"壮举"与足球相关并非偶然。爸爸跟我说过，有一次我们在圣托斯特凡诺港度假，当时我还只有8个月大，但是已经在布满小石子的沙滩上来回踢他送给我的一个橘色"超级桑托斯"球，这也是之后一连串类似举动的开始。我不是想说我是天才，一般而言8个月大的孩子还不会走路，而我已经开始踢球了，尽管是在不标准的场地上。父母还告诉我，我睡觉时不需要任何玩具，甚至连当时风靡的"吉克机器人"也不要，只要"超级桑托斯"球。显然，我那个时候就知道，什么将会影响我的一生。

我每天都会上街去玩。从学校回到家，其实就是穿过一条马路，因为曼佐尼学校就在我家前面，我会先吃点东西，然后坐到阳台上学习。我这么做不是为了享受阳台上的清凉，而是因为一旦看到一张熟悉的面孔，我就可以马上冲到楼下，嘴里对妈妈喊着“大家都在等我”。“你学习了吗？”这是她放行的前提，而我则会连喊三遍“学了”来应付她，等到她有可能回答我的时候，我已经跑得远远的了。

我们的小团伙有30多人，大家认为这附近是罗马最美的地方：热闹但并不贫困，到处都是可以让我们玩耍的场地，特别是一天到晚街道上都不缺少人气。我们家有很多亲戚，周日去特拉斯提弗列区或泰斯塔齐奥区的亲戚家里串门是常有的事。每次去亲戚家都令人愉快，但是我还是觉得只有在梅特罗尼亚门才是最自在的。我们很多时候都在踢足球，四处疯跑和搞一些无伤大雅的恶作剧：有一段时期按别人家的门铃特别流行，按完以后我们不会立刻跑开，而是喜欢以某一位名人的名字来应答取乐。我每次都会说自己是格里·斯科蒂。“哪位？”“格里·斯科蒂。”每次说完，我撒腿就跑。我们有时在院子里踢足球，有时干脆在街道上，因为商店不是全天开放，下午2点都会关上卷帘门停业。从此时开始，有时一直到下午5点，店铺的卷帘门就成为我们最好的球门。人们对此颇为不悦，因为每次大力把球踢到门上，都会发出巨大的声响并引发抗议的喊叫，但是我们对此不以为意。我们玩的是“德式踢法”，也就是在人行道上进行短距离和空中传球，避免让球滚落到路上。在罗马队夺得意甲联赛那一年，我们就在对阵佩鲁贾时打进这样一个进球：射门前在球门下方多次触球，而球从未落到地上。我们当时遇到的最棘手的事就是校园锁门，而我们却把球踢到里面。这时我们就需要用门铃呼叫看门人，但是他脾气不太好，我们只好求助他的儿子吉吉。他跟我们同龄，但是从不出门，性格有些孤僻却为人和善，与告我们状的两兄弟不一样。他会帮我们捡球，整个下午，一次、两次、三次，总是不厌其烦。因为这一点，我很喜欢他。

要确切地说我在童年哪个时期意识到自己的天赋并非易事，因为我从去圣托斯特凡诺港起就一直这样。我不想说就像动画片里演的那样，我天生就拥有某种超能力，我只不过是有一种天生的能力。可能我第一次意识到自己这种能力，是通过我从小就学着玩的“小鸭子”射门游戏。一帮孩子在一处大台阶的最高处——我们通常比较喜欢曼佐尼学校门口——排好队形，队伍先是水平移动，随后沿着对角线下台阶，直到最低处。在十几米开外，一个射手前面放着几个足球，他需要在“小鸭子”跑完全程之前通过射门击中他们。这是一个看上去很简单的练习，你需要在他们一个个接近终点、时间越来越少的时候保持冷静，击中这些移动的目标。我们这帮孩子用的球也是五花八门，有的是充满气的，有的已经瘪了，有的是塑料的，还有的是排球……总之，你需要用合适的力道踢不同的球，每次的力道都不一样。不过，我第一次玩这个游戏时，也就五六岁，就命中了所有目标。

现在回想起来，我依然记得安杰洛和其他人脸上难以置信的表情。有人说“你再来一次”，我于是故技重施，不过有一次出脚没有命中。我不禁怒火中烧，我是个争强好胜的人，如果我输了，我会觉得有点颜面扫地。我得说，比起第一轮和第二轮游戏中十几次命中，唯一的一次失误，在某种程度上差点抹杀我的表现。但是如往常一样，安杰洛脸上的表情告诉我，大家的惊奇程度丝毫没有因此减弱。我于是陷入一种交织着欢心喜悦和不可思议的情绪中：刚才发生的是真的，这太美好了。我内心也有了一种感觉，我有能力踢好足球——这项我最爱的运动。

在职业生涯里，我有过很多次被幸运女神亲吻额头的经历。而妈妈，在她与某人关系变得亲近时，就会按捺不住向对方讲述我所经历的另一个亲吻。我得说，如果她所说的不是有一张照片为证，我到现在都不敢相信确有其事。事情可以追溯到我上小学的时候。当时全校学生被允许到著名的梵蒂冈内尔维大厅（现名保禄六世大厅）参加教皇接见信众的活动。妈妈经过一阵推搡挤到栅栏前面，在那里她肯定与若望·保禄二世只有一步之遥；教皇出现了，在将要通过妈妈面前活动线路的起点时，她抓住我的一只胳膊。我穿着一件非常醒目的黄色运动服，看上去就像梵蒂冈的卫兵制服，而且还有一头金黄耀眼的头发：还真像个小天使。教皇经过我身边的时候，他抚摸着依偎在妈妈怀里的孩子们，同时也用手轻轻地摸了一下我的头发，我明显地感受到了。他又往前走了两米，突然，他停了下来。妈妈正忙着稳住站在地上的我，一时也怔住了。若望·保禄二世转过头往后走了几步，弯下腰亲吻了我的额头。我不知道妈妈是如何做到的，她竟然没有失去理智，也因此没有让我摔倒在地。陪着妈妈一块来的朋友开始大喊："菲奥蕾拉，教皇选择了弗朗切斯科！他回过头来亲吻了他！"我同级同学的妈妈们中间发生了一阵骚乱，有人趁机偷走了妈妈装在挎包里的钱包。大家的注意力立刻转移到被盗这件事上，钱包被偷第一时间就被发现了。这样也好，因为教皇的转身确实让妈妈惊呆了。直到今天，当我们再次谈到这个话题时，她还坚持说，那一天我在某种程度上成了"天选之子"，就像美国人称呼勒布朗·詹姆斯那样。我的职业生涯可能也印证了这一点。这次经历冥冥中预示着什么，而且还有当时拍摄的照片作为凭证；但是，与赋予谁足球天赋相比，教皇显然还有更多重要的事情要去顾及。若望·保禄二世亲吻了我的额头，只是因为我有一头金发，同时还穿着黄色的运动服。仅此而已。

在"小鸭子"游戏里我很快成为无敌的存在，每一次都能击中目标。为了玩得开心，我们会组成不同的队伍，而我身边的队友总是水平最差的。这是为了让我除了命中自己的目标之外，还得顾着纠正其他人的失误。即便这样我还是赢家，我会在目标到达半程前"消灭"他们，然后再去处理其他目标。我娴熟的能力来自两个因素。第一个因素是出脚干脆，也就是脚背触球后立即飞速地将球射出一道势大力沉的轨迹，这样即便目标想躲开也来不及反应。几年前在圣西罗对阵国际米兰时，我接热尔维尼奥的传球，用这样的方式打进过一球：球从禁区边缘干净利落地直入球门死角，这是我那些年打进的最精彩进球之一，也是那场3比0的第一个进球。第二个因素则是在瞬间控制住由接球人杂乱无章地踢回射门区的球的能力。几乎所有人都会浪费时间去追球，因为他们往往会停球失误导致足球被弹开很远。而我因为技术过硬，这种情况从来不会出现。在组队比赛的情况下，通过这种方式赢取的数秒时间是决定性的。

胜利是一件非常美妙的事情，但是我最开心的是感受到来自队友的信任。只要跟我一队，他们就会对比赛结果胸有成竹。从我开始玩“小鸭子”游戏开始，责任对我而言就从来不是一种压力。在一些重大比赛中踢点球，起脚之前，我的思绪往往会回到校园。不过，关于这一点我会在后面再跟你们详细说。我发誓，在维图罗尼亚街的时光总会让我感到兴奋——这种兴奋来自对经济收益的期待。当时爸爸每天给我1000里拉买零食，而这些钱我都存下来，因为每次一起踢球之后，我总能赢到冰激凌。偶尔输了时，我就会挥霍一把，而所有人都因此获益：便宜的“彩虹”冰棍都不买，而是会买很多加了奶油和巧克力的“旋风”冰激凌，这可是富人的专享。而下一次他们再碰到这样的机会时……

我认为第一个意识到我天赋的人是爸爸恩佐。大家都叫他首领，因为他希望一切都在他的掌控之下。任何他觉得有必要做的事情，哪怕只是半小时，他都会想办法去争取。他坚持带我去埃皮罗广场，那里有一个市场，在那儿踢球的孩子比我要大一些，因此对我的考验更严峻。他会陪我去那个广场，还会因为知道我胆小而亲自上去问他们能否让我加入。一开始他们用沉默回复，因为我看上去很小，他们害怕弄伤我。但是，他们没有办法对一名成年人说不。我就这样加入了他们的游戏。但是，在爸爸狡黠而满足的目光里，我们的比赛很快就中断了，因为我的加入打破了他们的平衡。“我们重新组队。”当然，第一个被人拉着入伙的就是我。但是，那时候他们都叫我“矬子”。这是我那些年的外号，因为我当时好像根本不长个儿。妈妈把我带到医生那里并质问他——其实并不是那位医生的错——到底什么该死的原因导致我个子这么矮？在此之后，她开始逼我喝蜂王浆。那时候蜂王浆非常流行，类似《高卢英雄历险记》（*Asterix*）里德鲁伊教士的神奇药水，但是味道实在令人难以忍受。另一种促进发育的产品——左旋肉碱要好一些，至少它有点欧洲酸樱桃的味道。我看到梅西小时候在阿根廷也遇到类似问题的报道，我特别感同身受。我从12岁开始长个了，“矬子”的外号很快被人们丢到了脑后。

一旦你每天数小时在街上玩耍，你就变成整个街区的儿子，也就是说所有人都认识你，也会原谅你干的蠢事——我们向公交车司机扔水袋，因为当时的公交车没有空调，司机们夏天开车会把窗户摇下来。人们只要确定我们没有惹祸，都会慈爱地对待我们。例如，在我家旁边开室内装潢店的科拉扎先生，在我们稍微长大一些后，他有时会来打断我们的比赛，交给我们一些有少许报酬的小活计来做：将一张沙发搬到一楼，500里拉；将一张长沙发搬到二楼，1000里拉。他会尽量让我们每个人都能有所收获，因为这些小活计足以让我们争得不可开交。那时候，我们已经感受到钱带来的满足。我会把大部分挣来的钱都花在弹珠台游戏上，在卢斯特里先生的酒吧里，所有机器的纪录都是我保持的：铺满屏幕的一长串最佳纪录的名字都是FRA（Francesco前三个字母），如果其他人的名字挤进来——我记得有一个PAO总是出现在最佳纪录的名单里——我就得为了把他的名字挤下去一直玩到晚上。我就这样把人生赚到的第一笔钱给花掉了，而其他人有的会拿这些钱用来跟小女孩约会，有的则会拿来买香烟。总之，这些钱对所有人来说都如天降甘露一般。因为我是最先拥有小摩托的人之一，有时候我会跑到马埃斯托佐电影院前面的小摊，用积攒下来的钱买一些洋甘草；或者有时候会去埃杰利亚泉那里接水喝，因为超市买的水总有一股塑料味。

对于今天的年轻球员来说，他们的成长道路缺失了很多东西。我们并不需要冥思苦想就能明白为什么过去出现了好几代的天才球员，而现在要找到一位却如此之难。我们那时候一天会有5小时，夏天甚至10小时都泡在传球、射门或者比赛上，情况大概就是这样——幸好也正是如此，这给了我们最无可比拟的方式来发展球场上的技术、天赋和生存能力。现在，除了体育中心，到处都禁止踢球。而在体育中心，你很快就会进入某一俱乐部的视野，玩乐变成了训练：看到那些对着少年队伍不停地发出指令的教练人员，有好几次我气得差点扑到他们身上。但是我也知道，现在到处如此，对身体素质的关注是最重要的，要在这方面另辟蹊径可能反倒令人不解。我的儿子克里斯蒂安是幸运的，因为他可以在花园里找到一块踢球的小场地。在他不上学的时候，我会鼓励他邀请朋友来家里，跟我们小时候一样踢球：半小时的传球和射门来进行热身，然后踢一场比赛。你深爱的足球就应该是这样的，其他的，只是你到了拥有一定竞技水平的年龄时一份必需的工作，而不是你10岁应该面对的。在你10岁时，你应该想方设法地提高自己的技术，例如，在你面对一个比你块头大、比你凶狠的对手时的带球能力。这对于像我、像德尔皮耶罗、巴乔和曼奇尼这样的人来说，都是比较简单的事情，因为我们从小就每天踢几小时的自由足球来锻炼自己。我们会一次次把球踢到车库的门上，会在打碎圣器收藏室的玻璃之后偷偷溜走，然后被愤怒的神父追上最后却不了了之。对我来说，维图罗尼亚街就是我最棒的游乐园。它是如此珍贵，又是如此安全。事实上，我在那里一直生活到24岁，也就是罗马夺得意甲冠军那个赛季。彼时，我不乔装已经无法出门。因为街区的每一条街道，特别是在我们赢了一场球时，挤满了希望看到我、摸到我、拥抱我的球迷。在我刚成名时，梅特罗尼亚门街区的人都会为我三缄其口，让我在需要时通过一些隐蔽的路线离开。虽然我已是罗马队队长，但我还可以在闲暇时与老朋友在车库里玩Briscola纸牌游戏。后来有时候我需要出门，但是很多小女孩聚集在一起等待我的奔驰车出现，看车人卡塔拉尼就会借给我一辆不起眼的破车。事实上，当一辆掉漆的菲亚特500或一辆车门上鼓起大包的高尔夫慢慢地驶上车库外的斜坡时，那些女孩谁都没有看上一眼。

但是，在维图罗尼亚街的安宁岁月也就到此为止了。我们从来没想过有一天要离开这里；不对，也许想过。我还记得一位邻居提醒我们家门口的小地毯一周内连续三次被偷后，妈妈摊开双臂的样子，意思是“我还能怎么办”。当时我还没有意识到，球迷的疯狂远不止于此：一周内三块，只因为它是“托蒂”家的，这其实也意味着一道无声的逐客令。尽管我们并不情愿，因为这里的所有人都很爱我们。在业主大会上，居民楼墙上被喷写的内容（大部分都是亲切的、支持我的，但是也开始出现一些拉齐奥球迷的辱骂）也成为经常讨论的主题。在邻居们形成敌意之前，我们决定搬家了，希望在海边的卡萨尔帕洛措，离特里戈利亚训练基地不远的地方找到一个安静点的别墅。尽管人们对我造成的压力完全是出自爱，但还是让我不堪重负。

2

脱颖而出

从很小的时候开始，我的进球数就特别多，因为我总能够把球踢到差不多的位置，而且我有我的小伎俩：守门员个子都不高，甚至跳起来也没有办法够到球门的横梁。所以我只要把球踢到低于横梁一点点的位置，球就能打进。

我在佛蒂图多俱乐部待了两年时间，在那里学习基本功，或者更确切地说，我开始雕琢我与生俱来的某些东西。例如，对身体的运用：根据持球时的状态——奔跑、传球或者射门——身体应该要与球合二为一，要保护它、带着它往前推进。我只要听一次讲解，就能够把训练做得很好，从第一天开始教练们就对我游刃有余的控球能力惊叹不已。他们说这种能力确保我能够在更冷静的情况下做出正确的选择，用现代的足球语言来说就是“赢得一次处理球的机会”。我的秘诀其实非常古老而传统，那就是墙。我愿意不厌其烦地建议更好地利用墙，尽管我担心在当下的足球学校里可能已经找不到墙了。墙是你能够找到的最正确的队友，如果善待它，它就会回馈你，如果慢待它，它也会以牙还牙。天赋和长时间地与墙为伴——曼佐尼学校校园的那堵墙——让我在孩童时就学会如何控制球。控球，正是进入真正的足球世界的大门。

佛蒂图多俱乐部的技术总监名叫阿尔曼多·特里洛，有一天，他让我签署一份保证书，证明我在俱乐部的会员资格。回家后我把这件事告诉妈妈，她非常不安。“你签了什么？你才6岁！”然后就把它撕了个粉碎。事实上并没有什么可担心的，那个签名显然没有任何法律效力，它仅仅是俱乐部的一个常规操作，从情感上对它培养的年轻人进行约束。特里洛先生并没有想留住我，当妈妈找到他，向他抗议时，他像在跟妈妈合谋什么似的低声说道："托蒂夫人，您儿子有些与众不同。他踢球的时候跟其他孩子不一样，不仅仅是比他们踢得更好那么简单。他完全是与众不同。"他建议把我送到一家更加注重比赛的俱乐部，佛蒂图多毕竟只是一支社区球队。

由于特拉斯提弗列区圣玛利亚俱乐部组织的一次面向与我同龄孩子的试训，我的机会来了。那是1985年10月，我刚满9岁，进入少年队不久。我和安杰洛（他当时还在佛蒂图多俱乐部踢球）一起受邀参加试训。上半场我俩坐在替补席，我甚至问自己我们来这儿干什么。下半场我们都上场了，而我知道时间有限，立刻拿出了看家本领。安杰洛踢中锋，表现得也不错。比赛结束时，试训负责人跑到我们面前，他脸上的表情就仿佛一位小朋友在圣诞树下找到了心仪的礼物："你们两个，我们都要了。"我感觉自己兴奋得要上天了，安杰洛则淡定一些。赛后我们一起冲凉，我提示安杰洛这里的更衣柜和挂钩都是铁的，不像佛蒂图多俱乐部都是木制的。我想方设法让他回应，但他最终也没有出声。圣玛利亚俱乐部的训练场地在圣塔尔其西奥路65号的球场，位于马可尼大桥下，实际上离我们家很远。但是对我来说，通过这次试训，我知道自己又向前迈一步，这就足够了。如果安杰洛不想来，我就跟他分开。当然，这只是说我们会待在不同的球队，做其他事的时候我们还会在一起。值得铭记的是，这是第一次来自足球的召唤战胜了怯懦性格对我的束缚。让厚脸皮的安杰洛待在身边会让我觉得更有安全感，但是让我和我热爱的运动有好的未来更加重要。9岁的我还是个孩子，但我第一次体会到长大后成为一名足球运动员的梦想是可以实现的。或者，至少很大程度上取决于我自己。

我在特拉斯提弗列区圣玛利亚俱乐部待了不到一年，但是这段经历弥足珍贵，因为我从这里开始接触竞技运动。我记得所有的事。第一场比赛对阵斯佩斯奥米队，0比0战平。第一次胜利是对阵三泉队。第一次进球是与伊纳卡萨队的比赛：当时下着倾盆大雨，我的队友斯卡诺的射门打到守门员身上反弹出来，而我是所有人中反应最迅速，进行了补射。第一次受到对手的称赞是在跟阿及普石油队比赛时，我在对方三名后卫跳起来防守和门将出击的情况下完成一次射门。坦率地说，我的成长是快速而迅猛的。我的名字也开始流传起来。

也正是那一年，我第一次进入特里戈利亚训练基地，对于一位小罗马球迷来说，黄红军团的大本营令人无比憧憬：特拉斯提弗列区圣玛利亚俱乐部被邀请参加“初级足球”联赛，我们赢了两场，输了决赛。不过，对我来说，更重要的是借这个机会看看这里对宾客开放的每一个角落。另一项值得一提的赛事是马卡雷塞联赛，我们赢得了冠军，我还被评选为最佳球员。这是我在圣玛利亚俱乐部最后的快乐时刻，前方，罗迪贾尼俱乐部已经在等着我。但是，我仍记得我们跟教练卡洛·巴里杰利一起的庆祝，他是爸爸的朋友，也正是他组织了我在圣玛利亚俱乐部的试训。

罗迪贾尼是罗马两家最大的球队后的第三大俱乐部，从它的青年队进入意甲的球员可以列一个很长的名单，所有人都告诉我，它是一条能让我脱颖而出的途径。试训的时候，我踢的时间不到一分钟，因为没有必要。他们让我先颠球热身，观察一会儿之后就让我停下来：“非常好，弗朗切斯科，你就是他们跟我说的那个小孩，我们要你了。”

起到关键作用的是经理里纳尔多·萨格拉莫拉，后来我发现他当过多家意甲俱乐部的总经理。他委托两位教练训练我，他们是埃米迪奥·内罗尼和费尔南多·马斯特罗彼得罗。我先是在少年队，然后进入青年队，等着身体发育得像样一点——我还是那个“矬子”，内罗尼把我放在防线前面的位置，打组织中场，实际上就相当于一个小皮尔洛。我非常喜欢踢这个位置，因为我的脚法能够把球踢得又远又准，一场比赛能创造出至少10次破门机会。但是当我终于开始长个子时，马斯特罗彼得罗又把我放到更靠前的位置，就像有人告诉我，玩乐的时代结束了。他甚至安排我踢第一前锋：我一个赛季进了40个球（守门员已经可以够到球门的横梁了）。我的直觉认为，有一天我也会离开罗迪贾尼，我在那里的表现也是出类拔萃的。尽管内罗尼和马斯特罗彼得罗都知道我很想穿10号球衣，但是他俩从来没有让我如愿以偿，而这也是他们故意为之。我一直只能穿8号。后来我知道，他们的理由是当时我承受的压力正在以极快的速度剧增，而这种压力有可能让我头脑发热：穿上10号球衣会让我觉得自己真的已经不可一世了。内罗尼后来又极力坚持让我学会如何应对犯规，因为他觉得我一定会经常成为被侵犯的对象。从来没有一个预言比这个更准确。有时候我们会发生争论，因为那个时候对我的踢踹似乎已经理所当然，而他说的是对的：从我在场上的表现来说，这样的遭遇让我能够对自己的行为进行自我修正。我变得不那么急躁。简言之，我已经与我的天赋和平共处。

在那个年纪，压力实际上是一个关于期望的问题，而我在学校里踢联赛时就学会了掌控压力，当时体育老师的获胜秘诀就是“把球传给托蒂，所有人往前冲”。当然，经过几场比赛之后，你既会发现你在盯防上受到的不同待遇——总是有两个人盯着我，而如果这两个人被我成功摆脱，还会有一个对方自由人随时补位，也会察觉到对手的家长愁眉不展的神情：这是一种喜忧参半的神情——喜的是在儿子的比赛里能看到高水平的表现；忧的是这种表现不是来自自己的儿子，甚或他的队友，而是来自对手。当然还有我们的父母，为我们喝彩欢呼。相比队友的家长们，我的爸妈有点沉寂和保守。大卫·吉乌比拉托（我的队友，后来成为职业球员）的爸爸却为我的得分几近疯狂，全场只听到他的声音所带来的欢乐和喜悦。

插一句，1988年1月罗迪贾尼在蒙特萨克罗鲁杰里球场2比0击败拉齐奥，赢得了伦齐尼杯。我踢得不错，白蓝军团的队长名叫亚历桑德罗·内斯塔，他的名字还会在本书的讲述里多次出现。

也是从那个时期开始，我经常去奥林匹克体育场。第一次跟家人组团到台伯河看台的时候我9岁。包括舅舅、表兄弟和爸爸在内的我们，一共十余人，开着两辆车来到这里，尽管车上很挤，我依然感觉很幸福。当时，人们还可以把包带进球场。上午10点坐定，因为必须在开场哨前3小时在看台就座——我到现在也不知道这是为什么，妈妈给我带足了装备：面包夹鸡蛋、必然会变热的可口可乐、香蕉、卫生纸和纸牌，还有一个用来收听其他场次比赛消息的小收音机。球员们进入场地热身时，我用一根手指指向天空。内拉和孔蒂在台伯河看台下慢跑，我觉得离他们如此之近，仿佛触手可碰。我非常自豪能够来到这里，为罗马加油。布鲁诺·孔蒂是一位世界级球员，能够活生生地看到这样一个重要人物让我觉得不可思议。

球场里另外一件让我特别喜欢的事情是跟不认识的、坐在你身边的人接触，他们会告诉你很多你意想不到的事，无论是关于俱乐部还是关于生活的。有时候我会问爸爸他们的话是什么意思，有的时候我则充耳不闻，尤其是他们说一些球员的坏话时。

过了几年，因为罗迪贾尼俱乐部的证件可以让我自由出入，我跟哥哥里卡多和两个表兄弟第一次进入南看台。这里的看球体验与众不同，因为球迷们更富有攻击性。这里没有组团的家庭，只有强壮的硬汉。我怀着既钦佩又惊恐的情绪看着这些人，他们从那时候开始就已经是达斯波法案的执法对象，有的被关进监狱，有的甚至失去生命——那时候的情况确实不容乐观。但是对于那一代人，有一件事情让我印象深刻：他们并不像今天这样关心政治，他们去那里就是为自己的球队加油。

几年之后我进入罗马队踢球，第一场比赛对阵那不勒斯以后，我就不再去南看台了。跟里卡多去球场时，我们各自骑车到奥林匹克体育场，然后把车停在北看台外面的老地方。但是，那天下午发生了冲突，在体育场出口的地方，我们突然被夹在那不勒斯队极端球迷和巡逻警察的一场大战之间。当时的情况真的很糟糕。一方扔过去汽油弹，另一方用催泪弹回击，我们根本没有办法脱身：我觉得，这次肯定凶多吉少了。后来，冲突双方分散成无数个小团伙，等我们找到摩托车时发现它们已经彻底散了架。我们晚了3小时才回到家里，但是错就错在我们不该告诉家里人是因为什么。从那时候开始，除非是球童队召集我们，否则我们再也不能去体育场。

在我的职业生涯里有过很多时刻，离开罗马差一点成为现实。在后面我会跟你们一一讲述。第一次发生在1988年夏天，阿里艾多·布拉伊达敲响了维图罗尼亚街我家的门。

他仅仅提前几小时打电话说要来拜访，这让全家人乱了套。布拉伊达是意甲冠军AC米兰的总经理，是加利亚尼的得力助手，也是西尔维奥·贝卢斯科尼两年前为振兴红黑军团而打造的强大团队里的一名足球专家。他想见我，无疑证明了他对我的兴趣。他在客厅坐定，妈妈和爸爸坐在他对面，旁边是里卡多。我则待在房间的一个角落里，好像这件事情跟我无关。事实上，我也意识到自己没有发言权，因为12岁还是太小。

“亲爱的托蒂先生和夫人，”布拉伊达不停地调整他的领带结，概括性地说明了来意，“贝卢斯科尼主席正在大力投资，以期让AC米兰重回世界上最优秀的俱乐部行列。头两年我们将意大利和国外很多冠军球员招至麾下，但是我们也有在自己体系里培养本土明日核心球员的传统。你们想一想保罗·马尔蒂尼，他就是我们政策的代表人物。AC米兰在罗马有很多球探，他们都提到你们的儿子弗朗切斯科素质很好。如果他能加入我们，转会到AC米兰，我们会非常高兴。当然，他还很年轻。但是，从将来负责跟踪和培养他的人，到我们将为他选的学校，再到将成为他新家的米兰内洛训练基地，我个人都可以向你们保证，他将走上一条最好的人生和足球成长之路。如果我对此有丝毫疑虑，我不会来到这里向你们提出这个请求。弗朗切斯科有巨大的潜力，没有任何一家俱乐部能够比米兰让他发展得更好。”

说完这些，他开始打感情牌。布拉伊达从随身携带的公文包里拿出一件正合我身的红黑球衣，并邀请我把它接过去。我看到妈妈示意允许，就站起身来从他手里接过来。布拉伊达还示意我不用立刻转会。如果家里人觉得我还太小——事实也如此，AC米兰可以让我在罗迪贾尼再待上一两年；但是有一件重要的事情是需要签订一份协议，排除与其他大俱乐部合作的可能性，用他的话说："他们一定会来敲你们家的门。AC米兰有自己的组织体系，因此成为第一家，如果弗朗切斯科继续这么成长下去，门外将会大排长龙。"布拉伊达是一位真正的绅士，他不说想邀请我登上从我面前驶过的唯一一列火车，却指出这是最好的一列。他还暗示已经为我家人去看我的旅费准备了一张支票，而这个数字让我们目瞪口呆：1.5亿里拉。后来我获悉，米兰开给罗迪贾尼的价格也是1.5亿里拉。当我跟他握手告别时，他让紧盯着地面的我把目光抬起来："有一天你的目光将会主宰圣西罗。好好往上看，小伙子。"

AC米兰是罗马之外唯一一家让我内心掀起波澜的球队，但是我不想说这是因为它的总经理曾目光敏锐地来到我家里拜访。我说得再清楚一些。我从记事的第一天起就是罗马队球迷，从来没有任何一支球队可以取代它的地位，能够成为罗马旗帜性人物是我最大的骄傲。除了这些，布拉伊达来我家时正是萨基刚刚率队取得意甲冠军之后不久，在这个年龄段，我对足球的品位足够判断比赛的水准。所以，如果我说萨基执教的AC米兰是我见过的最富激情的队伍，也是唯一一支我希望为其效力的球队，你们应该会理解。我们现在说的是一种因技术而起的心潮澎湃，并不是像我对罗马那样怀有的情感上的激情。但是，进入AC米兰的前景触动了我内心隐藏的某根心弦。告别布拉伊达先生之后，我望着家里人，希望能够清楚他们的想法，但是我自己也不是非常清楚到底希望看到什么样的结果。

几天之后我们给出了答复——不。"我们是一个很和睦的家庭，家人之间分开不在我们的计划之内。至少，不应该这么早。"我还太小，即便再过两年也还是很小，而两年是AC米兰给出的让我无论如何必须前往北方的最后期限。“你在罗迪贾尼再踢一个赛季，但是不要做出任何承诺，之后我们再看。”爸爸说。他的算盘打得很清楚：如果布拉伊达说得有道理，在这里待一年还可能收到其他邀约的，其中一份应该是我们所有人最期望的。我后来才知道，在那段痛苦的日子里，爸爸、妈妈去咨询了斯特法诺·卡伊拉，他在意大利足协领导层工作，最主要的是，他是妈妈特别亲近的一位朋友的儿子。他听到米兰的报价后——当然这个数字也打动了我家人，他非常坚决地说：“恩佐、菲奥蕾拉……这是很多钱，但是你们相信我，很快这些钱对弗朗切斯科来说将只是零花钱而已。你们别让他离开家，先让我打探一下另外一条路。”这条路指向拉法埃莱·拉努奇，罗马俱乐部副主席和青少年部负责人。

这是充满变化的一年，因为小学毕业后进入帕斯科里中学，学业也变得更加繁重。妈妈每天携带装有冷意大利面的饭盒、一个夹着火腿的小面包和一份果汁，开着阿尔法罗密欧126接上我，一起去圣巴西里奥区的弗朗切斯卡·佳尼球场，罗迪贾尼俱乐部训练的地方。开车需要45分钟，到达后我就飞快地跑进更衣室，训练一般在下午5点30分结束。问题是回家需要付出“代价”，因为正是交通的高峰时刻，情况很糟糕：需要两小时。我就趁这段时间把作业做完，然后背诵妈妈在等我训练的间隙已经先学过一遍的历史和地理课。她可以滔滔不绝地给我讲述，只为了让我加快学习的进度。然后我会再吃一个小面包，很多时候我会在半路上因为疲惫而睡着。回到家，我通常都很疲惫，而我给自己的最高娱乐奖赏是到酒吧里打上一局弹珠游戏，游戏机上已经有很多高分，而很多纪录保持者的名字缩写不再是FRA。

在帕斯科里中学，我跟体育老师轻松地建立起不错的关系。斯卡拉老师是一位刚毕业的大学生，非常年轻，只有24岁。实际上我们之前见过，他是罗马最重要的业余俱乐部罗穆雷阿负责体育训练的老师。我的朋友贾恩卡洛·潘塔诺在那儿踢球，有一次我去找他，他把斯卡拉老师介绍给我，他的名字会在本书中经常出现。噢，忘记说了，斯卡拉老师的名字是维托。

春季里的一天，萨格拉莫拉把我的父母和里卡多叫到训练场地。这个时刻来了，但这次我没有参与。罗迪贾尼接到拉齐奥和罗马的邀约，当然还有虚位以待的AC米兰——只要我们改变去年夏天做出的决定。“你们自己需要做出选择。”萨格拉莫拉说。他也告诉我们，对于俱乐部来说，拉齐奥开出的条件可能是最好的。原因很简单，这是一份现金邀约，而罗马原则上不会为少年球员付现金，所以拉努奇在协议里加上几个对罗迪贾尼来说能派得上用场的预备队孩子的名字。

现在我告诉你们一件广为人知的事情，尽管如此，每次我说出来都会引人大笑：从青少年时代开始，妈妈就是拉齐奥的球迷。尽管已经料到我对罗马的偏爱——当然，在这次训练场的会见之前我们也聊过这个话题，虽然没有必要，里卡多还是担心妈妈会做出相反的选择，他看着妈妈的眼睛默不作声，但是在桌子底下却用力踢了她一脚：只是蹭到妈妈的脚边，也算给她发出了足够的信号。那应该像一部精彩的喜剧电影里的场景，很可惜已经是过去时了。“萨格拉莫拉先生，弗朗切斯科想去罗马，我们来此是为了支持他的愿望。”里卡多听到妈妈的话后，把脚缩回了椅子底下。

到6月，所有的事情都明朗了：我到罗迪贾尼俱乐部拿回我的东西并和朋友们告别，因为到8月底这里恢复运行以后，我就应该出现在克里斯托弗·哥伦布路边的三泉体育场，这里是罗马青年队训练的地方。

说到这里，我们稍微停一下。因为我快13岁了，正处在人生中一个关键的十字路口，我性格也逐渐定型，与我作为球员的成长同步。甚至，我认为这两方面是紧密相关的。我不再是那个梦想成为加油站员工的天真小孩——看到他们口袋里露出来的卷成筒的钞票，我觉得那就是整个世界的所有财富。不，我非常清楚我的未来将会与这里有关，跟一块块足球场有关。我对自己的天赋越来越深信不疑——这也一天天地塑造我的性格，让我挖掘出一种已具雏形的领导力。简单地说就是，队友们在他们不知道该怎么做的时候会用询问的眼神看我；而我会非常自然地告诉他们，这位队友继续待在我身后，另一位跑到我附近做策应，第三个则在看我的动作可能要做长传的时候以最快的速度冲到前面。这些都是赛前准备的时候教练交代过的，但是真正在球场上，那个作为参照的人就成了最强大的球员。如果你不能承担起集体的责任，你就永远不会成为最强的那一个。

就像我之前讲到的，我的转变既体现在球场上，也发生在球场之外。我还是怯于与成年人交往，这是我性格中直到如今还应该加强的一面；但是我跟其他小伙子的关系相处得越来越好，我说的话有人听，我的个性也在不断完善。1989年夏天非常特别，因为跟罗马的签约给了我新的自信。这不是自负，我从来没有过；只是说对我的能力自信，仅此而已。那年夏天还发生另外一件重要的事。除了像往常一样到托法亚尼卡的一所房子度假，我们也跟平时常聚的家人一起到特罗佩阿进行家庭露营。那是一个很美的地方，很安全，我们表兄弟有一大帮人：父母让我们在外面待到很晚也不会有什么问题。我们交了一些朋友，其中有一个非常漂亮的女孩，名叫朱莉娅，16岁，她也在度假，而且跟我们一样自由。里卡多和其他人都围着她转，我也偷偷地瞄着她看，因为她真的特别美。只可惜她年纪太大了，比我大3岁……但是，有一天晚上我比其他人先到广场，发现她一个人在那里。她冲着我微笑，好像整个晚上她一直在等的就是那个机会。“嗨，弗朗切斯科。我们去沙滩转一圈怎么样？”当然好。她牵着我的一只手，我们越过第一排被灯光照亮的遮阳伞，走进一片完全被黑暗笼罩的区域。我还没意识到是怎么回事，朱莉娅开始吻我。惊喜让位于甜蜜。我们在夜里回到营地后，里卡多说出了所有人的心声：“整整一周！我们一大堆人都跟在她屁股后为她要死要活，而她选择了你，一个毛孩子！我真不知道应该笑，还是哭。”我很遗憾。不，不对，我一点也不感到遗憾。

我在罗马的第一位教练是弗朗哥·苏佩尔吉，他在守门员的位置上，曾作为佛罗伦萨的首发球员和罗马的替补球员各赢得一次意甲冠军。这让他散发出超凡的魅力。他是俱乐部参加省内联赛的U14梯队教练，对我的角色和球衣号码有清晰的定位：他把我放在两个前锋后的中前卫位置，并且给了我10号球衣。我知道俱乐部希望看到我成为一个纯粹的前锋，但苏佩尔吉却坚持他的直觉，他认为让我等着别人喂球是没有意义的，我应该处于比赛的核心位置。球队管理层听从了他的意见，当我升到参加大区联赛的U14梯队时，我的角色和号码还是维持原样。我在马里奥·卡内瓦莱教练麾下继续成长，照看我的人是跟朱塞佩·卢比一起掌管罗马青年队事务的吉尔多·贾尼尼，他是我的偶像朱塞佩·贾尼尼的爸爸。也正是因为如此，那是一段让我感觉非常安心从容的时光。贾尼尼一直照看了我多年，当我还在佛蒂图多俱乐部时，特里洛先生就第一个提醒他我具备什么样的能力。他的口头禅是，“球没进门之前，你什么都还没做”，而这正说明他是一个务实的人。他对我非常宠爱，因为我跟他谈到了他儿子朱塞佩曾经的辉煌。朱塞佩是王子，是罗马的队长。

周日我会去当意甲比赛的球童。这个赛季的高潮是世界杯，奥林匹克球场已经关闭，正在如火如荼地进行各项准备。罗马主场因此搬到弗拉米尼奥球场，这里没有径赛跑道，所以球迷离球场特别近。那些日子，从很多方面看，都让我感到极大的满足。当时，意大利足球联赛水平在世界范围内无出其右，在球场边我可以看到大量冠军级球员，偷学他们的技艺。回到作为罗马球迷的角度来说，我为托马斯·哈斯勒的踢法疯狂，他的内脚背射门能够将足球轰出一条直直的轨迹，其他人想要做此尝试都有可能会铲到地上，而托马斯却能干净利落如教科书般地出脚。我之前说很多方面都让我感到极为满足：因为那一年球队踢得不太好，愤怒的球迷们向球员投掷了大量硬币，而机敏的球童把它们都捡了起来，放到自己口袋里。一场失利的比赛有可能让我们每个人捡到1万到1.5万里拉。我们所有人都是罗马的球迷，如果罗马踢得不好或者输掉比赛，我们还有这样一个小小的（确实也不多）慰藉。作为球童的经历，为我打开了世界杯的大门。我们共有30个孩子入选，15个来自罗马，15个来自拉齐奥大区。德国和阿根廷进行决赛的那个晚上，一辆高尔夫载着宛若一件圣物的大力神杯全场绕行。当车子停在我旁边时，我没能忍住：我鼓起勇气伸出一只手，最终碰到了奖杯。触碰的感觉就像过电一样，只要想到曾摸到过它，我就会激动万分，其他孩子也像我一样，其中有一位是大卫·里皮。如果我知道16年后他的爸爸和我将一起在柏林的天空下举起这座奖杯……

妈妈每天都会带我去三泉体育场，我也养成在车上复习白天学过的课程，并且在回家路上进行小结的习惯。妈妈的付出让我感动，正因如此，在中学三年级时有一次完全不应该发生的考试不及格让我非常愤怒。事情是这样的：5月，我们的球队要去撒丁岛参加一项比赛。问题是我不是我们年级唯一的球员，除了我，还有另外4个人，分别来自罗穆雷阿、阿尔马斯等球队，而当时正是联赛期。我们5个人都不在，而学校计划去那不勒斯进行的旅行因达不到最低人数标准，行程被取消。一场风波因此而起。年级主任老师把所有球员的父母都叫到学校，声色俱厉地告诉他们学校应该比足球重要，教音乐、英语和数学的几位女老师策划了他们的惩罚措施：我们之前就考试的主题进行过沟通，但是到了口试时我们发现，她们的问题完全是另外一回事。零分。我们哑口无言。教意大利语和体育（维托已经不在了）的老师在了解原委之后提出抗议，但是结果无法改变：我们因为踢球太多被给了不及格。

罗马俱乐部主席是迪诺·维奥拉参议员，1983年罗马意甲冠军的缔造者。他是一位真正的神话般的人物，在1990年圣诞节，他来检阅俱乐部各级队伍时，我的膝盖有些不由自主地颤抖。自他认出来我之后，再也没有放弃对我的关注。参议员很瘦，身体虚弱，身边总有两个人随时准备搀扶他。跟他握手时，我竭力让自己的动作轻柔一些，因为我害怕弄疼他。

他说话声音很轻，但是表达非常清楚。

“你是弗朗切斯科，所有人跟我说起你。不错，不错。你多大了，小伙子？”

“14岁，主席。”

“噢，14岁。如果你继续如此表现，我会跟教练说让你一过规定年龄的16岁就开始踢意甲。”我想把我的手从他手中抽开，但他还是紧握着。“弗朗切斯科·托蒂，对吗？很棒，你很棒。罗马将会需要你。”他放开我的手，但直到一位队友走到他身边，他的目光还停留在我身上。我印象特别深刻，此后，不到一个月，吉尔多·贾尼尼把我们所有孩子叫到一起，告诉我们维奥拉主席去世了。我又想起他说的话，以及他费力地完成跟我对话的样子，好像他正在为了罗马的未来对我进行叮嘱。我自愿要求在他的葬礼上扶灵，这是仅有的我能做的事。

我从一个队跳到另一个队，在哪里都属于低龄球员。维托·斯卡拉这时候也来到罗马队工作，我跟他的关系越来越亲密。他告诉我教练们把我从这里调到那里，是因为所有人都想用我，他们着迷于我自信的踢法，认为我是一个奇才。实际上，我从U14少年队直接进入了预备队，而在U16梯队中只踢了一场比赛：与AC米兰的全国决赛，我们在卡斯泰洛城2比0赢得了比赛，当时的教练是埃齐奥·塞拉。我助攻了第一个进球，得分的是达尼埃莱·罗西，在我们那一代孩子里，他本应该有更加辉煌的职业生涯：对他来说，膝盖毁掉了一切。

向一队靠近的过程也比较顺利，这是因为我很快领会了一些要义：如果想成为一名职业球员，你就应该在生活中达到职业球员的标准：像我这样年龄的男孩子开始钟情的东西，从酒精到夜店，从香烟到摩托车，都是“戒绝”的一部分。但是，我从来不认为这些东西的缺失是一种损失。我只犯过一次错误，呃，这件事跟特罗佩阿那个美妙的夜晚有很大的关系……

帕斯科里中学最漂亮的女孩名叫萨拉，在另一个三年级班，但我的一位丹麦籍同学汉婕是她最好的朋友。一个春天的早上，所有三年级同学被组织去参观可口可乐工厂，我知道萨拉没有跟随她的同学。而是和汉婕在一起，我于是插到她俩中间，满不在乎地牵起了她的手。她错愕地看着我，而我则冲着她微笑，她没有把手抽开。我们就这样沿着工厂的生产线走了一整圈，互相很少对视，但是一直保持着身体接触。我们早就知道参观应该在12点结束，我们跟汉婕说好去她家里，等各自的父母来接我们，因为她家离学校很近。萨拉跟着我到了汉婕家，在某一个刹那我们就在同学的房间里亲热起来，而其他人则在客厅等着我们。我想他们应该气不打一处来。妈妈应该13点来接我去训练，房间里的气氛如此美妙，我彻底忘记了看时间。当我……已经14点20分了。我慌了神。我迅速地整理好自己，而她惊奇的目光中则写满了“你要去哪里”。我告诉她，我会再联系她，然后就一步四级台阶地飞奔下了楼。妈妈站在车门外，告诉我她在楼下按了好多遍门铃都没有回应，我想是因为我的朋友们不知道怎么跟她说。“对不起，对不起，对不起，我们赶紧走。”妈妈责备我，教练更是变本加厉地对我各种数落。那天真的是过得糟糕至极。我发誓，从那以后，一定要做一个最自律的职业球员。

这同时也是因为，尽管我好几次通过汉婕想跟萨拉联系，但她再也不想理我了。

3

滑动门

那是一个初春的周六，气温非常舒适。在特里戈利亚训练基地，几位一线队的球员午饭后在主训练场边上悠闲地晒着太阳。在这里，我们预备队将参加迎战阿斯科利俱乐部的比赛。这是一场非常轻松的较量，我在几分钟内梅开二度。在中场休息返回更衣室时，我还听到了几声掌声，但是我没去探究谁是我的仰慕者。维托与一线队有着更多联系，他跟我说有人注意到我的天赋。博斯科夫训练的队伍里，有不止一个人向他建议将我招至麾下，参加意甲的比赛，让我感受初次登场的气氛。这样的想法很令人开心，但是还很遥远：我只有16岁半，在预备队踢球，从级别上来说，我还只是一个菜鸟。

在球场出口，俱乐部高层之一的弗朗切斯科·特兰卡内里把我叫住了。

“弗朗切斯科，你去洗个澡，下半场你不要上了。今天上午训练时有一位前锋受伤了，你得跟一线队一起去布雷西亚。”

在听到一个类似的消息——也就是进入真正的足球世界——所能体会到的所有情绪中，首先涌上我心头的是羞愧。我甚至从来没跟一线队训练过，谁都不认识。想到要加入他们，我觉得呼吸有些困难。我没有感受到任何激情，现在不是高兴的时候。在这些意甲球员面前，我一定无法胜任角色，这让我感到羞愧。我洗了很长时间，好像要洗净身上的所有污垢。随后我穿上干净的队服——幸好我们路途上就是穿这一身，我还有时间与从观众席来到更衣室门口的父母见面，也看到了他们溢于言表的忧虑。

“你怎么没有重新上场？受伤了吗？”

“我要随一线队去布雷西亚。”我告诉他们，在他们惊异的表情面前摊开了双手。

“去踢比赛吗？”

“我怎么知道……应该不是，我不知道。”

我把包放到大巴行李厢里，然后把自己蜷缩到后排的一个座位上。我能看到眼前的一切，但是我努力地想让自己不被人注意。有几个“老”球员朝我微笑，有的互相之间开着玩笑。半小时后我们到达钱皮诺机场。在那里，我们将登上恰拉皮科主席——他从维奥拉主席的遗孀手中接手了俱乐部——的一架飞机。我肚子很饿，一个小推车上摆满了巧克力块和小棒子供球员们取用，但是我从起飞后一直没有勇气走上前。球员们在特里戈利亚基地都用过餐了，而我还空着肚子。球队的两位“老人”贾尼尼和泰佩斯蒂利打破了僵局。他们应该理解了我的处境，因为他们拿了一堆巧克力来到我面前：“快吃吧，你这样可撑不到晚上。”我拿起一块巧克力，但可能我太小心翼翼了，两人同时喊道：“勇敢点，我们不会咬你的。”随后他们告诉我，我现在的心情他们都经历过，一切都会好起来的。“你很有实力，弗朗切斯科。”贾尼尼补充道，“我爸爸经常跟我说，罗马有了你，将会有一个美好的未来。你现在只需要让自己平静下来，不要被这帮老家伙吓到。”说完这些，他双手示意指向整个球队：大部分人在睡觉，但是他们怎么能在飞机上睡着的呢？有人在打牌，还有几个在翻阅报纸。队长最后跟我说：“到酒店我会跟你介绍他们。”我含含糊糊地说了声谢谢，也第一次有胆量冲他们做了一个鬼脸，尽管看上去就像再普通不过的微笑。

武亚丁·博斯科夫执教的罗马队在一线俱乐部里不温不火，很长时间里一直无法赢得更多积分。在意甲排行榜上，罗马仅排名第十，离当时最具统治力的阵容——卡佩罗麾下的AC米兰有着极大的差距。整体而言，自20世纪80年代初一次夺得意甲冠军和一次进入冠军杯决赛之后，罗马的水平逐渐下降，一直处于积分榜中游的水平，人们对此颇为不满。在联盟杯四分之一决赛被多特蒙德淘汰之后，此次前往布雷西亚，是因为意大利杯尚有争冠的希望，但决赛输给了都灵。

在布雷西亚入住的酒店非常豪华，或者至少对我来说是如此。我们下午比较晚才到达这里，幸运的是他们给我预订了一个单人间：与公布的大名单相比我们中缺少了哈斯勒，受伤的应该是他。随队而来的俱乐部高层费尔南多·法布里在酒店大堂给我们展示了一块小黑板，上面写着集合时间。晚餐定在8点开始，但是我7点就下楼了，既是出于兴奋，也是因为有些好奇。我还是对这一切感到羞愧，每一分钟我都能为此找到一个新的理由。比如，我用的是最新款式手机，但我不想让人觉得我在这方面是个狂热分子。我快速地给家人打了电话，告诉他们我们到了，一切都好，只是我还是对明天会发生什么一无所知。在被博斯科夫逮住之前——现在回想起来，我真的不知道这（指用新款手机）有什么不好的，我及时挂断了电话，他比球队大部分人都先下楼。看到我，他这次对我开了口："我经常去看预备队的比赛，托蒂。你对他们来说已经太强了，每场比赛你都能进两个球。听我说，当你每场比赛都进两个球时，你升入高级别的时机就来了。"这位斯拉夫教练有一句口头禅，言简意赅却是对我非常重要的教诲：每一次比赛之后，不要只是躺在功劳簿上，而是应该更加努力准备迎接新的挑战。

贾尼尼履行他的承诺向我介绍了其他队友，我感到很难面对他们的目光，但是至少我的眼睛没有看着地面。我正在成长？从我都不敢简单地跟他们说一句"晚上好"来看，我想我没有。到了某一个时刻，其他人还在玩着台球，贾尼尼指着他的手表给我示意，我飞快地说了一声"晚安"，但是我并不觉得自己真的要去睡觉。我躺在床上，一个细节让我激动不已：我两次数了数一共有几名球员，得到的数字都是16。因此，尽管还没有任何人正式通知我，我知道明天我将作为替补出战。

第二天，早上9点吃早餐，午餐在11点15分，下午1点举行赛前计划制定会，而这当然跟我无关。念出一大长串名字之后，博斯科夫确定让我穿16号球衣，当替补。球场人满为患，因为布雷西亚正在掉入降级区，必须自救。比赛气氛充满敌意，观众席上的球迷们喊叫着，无所不用其极地辱骂我们，但也就是半小时左右，比赛就没有悬念了。建功的是米哈伊洛维奇：他传中给卡尼吉亚，后者头球命中；之后，他又凭借惊人的任意球技术破门得分。布雷西亚队也有一位一流球员，罗马尼亚人哈吉，但是要把他的球队带上正轨，他还是显得过于势单力薄。下半场完全是消耗时间和看好防守区域，以免出现无谓的失误。第83分钟，博斯科夫用萨尔萨诺换下贾尼尼，然后突然把头扭向我，让我做好准备。我没有意识到他是冲我，还以为他在跟穆齐说话，我还替他喊了一声。罗伯特看着我直乐，对我说“他在说你，快准备”。跟我说？我感觉心都快跳到嗓子眼了。我猛地站起身，开始把队服的短裤往身上套。为了速度能快一些，我连鞋都没有脱，但这给我造成了令人难堪的局面：我得坐在地上费力地把裤子套进去。总之，一阵手忙脚乱。

“快，快。”法布里示意让我加快速度。博斯科夫某一刻对我的笨拙失去了耐心，狠狠地瞪着我说道：“托蒂，你怎么回事？第一次登场你不太愿意吗？”在他给我的限定时间稍纵即逝的前一刻，我终于做好了准备。第87分钟，我出场替下里齐泰利。我还有时间触到足球，把它带到角旗附近，争取了宝贵的几秒钟时间。然后裁判波吉吹响了终场的哨音，而我迷迷糊糊地意识到自己刚才站在了意甲的赛场上。这也是从这个周末开始以来，我第一次真正感到开心。

“小伙子，干得不错。下次你得带些点心来特里戈利亚，记住了。”回到更衣室，不止一个人摸了我的头，比赛胜利让大家的心情都不错，而我的初次登场也赢得了赞誉。意识到自己迈出重要的一步，让我鼓起了勇气，在回程的飞机上，我吃了几块巧克力和一盒榛子。我觉得自己配得上这些。在家里等待我的是一场小庆典，一半的亲戚都来了。由于时间太紧没有及时通知，要不然所有亲戚都会来。不过这样已经非常好了。第二天，我带着点心来到特里戈利亚（显然我得按照他的要求做），而法布里又给我分配了新任务："弗朗切斯科，从现在开始，除了预备队的日常活动以外，你以后每周跟一线队训练两次。我每次会告诉你训练的日期。"走出运动中心，我的心甜得像抹了蜜。

接下来的周日，我被纳入罗马和佛罗伦萨比赛的大名单，但我没有上场。再后来有一次我去了安科纳，踢了3分钟。我上场换下穆齐，当时比分是1比1平，所以比赛结果还未确定。自那次以后到赛季结束，我只有另外一次在主场与都灵比赛的时候坐过替补席。但是，非常重要的是，我有了与一线队一起训练的机会，这让我的所得比跟预备队训练一整个赛季的收获还要多。在与人打交道时，我总是显示出极大的尊重，而剩下那点羞愧之心也让我无师自通地在青年队更衣室里做出一些改变，这也是因为在一线队更衣室里没有空闲的衣柜，而我不想给他们添麻烦。最后，你们不要笑我，我一想到要跟他们一起淋浴就会特别羞臊。不，我真的不愿意。

从贾尼尼到泰佩斯蒂利——他俩总说我的好话——的老队员们，包括切尔沃内、卡博尼和博纳奇纳在内的"大佬"显然喜欢我这种态度。我的证据就是在赛季结束时，我收到一个令人昏厥的惊喜：在离队开始假期之前，俱乐部出纳翁贝托·斯帕达给了我一张2.18亿里拉的支票。

"这是通过联盟杯3轮以后你应得的。"

"可是联盟杯比赛时我都没有进入大名单。"

"你别跟我说。这是'大佬'们的决定，他们认为你应该分得一份。你去找他们理论吧。"

理论？如果可能的话，我恨不得亲吻他们。他们分给我这块明显分量过多的蛋糕，也给我传递了一个信息，那就是"你是我们中的一员"。那天我没有回家，因为我们都去了托法亚尼卡的公寓度假：我把支票卷起来放到口袋深处，并不停地触摸，生怕被人偷走。到了目的地以后，我飞快地爬了一层楼梯，然后在家人惊奇的目光下，掏出这张我平生遇到过的最珍贵的一张纸。“你们看！”

首先是绝对的震惊：所有人目瞪口呆了30秒，然后是无法控制的喜悦：又唱又跳足足有5分钟。再然后是盲目的惶恐：“上帝，今天是周五，我们没法在下周一之前把钱存到银行里，这个楼里发生过好几起偷盗事件。我们怎样才能给它找个安全的地方？”家人们白天晚上地看着它，实际上，他们一整个周末就是这么干的。周一上午，我们所有人开着车一起把钱存到爸爸工作的银行的一家分行。给支票找了个安全所在之后，妈妈通过电话给斯帕达了一个账号，告诉他我口袋里装着大额的钱到处转太让我分神了。这以后，罗马将通过转账支付我的收入。

事实上，从接下来的1993/1994赛季开始，我正式成为一线队的一员，因此签订了一份价值1.6亿里拉的合同。这对于一个17岁的孩子来说，是很好的数目，但还是要澄清一下：这既不代表任何社会地位的变化，也不意味着可以用这笔钱来对什么拮据的童年生活进行补偿。在我们家里爸爸从来没有让我们缺少过什么，甚至每年还能去度假，而这并不是所有人都有条件做到的。所以，足球带来的钱很快变得丰厚而且稳定，这是件大好事，不过我内心的“驱动力”却比任何时候都更多地来自我对足球的热爱。事实上，我会随意地跟亲戚和朋友谈及我的薪水，妈妈不得不多次提醒我，对某些话题保持低调是个好习惯，以免让我显得自满或是骄傲。当然，她也是考虑让我可以免受接踵而来的熟人们的烦扰——在知道我突如其来的财运之后，他们没法相信为什么跟我们这么久没见面了……

随着我生命中最重要的贵人之一卡尔洛·马佐尼的到来，新赛季开始了。像我一样，他也是来自罗马的罗马人，他正好赶上了人们对我的期望值不断提升的时期。他非常了解我面临的环境风险，因此很好地充当了我的盾牌，让我得到我所需要的一个赛季：在远离外界关注的情况下增强自己的实力。当有记者问他对把我列入首发队员名单有什么期待时，他愤怒地回答说："你们越是坚持想看到托蒂，我就越不让你们看到他。"他希望能够借此让人们关注我的热度有所降温。有时候我看到这些回答会觉得难过，人们施加压力想让我进入球队并不是我的错，我至少是希望能够多少踢一踢比赛的。但是直到2月，我连意甲赛场的影子都没看到。不过，对我来说，马佐尼真的就像我的另一位爸爸，人们都非常清楚，我对他来说不仅是工作一部分，而是重要得多的人。尽管他性格暴躁，但是对我的感情没有任何遮掩。

说到这里，在12月跟桑普多利亚之间的意大利杯争夺战之前举行的新闻发布会上，发生了一件广为流传的事情。里齐泰利和卡尼吉亚在训练最后几分钟发生冲突，打得头破血流，整个事件就是一场令人惊恐的灾难。两个人躺在地上，而马佐尼没有扔下他们不管。医务人员一边进行处理，一边等着救护车的到来，当天的计划被这一突发事件完全打乱。我已经完成当天的训练，一个人待在更衣室里，俱乐部一位高层刚好经过："托蒂，幸好你在。明天你会上场比赛，对吧？跟我来。"我乖乖地跟着他，等到发现我被带进新闻发布厅时，已经太迟了：发布厅里有50位严阵以待的记者，摆满了摄像机和麦克风。他们之前都在等着教练，而现在出现在他们面前的是一位从赛季初就被他们否定的球员。我害怕会出现我应付不了的局面。当然，他解救了我。正当新闻官很不情愿地准备宣布记者可以提问的时候，随着砰的一声开门声传来，马佐尼气喘吁吁地出现在众人面前："小伙子们，你们去淋浴，我来跟他们说。"尽管我刚刚淋浴完，却对此乐意之至。后来只有我俩时，他告诉我那个时候我要跟记者打交道还是太稚嫩了。如果记者们想利用我谈什么劲爆的话题，他们能让我在3秒钟之内就脱口说出他们想要的东西。

这个赛季里，我的第一个收获是置身这些"大人球员"的团队中不会再感到羞愧。我仍然沉默寡言，在集训时我可以看他们打台球看上几小时，或者坐在他们身边一边看电视里的比赛，一边听他们的评论。但是，在球场上我的个性开始显现，而每次一训练都是我提升战术素养、享受足球技艺的时刻。我会尝试一些踢球技巧，并且常常能够成功。我甚至有过面对几位老队员——皮亚琴蒂尼、博纳奇纳和卡博尼时进行穿裆过人的经历。这时候我会迎来他们怒视的目光，但是又往往会因为我动作的行云流水而得到“原谅”。他们知道我并不是在戏耍他们，要不然他们可能会踢上我几脚；很简单，如果穿裆是过他们最直接的方式，我就要尝试。

贾尼尼队长越来越成为我的标杆。他像爸爸一样将我置于他的保护之下，并且推荐弗朗哥·扎瓦利亚做我的经纪人，帮助我走好开始的路。踢客场的时候，“罗马王子”跟我住一个房间，他是个一沾枕头就能睡着的人。所以有不少次，我都会在关灯之前羡慕地看上他几眼，或者在去厕所时尽量小心，生怕弄出声响吵醒他。另一个我非常喜欢的人是切尔沃内，因为他是世界上最善良的人。但是，他的手有时又像一对铁铲，他发怒的时候必须把警察叫来才能制止他：有一次他和卡皮奥利之间因为一个角球发生误会，两个人吵得不可开交。跟平时的情况不一样，一直到比赛结束，两个人也没有和好。第二天在特里戈利亚，骂了一晚上脏话的切尔沃内拿定主意，把卡皮奥利推到了墙上，至少5个人一起才把后者从他的手里解救出来。有的人能够当你的朋友而不是敌人是非常好的事情，而在罗马有很多这样的人。这一点我是在意大利杯对阵桑普多利亚的比赛中意识到的，当时我作为首发球员登场。第8秒钟，维尔乔沃德从背后做了一个凶狠的铲球动作。裁判鸣哨后，我立刻站起来，好像什么都没发生。过了一会儿，他进行了第二次拦截，动作还是很大。我仍然保持耐心，在第10分钟他进行了第三次逼抢，但实际上他根本连球的影子都没看到。这次我在地上没能站起来，脚踝实在疼得厉害。当我重新站起来时，看到维尔乔沃德质问的眼神，我于是告诉他别再犯规。他没有出声，但是嘴唇嘟哝着骂着什么，这让紧张的气氛爆发了。有三四个队友冲上来维护我，然后双方之间打起了群架，持续数分钟之久。后来事态平息下来，他的动作仍然很果断，但是已经在可接受的范围之内。这件事让我明白，我成功地经受住了一次考验。

在板凳席上随队度过赛季整个第一阶段的比赛以后，在第二阶段我有了几次从第1分钟开始踢满全场和其他一些替补登场的经历。与上赛季的第十名相比，罗马队的表现有所改善，上升到第七名，但是仍然无缘各种杯赛，这当然不能说是令人满意的成绩，因为仅仅两个积分的增长确实拿不出手。不过，这一年我得到了长足的进步，因为马佐尼对我的关爱产生了积极作用：我阅读比赛的能力大大增强，而我越能深入理解战术策略，就越能更好地使用我的技术能力。是的，我的技术能力高于一线队的平均水平。

一场考验来临了？我在我的第一场德比中上场的方式，是在一种极为艰难的情况下发生的：上半场结束时，我们因为西格诺里的一个转身进球0比1落后。我正要前往更衣室，马佐尼的助教莱昂纳多·梅尼基尼让我留在场上："弗朗切斯科，你去好好热身一下，我们要让你上场。"在接下来的15分钟里，我拼命地奔跑，希望自己能像一颗炮弹一样进入赛场。体育场座无虚席，拉齐奥球迷高声歌唱着，而我们的支持者只能低声嘟哝。我有点害怕，但是我觉得自己应该能够承受住压力。我换下皮亚琴蒂尼，我们的阵型当然也发生改变。因为我们需要追赶比分，我上场司职第二前锋。我一上场就凶猛地冲刺，而内格罗不得不立刻跟上给我一脚，而这拉开了那一段时间里我们之间恶意对决的序幕。最后几分钟，在我几次不错的想法没能付诸实施之后，正好他在右翼，我越过他突入禁区，然后在底线附近传中，这时候我被人从背后碰了一下。我承认，其实我是可以站得住的，但是我传球没能成功，可能只能眼睁睁地看着球出界。实际上，裁判哨声响起示意犯规，我立刻被淹没在队友们的拥抱里。我其实想罚点球，在我注意到贾尼尼拿起足球，并且走向罚球点，我便什么都没说，而是默默地为他加油。我的第一次德比结果并不美妙：贾尼尼主罚的点球打出一些角度，但还是不够刁钻，马切吉亚尼一个鱼跃扑球，改变了足球的线路。比赛就这样结束了，我尽管踢得很好，却无法兴奋起来。所有人都气冲冲的，比赛结束后，森西主席到了更衣室，尽管他刚到，但是没有人能对他视而不见。

如果这就是1993/1994赛季最令人心潮澎湃的时刻，接下来的赛季我没有让人们等待太久。在第一轮比赛来临之前，马佐尼在特里戈利亚祭出一个新阵型来迎接与福贾的比赛，与新转会来的丰塞卡并肩作战的不是巴尔博，而是我。当时的规则是一场比赛只能有三名外国球员上场，而罗马有四名外援，在没有欧战任务的情况下，这造成一个排兵布阵的问题。第一轮巴尔博没有上场（出战的是阿尔代尔、特恩和丰塞卡），而这“得益”于我，因为马佐尼在场内外都对我非常信任。他不再担心我会在形势有利的时候头脑发热。

形势发展得很好，至少对我来说是如此。第30分钟，特恩往禁区里传了一个高球，丰塞卡赢得位置，但却背对球门，他看到我飞速插上，便将头往后一甩，把球传给了我。左脚的凌空抽射堪称完美，足球令人猝不及防地进入球门死角，随之而来的震耳欲聋的欢呼声让我激动万分。这是我在意甲的第一个进球，我真的要疯了。我怎么来庆祝？见鬼，我跟里卡多至少谈论过一千遍这个话题，而他总是回答我说：“你还是想着进球吧！”仿佛进球之后我就能自然而然地找到一个合适的庆祝方式。问题是，我确实之前想象过一百万次第一个进球的场景，但是我想的都是发生在南看台下面，那里我可以找到我所有的参照物，我能够立刻知道自己应该去哪个区域。但是在北看台下面，我不知道该怎么做。我走向角旗的方向，然后挥了挥拳头。其实我显得很笨拙，但我的内心却心潮澎湃，这太美妙了。

不过，罗马最终没有赢得那场比赛。下半场，卡图齐的队伍踢得很有压迫性，凭借科利瓦诺夫的进球扳平了比分。回到更衣室，马佐尼心情很不好，并且明确地要求我们不能自鸣得意。说到这些的时候，他把目光投向我，想知道我的心情。我觉得他应该对我的态度比较满意，因为在意甲打入第一个进球的喜悦已经随着福贾的进球烟消云散了，我感受到的只有失去胜利的苦涩。这对来我说是一种自然的本能，并不是勉强为之：随着时间的流逝，我后来懂得了一个道理，如果球队没有赢得比赛，那么没有一个冠军球员会为自己的表现沾沾自喜。

但这并没有影响我去找阿尔贝托叔叔兑现他的许诺，他答应在我打进意甲第一个进球后奖励我一辆山地自行车（一份很美妙的礼物，但是不要激动，他就是卖自行车的），也没有影响我确认在自己的第一个意甲赛季，我已经成为球队的一名主角，尽管这个进球并不足以让我保住位置，从第二轮比赛开始首发双子星变成了巴尔博和丰塞卡。他俩的组合踢得不错，而马佐尼由于只能选择三名外国球员而不得不时常在特恩和阿尔代尔之间做出取舍。但是教练还是发出了很多表明对我关注的信号，例如在意大利杯八分之一决赛对阵热那亚的第二回合比赛中让我首发登场。之前我们在马拉西球场收获了一场0比2的失利，在第二回合比赛中，我们对决的结果变成了3比0，而其中第一个进球就来自我那些“伟大的”吊射中的一次：这也在后来成为我的一项知名绝技。还是在意大利杯的比赛中我打进了职业生涯对阵尤文图斯的第一个进球，佩鲁济没能防住我的一次斜射。但是这无法改变比赛结果，他们在都灵3比0赢了我们，所以奥林匹克球场的那场3比1并不能让我们出线。不过，在巴尔博和丰塞卡缺阵的情况下，我在前场跟贾尼尼的配合如行云流水，我们下场时因为在这样一场无力回天的比赛中的英勇表现收获了球迷的掌声。我想尤文图斯的主帅里皮应该从那个晚上开始注意到了我，除了打进2比1领先的那个进球之外，我还助攻卡皮奥利，将比分改写为3比1，此外，裁判还吹掉一个我创造的点球。总体而言，我给尤文图斯的防线造成了很大的压力。

这一年我们还3比0赢得了罗马德比，90分钟比赛终场时，马佐尼兴奋地在南看台下面奔跑。那天的比赛，我一直坐在替补席，但是最后我感觉自己也踢了比赛，因为我能感同身受地体会到教练的百感交集：激情、痛苦、喜悦、担忧和兴奋。事实上比赛一直呈一边倒的趋势，巴尔博开场2分钟后破门得分，中场休息时我们以2比0领先。下半场刚开始，丰塞卡用一记射门锁定胜局。马佐尼兴奋得好像一座原子反应堆，我真希望能够录下他的样子，让人们知道对于一位罗马人来说德比意味着什么。终场哨吹响时出现了一个非常美妙的场景，马佐尼跑向南看台，但是很快就体力不支，步伐变得蹦蹦跳跳的，但是他紧握的拳头一直向看台上挥舞着，那里的球迷则用同样的动作回应他。是的，我替你们想到了多年之后的那个场景。那次在布雷西亚，他面对弧形看台的亚特兰大球迷在赛场上狂奔的第二天，我给他打了电话，表达我对他全力的支持和同情。在那次奔跑中，人们能够感受到一种对罗马精神的骄傲展现（尽管这种精神曾经遭到严重的、无所不用其极的诋毁），以及他对父母的深情，这一点尤为重要。看到他发狂的样子，我感到自己对他的情感无与伦比，而他在特里戈利亚任职期间也是每天都待我如此。我觉得，即便是那些极端球迷也会在某种程度上敬佩他的反应。马佐尼展示了他的血性，他是一个真正的男人。

他的第二个赛季明显好得多：罗马从第七名升到第五名，重新取得了联盟杯的资格。如果按照旧的积分规则（那是实行胜场记3分的第一年），罗马的名次比上赛季提升了八位。除了我崭露头角的第一个进球之外，我又三次破门，这也让巴尔博和丰塞卡这两位非常有实力的前锋对我有了更多信任。我知道阿贝尔不止一次地向马佐尼建议让我在他们身后的位置踢前腰：“只要弗朗切斯科在，经常会有各种机会，教练。”在接下来的赛季，我很快进入了锋线的轮换阵容，但是进球很少，整个联赛期间只有两次破门。不过，那个赛季在对阵比利时阿尔斯特时我打入欧战的第一个进球。然而，那个晚上气氛有些奇怪，我们4比0取得胜利，但是球迷还是嘘声不断。马佐尼再次带队取得了意甲联赛第五名的位置，在联盟杯中一直打到四分之一决赛，气氛很不妙。森西希望有所改变，他认为特里戈利亚的工作做得太不够了，想找一位新教练来大展宏图。1996年夏天他宣布卡洛斯·比安奇成为新教练时，并不是所有人都知道他是谁。或者，他们只是假装不知道，以此减轻与马佐尼分别所带来的痛楚。

比安奇来自阿根廷，分别在他的祖国和法国度过了他作为球员的漫长职业生涯，并且在萨斯菲尔德足球俱乐部赢得了荣誉。他取代了一位被认为在更衣室对球员过于纵容的罗马本土教练，并且从一开始就显示出了对罗马本土球员的极大成见。我想他可能向森西和在埃米利亚诺·马歇蒂卸任后成为体育总监的乔治·佩里内蒂提出要求，选择一批“他的”球员，而俱乐部可能也答应他在一定时间内兑现：俱乐部希望看看比安奇是否能够在欧战赛场上带来不同的表现。大家都知道，是时任俱乐部主席看中了他，而一开始很好的战绩——队伍在夏天并没有怎么训练，所以那样的战绩确实令人惊艳——让他名声大振，更使得俱乐部主席认为自己做出了一个英明的决定。佩里内蒂却没有那么激动，他甚至假装没有收到俱乐部主席立刻延长与阿根廷人合约的命令。他和我们一样，都不喜欢比安奇带到特里戈利亚的一些习惯，例如在组织队内比赛时，他会让罗马本土队员与其他人进行对抗，而这让我们感受到他对我们的厌恶。他旁若无人地为其他人加油，并且乐于看到我们被打败，但是我很尴尬地告诉你们，根本没有人相信我说的这些话。我很快就明白，他还特别针对我，因为他认为我是一个游手好闲的人。没有什么能够让他改变主意，即便我在训练中加倍努力，他对我的成见还是一如既往。

起初，我很难理解比安奇葫芦里到底卖的什么药，因为即便我踢了很多场比赛，并且有了很不错的表现，例如在对阵AC米兰时我从禁区外带球过人吊射空门得分（塞巴斯蒂亚诺·罗西出击失误），或者是在罗马与佛罗伦萨之战中，几乎是终场时刻我打入一个进球，将比分锁定为3比3（那场比赛有20次左右的得分机会，大部分都属于我们的对手），他依然我行我素。每次有记者问起他对我的评价，比安奇的回答总是显得不胜其烦：他总会说人们对“托蒂这个人”的支持过于夸张，来自坊间的压力让他无法很轻松地对我进行管理，而且我归根结底还是一个非常年轻的球员，一切还有待观察。他的言外之意就是我是一个“普通的”球员，人们对我怀有过高的期望。实际上在我的位置上，他希望使用亚里·利特曼宁，这位来自阿贾克斯的芬兰前腰是一位非常优秀的球员，但他的角色显然与我重合：他在场上处于跟我相同的位置，跟我做同样的事。当然，由于他丰富的经验，他可能比我要出色一些。很显然，如果他来了——有传言称他将成为罗马下个赛季引援的第一名队员，我可能得离开。实际上，比安奇已经与森西达成高度共识，要将我租借到桑普多利亚，而俱乐部其他高层仍然犹豫不决。但这是一个受到热那亚欢迎的提议：蒙特拉跟我通电话，向我描绘在利古里亚大区生活的美好画卷，曼奇尼也告诉我，如果我能跟他一起共事，他将感到非常高兴。因为我们的性格，我们之间的交流非常坦诚，但是如此细致的技术性对话是之前没有先例的。

没有人公开跟我谈论过此事，但是我知道相关谈判应该有了雏形。这让我感到不爽，我内心也做出了一个决定。我绝不接受租借和租借后的买断。如果他们强迫我离开罗马，我就永远不会再回来。这是原则问题，因为我无法接受刚刚成为球队未来发展规划的支柱没几个月，就落魄到为一位新的明星球员腾地方。我暗自下定决心，如果罗马要清除我，我一定要成为一名“普通的”冠军球员：先到桑普多利亚待上几年让自己最终变得成熟，然后转会到一支北方的豪门球队，比如AC米兰、国际米兰或者尤文图斯，如果罗马一定要将我扫地出门的话。这种想法我只跟维托坦白过，我与他的交情越来越深，只要一想到这件事，我就感觉像打翻了五味瓶。马佐尼对有些事情感觉非常敏锐，他打电话给我，语重心长地劝我不要做傻事，他跟我说："弗朗切（弗朗切斯科的昵称），你注定要在罗马功成名就的。"我也希望三思而后行，但是情况好像并不允许。

命运之手最后还是朝着马佐尼希望的方向划出了一道轨迹。2月9日的联赛因为有国家队的比赛而停赛，我本应跟随U21国家队出战——我刚刚跟塞萨尔·马尔蒂尼一起赢得了欧青赛冠军，按照年龄我可以再跟随国青队踢一个欧青赛周期，但是天知道什么原因，新主帅罗萨诺·詹帕利亚竟然没有将我招入队伍。于是我留在罗马，参加俱乐部在奥林匹克球场组织的三角赛，每场比赛45分钟，主要是为了让特里戈利亚的留守人员参与训练。根据协议，参赛队伍之一的门兴格拉德巴赫由于罗马"归还"马丁·达赫林（他在我们这里确实没有取得突破）而获得一部分补偿，另外一支受邀参赛的队伍是卡洛斯·比安奇点名要求的拥有利特曼宁的阿贾克斯。我参加了这一名为"罗马城市杯"的比赛，下定决心要为自己正名。是的，从小时候起，只要一想到离开罗马，我就会心痛不已，我已经习惯了罗马。但是在离开之前，我想留下我的印记，我想让他们感到遗憾：因为一个阿根廷人的选择，罗马原本能够也应该成就的事业不得不戛然而止。他是世界上唯一一个觉得我是一名普通球员的人。当时的气氛非常紧张，因为整个城市分裂为两个派别：有人认为我愚笨且不成熟——这也让我有了"大宝贝"这个著名的外号；也有人认为我只是一位对罗马毫不在意的教练的牺牲品。这是一种存在于从球迷到媒体之间的对立意见，在广播和电视上引爆了持续的讨论、争吵和骂战。我从来没有要求过任何一位记者支持对我有利的观点。从来没有。正因如此，在那段艰难的日子里，看到不惜一切代价想留住我的人越来越多，我感到加倍的欣喜。更有人直觉般地认定，我一旦离开罗马就永远不会再回来，并因此发出了罗马是否想撕毁一张中奖彩票的疑问。我感到受宠若惊。我决心要通过这次三角赛让人们记住我。

第一场阿贾克斯和门兴格拉德巴赫之间的比赛决定胜负的球员正是利特曼宁。比安奇为此欣喜不已，因为这让人们认识到，对于他的转会市场策略来说，那次三角赛是多么重要。轮到我们了，对手是德国人。我们采用了全新的4—3—3阵型：德尔维奇奥踢中锋，我和莫雷罗打边锋的位置。在托马西进球取得领先之后，我从右边路送出一脚精准的长传给莫雷罗，他随后传中给德尔维奇奥射门得分，比分改写为2比0。随后则是我的表演时刻。我先是带球过掉对方三名球员，之后面对出击的守门员设计了一次吊射，这让全体育场的人都激动得跳了起来。好吧，那天晚上球场来了1.2万名球迷，天气很冷，大家都穿得严严实实。但是我的精彩表现是毋庸置疑的，也值得庆祝。我想这应该在主席台上也引发了骚动。

进入决赛的是罗马和阿贾克斯，对我来说，这是我和利特曼宁之间的一次个人对决，而他可能对这背后发生的一切都一无所知。作为当晚的开场表现，我打进了一个漂亮的进球，从禁区线附近的一次正脚背抽射，将足球直接送入球门死角，而范德萨只能目瞪口呆地看着（在这位优秀的荷兰门将的职业生涯里，这并不是唯一一次……）。从看台上传来“谁都不许动托蒂”的合唱，而比安奇则呆若木鸡，或者这只是我不怀好意的揣摩。我承认，我一直心怀不满，需要发泄，而那天晚上，我用最好的方式把这种情绪宣泄了出来。坎德拉也打进他在罗马的第一个进球，这开启了他在罗马队值得铭记的职业生涯。最后的比分定格在2比0，我是那晚当仁不让的主角。之后在深夜的电视节目里，我看到在球场出口处被记者层层包围的俱乐部主席，他表态：“托蒂比利特曼宁出色得多，我这么说不是为了把购买芬兰人的开支省下来。我不会允许弗朗切斯科离开罗马，他是我们的未来。”

《滑动门》（*Sliding Door*）是一部格温妮丝·帕特洛主演的天才电影，影片讲述的是女主角的命运因搭上或错过地铁而迥然不同的故事。这部电影在“罗马城市杯”举办的后一年，也就是1998年上映，电影的名称很快就成为命运的代名词。如果可怜的詹帕利亚——几年之后他就去世了——顺其自然地把我招进U21队伍，我就不会参加那次三角赛，也就不会打入那几个进球，而比安奇很可能会最终说服森西把我租借到桑普多利亚。一旦我去了，我再次重申，就绝不会再回来。如果那样的话，我的人生应该与现在完全不同。每次一想到这里，我就会不寒而栗。

也正是在那个夜晚，俱乐部主管球队的高层们——从普鲁佐到孔蒂，再到佩里内蒂，都不断地向森西施压，让他把我放到未来发展规划的中心位置。与此同时，球队的成绩因为人员精力不济而不尽如人意，主席钟情比安奇的热度开始相应地减弱。但是我不相信坊间传闻的那样，比安奇曾在某一时刻向俱乐部发出“要么我留下，要么托蒂留下”的最后通牒，因为这样的对立并没有意义。两个月之后，比安奇还是下课了，对他致命的一击来自对阵卡利亚里队的失利。他离开前跟我们进行了简短的道别，并且跟我说“祝你好运”。我注视着他的目光，看到了一位悲伤的男人。后来，他在南美带领博卡青年赢得了很多奖杯。在多年以后的一次采访中他表示，我是他执教过的球员中最出色的一位，可以与伟大的里克尔梅相提并论。但是，这是他在看到我职业生涯的轨迹之后的后知后觉：在我们共事的时候，他对我的重视程度非常有限。

比安奇离开时，罗马排在联赛第七名。森西希望花点时间找到一位继任者，因此让年迈的尼尔斯·利德霍尔姆指导从预备队提拔上来的塞拉的工作，直到赛季结束。从成绩上来看，这是一段情况复杂的时期，因为半支队伍丧失了斗志，我们几乎到了降级区边缘。从人情上来说，我很高兴能够与利德霍尔姆这位重要角色（带领罗马队取得第二座意甲冠军奖杯的功勋教练和传奇人物）有所交集，尽管时间只有短短的两个月。这是75岁的他最后一次任职，成绩平平。但是我却永远记得他的和蔼可亲，他对我球技的喜爱。他总是激励我：“让我看到你的表现，让我看到你的表现！”他一次次地把球轻轻地传给我，而我会把球停住，或者凌空抽射，或者把球控制住，而这常常会换得他的一个微笑。他曾经对我说，他喜欢我，因为我是一个优雅的球员。而我也喜欢他，因为他骨子里就是一位优雅的绅士。

4

球星

森西主席属意的人选是乔瓦尼·特拉帕托尼，他刚刚率领拜仁慕尼黑赢得德甲联赛冠军，与巴伐利亚这家伟大的俱乐部还有一年合约。队里的人跟我说，在整个春天双方之间都有一些接触：他本人愿意来罗马，但德国人就是德国人，他们不会放走还在合同期内的教练。就这样，经过无数次徒劳无功的尝试之后，乔治·佩里内蒂打出了他手里的牌，推出了兹德涅克·泽曼这个人选。俱乐部主席的第一反应是一声惊恐的大吼：波希米亚人刚刚在1月份被拉齐奥辞退，怎么能想到让他在这个时候来罗马呢？佩里内蒂做出了让步，但这只是他的一个战术动作：待时机一到他便再次提出这个建议，身边还多了一位令人意想不到的盟友。根据他的讲述，在一个雨夜，他们参加完蝎子品牌（*Castelli*）颁奖礼的回程路上，一切尘埃落定。俱乐部体育总监与弗朗哥·森西和玛利亚·森西坐在车里，外面下着瓢泼大雨，他们甚至担心司机会迷路。话匣子被打开了："主席，辞退比安奇是我们做出的一个正确决定，我们的首要任务是找到一位能够最大限度发掘托蒂潜能的教练。罗马的未来将取决于此，而泽曼知道如何使用前锋，这一点您通过他在福贾和拉齐奥的表现能够看到……"森西则一再坚持他不想启用一名被拉齐奥扫地出门的教练，因为球迷们不会理解这样的行为。但是，一颗种子已经在他心里种下了。在到达他们罗马古道的住处——帕切利别墅之前不久，一直安静聆听不发一言的玛利亚·森西说出了瞬间改变形势的一句话："弗朗哥，你知道吗，我觉得乔治（佩里内蒂）说得有道理……"

玛利亚是主席的主心骨，是他最愿意听从的顾问，也是一位直觉很准的女性。她的丈夫对她极为看重，而有了她的加持，选择泽曼的道路变得一路坦途。甚至球迷们的反应也完全不是负面的：想到波希米亚人将把他在其他地方（当然包括拉齐奥）所推崇的猛攻型和观赏型足球带到特里戈利亚，我们的球迷都充满期待和想象。那是一种不同的足球，战术打法被放在重要得多的位置，而在多年追求成绩却不幸无功而返的情况下，罗马愿意接受通过美丽足球来取得好的成绩。另外，泽曼是一位以德服人和严肃认真的专业人士，因此得到所有人的尊重：考虑到这些，谁还会在乎他曾经执教过拉齐奥。

维托很快就入了他的工作团队，他认为泽曼是一位奠定我受用一生的竞技基础的教练。他的工作显然极富成效，这一点从我退役的年龄就能看出来。在此之前，泽曼因被认为更适合训练一支海军陆战队而不是足球队而闻名。在我们集合的第一天，我们一个个面露忧色，而波希米亚人则投以讽刺的眼神。例如，我曾开玩笑说我得装病，要不然我可能无法从卡芬堡的集训中活着回来。没错，我真的想这么做：他第一天就让我跑了3000米，休息几分钟后又让我跑了3500米，第二次休息后还是一个3000米才算完。我几乎爬着才回到房间。第二天，他选了德尔维奇奥、卡福、迪弗朗西斯科和托马西跟我分到一个小组：老样子，我们跑了10个1000米，每次的休息时间都很短。俱乐部还设法透风到更衣室，让我们知道泽曼之所以被选中，还因为他就像一台推土机，能够摧毁更衣室里的特权体系，并恢复正常的工作秩序。话虽如此，之前的管理也并没有那么糟糕，要不然就是对马佐尼不够尊重，但是把泽曼和推土机联系起来还是有其合理性的。

从第一天开始，教练就给我取了一个流传至今的绰号，在他15年后重返特里戈利亚时也是如此。他叫我“球星”，我想应该是队中最佳的意思。这其中也不乏一些讽刺的意味，但是从他口出说出这个词又让人觉得并非语中带刺。泽曼认为我是意大利最优秀的球员，或者至少他认为我有这个潜力，而这决定了他的行事方式：他像对其他人一样对我要求严格，以此昭示在新的罗马队里不存在对谁的偏袒。不过，他在对我这样做时，嘴角至少会扬起一丝愉快的微笑。他每天都会检查我们的体重，有时候，特别是在初期，我们都没少为此交罚款。他不会用护士提供的体重秤，因为他觉得我们有人会在头一天晚上做手脚，所以每天都会从家里带来一台自己的体重秤。只要看到有谁体重多了哪怕100克，他就会盘问你头一天晚上吃了什么（放了几勺油、咖啡里是否放了糖）。他能够识破我们为了掩盖多出来的那一公斤所用的所有小伎俩："别用手扶着，球星，两只手都举起来。"他的团队没有饮食学家，有他就够了，甚至绰绰有余。我一直对饮食非常注意，但是在跟泽曼共事的那一段时间里，我也觉得有些吃不消。

如果这些是奖牌的反面，另外一面就是阳光普照的。多年以来，即便在同一支队伍，我的位置和角色一直变幻不定，而波希米亚人最终给了我一个明确的定位，在他经典的4—3—3阵型中打左边路，同时可以依靠我精准的传球和右脚射门能力切入中路。我说得更清楚一点：在我进入意甲的菜鸟赛季里，我的战术意识得到了提高，踢球的经验也得到丰富，但是我的进球很少。泽曼激励我把射门得分作为第一要务，因为他相信我将来每个赛季都能打进20个进球，而这还是在我并不是作为一名纯粹前锋的情况下。他执教的队伍进球数总是很多，而经过前几个月的训练之后不难理解其中的原因：每次集训，他每天让我们进行长达两小时的进攻战术演练，即便我们回到特里戈利亚，这个时间也不会短多少。我想告诉那些推崇体能训练的人：在没有比赛的时间里，泽曼会进行周三和周五的一周双练，这是一种在东方国家早已蔚然成风的训练体系（当然，这是维托告诉我的，在我的胁迫之下）。

根据我的特点，我实际上是在模仿西格诺里效力福贾时的踢球方式；如果要找一个更现代的模板的话，是在效仿萨里执教那不勒斯时期的因西涅。在遭遇那个赛季第一个转折点——令我们颜面扫地的罗马德比之前，一切运转得还不错。那一天，尽管我们在法瓦利开场不久就被罚下的情况下，以多一个人的阵容踢了几乎整场比赛，结果还是以1比3失利。并不是所有比赛都是一样的，尽管那段时间泽曼一直不断地向我们重申这一点，希望借此缓解我们因这样一场让我们背负太多的比赛而承受的压力：以那种方式输掉与拉齐奥的比赛让一切回到了原点，而此前的积极成效瞬间化为泡影。幸运的是，我们很快重整旗鼓，依靠我打进的两个非常漂亮的进球以2比1赢下巴里：一个是打进球门死角的任意球地滚球射门；另一个则是难度系数很高的凌空抽射。罗马进入排行榜第四，形势大好。

实际上，我们一方面从那个时候开始了打造4年后的意甲夺冠阵容——马佐尼最后一次引援给我们带来了德尔维奇奥；在比安奇执教的赛季我们迎来托马西和坎德拉；夏天卡福和迪弗朗西斯科加入我们。另一方面，很多替补队员（在这里没有必要提及他们的名字）的水平太低，无法在首发队员缺阵时打出像样的表现。我们再次升到联赛第三名，但是这之后等待我们的是另一场耻辱之战：我们0比3输给国际米兰，在比赛结束阶段我甚至还被裁判罚下。

在圣西罗的失利让我们备受打击。很多年以来，我们在米兰城总是输球，也许我们在从菲乌米奇诺机场搭飞机时就该暗自祈祷。输球的原因是在那座非凡的球场，我们总是找不到感觉：我职业生涯的开端正好赶上AC米兰和国际米兰都非常强大的时期，它们经常能拥有世界上最好的球员，而罗马甚至连站上领奖台都不敢奢望。有鉴于此，在圣西罗登场会让我拥有仅次于在我的主场奥林匹克的激动心情。这不是开玩笑，因为这座如同歌剧界斯卡拉剧院般的足球圣殿，不仅仅是一幅美丽的图景，更是真切的现实存在：在我不再因敬畏而束手束脚时；当我在不得不面对四个人的防守不再担心犯错时，我才认识到这一点。除了在这里经历失败之外，从某一个我们开始扭转颓势并赢得一些胜利的时刻开始；从我完成一个漂亮的技术动作之后球场里响起的嘟囔声里，我开始明白我置身何处，特别是意识到谁在注视着我。圣西罗崇尚实力，当你能够向它展示你的实力时，它会比其他任何一个球场更加认可你。这里的人可能会嘘你骂你，特别是你让他们感到害怕的时候，但是他们希望看到精彩的表现，不管你穿什么样的球衣。同样的情况可能之前在其他地方也有过，但我已经想不起来了。在圣西罗，我清楚地记得在完成一次高难度的技术动作、在打出精彩的表现之后被替换下场时人们给我的掌声。因为所有这些原因，输球很让人难受，而那一天国际米兰给我们的沉重一击需要两个月的时间来进行调整：在那两个月时间里，我们在排行榜上从第三名下滑到了第八名，而在失球方面的数据甚至比原来还要糟糕。所有人都在关注这方面的统计，特别是考虑到泽曼就任前我们在这方面的表现。于是，我们中有人细声细气、毕恭毕敬地问他，是否需要每次从进攻训练的数小时里留出一小时打磨防线。他是一个非常聪明的人，能够理解我们的疑虑，但是却并不赞同："你们应该想的是怎么样多进一个球。这对你们来说并不难。"他深吸了一口香烟，慢悠悠地对我们如此说道，同时也意识到了我们对他的顺从。他追问我："你也想跟我说这个吗，球星？"很显然，我们很难在这个议题上坚持己见。

然而，除了失球，毁了我们这个赛季的是四场德比：两场联赛和两场意大利杯比赛的失利，一连串的失败自然而然造成了我们与球迷之间的紧张情绪。每一场失败的原因不尽相同，但是整体而言，我们从心理上处于明显的劣势。赛季结束前三天，对阵那个赛季大势已去的AC米兰，我们在奥林匹克球场取得了一场5比0的大胜，这使得我们在紧张的氛围中大舒了一口气。在AC米兰教练席上坐着的是开始暴跳如雷，随后无可奈何的法比奥·卡佩罗。我们在比赛结束后打了招呼，但是没想到，至少我没想到在不久的将来会有什么在等待我们。泽曼执教的第一年，罗马最终在意甲排名第四。在进球数方面，罗马跟冠军尤文图斯一同被评选为最佳，而丢球数只排在第七少的位置。拉齐奥在意甲排行榜上位列罗马之后，但这并不能让我们有所释怀。恰恰相反。拉齐奥赢得了意大利杯，而这也是后来他们赢得一连串该奖项的开始。

然而，如果冷静地分析，那一年的排名是我当时随队所取得的最好成绩（在马佐尼时期我们有过几次位列第五），同时我创造了个人的进球纪录：13个进球，而且是在没有踢过点球的情况下。所以这并不糟糕，夏天时我的名字长期在报纸上出现，尽管转会市场版面对我的关注并不多，至少在我职业生涯的那个阶段，我的选择是很明确的，而且在国家队版面上，我同样受到关注。在世界杯上，意大利点球大战不敌法国被淘汰，佐夫取代塞萨尔·马尔蒂尼成为新主教练，而我成为进入蓝色军团新一代球员中呼声最高、最被看好的一个。我之所以声名鹊起，并非一日之功。在罗马，很长时间以来我不得不放弃在市中心散步的自由，但是，我当然很看重能够一跃成为国家队一员的机会。我知名度上升的一个佐证，是*Scherzi a parte*节目组与队友路易吉·迪比亚吉奥和法比奥·佩特鲁齐合谋让我成为被整蛊对象。那天，他们坚持带我去托法亚尼卡的一家餐馆，而我们是唯一一桌客人。餐馆有一个女服务员，在我们到那里几分钟后，她用再明显不过的方式脱去身上的衣物。实际上，当时的情况值得怀疑，因为在我问餐厅经理洗手间在哪儿时，他告诉我暂时无法使用。后来我发现，那些隐藏的摄像机就安装在洗手间前面……吉吉（路易吉的昵称）和法比奥借故离开，他们让我打出租车回家，而此时我的疑惑就变得证据确凿，但这没有让我停下与那个女孩的调情，当整蛊被揭穿后（其实并没有让我感到很惊讶），我不觉得同意让节目播出有什么问题。总而言之，那些年是轻松快乐、充满欢笑的时光，生活很美好。

1998年夏天，另一位罗马夺得意甲冠军的主角之一安东尼奥·卡洛斯·扎戈加入我们。他是一个非典型的巴西人，在跟罗马签约时他已经29岁，之前还在日本踢过球：他不再是一个毛头小子，而他的职业生涯大部分时间都是跟持重而狡黠的阿尔代尔领衔的巴西国家队队友一起度过的。

他会自己决定在什么时机给予你信任，但是在球场上他是一个高水准的后卫：这一点在后来显得弥足珍贵。泽曼在第二个夏天还是给我们安排了非常可观的训练任务，让我难受的是，该死的维托总是跟教练一个鼻孔出气，并且增加我跑步的距离，因为他知道我其实是想少跑一些的。真拿他们没办法！

1998年10月是我生命中最重要的月份之一。我刚满22岁，佐夫让我在对阵瑞士的比赛中首次代表国家出场。在后文关于我身披蓝色战袍生涯的章节里，我还会更多地谈及这个话题。一周后，因为阿尔代尔被停赛一轮，我平生第一次戴上罗马的队长袖标：我心潮澎湃，但是那天我们主场对阵佛罗伦萨的比赛却令人苦不堪言，因为巴蒂斯图塔——如果不是他，还会有谁——率领紫衣军团取得领先，而比赛一小时后因为迪比亚吉奥、坎德拉和法尔科内先后被罚下，比赛双方变成了9人对10人。命运没有让我第一次当队长的经历因失败而蒙羞，因为命运之神使用的手段常常出人意料，决定那场比赛的主角是古斯塔沃・巴特尔特，一个刚入队后来很快就离开的阿根廷小伙子。这个可怜的家伙，第一次参加集训我们就因为他的穿衣打扮和言行举止拿他打趣，他让我们感觉他就像克劳迪奥・卡尼吉亚的弟弟。当天的情形是这样的，泽曼在比赛只剩15分钟时绝望地让他上场参与混战，根据他后来的履历来看，巴特尔特打出了他在罗马俱乐部甚至整个职业生涯里最好的表现。他在右路把佛罗伦萨的防线搅得天翻地覆，在第89分钟和第94分钟两次将足球传到中路，分别由阿莱尼切夫和我（实际上第二个球是巴特尔特的射门被门将扑出后我补射得分）实现令人难以置信的反超比分。赛后大家为我的第一次队长经历举杯欢庆，那真是无与伦比的欢乐时刻。

之后的一场客场征战中，我们在圣西罗以2比3输给AC米兰。随后的周三，我们来到贝尔加莫参加对阵亚特兰大的意大利杯八分之一决赛。比赛结果为1比1，阿尔代尔在更衣室里让我们都安静一会儿。我刚刚洗完澡，坐在一个角落里，完全没有想到他接下来要说的话。

“今晚是我最后一次佩戴罗马队长袖标了。从下一场比赛开始，我将把这份使命、荣誉和责任交给弗朗切斯科。他是罗马人，我们都知道他将来会成为一个伟大的冠军球员，他对俱乐部和罗马城的爱将会是他未来年复一年代表我们的保证。我希望大家祝福他，伴他左右。谢谢！”

尽管之前可能知会过泽曼，阿尔代尔的做法还是让我目瞪口呆，而队友则纷纷上来拥抱我，跟我紧紧地握手。我手足无措，用目光四处找寻他却始终没有找到，因为他已经走出了更衣室。多年之后他在一次采访中表示，做出那个决定的一个原因是他正因合同延长问题经历一个与俱乐部关系冷淡的时刻，他担心这件事会给他带来更多的压力。无论如何，阿尔代尔的举动让我处于尴尬境地，因为我还处于被别人狠狠地踢一脚，队友们都会跑过来维护我的阶段。我的意思是，维护我，以免我因为自己的行为自食恶果：我从来都不是一个受到排挤的人，但却是个冲动的人，一旦面对动作特别凶狠的后卫，当然会有想要给他一拳的冲动。作为一名队长，我必须摒弃脑子里的某些愚蠢想法。

我的第二个也是决定性的“第一次”，定格在1998年10月31日。跟乌迪内斯队长卡洛里和裁判梅西纳握手时，我感到有些激动。我意识到从现在开始，我需要注意自己对主裁判的态度。当然，如果你们现在提示我在后来并没有经常做到这一点，也并没有意义。这一点我很清楚。总之，那天一切来得很容易：罗马4比0取得胜利，而它的新队长独中两元，第一个进球非常精彩。奇门蒂的大脚开球，德尔维奇奥头球向前摆渡，我左脚凌空抽射，足球完美地越过图尔奇的十指关。这是在一个特别的时机完成的一个特别的进球。

两周之后，也就是11月中旬，我们取得了本赛季积分榜上的最高排名。在以干净利落的2比0击败刚刚遭遇德尔皮耶罗整赛季报销的尤文图斯之后，我们离领头羊佛罗伦萨只有1分的差距。取得领先优势的进球来自乐天派保罗·塞尔吉奥，但是导火索却来自我的一个街头足球的动作。这个动作的处理在意甲赛场上显得具有天才般的创意，但是对于从小在院子练习传球和射门的人来说是再熟悉不过的。这是一种狡黠的处理方式，但是完全合规。对方在后场对我造成犯规，我起身后发现没有人想到去保护球，因为他们都忙着组织人墙。我于是给保罗·塞尔吉奥递了一个眼神，而他很快心领神会。我用右脚把球搓起来，足球越过仿佛泥塑般原地等待直接任意球的人群，落在巴西人的脚下，而他一记凌空抽射，足球越过佩鲁济直入球门。这是一个精妙的进球。

又过了两周，我们遇到一场戏剧性的比赛。比赛进行到某一个时刻，我们以1比3落后，并且少一人应战，但是接下来我们开始在这场对拉齐奥的德比中展开反击。比赛结束时比分变为3比3，最后扳平比分的球由我打进，这是我在同城大战中的第一个进球，在第二回合的德比中我再下一城，我们最终获胜。因此，我们在短时间里闯过两道难关：战胜了尤文图斯，保住了德比。那么，我们还有什么理由不一往无前？然而，在圣西罗还是老样子，我们1比4输给国际米兰，回到主场也没有好到哪儿去。我们的失球有点多，这一点没有必要回避。例如，在卡利亚里我们3比4失利，尽管有3个客场进球，但问题是我们的失球多达4个。曾经距离意甲榜首只有1分的差距，联赛半程时，却拉大到了8分——你们能相信吗——我们在进攻端排名第一，防守端只排名第十。赛季下半程我们以两场客场失利开局，铩羽萨勒诺和威尼斯；在主场则与恩波利战平。到2月初，罗马积分排在第七位，距离榜首有着14分的差距，完全与上半个赛季判若两队；我们已经从意大利杯出局；还有欧联杯和马德里竞技的四分之一决赛将在3月开打（我们同样也输了）。

森西主席一直对一件事守口如瓶，但我相信他跟法比奥·卡佩罗的第一次接触应该差不多是在那一段日子。卡佩罗处于赋闲状态：带领皇家马德里赢得西甲冠军，并回到米兰度过一段不愉快的时光之后，他休息了一年，但是心里很清楚可能会有俱乐部跟他接洽。在他与罗马进行商谈的众多原因中，一定有他对这座城市的爱，因为他是一位爱美之人，还因为作为球员，他在罗马度过的三个赛季经常出现在他的访谈中：卡佩罗在尤文图斯取得成功之前，他是20世纪60年代罗马俱乐部非常重要的成员。与此同时，泽曼的表现有所回升，我们在奥林匹克球场击败AC米兰和拉齐奥，在佛罗伦萨崩盘之后，这两支队伍都是意甲冠军的有力争夺者（失去皮耶罗的尤文图斯夺冠希望极为渺茫）。然而，每次我们的战舰眼看就要重新回到吃水线时，总会有意想不到的事毁掉一切。国际米兰已经陷入自由落体的状态，但是在我们的主场还是以5比4的比分赢得胜利，我们的防线被打得千疮百孔，悲惨至极。最后，我们以比前一年少5分的成绩排在意甲第五名，而我们在进球数方面依然很耀眼：我们是意甲进球数最多的球队，但是在防守方面只排名第十。

泽曼的离开让我伤感，因为在所有青睐我的教练中，他真的是最喜欢我的那一个，而这当然让我倍感自豪。如果回看两年前的我，再看看现在的我，我的飞跃是显而易见的。当波希米亚人来到罗马，叫我“球星”时，我还配不上这个称号；现在我是“队长”，这是一个将一直陪伴我直到退役，甚至更长时间的称谓。

因为有人离别而引发的伤感和有新人到来带来的兴奋，两者之间的界限我从来没有弄清楚到底在哪里。但是，可能看上去会显得有些虚伪，我向你们发誓，这是两种水乳交融的感觉。泽曼的离去和对他的感激让我伤心不已。听到卡佩罗被聘任为主帅的消息——我跟所有人一样是从电视上知道的，森西在那时显然还不会征求我的意见——我正在托法亚尼卡度假，我们差点就冲到街上参加巡游，就像全罗马城的人做的那样。卡佩罗就是胜利的象征和化身。俱乐部通过聘任他公开宣示了自己的目标，而如果他接受，就意味着这是一个可能完成的任务，否则他应该会去别的地方。尽管整个罗马都非常喜欢泽曼，但这座城市还是（为新教练的到来）

欣喜若狂。有人问我的看法时，我都用一句非常简单的话来回复他们：“没有人聘任卡佩罗会是为了争夺第二名。”森西已经发表了战斗宣言。

见面会定在7月5日晚饭后，在特里戈利亚基地召开。晚上10点，特里戈利亚基地前挤得水泄不通，警方透露有5000人聚集于此。人们兴奋而狂热，因为大家都意识到，这可能是一个历史性时刻。卡佩罗正在酒吧等着我们，我想他应该对人们的期待感到高兴，尽管如此，他也不会溢于言表。我的第一印象是，只要他看着你，你就能感受到他的压力。他看上去很自信果决，令人望而生畏。那天晚上，我们仅仅是互相自我介绍，但是他还是借此机会告诉我，第二天上午我将是第一个与他进行个别谈话的人。我是队长，这也是卡佩罗如此待我的原因。晚上我没睡多久，睡得很不好，因为我一直在想着跟他的第一次面对面。

“弗朗切斯科，你是我们阵容中最重要的人物。我指的不是你的技术能力，这一点我当然了解得很清楚，而是指你作为队长的身份。你需要承担起这份职责，并成为其他队友的榜样。我所有的事情都会让你参与，因为对我来说，队长不仅在比赛的90分钟里代表球队，而是永远如此。如果团队出现什么问题，我会找你谈，而你再向全队转达。”他说话的口气有如军人，实际上，我认为卡佩罗提出希望打造钢铁般的组织，这正是扭转罗马一直以来管理不严局面的第一个信号。例如，他命令把球门后的移动网升高，以此避免需要跑很远去捡回飞出去的球。他还要求给围墙加上双重遮挡，以防有人对我们进行窥探。这些都是比较简单的事，但是在他之前谁都没有想到。

卡佩罗运作的第一批球员转会，带来了其他未来的意大利冠军球员，从安东尼奥利到卢帕特利，从扎内蒂到温琴佐·蒙特拉，但是这还不足以帮助我们取胜，因为我们也失去了一些优秀球员，迪比亚吉奥去了国际米兰，保罗·塞尔吉奥去了拜仁慕尼黑。这个赛季跟前面几个赛季差不多：我们取得非常不错的开局，在某一时刻甚至在积分榜上排名榜首。到赛季上半程结束，我们的表现仍然可圈可点（我们在积分榜上排名第三，落后尤文图斯4分，仍然是意甲最佳进攻球队，防守方面排名第五）。但是后来，我们开始走下坡路，直至崩盘。我们最终排名第六，成绩还不如泽曼执教的赛季。不仅如此，拉齐奥赢得了意甲冠军。总之，那就是一场不折不扣的风暴。

我那个赛季踢得不好。进球很少，只有7个，而且其中4个是点球，第一个运动战进球直到第十二轮才姗姗来迟。鉴于自己表现不佳，我便专注于帮助蒙特拉。他打入18个进球，也让卡佩罗对他的信任达到一定程度。教练对全队的整体质量感到失望，认为罗马要赢得冠军应该有一些大手笔的引援。尽管成绩不尽如人意，人们还是很支持他，但俱乐部主席承担的压力变得越来越大。在第一个我“应该”赢得冠军的赛季，我自己都不满意自己在自我约束方面的表现。与佛罗伦萨的比赛结束前几分钟，我与海因里希纠缠到一起，双双被红牌罚下，这导致我下周在对阵尤文图斯的比赛中无法上场。在佩鲁贾，我忘了主裁判博列洛是一个小气易怒的人，在跟他争论时把手放到他的胸上，这又是一张红牌，球队拼死拼活才把1个积分带回家。这不是作为队长应有的所作所为，我应该把这一点牢牢地记在脑子里。

在我25年球员生涯里，流传的有关我的传言中，最可笑的是我反对俱乐部购买其他冠军球员，以此来维护我罗马老大的位置。这真是荒谬。事实完全相反，我总在向主席施压，让他们招来一些伟大的球员，一些能够帮助我们赢得冠军的球员。不仅如此，与今天所有人都费尽心思打听别人的收入不同，我从来都不想知道其他队友挣了多少钱。如果巴蒂斯图塔在罗马赚的钱比我多，那么我为他感到高兴。加布里埃尔·巴蒂斯图塔并不是被随意选中的：他在卡佩罗的引援名单中排在第一位，当森西宣布他被罗马买下时，我高兴得像个孩子。他是我们拼图中最后的几块之一，其他人包括萨穆埃尔、泽比纳和埃莫森，他们构成了球队的中流砥柱。如果有人怀疑我为增强球队实力所付出的努力，我会把布冯和卡纳瓦罗叫来作证：我不知道烦过他们多少次——我跟他们走得很近，而罗马和帕尔马曾为此商谈了很长时间。如果还有人这么说我，这样的证据还有很多。

5

长征

赢得意甲冠军的赛季刚开始时，我们被球迷拿鱼摔到脸上，真的就是字面的意思。他们因我们在9月末那个炎热的下午在意大利杯中被亚特兰大淘汰出局而震怒。

因为要等待从悉尼返回的国奥队队员，新赛季推迟了一个月——意甲比赛从10月1日才开始，这个漫长的夏季也产生了一些动荡。就是在这种情况下，我们先是在奥林匹克球场取得1比1，一周之后又在贝尔加莫被亚特兰大4比2击败，赛季的第一个目标就这样泡汤了。球迷们本来就对上赛季我们只排名第六、特别是拉齐奥赢得意甲冠军感到愤怒，他们的不满因此达到了顶峰。第二天下午，有3000—4000人围住特里戈利亚，当知道球员都在仅仅一墙之隔的停车场内时，他们把不计其数的鱼——我想并不怎么新鲜——和鸡蛋向我们投掷过来。我们只能抱头鼠窜地跑到基地，等待他们的弹药消耗殆尽。卡福刚刚开着车驶出基地大门，立刻就掉头开了回来，但是车身上还是留下了无数脚印。特里戈利亚基地外面，得到这里有大型集会警报赶来的警察发射了数枚催泪弹。那是一场难以收拾的局面，必须在有人受伤之前加以应对。

我们都从基地走到外面，包括球员和卡佩罗。我们坚毅地顶住第一轮辱骂。场面极为混乱，所有人都在吼叫，好在紧张局势持续了几分钟后，南看台的几位球迷领袖掌控住了局势，与球迷们开始进行至少是更加平和有序的对话。不出所料，球迷们的攻击还是老生常谈，从质问我们为什么会在贝尔加莫输球到究竟因为哪些短板导致无法夺冠。我的回答干脆利落："我们什么都不缺，我们进行了重大的转会交易，更衣室的氛围非常好。我们不要因为刚开始遇到的一点困难，就否定甚至毁掉这一切。我们为你们而战，今年我们一定能够一起欢庆胜利。”

我的发言还是有说服力的，几分钟后，人们的愤怒平息下来。结束时我情深意切地对他们千叮咛万嘱咐，希望他们能够保证下一次给我们带来新鲜的、用篮子包装好的鱼。当然，条件是我们配得上如此。事实上，很多球迷都对足球文化有着很好的理解，也就是说他们对关于足球的技战术和心理因素都有着非常深刻的认识；当然，人们最终还是会看你的成绩说话。或者更确切地说，他们会根据球队的成绩进行过多的联想：球员追求的永远都是胜利，但是在你状态很好的时候，征战途中也可能发生一些不可预测的事件，正如那一年的罗马。然而，对于某些球迷来说，输掉比赛是因为你前一天晚上在夜场流连忘返；是因为你对俱乐部根本漠不关心。我们根本无法争辩。这会对一名足球运动员的生活带来一些限制，看着那些外国队友的脸我有时会想，这可能是在意大利才有的一种现象：一直以来，作为队长，我总要费尽心思地向国外来的新队友解释，输球后最好不要让人们过多地看到你招摇过市。“为什么？”他们总会惊讶地问我，“如果我竭尽全力地去比赛，我有什么可被抱怨的？失败也是足球的一部分。”这个时候我就会结束话题，因为他们的逻辑我根本无从反驳。“听着，按我说的做。相信我，这是我作为朋友的建议。”

面对民怨沸腾的外部环境，意甲的第一场比赛就成为一场极为敏感的大考。这场比赛由我们在奥林匹克球场对阵博洛尼亚，在上半场，我们的心态很明显：罗马踢得很差，如果不是安东尼奥利的几次神勇扑救，我们可能在中场休息时已经比分落后了。在上半场补时阶段，我们竟然领先了，我摆脱奥利维的死缠烂打，出其不意地将阿松桑开出的任意球顶进了球门。这是一个非常宝贵的进球，因为它让我们在心理上如释重负。下半场巴蒂斯图塔本来无须上场，但是赛季首秀怎能没有他？他的出场让卡斯特里尼在压力下打进一个乌龙球。一场美妙的比赛，对阵一个状态很好的对手，实际上，博洛尼亚那场比赛之后连续取得了三场胜利。意甲开赛第

1轮的大冷门是国际米兰在雷焦卡拉布里亚败给了雷吉纳，而这导致了里皮的下课。

意甲断断续续地往前推进，10月，国家队比赛日的休赛期过后，我们一直到15日才重新上场。需要注意的一点是，10月中旬意甲比赛通常已经进入第8轮，而那一年同期我们才踢到第2轮。幸运的是，我们前两轮的赛程并非特别艰难，这也让卡佩罗可以在推进队伍建设的同时不至于丢掉一些积分。在莱切我们赢得很轻松，一场酣畅淋漓的4比0，其中包括巴蒂的前两个进球，第一次破门在上半场快结束时，他接到卡福的传中后在点球点附近一个漂亮的甩头攻门，这记头球射门势大力沉，不亚于用脚踢出的力道。下半场开场时，托马西在禁区角上用右脚打入第二个进球，巴蒂的左脚射门将比分改写为3比0，足球擦着横梁下沿飞入网窝。由于对方对德尔维奇奥的犯规，我在第91分钟获得主罚点球的机会。巴蒂的爆发非常重要，适时地阻止了失败主义言论的出现：在俱乐部重金转会操作下不能很快展现出转会效果时，这种说法往往就会冒头。两场比赛后，只有我们和尤文图斯全取6分。

第三场是跟维琴察的比赛。他们的积分仍然为0，但是比赛并没有预期的那样简单。他们的防守很好，而我们的领先还是在上半场快结束时：德尔维奇奥从左侧飞速插上传中，并踢出一个半高球，我从右侧插上凌空垫射。这是一个极具观赏性的进球，但是我们还得等到最后10分钟取得的2比0来确保胜利。第二个进球也绝不平凡，因为进球的人是蒙特拉，比赛进行1小时后，卡佩罗为了增加我们在禁区的威胁把他换上场。蒙特拉抢在巴蒂之前头球破门，而巴蒂也冲着球的方向起跳争顶，这一情形引发了人们关于“9号问题”的议论。9号是巴蒂来到罗马时要求的号码，也是蒙特拉拼命捍卫的一个数字。

实事求是地说，蒙特拉是一个特别出色的锋线球员。上赛季是他加入我们的第一个赛季，他一共打入18个进球。正因如此，卡佩罗希望购买巴蒂的要求让他感到惊讶和恼火，可是在卡佩罗的足球理念中，中锋必须拥有顶级强壮的身体条件。在蒙特拉看来，巴蒂确实具备要求这个属于射手号码的所有能力。在效力佛罗伦萨的几年里，巴蒂甚至打破了哈姆林的进球纪录。他接受罗马的邀约，也是因为感受到时不我待，到了需要赢得冠军的时刻。他刚到罗马时，有一天对我说的话很有道理："弗朗切斯科，没有人能够比我更懂你。我在佛罗伦萨拼尽全力希望赢取冠军，就像你在罗马所做的一样，但是这并不够。我们必须形成合力。"这正是他加入我们的原因，对冠军迫不及待的渴望。

卡佩罗是一个直截了当的人，甚至有些简单粗暴。考虑到巴蒂身边有我，并且对我的进球很有信心，他不需要球队的第三锋线球员是一名纯粹的得分手，而是需要像德尔维奇奥这样能够进球，也能够在不掌握球权的情况下给予中场支援的工兵。因此，蒙特拉从夏天开始就成为巴蒂的替补。这是一套在后来被证明有冠军实力的阵容，由于巴蒂的身体状况比大家的期待差了很多，他常常需要凭借意志力强忍着伤痛上场，因此无法支撑所有比赛。找到一个跟他特点不同但同样具有威胁性的中锋作为他的替补，是我们成为一支伟大球队的第一要务。如今，一些顶级俱乐部在阵容里配备20名冠军球员在赛场上进行轮换已经很普遍，但在那个时代，冠军球员总是出场比赛，而留在场外的人根本"没有从板凳上起身的机会"，就像今天有人语带讽刺地说，那时候他们是真正的"备胎"。对于像蒙特拉这样的人来说，对此忍气吞声完全超出他的忍耐范围。他在集训时知道巴蒂拿走了他的球衣号码，他对巴蒂什么都没说，而是直接找到俱乐部高层明确告诉他们这件事没得谈："如果你们要夺走我的球衣号码，那么你们再给我找一支球队，因为我不在这儿待了。"

我处于一个很微妙的位置，因为我对蒙特拉来说是他的朋友，我们的女朋友也在互相走动，但是作为队长，我必须协助解决这一难题。我找他聊，同时跟巴蒂谈，最终还是阿根廷人理解了蒙特拉的想法，并做出让步。对于明白自己在主力位置的竞争中占优的巴蒂来说，他并不想羞辱自己的队友兼对手，因此做出一个明智的选择：他选择了18号球衣，而在罗纳尔多效力国际米兰时代，萨莫拉诺曾经精妙地对这个号码进行过解读，既可以看成1+8，也可以说成9+9，就是说他一个人可以顶两个人用。我知道对于外人来说可能觉得有些可笑，但对更衣室的生存状态来说，从各个角度看，这都是实力对比的写照，没有人会不经过抗争就让步。由于蒙特拉和巴蒂都是好胜心很强的人，难免引起别人的玩笑和揶揄，而这时候他们总会恼怒不已。球衣号码都确定后，这个问题就此作罢。巴蒂显示出尊重，不再坚持自己的要求，而蒙特拉也看到，尽管巴蒂因伤病训练得很少，但仅在意甲赛场上就打进20个进球，便不再纠缠此事。

第四轮我们吃了败仗，0比2输给国际米兰。国际米兰刚刚解雇里皮，迎来新帅马尔科·塔尔德利，希望以此重振雄风。这是一场并不让我们感到特别难过的失利（一般来讲，输掉比赛很令人沮丧），因为我们踢得很好，同时尤文图斯——大家心目中，我们夺冠的最大对手——主场输给乌迪内斯。积分榜领头羊正是来自弗留利大区的乌迪内斯，他们与亚特兰大并驾齐驱。我们离博洛尼亚有1分差距，比尤文图斯和拉齐奥都领先2分。赛季第一场失利本来可能带来的后果要严重得多，但令人惊喜的是，它让我们的心态得到调整。在罗马输球总要比在其他城市让我们更难熬一些，因为人们的期待带来的压力——2000年距我们上一次夺冠已经有17年之久——让我们的失败变得更惨烈，特别是在开始状态不错，一次传球失误就变成我们美好愿望终结的源头的时候。我知道，这很幼稚，但在罗马就是如此。尽管球迷们很快就发出嘟哝不满的声音，我们的队伍仍然众志成城，心态积极。在俱乐部，卡佩罗是第一标志，巴蒂斯图塔是二号人物，而主席森西为了让我们最终赢得意甲冠军，在他的职权范围内，甚至超越他的职权范围所做的一切令人印象深刻。这带来的结果就是全体队员都感到重任在肩，同时对自己的实力充满信心，我们觉得面对任何一支队伍，我们都能够打进3个进球。这种积极的氛围所带来的影响在不断升华，尤其是我们每周都会去一位队友家里共进晚餐，大家轮流做东。迪弗朗西斯科、坎德拉、卡福、泽比纳、克里斯蒂亚诺·扎内蒂等总跟我一起参加这些聚会，无论是在更衣室内外，我们相处得极为融洽，因为所有人都瞄准一个共同的目标。看上去有些庸俗功利，但事实并非如此。

圣西罗输球后，在布雷西亚的客场比赛就变得极为微妙：一切都很好，但是再输掉一场比赛，可能让队里压抑沮丧的气氛难以消除。我在对国际米兰的比赛中受了伤，因此没有随队出行。在家里的沙发上，我为球队加油的同时，也可以更好地从场外视角而不是以参赛球员的身份观察比赛的细节。每一个人都变得更加个性十足，我注意到每次重新开球后，带球的人总是面临最少三个传球的选择，三个传球的对象都会冲他大喊“把球给我”，而没有接到球的人还会怒气冲冲。足球不再像烫“脚”的山芋，相反，每个人都想要球。坎德拉在禁区角上以一记精妙的地平射门，将球打进球门下方死角。我们取得领先后，布雷西亚反超，将比分改写为2比1。下半场，巴蒂斯图塔用“现象级”表现化解了球队面临的危急时刻：他独中三元，每15分钟一次破门得分。我从电视里看到了细节，3个进球中的2个都是其他人射门打到门柱上弹回来之后，由他补射实现的。巴蒂斯图塔在拼抢那两个回弹球时都快其他人一步赶到，他那种气势正是我们这个新赛季的象征。我们前面的拦路虎，只剩下乌迪内斯。

第六个比赛日，我们在奥林匹克球场迎来了雷吉纳，而巴蒂第一次在周六挂起免战牌。他确实承受不住了，脚踝的伤痛让他饱受折磨：一再地忍痛出场，年复一年，使得他的软骨和肌腱经年累月地处于发炎状态。他必须时不常地休战。他的角色交给蒙特拉来完成，问题也留给他解决。我则给予他有效的配合，因为我赢得一个点球并且主罚命中，为球队赢得1比0的领先。在博格达尼扳平比分之后，我在接到扎内蒂一记力道比较大的传球之后头球摆渡——幸亏我脖子上的这颗头颅足够硬，就像我经常跟妈妈吹嘘的那样——送给蒙特拉一记妙传，而他成功地把比分改写为2比1。那个周日我们当然不知道，这场胜利成为我们赛季甚至罗马历史上的一个里程碑：乌迪内斯输给了帕尔马，而罗马成功地在积分榜上登顶。他们再也没有赶上我们，一直到我们赢得奖杯。

现在回过头看我们在第七个比赛日对阵维罗纳的阵型，你会发现三个未来世界杯冠军的精彩表现：吉拉迪诺在第四分钟赢得一个点球，奥多将球打进，而阿根廷裔意大利人卡莫拉内西（当时卡莫拉内西还没有获得意大利国籍）刚刚来到意大利，人们对他还不熟悉。维罗纳将比分保持了半个多小时，而这期间他们的守门员费隆完全成为我们的靶子。但是之后，我们已获得世界杯冠军的三位球员之一的坎德拉（另一个是卡福——全欧洲没人比我们的边后卫更强，当然还有阿尔代尔）无法忍受场上的局面，挺身而出。他禁区外的一脚射门被后卫蹭了一下，但门将没有扑到，球缓缓坠入球网。过了几分钟后则轮到我来得分：德尔维奇奥的左脚传球稍稍落后于我的身位，但是巴蒂斯图塔吸引了两名防守队员，在中路只有我，这也让我有时间停下来进行调整并用左脚把球打进。这场在本特戈迪球场进行的较量中，我们最后4比1取得胜利，最后两个球由巴蒂包办，而第三个球尤其值得一提：他的任意球射门让足球如同从子弹一样，直直地飞入球门上方远角。我特别热衷踢任意球，这是因为每次我罚得都不错。但是那一年，两位队友打出了非凡的表现：一位是巴蒂，另一位则是马科斯·阿松桑，巴西人的独门绝技是脚弓推射——多年后运用这一脚法最著名的是大卫·路易斯。我们在训练中的一些技巧在赛场上是无法实现的，但他比我在“打小鸭子”游戏中的踢法要好一些。他的准度实在惊人，除非你花大力气限制他，否则他能够应对任何挑战。他在意甲也打入几个任意球，但是他在3年里没有得到太多的发挥空间，要不然今天他可能会作为俱乐部的任意球第一人被人们铭记。

接下来的那场比赛对巴蒂斯图塔来说是最艰难的，因为我们在奥林匹克球场迎来了佛罗伦萨，他要面对这支自己曾经作为头号球星效力9年的俱乐部。坦率地说，我甚至都无法想象，如果我要在球场上作为罗马的敌人将意味着什么。那一定是一种折磨，我这么说丝毫没有夸张。因此，我特别尊重他的感受。整整一周，他不但完全顾不上隐藏自己的坏心情，甚至还那么直白地展示出来，让我们理解他正在为此付出多大的代价。那一年的佛罗伦萨很有意思，主教练是一位陌生的土耳其人法蒂赫·特里姆，他的绰号“皇帝”人尽皆知。他确实是个人物。佛罗伦萨在排行榜上处于中游，但是踢得不错。在巴蒂的老队友看来，那天晚上人们能够看到一种友情，或者一种将这种友情展示于人的愿望。每一位冠军级球员从一家中等水平的俱乐部离开，都隐晦地寓意着一种对队友的埋怨：跟你们在一起，我什么荣誉都赢不到。而这往往不是一件能够让人轻松接受的事情。

比赛进行得艰难、痛苦，而且支离破碎，因为我们平时习惯了依靠巴蒂。但是那天晚上他一直被一位出色的后卫雷普卡贴身防守，而他仅有的几次摆脱防守，很快又有另外两个人跟上来像铁钳一样把他限制住。比赛就这么胶着地进行到第83分钟，眼看就要以0比0结束，这时一个球员英勇地站了出来。刚上场的吉古在离球门二十多米开外的一次头球摆渡将球传向球门正中央。球反弹的位置极佳，而巴蒂的右脚射门极具杀伤力，他的正脚背射门以极其精准的线路正好越过我的竹竿朋友弗朗切斯科·托尔多——这是我们共同征战欧洲杯时我给他取的外号。按照守门员的基本准则，那种情况下他的最佳位置应该是球门前1米到2米，但是他明显超出了，离球门的距离应该有3米。巴蒂的高吊球就这么越过他进入球门，将比分改写为1比0，而这在奥林匹克球场引发了球迷们的山呼海啸。我们所有人都跑向巴蒂，而他就像赛前说过的那样，为了显示对旧主佛罗伦萨球迷的尊重，没有进行庆祝。这样的场面看上去有些奇怪，所有人都在庆祝——在我们的生命中没有任何时刻比进球后的10秒钟更令人疯狂，但是制造得分的主角却不能如此。巴蒂紧紧地拥抱了我们，但是嘴里没有说出半个字。这是一个极为重要的进球，在积分榜上为我们带来了对第二名亚特兰大3分的领先优势。我们为这个进球庆祝了很长时间，回到中场时佛罗伦萨已经准备开球，而我看到巴蒂正在用球衣袖子擦拭泪水。他擦的不是汗，是真正的泪水。一直到后来回到更衣室，他都没有庆祝。

我提到了贾尼·吉古，他是我们强大的后备支撑力量的一员，上场时间不多，但弥足珍贵的是，当他被委以重任时总能很好地发挥作用，同时能够很好地融入更衣室的气氛。他不会因为上场时间少板着脸，而会为保持愉快的氛围贡献自己的力量。贾尼是一个可爱的乌拉圭小伙子，是一名在前场也能够如鱼得水的边后卫，在对阵佛罗伦萨时送给巴蒂的助攻很好地说明了这一点。面对球迷们充满深情但却稍显古怪的合唱——贾尼·吉古，曾经在卡福家楼下卖栗子的贾尼·吉古——他也能够报以微笑。在更衣室，当我们在《亚当斯一家》的背景乐中高声唱起，他同样会笑颜以对。他是一位很棒的队友。

一般来讲，我们在佩鲁贾的比赛都很艰难。两年前，我们在这里2比3输球，去年的比赛更是疯狂，主裁判博列洛把我红牌罚下。周中，当我在名单里看到主裁判还是他时，我明白了这是命运给我发出的信号：当心一点，弗朗切斯科，要赢得意甲冠军，你不但要踢出状态，在场上也要克制。卡佩罗也如此提醒我。实际上，赛场上一切都很顺利，除了比分一直保持在0比0，而这都怪他们的门将马赞蒂尼。他至少进行了三次不可思议的扑救，也带给我们赛季的第一场平局。好在我们的积分排名没有受到影响，我们甚至比第二名的亚特兰大又多了1分。尤文图斯在圣西罗与国际米兰战平，仍然落后我们7分。总之，一切都在顺利向前推进。

人们也意识到了这一点。每天来到特里戈利亚探访的球迷越来越多，而有人带来一些鲜鱼，也是我们在9月末经历那场“大战”之后，人们重新认可我们、给我们的暖心补偿。仅仅只过了两个月而已，你们可不要跑过来告诉我，人们的情绪发生变化并不是因为我们的战绩。有几个下午甚至有2000—3000人聚集到基地大门外面等待我们，有时候我们甚至不得不藏到器材管理员的小货车里，把自己的车留在基地，才能找到办法回家。这就是罗马球迷的热情，在意大利其他地方，特别是在北部，我们经常因此成为别人开玩笑的对象，不过我认为这无伤大雅。甚至，即便你们并不像有的球队那样每年都能赢得荣誉，但球迷仍然如此爱戴你们，这令人感到欣慰。

新的回合，新的征程。第10轮，我们在奥林匹克球场迎来可怕的对手乌迪内斯。本赛季他们开局非常好，最近几场比赛踢得有些吃力，但是他们的表现还是远远超出赛季初人们的期望。乌迪内斯是一个并不简单的对手，但巴蒂在第20秒钟时接托马西的传中破门，让他们陷入不利的局面。15分钟后则轮到我，这个进球被认为是我职业生涯最精彩的破门之一。我完全赞同。罗马快速地压向前场，这是一次经典的突破，托马西在我们的中后场抢断，然后趁着乌迪内斯立足未稳立刻发起反击。达米亚诺逼向右路，而全速前进的卡福在这里超越了他。巴蒂斯图塔在禁区边缘附近等待以免形成越位，中田英寿跑到他身边吸引了另一名对方后卫，而我则选择跑向相反的方向，也就是无人盯防的左路。我跑得很快，因为我的位置还处在越位线后面。卡福在离球门25米左右的位置接到传球，而他精准的停球让他有时间进行调整，随后把足球精确地横传给我。足球划出一道彩虹般的弧线正好落在我的左脚边，好像这里有一股魔力把它吸引过来。我完成了一次完美的脚背击球，足球直直地应声进入球门远角，图尔奇根本无法扑救。这是一个世界波，也奠定了我们后来的胜局。在这之后没过多久，罗伯特·穆齐——在我初次登上意甲赛场的那天给我定闹钟的老朋友——将比分改写成2比1。一直到90分钟比赛结束，乌迪内斯没能再赢得喘息的机会。这是一场精彩的比赛、一次美妙的胜利。

就像我说的，这是一个非常精彩的进球。无论从射门本身的配合和技巧，还是从整个进攻的组织都是如此，这也难得地让卡佩罗兴奋不已。这是我们一次纵向渗透的战术配合，主要是由两名队友进行撞墙配合：托马西和卡福。没错，那一年也是达米亚诺职业生涯里踢得最好的一个赛季。他的体能处于鼎盛时期，而从技术角度来讲也是无所不能。我对他的表现感到非常惊讶，甚至想叫他罗纳尔多，因为他真的让我感到兴奋不已（国际米兰时期的罗纳尔多也是我最想与之合作的前锋）。我简直无法相信自己的眼睛，达米亚诺一个人吸引了两个人的防守。那一年他甚至还在金球奖的评选中得到1张选票（相当于2分）。我们是进入大名单的两名罗马球员，我的57分，排在第五，他排名在我之后，但是仍然在榜单上。他是一个特别棒的小伙子，心灵特别纯净，而他的信仰让他的内心非常强大。那个赛季他收获了很多的掌声和喝彩，做到这一点并不容易：奥林匹克球场的观众似乎有点针对他，但这并不影响他每次走出更衣室时嘴角都挂着微笑："我去吸引一些嘘声，你们看看怎么赢得比赛……"

关于对阵乌迪内斯的那个进球，另外一个不得不提的人是卡福，他是当时世界上最好的右后卫，这一点毫无争议。但是，他的声音到现在还不时在我耳边响起，烦人又刺耳，"传球，传球，我在这儿"，尽管他已经过了越位线有3米的距离。我每次把球传给他都是为了让他闭嘴，要不然根本无法继续比赛。但是他能够创造机会，确实能。对乌迪内斯那场比赛他给我的传中完美至极。我最近再次见到了卡福，那是卡拉泽在格鲁吉亚组织的一次慈善赛上。他还是（几乎）像一辆老旧的火车在赛场上飞驰，这让我倍感亲切，也有点心生艳羡。

离圣诞节和冬歇期只有两场比赛了，自从赛程公布的那一天开始，我们就知道这两场比赛将决定赛季的走向。赛季的上半程进行得比较顺利，我们没有犯什么严重的错误：得到30分中的25分，差不多就是我们的既定目标，而我们的直接对手却有些艰难，毕竟尤文图斯领先亚特兰大6分，而拉齐奥和AC米兰两支队伍甚至有7分之差。比赛踢了十轮，我们遥遥领先。剩下的两场比赛我们将迎来德比，随后是在主场对阵尤文图斯。我们是领先的一方，可以轻松出战。卡佩罗非常坚持这一点，那就是需要冒险缩小差距的是他们，不是我们。

德比战在两队高水平表现中保持着一种均势，这并非偶然，因为这是一场上届冠军和未来冠军之间的对决。最终决定比赛胜负的是一次被载入罗马足球史的事件——保罗·内格罗的乌龙球。事实上，这根本没有他什么错。卡福像往常一样传中——天哪，他的状态真是太好了——克里斯蒂亚诺·扎内蒂从左路插上，头球摆渡，将足球送向相反的方向。佩鲁济如往常一样猛地踢了一脚，但是球仍然停在那里，此时内斯塔本来是想大脚解围，但是球打中内格罗并最终弹入球门。离比赛结束还有20分钟，拉齐奥开启猛攻模式，内德维德在比赛结束前几分钟一记精彩射门击中了横梁。球没有进。这对我们来说是好消息，但是对拉齐奥不利，对内格罗更是糟糕。我不能说我为此感到遗憾，因为我们面对的是一个令人讨厌的对手，他们的队员除了会对你上手，还常常辱骂、挑衅我们，我想他们这么做，可能是为了在自己的球迷中留下好印象。印有他（内格罗）号码（2号）和名字的罗马球衣——这场比赛几天之后开始出现，而我们的支持者为此得意了很久——是对一个配得上它的人的戏谑。

那个周日，尤文图斯轻松地赢下莱切，跟亚特兰大一起成为我们的追赶者。但我们仍然遥遥领先，保持着6分的优势。与此同时，AC米兰再次哑火，与维罗纳战平；而国际米兰仍然没有找到东山再起的感觉。圣诞节前的巅峰对决已经准备就绪，而卡佩罗反倒担心比赛踢得过于激烈。此外，他两周内不断地跟我们重复一点，需要奋起直追的是他们。但是尤文图斯取胜的欲望并不强烈，比赛最终也是一潭死水。他们有一次射门击中门柱，而我也有一次非常好的反击机会，但是范德萨算是小小地复仇了，扑出我的一个勺子点球——我在国家队打进同样的勺子点球是在此后的几个月。比分最终定格在0比0。

带着6分的优势，那一年我们的圣诞节过得特别惬意。最令人着迷的是感受到罗马人共同的气息，整个罗马城群情激昂，但是至少有一部分人还是觉得有些难以置信。罗马的空气里飘浮着一种对愿望落空的担忧，因为如果在球队实力超群、有冠军教练带队而且球队领袖状态满满的情况下，还不能有所斩获，那样的打击将是令人难以承受的。罗马不是一个行事低调的地方，一旦你口袋里有10欧元，你就敢趾高气扬地四处转悠，仿佛你有100欧元；但是涉及足球，至少是在那个圣诞节，全城通用的口令似乎是“冷静”。无数次地宣称胜券在握之后，现在到了兑现的时候。正因如此，对最终一无所获的担心比平时任何时候都要强烈。简而言之，罗马城突然惊觉好像要失去些什么。元旦前我们开始恢复训练，每个人都像上紧发条的闹钟，因为新年的第一场比赛我们将奔赴贝尔加莫进行客场比赛，表现惊人的亚特兰大排在积分榜上第三名。这场比赛卡佩罗从战术角度进行了非常精心的准备，对手也没有打正球门的射门，而德尔维奇奥在开场仅仅40秒带来的领先为我们打开了胜利之门，托马西在中场休息前的进球则锁定了胜局。

尽管这场比赛并不激烈——我们的统治力非常明显——球场糟糕的条件却让球员滑倒的现象不时发生，而这永远都会引爆观众席：己方球员的动作都是正当的、合规的，对方球员的动作则都是可耻的犯规，应该被裁判掏牌处罚。在任何地方都是如此，偏袒自己的球队是所有球迷的特权。但是，在贝尔加莫，对我的嘘声总是显得更加喧闹，我想可能是对罗马人的成见起到了推波助澜的作用。这种情况在其他地方并不鲜见，在我经历几年职业生涯后，我能说出数个这样的球场：布雷西亚的里加蒙蒂球场是一个从未善待过我的球场；而有一次在阿斯科利，我甚至无法确定，如果他们真的能打到我，我将会面临什么样的后果；那不勒斯也总是对我充满恶意，至少相对圣西罗来说是如此。

这样的情形一直持续到我退役。从去年开始，一切都发生了变化，正是在贝尔加莫，我迎来自己作为俱乐部技术总监的第一轮比赛，也是第一个客场。坦白地说，坐上主席台的我感到一种莫名的焦虑，因为我在那个球场无数次登场出战，与那里的球迷有过很多的接触。回想过去的种种，我不知道等待我的会是什么。事实上，那一次的体验美妙无比。一开始，有位女士走近我，问我道："可以跟你拍一张合影吗？"当然可以。她身后的丈夫接着说："我也拍一张。"我配合地摆好姿势。他还拍了两次，以确保拍出来的照片效果，随后又有一群小朋友上来要求合影，而我开始听到主席台传来可爱的嘟哝声："托蒂那个时候踢得太好了""再也看不到他上场了，真遗憾"。这让我感到犹如置身梦里，场上的裁判就要吹响开场的哨音，而亚特兰大的球迷还在排着队等着跟我拍照或者让我签名。我甚至差点忍不住提醒他们："我就是那个攻破你们球门被你们喝倒彩的托蒂……"奇妙的是，这样的尊重和喜爱在其他球场也如出一辙，包括在尤文图斯的球场，我在那里可是打过几次硬仗（包括极具争议的几场比赛）的。是的，这种对我普遍的认同，是我在退役之后感受到的最甜蜜的惊喜，这也说明我可能在某种程度上打动了足球爱好者的内心——我不想让人觉得索然无味，但至少让他们对我记忆深刻。

我们还是回到那个我赢得人们尊重我的资本、赢得意甲冠军的赛季。我们在贝尔加莫取得的胜利就像中了彩票，因为尤文图斯在主场被佛罗伦萨逼平：对我们来说，在13个比赛日后，我们的积分领先尤文图斯8分，领先亚特兰大10分。征战意甲已经变成闲庭信步。是不是太过闲适了？的确是。经验告诉我们，在心态上已经变得漫不经心的情况下，你必须碰到一个强大的对手，一个能让你在赛前就集中全部力量进行准备的对手。领先第二名8分时恰好碰到我们在奥林匹克球场迎战巴里，积分榜上最后一名：这几乎是一种致命的组合，因为我们对巴里的轻敌差点输掉了比赛。他们在卡萨诺这个光芒四射的天才鼓舞下踢得很好。卡萨诺的确是一个光芒四射的天才；队友卡福和巴蒂斯图塔没有上场，但是从赛季初，我们就更多地依靠集体的使命感激励着我们前行，而不仅仅取决于是否有个别人缺阵。我们踢得很紧张，哪怕是跟他们最轻微的身体接触也让我们惊魂不安。总之，那场比赛罗马踢得很糟糕，以至于马扎雷利主罚的一个超远距离任意球竟然让我们比分落后，当然卢帕特利可能低估了这个球的威力。比赛还剩20分钟，我们更多地在向吉莱把守的球门施压，幸运的是，我赢得一个点球，对方的犯规其实有点愚蠢，因为马尔基奇碰到我时，我甚至还没有瞄准球门。我罚进了点球，也为我们赢得了沉甸甸的1分。尤文图斯也赢得比赛，又回到少我们6分的差距。

现在，在这个我们从未有所斩获的圣西罗球场，一场新的严峻考验正在等待着我们。AC米兰此赛季有些特殊，因为人们都知道扎切罗尼已经显现出要被解职的迹象，他的队伍存在一些问题，但还是有一些令人难以比拟的冠军球员。例如，在本场比赛中舍甫琴科大放异彩，一个人独中两元，而莱昂纳多首开本场比赛进球的任意球破门如建筑图纸一样精确。没错，我们又输球了，比分是2比3，两个进球都由我打进，一个是在球门25米开外一次干净利落的右脚射门，球打到马尔蒂尼身上变线进入球门；另一个则是对方对巴蒂斯图塔的犯规造成的点球，不过幻想把比分扳平已经太迟了。我们输球了，但是打出了一场精彩的比赛。比赛结束后，卡佩罗在群情激奋的更衣室里命令我们所有人都安静一会儿，他要跟我们谈谈。

“先生们，5分钟后我要去新闻发布会现场，而且我会批评你们的表现。我会说这也情有可原，毕竟积分榜头名是一份沉甸甸的责任，而联赛冠军的争夺从未像今天这样充满变数。我会进行这样的表述，但这绝不是因为我真的相信如此，我是为了让我们的对手以为我们遇到了危机，让他们以为跟往年一样，罗马争夺冠军的雄心壮志又到了土崩瓦解的时刻。但是我对媒体的这些表态你们不用管，因为我真正想的东西恰恰相反：你们在圣西罗的表现非常好，我今天也格外地确信，到赛季末我们将会一起庆祝赢得意甲冠军奖杯。这样的失败会让我们精神上变得更加强大，让我们更加奋发图强！”

他讲话结尾的语气让我们感觉群情激昂，而这正是卡佩罗大师般的用意所在。事实上，比赛失利带来的沮丧很快烟消云散了，我们心里只剩下满怀的激情和欲望，期盼着尽快重返赛场，改变形势发展的轨迹。然而，我们在这里犯了一个错误，这也是我们在这个幸运的赛季里为数不多的错误之一。那是一个周日的晚上，已经没有周一凌晨之前返回罗马的航班，我们于是决定去找点乐子。我们一群人出门来到好莱坞——一家足球界和文艺界人士最喜欢光顾的夜场。当然，我们玩得很开心。我们喝了点东西，跳了一会儿舞，一直玩到很晚。其实没有什么出格的事情，如果不是考虑到我们刚刚输一场比赛的话。但是很多球迷——就像我曾经谈及的——揪着这件事情不放。有几家报纸登出我们那天晚上在夜店的照片，我当时已经恢复单身，所以不需要向谁解释什么，但是那些结婚的队友可是费了很大劲才让他们的妻子相信他们并没有越雷池一步。而这之后，球迷们就像炸了锅。虽然他们不至于又拿鱼扔我们——经过两个周日，我们对尤文图斯的领先从8分缩减到3分，不过我们仍然保持积分榜头名的位置——但也差不多了。

暴风雨的前奏已经开启，接下来的比赛我们踢得跟赛季初第一场如出一辙。我们在奥林匹克球场迎来我职业生涯里遇到的实力最弱的那不勒斯，事实上他们那年从意甲降级了。但是鉴于当时的形势，我们不能冒哪怕一丁点儿风险去低估他们。卡佩罗也借此时机对阵容进行了一些调整，而这成为赛季最终的主力阵容。守门员位置上安东尼奥利顶替卢帕特利，而防守端则用泽比纳换下阿尔代尔。在讲述这场轻松的3比0之前，我想值得停一下，谈一下刚才提到的队友们。

对罗马夺冠阵容来讲，门将不能说是我们的关键优势，但是在这个位置上根本不像后来传闻中描述的那么不堪一击。安东尼奥利是一个严肃而沉默寡言的小伙子，卢帕特利则疯疯癫癫的，性格可爱又冲动，你们只要想一想，他是我记得的唯一一个要求穿10号球衣的守门员（在切沃效力时）。他们的实力相差并不悬殊，可能安东尼奥利稍微好一些，所以卡佩罗在让他坐了一段时间替补席后重新启用了他。当然，这是因为卢帕特利在任意球方面丢球太多了。另一件事是关于阿尔代尔的，35岁的他仍能在后卫线上打出无与伦比的大师级水准，但是每个周日都踢最高水准的比赛已经让他有些吃不消。“冥王（布鲁托）”——球迷给他的昵称——把他的位置让给了泽比纳，而泽比纳是我在特里戈利亚认识的最奇怪、最不按常理出牌的人之一。在球场上他是一位速度极快、踢球很聪明的后卫，这也是他能够取代冠军球员的位置，并且在短时间内超越他的原因，这里指的当然是阿尔代尔。但值得一提的是，在球场外，泽比纳也是个人才：与足球运动员一般来讲比较无知的形象大相径庭——只要想想他在退役后开了一家画廊——他是一个总以衣冠楚楚的优雅形象示人的小伙子，出门时一顶“博尔萨利诺”（意大利高端礼帽品牌）帽子必不可少……是的，我得说，他是个典型的花花公子。在对阵那不勒斯时，他受了伤，并缺席了几轮比赛，但一回到球场，就牢牢占据了主力位置。

比赛进行得很轻松，我们实际上没有遇到什么抵抗，大家很快重新找到阳光普照的感觉。下半场的一个大新闻是我们终于等到中场球员埃莫森的回归，他是我们引进的一个大牌球员，因为在夏天弄断十字韧带，他的位置一直由克里斯蒂亚诺·扎内蒂顶替。另一个因伤缺阵很久的病号，我亲爱的朋友尤西比奥·迪弗朗西斯科也很快将重返赛场。得益于此，上半赛季都让卡佩罗捉襟见肘的中场问题即将得到解决。

联赛上半程最后一场比赛并不容易，甚至有可能是一个陷阱，因为尽管帕尔马积分排名处于中游位置，但其队内却人才济济。马莱萨尼下课后，阿里戈·萨基再次回到帕尔马执掌帅印，尽管成绩已快看到起色，正是在那周，他以压力过大为由向俱乐部提交了辞呈。在此之后，他再未曾当过教练。取代萨基的教练名叫伦左·乌利维埃里，他一直执教到赛季结束，将帕尔马带到了与它实力相配的位置，也就是意甲第四名。那支队伍有很多我在国家队的队友，所以我们不应该只是被他们的排名所误导。比赛进行大约半小时，贝纳里沃对托马西犯规，主裁判法里纳判给我们一个无可争议的点球。我对帕尔马门将非常熟悉，所以我告诉自己要尽量打出角度，否则那个疯子肯定会给我扑出来。那个小伙子就是吉吉·布冯。之后你们会知道我跟他的友谊可以追溯到什么时候：我唯一能提前透露给你们的是那时我们都还是小孩子。我助跑时我们相视一笑，而他为了吓唬我把双臂张开，让我看到他惊人的臂展——这是他的重要标志。我得把角度调整好，刁钻一点，再刁钻一点。再调整2厘米，太多了。吉吉扑向正确的方向，他伸开的右手靠近立柱，而我踢出的低平球正好打那个方向，球碰到立柱弹开了。他像弹簧一样猛地跳起来，双手拳头紧握。而我则双手叉腰，对结果感到不可思议，过了一会儿，队友给我的鼓励重现点燃了我的激情，我重新振作起来。这种情况难免，我们往前看。

我看过很多次吉吉的精彩表现，幸运的是不仅仅作为他的对手。而那一天可能就是他的巅峰之一，他在某些时刻的扑救，尤其是面对我和德尔维奇奥射门的表现，给人的感觉是如有神助。有一位状态如此出色的门将，再加上图拉姆和卡纳瓦罗保驾护航，马尔科·迪瓦约在我们全场占据优势的暴风眼里通过一次反击射门得分也就合情合理了。这给我带来一个看上去非常棘手的难题。怎样才能洞穿布冯把守的球门？是的，这次又是加布里埃尔·巴蒂斯图塔挺身而出，他的表现证明了森西主席把他招到罗马的种种努力是多么弥足珍贵。他打进两个球的方式如出一辙：队友长传后他完美地判断出传球意图，从他所在位置极速启动，并精准地找到球的落点，然后在身后没有任何防守队员的那片区域完成射门。他所在的位置布冯也没有办法出击，随后的凌空抽射将球直直地打入球门得分。巴蒂打入了两个精彩绝伦的进球，在最后15分钟将迫在眉睫的失败局面扭转过来，我们赢得最终胜利。在我们夺取意甲冠军的道路上，帕尔马是一道至关重要的关卡。赛后我们每个人都高兴得像个孩子，蒙特拉紧紧地拥抱巴蒂，把所有的竞争都抛到了脑后，而卡佩罗的脸上也洋溢着苦尽甘来的表情。尤文图斯此前一天在贝尔加莫失利，我们因此得以凭借6分的优势领先尤文图斯和拉齐奥，成为冬季冠军。

我从来没有赢得过冬季冠军的荣誉。我甚至从未靠近过这个目标，因此我无数次地梦想达到这样一个赛季的半程目标，同时，根据数据统计，每四支斩获冬季冠军的球队有三支最终捧起真正的意甲冠军奖杯。事实上，这个冠军冲淡了我因拉伤缺席两场比赛所带来的恼怒，一场是取胜博洛尼亚的那场，我在沙发上看到埃莫森的进球以及他随后与一直陪伴他进行康复的理疗师西里奥的拥抱；另一场则是对阵莱切。就像经常发生的那样，这个看上去简单的对手差点让我们吞下比赛失利的苦果。这次站出来的是萨穆埃尔，他在一次队友开出的定位球之后头球射门命中，而这可能是驱逐赛场上幽灵的唯一方式。每次莱切来到奥林匹克，总会有很多幽灵出现在球场上空。

瓦尔特·萨穆埃尔是我们赢得意甲冠军的法宝之一。他来自博卡青年俱乐部，而他从未辜负作为一个从糖果盒球场成长起来的球员的声名。瓦尔特是一个速度很快的强力后卫，随着时间的推移，他的脚下功夫日益精湛，但是他最主要的特点还是头球，我的意思是技术特点。我不再兜圈子，我想补充的一点是，瓦尔特有很多优点和特质， 是一个有些腼腆的小伙子，平时很安静，话不多，但是一到场上，他就变成我的“保镖”之一：一旦有人把我侵犯倒地，他就会马上跑过来支援，随时准备好在发生争执时介入，或者甩给犯规的人一个最明确的眼神——“下不为例”。有那么几次瓦尔特成功为我复仇，在拦截对方时用“阿根廷”方式给对我犯规的人来上一脚。这是博卡规则：保护你的10号，后面赢得比赛的事就交给他来办。

我在一个特别寒冷的周日重返赛场。2月底的乌迪内城冷得像一个冰窖，我真的“钦佩”维琴察的决定，把主场搬到弗留利（他们的球场被剥夺了主场资格）……那场比赛踢得丑陋而艰难，巴蒂斯图塔在半小时后因伤下场，直到第80分钟，比分仍然维持在0比0。最后蒙特拉站了出来，禁区外一脚大力射门，破门得分，这让我们得以领先比分。几分钟后，埃莫森打进锁定胜局的进球，但是这是一场“代价高昂”的胜利，因为巴蒂的扭伤让我们不得不面临一段没有他的日子。差不多一个月。尤文图斯与我们保持齐头并进的势头，但是差距仍然保持在6分。

之后的第21轮，我们打出一场精彩无比的比赛，而这场胜利证明了那句老生常谈：要想赢得冠军，你一定要有足够的板凳深度。我们在奥林匹克球场迎战国际米兰，他们首回合曾在主场击败我们。除了巴蒂斯图塔之外，我们还缺少了卡福、埃莫森和扎内蒂，甚至有两个球员在场上打的是同一个位置。蒙特拉毫无疑问出现在巴蒂的位置上，在他身后，我们安排了4个球员，因为确实没有人能够真正替代卡福。阿松桑承担起中场的组织任务。你们还记得我说过关于他罚任意球的事吗？他罚的第一个球很刁钻：足球缓缓飞过禁区，看起来要变线，但是最终还是直入远角，对方门将弗雷先是目瞪口呆，后来却气得跳脚。这绝对是一个幸运的进球，却极为珍贵，因为2分钟前，状态惊人的波波·维埃里一脚大力的凌空抽射，洞穿安东尼奥利把守的球门。阿松桑的任意球表演还没有结束：比赛进行了差不多半小时，他的另一脚任意球射门使得足球如一枚呼啸的导弹般飞向对方球门，弗雷眼看着球撞到横梁上弹出，然后被反应最快的蒙特拉头球补射入网，比分变成2比1。遗憾的是维埃里的反攻威力惊人——那天在赛场上只要他拿到球几乎没人断球成功，他在上半场补时时把比分改写成2比2，这让我们回到更衣室后心情极度郁闷。下半场剧本依然没有改变，我们攻势占优但踢得却过于大意——在今天这被称为“预防性覆盖”（指在进攻时同时保持高度警惕， 以防对方发动反击）——国际米兰只要能得到一米左右的空间就会变得极具威胁。相当长一段时间里，比赛结果的风向似乎并不明确。如果说第86分钟时形势开始有利于我们这一边，那么这应该归功于蒙特拉的射门意识，因为从身体条件上来讲，似乎不应该是他从一堆比他高的球员中起跳并头球射门。但是他做到了：他找准时机，几乎跟电脑计算一样精准地调整好他与足球之间以厘米计的距离，头球争顶。然后就是“小飞机”在场上久久飞奔的身影，身后追逐着欣喜若狂的所有队友们。

在接下来的周日对阵布雷西亚，状态惊人的阿松桑又打进一个任意球，足球在他大力而精准的抽射下犹如一枚导弹般滑翔入网，正中立柱夹角的位置。尽管后来伊拉纳扳平比分，蒙特拉却用两个进球接管了比赛。另一件令我开心的事是，在布雷西亚又见到老朋友佩特鲁齐，但遗憾的是，显然那场比赛让他心情很糟糕，因为他累计得到两张黄牌被罚下场。最后一个休赛期的前一周，在雷焦卡拉布里亚的客场比赛让我们的七连胜戛然而止：我们在雷焦卡拉布里亚被（雷吉纳）0比0逼平，而莫扎特在他们最后一个机会中把一个再简单不过的射门踢飞的场景，到现在仍让我感到不寒而栗。我们整支队伍都有些疲惫，伤病导致的球员缺阵迫使我们这些能上场的人必须一直参加比赛：这可能是我们在联盟杯八分之一决赛被利物浦淘汰出局，却没有人为此潸然泪下的原因。但是那个周日，拉齐奥却给我们雪中送炭：在积分紧追我们的两支球队的正面交锋中，拉齐奥打败了尤文图斯，而这样使得我们跟尤文图斯的积分差距扩大到7分（拉齐奥则落后我们9分）。对全队的士气来说，没有什么比在形势似乎急转直下的时候赢得哪怕一点点优势更令人振奋的了。

在国家队比赛日之后，联赛重新开始。我们在奥林匹克迎来维罗纳，就像之前经常发生的那样，我们在场上处于劣势。卡莫拉内西抓住安东尼奥利一次出击失误的机会破门得分。幸运的是，我们在逆风情况下仍能保持放松的心态，这是一种弥足珍贵的特质。中场休息时，我们仍然落后维罗纳，因为我们错过几次绝佳的射门得分机会。让维罗纳心灰意冷的时刻从下半场10分钟左右开始：先是我从左路传中，蒙特拉和阿波罗尼同时出脚将足球推入网中，比分改写成1比1。随后卡福两次从右路如法炮制，分别助攻伤愈归来的巴蒂斯图塔和蒙特拉。奥林匹克球场明显感到冠军奖杯已是十拿九稳，要知道那天山呼海啸般的欢呼并不是为了我们打进的某一个进球，而是得知在都灵，巴乔在尤文图斯和布雷西亚比赛的最后几分钟破门得分——这个精彩的进球一直被人津津乐道——将比分扳成1比1。拉齐奥也输给AC米兰，在离赛季结束还有10轮时，我们重新取得积分榜上最大的领先优势：比尤文图斯多9分，比拉齐奥多12分。

面对如此有利的积分榜排名，我们最害怕的敌人就是遭遇魔咒，导致功亏一篑。那周我们所有人都在更衣室里讨论即将到手的意甲冠军。等卡佩罗一走开，我们就会在纸上画一个表格，列出从那个时候到赛季结束，我们、尤文图斯和拉齐奥可能达到的积分情况。我们所有不同的“运算团队”得出的答案都是，我们拿到足够的冠军积分应该在第32轮对阵AC米兰那天，也就是联赛的倒数第三轮：只要我们能在那场比赛之后将跟第二名的积分优势保持在7分，接下来要做的就是庆祝。现在我们的优势是9分，但是还要打第二回合的德比之战，随后将去都灵客场作战。我们已经迫不及待了：如果能允许每周打两轮比赛的话，我们一定要求这么安排。

就在这些高谈阔论之后，我们却迎来赛季的第三场失利，这是个意外吗？如果要我回答我会说是，因为那天在佛罗伦萨，我们在场上既没有掉以轻心，也没有目中无人：我们踢得很好，而输球的原因很简单，状态好得惊人的恩里克·基耶萨成为我们的拦路虎。他打进一个拿手的任意球，这次没有任何可以抱怨安东尼奥利的，对方的射门无懈可击，而在埃莫森扳平比分、坎德拉打进一个乌龙球之后，他又一记漂亮的右脚凌空抽射给了我们致命一击。在佛罗伦萨教练席上，我们的一位老对手——罗伯特·曼奇尼刚刚就任不久，这是他的第一次执教经历。经历三场平局后，这是他取得的第一场胜利：他选择了一个正确的对手来迅速提升他的知名度。尤文图斯和拉齐奥都赢球了，把与我们的差距分别缩小到6分和9分。

在此之后再没有人画什么表格，因为紧张的气氛已经在特里戈利亚弥漫。在接下来的周六，也就是复活节前的一场极富戏剧性的比赛中，一切爆发了。来到罗马挑战我们的是拥有塞尔塞·科斯米的佩鲁贾——这个精彩纷呈的赛季主角之一，凭借整体的优异表现和马赞蒂尼的神勇发挥，他们在主场0比0逼平过我们。但是跟他们在奥林匹克的状态相比，他们在主场的表现甚至可以忽略不计。在我效力罗马的职业生涯中，我总能碰到那些“普通”门将在面对我们时如有神助，而有时候——这让我想起多年后，一场与桑普多利亚不可思议的比赛中斯托拉里的表现——他们甚至能硬生生地让我们功亏一篑。那天的马赞蒂尼也在做这种尝试，他差一点就成功了：如果不是第90分钟的进球将比分改写为平局，我们将不得不再一次品尝失败的苦果，但要说一句，蒙特拉的手碰到了球，所以这个进球其实是违例的。在冠军争夺如此白热化的形势下，如果我们突然陷入不利局面，那将是我们的末日。

那天下午发生了很多事。在上半场快结束时，巴约科30米开外的射门撕开一个口子，为佩鲁贾取得领先。没错，我们又落后了。下半场开始时，我在禁区外破门得分：这一记右脚射门本来是打向球门一角，球却打在马特拉齐身上，造成轻微变线让守门员难以扑救。我们的进攻气势如虹，为了阻挡我们的进攻，马赞蒂尼在两个球门柱之间飞来飞去，把比分改写为2比1似乎只是时间问题。加油，我们将抓住下一个机会取得胜利。然而，比赛还剩一刻钟，安东尼奥利在出击时出现失误，没有控制住球，绍达蒂以极快的速度把球碰进球门。比分再次落后，我们的守门员因为这个失误沮丧懊恼，而看台上已经有人嘘他，并辱骂他。那真是一场噩梦。

在组织最后一次对佩鲁贾的进攻之前，我必须承担起队长职责。我走到南看台下面，开始声嘶力竭地对球迷们大声呼喊，弗朗切斯科·安东尼奥利是罗马守门员，罗马仍然是排行榜的首位，希望他们不要再质疑和谴责他，而是更多地支持和帮助他渡过眼前的难关。我怒气冲冲，球迷的声调很快明显地降了下去，并且开始重新为我们加油。这正是翻越佩鲁贾这座珠穆朗玛峰时我们所需要的。

将比分改写为2比2的进球来自第90分钟。从技术上讲，那是特德斯科一个乌龙球。双方球员在球门线附近激烈拼抢中（包括奋力争夺的巴蒂斯图塔和蒙特拉），足球打到特德斯科身上，反弹入网。蒙特拉的手碰到足球，但那只是他的本能反应，在球场上的一瞬间你会如此认为，但后来的视频回放证明那确实是一个犯规。我们很幸运，当然也很精明：我们在球场外庆祝了很长时间，而我还设法让主裁判对我黄牌警告，我因此需要停赛一场。在对乌迪内斯缺阵肯定比接下来的德比和对尤文图斯的两场比赛中禁赛要好得多。尤文图斯3比1击败国际米兰，跟我们还有4分差距。一切重回正轨，而本来情况有可能朝着更糟的方向发展。

幸运的是，在跟乌迪内斯的比赛中，我们恢复了状态。尽管无法上场，我还是随队到了客场，那是一个队长不能缺席的时刻。就在那周我跟罗伯托·索萨隔空发生口角，人们显然对此耿耿于怀，这也让我在看台上不得不面对多到夸张的嘘声。但这没什么大不了。蒙特拉、托马西和顶替我出场的中田英寿主宰了比赛，而尤文图斯在他们延期举行的比赛中没能攻破布冯的铜墙铁壁。在两场最关键的比赛开始之前，我们的比分优势重新回到6分。

第二回合的德比是一场极为艰难的比赛。在下午（奥林匹克球场的比赛到晚上开始），莱切令人难以置信地逼平了尤文图斯，因而阻止了他们在积分榜上更进一步地逼近我们，但这并没有让我们有丝毫懈怠。拉齐奥正在抓住它剩下的所有机会重返意甲冠军的争夺，而次要目标则是抓住机会“帮助”尤文图斯把罗马拉下马：这是他们为了自己的球迷必须完成的任务。比赛中双方犯规不断，所有人脚下动作都无所顾忌，这让我感到无法忍受，一次对内德维德的拦截因为动作太大吃了一张黄牌。但这么做是对的，我并不感到懊悔。在这样的比赛里，你必须用除了技术以外的东西来赢得尊重。上半场比赛以0比0结束，在这段漫长的时间里双方都怒目以对（也互相踢踹），看看谁先认输。下半场开始时发生了有利于我们的转折：在6分钟里，先是巴蒂斯图塔接德尔维奇奥的传中，用一次精妙的内脚背射门得分，之后是德尔维奇奥最大限度地插上，接扎内蒂的传球左脚破门。这是一个精彩、难度很大的进球，如果不是身体柔韧性非常好的人是不可能完成的；即便能打进，韧带拉伤也在所难免。

年初时，很多人要求搁置德尔维奇奥，把蒙特拉放到我前面，作为前腰与巴蒂进行配合，但是卡佩罗选择了德尔维奇奥，并且支持他，因为他能够很好地胜任双重角色，每一场比赛来回奔跑数公里，而且总能在关键时刻赶到破门得分。他是第一个做出张大耳朵的姿势来进行庆祝的球员，因为他觉得自己被低估了，但毫无疑问，他把他的能力发挥到了极致。我认为，这恰恰说明他极具智慧并拥有强大的心理素质。

取得2比0的领先以后，我们接下来要做的是，保护好球等待比赛结束，最好是再进一个球锁定胜局。有十几分钟的时间，拉齐奥看上去就像拳台上的一名拳击手，我们必须坚持，但是下半场开场后的冲刺让我们消耗了大量的体力。就这样，当佐夫通过换人补充队伍的体能之后，我们开始打得很保守，而对手的攻势突然变得凌厉起来。我们第一次遭受打击是在第七十八分钟，内德维德在禁区边缘完成一次他习以为常的得分，他即便在失去平衡的情况下也能起脚射门。我们的防守收缩得更紧，5分钟的伤停补时前，卡佩罗换上吉古和和曼戈内，为球队注入新鲜血液。在米哈伊洛维奇开出最后一个该死的角球之后，托马西头球争顶将球顶出禁区外。谁也没想到，卡斯特罗曼——一个稚嫩的阿根廷小伙子——飞快地插上并在二十米开外轰出一记右脚凌空抽射，足球直直地贴地进入球门下方死角。这是一个非常精彩的进球，但是我今天告诉你们，对当时的场景我能记住的只有自己无法抑制的愤怒，回到更衣室，我把所有能踢的都踢了一个遍。那个晚上，任何有关积分榜排名的消息都无法平息我的怒火。我们最近安然无恙地跨过两道门槛中的一道，但是德比就是德比：比赛以这样的方式结束，和拉齐奥赢了没什么两样。

后面几天这种情绪得到了改善，因为我们需要集中精神备战跟尤文图斯的比赛，而足协法庭也发布判决，允许不受限制地使用非欧盟球员。这一措施马上影响到了后面的一场正面交锋，这导致尤文图斯针对这场比赛的争议从未平息。而在特里戈利亚，我们却对此感到特别高兴，因为在此之前，这种限制仿佛一个制造愁眉苦脸的工厂，使得很多状态不错的队友不能上场比赛。在某些时刻，任何能够平抑坏心情的东西都是受欢迎的。

我们不再高歌猛进，但尤文图斯的处境也没有多大改观：之前的两轮比赛他们只收获了两场平局，特别是第二场他们根本就是咎由自取。如果他们能把跟我们的差距缩小到4分，甚至通过正面交锋缩小为1分，那么他们将有可能最终在积分榜登顶。事实上，他们的进攻势如破竹：德尔皮耶罗在第四分钟接齐达内的助攻头球破门，法国人开场就有出色的表现，在第六分钟，由于我们糟糕的防守，齐达内又直接打进一球。值得一提的是，卡佩罗在赛前最后一次技术分析会上叮嘱我们，一开场就要全力以赴地坚持度过前半小时。6分钟后我们就以0比2落后，我们的任务完成得“真好”……

我确实踢得很差，难以找到位置，而尤文图斯的队员在整整半小时之内像疯了一样在我身边穿梭。他们无须跟我们进行身体对抗，只要把速度提高到我们的三倍就可以。我们需要坚持，同时希望他们会因为轻视我们付出代价。戴维斯浪费了把比分改写为3比0的机会，如果这球进了，那晚的比赛悬念就会被提前杀死。比赛完全没有按照我们设想的进行，但正是从那个时候，我们开始重新组织踢得支离破碎的比赛。中场休息时，卡佩罗让我们回想之前在罗马德比中对拉齐奥（追平比分）的壮举：上周日，中场休息时我们还是0比0，今天你们甚至有更多时间调整。我不知道我们中有多少人相信他的话。我感到脑袋里空空如也，一直等待的这场重中之重的比赛跟我开了一个很糟糕的玩笑。回到场上，我做了几次尝试，但是感觉什么都踢不出来。下半场开始后15分钟，我看到两名队友站在场边，准备替补出场。而我一反常态，停下来看了一眼小黑板上显示的替补号码。我的确应该看看，因为上面的第一个数字是10。

我先是感到有些意外，而接下来立刻就是懊恼。我真的踢得不好，但是在这样一场比赛中换下队长……我从来没有在意过什么形象和等级，我也从来不认为我有什么特权而必须留在场上。与此同时，我是那个总能创造机会破门得分的人，只要我待在场上，你永远不会知道20分钟后我能发挥什么作用。好吧。我跟正要上场顶替我的中田英寿击了一下掌，穿上队服外套，都灵的天气仍然很冷，尽管已是5月，然后没有做出半点可能引发争议的举动就径直坐了下来。我感到很心烦，但现在绝不是火上浇油的时候。

在很多次制造奇迹的换人中，中田英寿的这次替补登场是我记忆中最令人难以置信的一次。在第79分钟，中田英寿禁区外一脚大力射门破网得分。罗马掌握了比赛的主动，但是需要一个进球打破僵局，现在终于有了。我从椅子上站起来鼓励大家，并且尝试对场上给出一些简单的建议，这能让我感到自己仍然身处其中。整座体育场被紧张的气氛所笼罩，我们感觉场上的差距似乎并没有那么大，就像上一场德比战中，我们对拉齐奥来说也并不是多么遥不可及。另外一个冥冥中自有天意的迹象是展示出来的伤停补时时间：跟上周日一样，时长为5分钟，只要我们不是非要等到最后一分钟才一锤定音。中田英寿另一次禁区外的精彩射门被范德萨封挡出来，但是蒙特拉明显地预先启动，比蒙特罗和巴蒂斯图塔更快一步地冲向反弹出来的足球。蒙特拉用一记剪刀腿射门将球打进，而之后是我们的球迷令人难以忘怀的欢声雷动，那本是一场败局已定的比赛，但是现在风向却逆转了。我跑向中田拥抱他亲吻他，所有人都堆到他的身上，而他还是带着习以为常的腼腆微笑，好像在躲避着什么。我对着他的耳朵大喊道："中田，你就是个奇迹！"我喊了好几次，而最后他转过来对我大声说"谢谢"，然后他就走开了，可能是身体接触以及一帮刚刚打进决定赛季冠军归属的进球且在狂欢和互相拥抱的球员们之间的肉体之亲让他感到不适。他是一个纯净、谦恭却又高冷而安静的"怪人"，他是我们中的一员，但是却从未放弃他那个外人无法进入的世界。我们在一起聊过的话题不多，其中有一件事我到现在仍然记得清清楚楚，因为他说到做到了："我很快就不会再踢球了，因为我想做点别的事情。"事实正是如此。

两场正面交锋最终都平安度过，而在我们庆祝胜利倒计时时有了一个新情况：拉齐奥在积分榜上超过尤文图斯成为我们的头号追赶者，他们离我们有5分的差距，而斑马军团是6分。还剩下5场比赛，第一场是在主场迎战亚特兰大，这是一场我们绝不能有丝毫松懈的比赛，而事实上在蒙特拉打进那个制胜的变线球之前——那段时期的蒙特拉是个不好惹的人物——一个多小时时间里场上的僵局一直没有被打破，在这期间安东尼奥利对纳比的射门做出一次极为精彩的扑救。这可以算我们饱受非议的门将的一次小小救赎：你们想一想，就在那场对阵佩鲁贾，也就是我在看台下为他仗义执言的那场比赛之后，他感到自己身处充满恶意的险境，甚至害怕到聘请了一位保镖。在我们取得领先之前，卡佩罗再次把我换下了场，换上中田英寿。我的第一个考虑是，我那天依然踢得不好。但是整个赛季下半段，我都优先帮助整个球队，而不是注重个人表现。我感到冠军已经近在咫尺，既然每场比赛对手都会至少安排两个人针对我，我还不如把球交给无人盯防的队友，不需要考虑自己能否在比赛中成为主角。当然，我也有我的第二个考虑，那就是我的这种状态不会成为常态。这次我下场时对卡佩罗嘟哝了两句，大家都听到了：但我说的绝不是激化局面的话，斤斤计较是无法赢得冠军的。

第30轮，我们终于迎来一场轻松的比赛：在坎德拉先拔头筹之后，我们以4比1的比分大胜巴里。卡福也进球了——两名边路球员同时进球，也是对球队整体战术的肯定，而这种战术已经固定下来，包办另外两个进球的是巴蒂斯图塔。卡佩罗继续让中田英寿出场，只不过他顶替的是蒙特拉。我一直踢完90分钟，这场比赛我得到史无前例的球迷们为我进行的合唱。通过各种途径从罗马来到普利亚的球迷差不多有3万人。比赛结束时我站到赛场中央环顾四周，看到一座从罗马搬到巴里的奥林匹克球场的“全景”。永生难忘。

第32轮比赛就是我们两个月前在表格上推算出来可能提前获得意甲冠军的那一场。由于我们此前表现得不够好，所以这个可能性不仅仅取决于我们自己，也就是说，如果我们在奥林匹克球场击败AC米兰，我们还需要拉齐奥和尤文图斯在各自的比赛中最多打平的结果。事实上，AC米兰在上半场结束前由科科头球破门，取得领先，我们的推断根本不靠谱。多亏蒙特拉的英勇表现，我们才扳平了比分，尽管他正因为那个时期状态惊人却被按到替补席上而怒气冲天。面对塞巴斯蒂安·罗西这样一位身材极为高大的守门员，可能任何人都不会想到用一个吊射破门得分。但蒙特拉除外，他注意到罗西的站位略微有些靠前，考虑到禁区内人太多，他选择了一个杂耍般的吊射，让足球飞跃禁区落入球门。这是一个令人尖叫的进球。我抓住他准备庆祝时不得不立刻先捂上他的嘴，因为他正在大声怒吼，至于是针对谁，你们应该能想象得到。AC米兰是一支强大的队伍，但是那个赛季为什么状态那么低迷，一直令人费解。

平局是个还不错的结果，因为拉齐奥在最后一分钟被国际米兰赶上。比赛还剩两轮，他们与我们有5分的差距，实际上已从冠军争夺中出局。只有落后4分的尤文图斯尚能与我们一搏，我们都觉得冠军已经是囊中之物了。我和迪弗朗西斯科拥抱着走下赛场，我对他大喊，我们周日将会赢得比赛和冠军奖杯，而他则用一连串的“是的”回应，让我倍感振奋。其他队友聚拢上来，我们在看台下方停下齐声大喊着“还有7天”，所有球迷回应着我们：“那不勒斯见”“那不勒斯见”。我开始在心里计算离那个时刻还有多少小时。

6

罗马赢了

比赛前夜的6月9日，那不勒斯的气温高达30摄氏度。10月10日开赛的意甲有它不利的一面，那就是赛季结束的时间已经是夏天。我觉得我们不是在火山（那不勒斯靠近维苏威火山）脚下，而是身处火山内部。酒店所在的沿海大道上挤满极度兴奋的人，光是酒店大堂里就有数百人，这显然对我们备战即将决定意甲冠军归属的比赛来说，并不是一种理想状况。这样的情况，也在我们的意料之中。就像通常适逢这样重要时刻会发生的那样，谁也不知道到底是谁安排的，庆祝夺冠的短袖衫和装着庆典所用香槟的小冰箱已经装在一些车的后备厢里，跟我们一起来到那不勒斯。比赛在下午进行，根据天气预报，届时的气温将达到35摄氏度。不喜欢吹空调的人不得不打开朝向海边的窗子，而整条卡拉乔洛大街一直到凌晨仍然是人声鼎沸。人群中不仅有那不勒斯球迷，随着时间的推移，罗马球迷也越来越多了，毕竟从罗马到那不勒斯开车走高速只需两小时。许多罗马球迷觉得必须到我们酒店楼下，让我们知道他们就在身边。

我们入住的酒店正好有一场婚礼，而这应该算组织方的一个小小的疏漏，因为卡佩罗从第一场客场比赛开始就规定，全体队员必须绝对地与外界隔绝。完全没有任何惺惺作态的意思：在曾经的足球界，也就是我刚刚进入意甲的那两年，有一些女孩子混进集训地，以求与球员一夜风流，这种事情并不少见。但是，从马佐尼时代开始，教练们对此类事件从被动监视逐渐变为更加主动的干预，从而加以预防。预订一家能够把球队和“普通”住客分开的酒店是很容易的，在这种情况下，球员要放纵自己就变成了不可能的事。

我交代这样一个背景，是为了引出一个造成轰动的误会，坊间对于这件事的风言风语一直流传了很多年。卡佩罗很长时间里都坚信自己的判断是正确的，并且从不隐瞒这一点。（我们现在的关系缓和了，下次见到他时，我一定要问问他是否仍然坚持已见。）我们回到婚礼这个话题上来。教练那天晚上对我们入住酒店的那场婚礼感到非常紧张，我理解他，因为球员不可避免地要与参加婚礼的宾客（包括一些漂亮女孩子）在酒店的酒吧里产生交集。有人来要签名、拍合照，有人会跟我们互相开几句玩笑，但都是规规矩矩的。你们要相信我。卡佩罗从上个赛季开始采取的预防措施是，在球队入住的酒店楼层安排两名私人守卫，没有人冒险尝试要什么花招。对我来说，那个时期我处于单身状态：如果真的发生什么，17年后我完全可以大方地承认，因为他定的规矩早就失效了。但实际情况是真的什么都没发生。

那天晚上所有人一起上楼回到房间，我们占用了酒店整个八层。睡觉之前，我们在各自房间面向蛋堡的阳台上乘了一会儿凉。我跟阿莱桑德罗·里纳尔迪住在同一个房间，他是一位可爱的小伙子，跟我一样来自罗马，住在电影城附近。过了一会儿，我听到敲门声。我打开门，看到已经成为球队经理的泰佩斯蒂利，他满脸尴尬，同时努力用眼神向我暗示着什么。我还没来得及问他发生了什么事，卡佩罗突然从他背后冒出来，怒气冲冲地走进房间。

“她们在哪儿？那些女孩子在哪儿？”

“教练，您在说什么？哪有什么女孩子……”

“就是有，我很清楚。”

房间只有20平方米左右，卡佩罗的搜查没有耗费多长时间，但是他查得很仔细：他打开衣柜，检查了淋浴间，甚至还看了一眼床底下。当然什么都没找到。我试着开玩笑似的跟他说：“唯一有可能的是，她们已经跳下去了。”这使他更加愤怒。他走出房间，却坚信有人欺骗了他。他是对的，只不过那个人不是我，而是那个“告密”的人（这么多年过去了，我一直很想知道到底是谁）。

从酒店到圣保罗球场的路程平时有警察开道只需要15分钟，但是那天却走了50多分钟。一切都是那么特别，包括那不勒斯球迷绝望的情绪。事实上，如果我们赢球，他们就得降级。我们很清楚现在不是去参加走秀，而且我们的实力确实更强。在积分榜上我们领先他们39分，后来在比赛中，我们也在某种程度上体现和利用了这种差距。

当然，好事多磨。我们真的没有习惯成自然：在33场比赛里，我们第12次处于先失一球的落后局面。我想这对一支意甲冠军球队来说应该也是一个纪录。我们的防守从一开始就显得涣散无力，第37分钟，尼古拉·阿莫鲁索抢先于萨穆埃尔争到足球，从禁区边缘射门洞穿了安东尼奥利的十指关。这可真是件好事！今天又得拼个精疲力竭。幸运的是，我们很快就扳平了比分：我开出的角球在下降过程中恰到好处地避开守门员，落在巴蒂斯图塔伸出的一只脚上，变线入网，1比1的比分一直保持到中场休息。幸好如此，因为更衣室的气氛还是有些紧张。最近几轮比赛，蒙特拉不再显得那么急躁，他在上一轮对阵AC米兰时打入一个梦幻般的进球，因此确信他已保住了场上的位置。但是，他并不是紧张气氛的唯一根源。从我了解的情况和我的感觉来看，在其他一些大俱乐部里，球员们看待主力阵容的问题并不会那么斤斤计较。但是在罗马，进不了主力阵容的人会耿耿于怀，也没有任何办法能够平息他们的怨气。而且，我在不久前就曾为此埋怨自己：连续两次被中田英寿换下让我感到心烦意乱。

尽管天气闷热难耐，我还是打出了生涯最好的几次表现之一。人们能够感受到，很久以来，我内心一直压抑着的一种欲望。取得2比1比分的进球来自卡福的传中，我用胸部停住足球，然后差不多在点球点附近用右脚射门得分。那不勒斯人提出抗议，因为我跳起来时双臂展开，足球在下落过程中，确实稍微蹭到点我的胳膊，但是我对球的控制完全是用胸部完成的。请你们至少允许我这么说一次：10号是只有少数人才能穿的球衣，如果你不掌握深入骨髓的技术，你可能连意识都跟不上，况且这也不是一个手球。

这是赢得意甲冠军的制胜球吗？在29分钟里是，我在庆祝进球时也是这样认为的。我甚至脱掉球衣，跑到罗马球迷占据的一块看台下。2比1的比分保持了29分钟，我们没有再遇到任何威胁，甚至还浪费了三四个终结比赛的好机会。圣保罗球场显得沉寂而沮丧，似乎感觉到即将面临的质问与指责。我也感到难以想象，降级对这样一座城市和这样一群球迷意味着什么？感到只能听天由命的那不勒斯球员脸上开始露出满面愁容，而这时莫雷罗的替补出场为他们带来了一丝活力。第81分钟，莫雷罗在禁区边缘附近赢得一个任意球，佩基亚在走上罚球点时，内心已经拿定主意：他不想让足球飞跃人墙，而是要洞穿它。他直直地踢出一脚，令人难以置信的是他是对的：人墙露出一道口子，安东尼奥利被足球毫无征兆的线路惊呆了，他尽可能地伸长手臂进行扑救，但无济于事：2比2。尤文图斯和拉齐奥在上半场已经取得明显优势，如果这样的比赛结果保持到终场，冠军的归属要到最后一场才能确定。这让我非常不爽。

随后，卡佩罗决定换上蒙特拉，而他确实上场了，但是上场之前他跟教练短暂而激烈地争论了些什么。随后就有了那次著名的踢水瓶事件，蒙特拉的怒不可遏不仅是因为他没踢上主力，也是因为在我取得进球之后，教练用扎内蒂换下德尔维奇奥。这是个合理的换人，因为在一场即将赢得冠军奖杯的比赛中应该加强防守。然而，他们的关系已经陷入难解的僵局。蒙特拉是意大利最好的两三名前锋之一，他受够了教练断断续续地使用他的状况。他认为这不公平，更何况他在赛季下半段在打进决定性进球方面，表现出极高的竞技水平。谁知道如果蒙特拉打进意甲冠军制胜球会是什么样的场景：他有过一次这样的机会，但是那不勒斯的门将弗朗哥·曼奇尼用一次神勇的出击断送了他的希望。终场哨响起，我大失所望，心情极度郁闷，而在更衣室，还得跟很多队友一起想办法让卡佩罗和蒙特拉分开，他俩几乎快动手了。第二天，蒙特拉意识到自己反应过激，公开向教练道歉并请求原谅。

这是一次糟糕的从客场返回罗马的经历，那天晚上的大巴车有一种剑拔弩张的气氛，充斥着各种负面情绪、一触即发的争吵和横眉冷对的表情。有时候，一句简单的口号就能改变你对形势的看法，改变你看问题的角度。我在一家罗马报纸上看到一句话："在主场赢得冠军会更好。"我猛然意识到，这是一个多么显而易见的事实。很显然，在奥林匹克赢得冠军奖杯将会好上千倍：在我们的球迷中，在人山人海的球场里，在我们陷入疯狂的罗马城里，在我们神奇的土地上。我立刻把这个看法告诉了我的"香槟"酒友坎德拉，他表示赞同："我也想到这一点了，而且我们能轻松击败帕尔马。"于是，在我们恢复训练之前，大家负面情绪有所改观的时候，我在更衣室提出了这个话题。这个想法重新点燃了所有人的热情，大家开始开起玩笑，有人说："我上哪儿找到别人向我要的200张球票？"这还真不是个玩笑，我们中确实有人被要求帮忙弄到数量巨大的观赛门票。还有的说："比赛之后我们怎样才能离开奥林匹克？"答案很简单，这是我们"之后"才应该操心的事。

最后一周，卡佩罗仍然非常注重在球场给我们安排一些训练任务，但训练一般都是在下午晚些时候进行，因为到了6月中旬，炎热的天气已然来临。正是在那周，我们切身体验了稳获冠军的安然自得，队伍仍然保持一定的、良性的紧张感，同时又小心翼翼地平复显然因为过于期待而早已焦躁不安的心情，这是一种美妙的平衡。

那些天在家里，我和朋友一起从另外一个方面专注我们正在完成的事业：那是一种史诗般的体验。那年3月，《角斗士》赢得奥斯卡奖，这是一部深深触发我想象力的电影。对于像我这样纯粹的罗马人来说，我们厚重而伟大的历史令我骄傲，也激励着我学习。上学时，我对有些学科的关注可能比较少，但无论是第一位小学女老师，还是后来的老师向我们讲述罗马帝国史的时候，我都非常专注。能通过观看一部年度最佳影片（且不仅仅是年度最佳）来回顾罗马历史，实在是一件幸事。我几乎能记住《角斗士》的每一个场景。当看到角斗场上的罗素·克劳面对康茂德脱下头盔，用低沉的声音说道“我是马克西姆斯·德西斯·梅里丢斯，北方军团的指挥官……”时，我不禁湿了眼眶。每次都是如此，没有办法。那一周每天晚上，我都会把自己关在家中装了大屏幕的餐厅里，在DVD机里装上《角斗士》的碟片。这也是我跟里卡多、安杰洛和贾恩卡洛（每次客场都会陪伴我出战的朋友们）共同的激动时刻。当影片放映到宣告“罗马赢了”的时候，我们都会一跃而起兴奋地簇拥到一起。这时候，我们当然也想到了罗马赢得意甲冠军的场景。前几个晚上，妈妈还会因为听到我们的叫喊而担心，等她跑到餐厅看到当时的状况又会笑着走开。爸爸则摇摇头，我觉得其实他也受到了感染。这是一种提振士气的绝佳方法，我应该为此申请专利。那么，让我说得更清楚一些：我们足球运动员就是为荣誉而战的，我们的身后是成千上万的球迷，他们有的希望看到我们势不可当，所向披靡；有的则希望看到我们举步维艰，俯首称臣。如果我们不是现代的角斗士，那又是什么呢？

在那几天，我不仅看了我最喜欢的这部电影，同时各电视台都在播放关于我们漫长夺冠之路的专题片，我还会通过录像带回看这些节目，我深刻地感受到我们所能做的一切是多么重要。当然，如果我们不能击败帕尔马，这一切都将毫无价值。非常坦诚地说，对此我没有丝毫的疑问。我们的实力明显强于帕尔马，而且他们本赛季的结局其实早就明朗了：在经历出现各种问题的前半个赛季之后，他们追到积分榜第四名，这当然显示了他们阵容的价值。我侧面了解到，他们在赛季下半程跟我们一样拿到33个积分，这其实是一个让我们稍感不安的数据，但是，人们肯定能感受到这场比赛双方不一样的决心和斗志。

我已经习惯了不能在罗马街道上散步，而那周哪怕是把脑袋稍微从家里的窗户探出去一下都是无法想象的。朋友告诉我，没错，罗马城现在已经沸腾了，可某种意义上又显得有些安静，全城的人都在期待能够避开各种魔咒顺利夺冠——紧张的气氛肯定有，这一点毋庸置疑——人们非常耐心地抑制着内心的迫不及待。这就像你第一次要亲吻一个女孩：你比较确定她也希望跟你亲吻，但是谁也不能保证这一点。想一想，如果她拒绝你，场面会有多难堪，这也说明你之前的理解可能是错的。每次你想做这种尝试的时候，心里都会有些打鼓。假如帕尔马使出奇招并最终名载青史呢？我不再去想这些事情，再次把《角斗士》的碟片放进播放器。队里有很多人住在卡萨尔帕洛措附近，所以我家餐厅里总是人来人往。

星期六上午，在奥斯蒂亚渔夫家餐馆工作的朋友阿提里奥，开着七座小面包车来到家里接我们，这样比赛结束后我们就不用再去特里戈利亚开回自己的车。车上有我、巴蒂斯图塔、蒙特拉、德尔维奇奥和坎德拉。跟家里人没有做特别的告别，因为开球之前我会跟他们再联络很多次，但是妈妈看我的眼神还是有些奇怪，在我亲吻她眼睛时能感受她的身体在颤抖。幸好车窗是隐私玻璃，如果在特里戈利亚附近安营扎寨的人看到我们，那么我们进入训练基地可能要大费周章。就在基地大门栏杆升起来那一刻，我突然感受到我们接近终点的这一征途所承载的重要价值和意义。最后24小时。明天我们要么成为意大利冠军，要么乘坐第一班离开罗马的航班逃之夭夭。

训练，开技术会议，打台球，吃晚餐，交谈，畅想。这数小时里我都在想象那天我们的主场将会是什么样子。我在一些影片里看到1983年的奥林匹克球场也是在庆祝罗马夺冠，但那只是罗马对阵都灵的赛季最后一场比赛，并不是真正的夺冠时刻。那一年，意甲冠军头衔在倒数第二轮热那亚一场客场平局之后已经确定属于罗马，那一支属于普鲁佐、法尔考、迪·巴托洛梅和布鲁诺·孔蒂的罗马。

通常我们在比赛前夜都会在11点左右回到房间休息，这一次，肾上腺素飙升让所有人都无法入睡。卡佩罗从我们面前走过，冲我们做了一个鬼脸，但是一言未发，也没说“上去睡觉”，更没说“已经很晚了”。他知道即便说了可能也没用，他也知道我们的心情是什么样的：就像AC米兰、皇家马德里或者其他在他率领下赢得冠军的俱乐部球员一样。在某些特定情况下依然能够睡得好的人很少。我记得伟大的恩佐·贝阿尔佐特在一次采访中讲述他的一些如“草原群狼般”队员的故事，其中一位是塔尔德利。他们晚上真的睡不着觉，就在集训住宿地的走廊里闲逛，宛如一匹匹美洲草原上的野狼。在那天晚上的特里戈利亚，我们都是野狼。我在跟朋友们打完最后一轮电话，才关上房间里的灯，而时针已经指向凌晨3点。我想，那个晚上可能整座罗马城都无人入睡。

阳光很早就透过百叶窗照入房间，但是我一直迷迷糊糊地睡到9点。早餐时，我翻阅了一些报纸。我非常喜欢《罗马体育报》（*Corriere dello Sport*），因为整份报纸刊登的都是这个赛季跟“我们的征途”相关的文章。尽管根据积分计算来看，冠军归属还有悬念，但是所有报道都是以庆祝夺冠为主题，没有任何担忧功亏一篑的内容。这样挺好的。有两声急促的手机提示音传来，是一个已经进入球场的朋友发来的短信（在这样的日子里，奥林匹克球场一清早就开始开门放入球迷）。看完手机，我有些目瞪口呆，短信上写着：“这里已经全都坐满了！”这不太可能吧……我看到有些队友已经站起来聚集到电视屏幕前，拿着面包和果酱的手悬在半空一动不动，那一刻时间仿佛停止了。电视屏幕上闪过一幅幅奥林匹克球场人山人海的图像，这是现场直播。是的，这一切都是真的。我跑了几步活动一下肌肉，但是已经觉得热得不行。11点我回到房间，给妈妈打了一个电话，她告诉我：“弗朗切斯科，我刚在观众席坐下来。是的，我们都挺好的，谢谢。这真是、真是令人难以置信，现在的球场一根针也插不进来了。”在那一刻，我恨不得马上动身前往球场。午饭后举行了最后一次关于定位球的技术会议，然后我就登上大巴，并且按了三下喇叭，告诉大家我们不能再浪费时间了，所有人都在等着我们。

那天我们创造了从特里戈利亚到奥林匹克球场通行时间的纪录：不到20分钟，10辆警车开道只是其中一部分原因。更重要的原因是大街上已经看不到一个人影，所有人都已经聚集到了球场里。通常，开赛前球员们会身着俱乐部的队服进行10分钟踩场，借机感受一下当天球场的气氛和体验一下草坪的情况。不过相对于主场来说，这一个环节在客场比赛的时候更加重要，我一般也不会参加。但是那天我破例地走上草坪，因为我想看到球场里的人。关于那次意甲夺冠的经历有太多东西令我永生难忘，其中包括我们入场时球迷发出的山呼海啸般的欢呼声。在场上我们遇到帕尔马球员，而在我们的目光中有某种羞怯与躲闪。这出于两个原因。第一个原因涉及那一周我们在特里戈利亚广泛谈及的一个话题，那就是这支帕尔马看上去像一支克隆版拉齐奥，我们可以看到福赛、阿尔梅达、圣西尼、迪瓦约等很多曾经在这里踢过比赛的老面孔，他们定会竭尽全力地阻止我们赢得比赛，而这如果不是因为别的原因，那一定是希望继续讨好他们曾经的球迷。来过罗马的人总想再回来，那么最好别在这里留下旧债。第二个原因则是出于友情带来的尴尬。谁都知道吉吉·布冯是从U15国家队就跟我相识的兄弟，而法比奥·卡纳瓦罗也是另一个蓝衣军团生涯中跟我联系最紧密的人，无论是在U21国青队，还是国家队。出于自尊心的原因，也为了避免尴尬和误解，我整整一周都没有给他们打电话，这是一种不太寻常的情况，因为平时我们经常联系。现在我不能装作没有看到他们，那样的话就有点太过了。他俩在看着我，用手指着我，并爆发出毫无顾忌的大笑。他们在拿我打趣。

“嘿，你们两个傻子，笑什么？”

“嘘！你可不能跟我们说话，要不然我们把调查处的人叫过来。”

“别闹了，今天我们是不可能输的。”

“闭嘴吧，你不能跟我们说话。”

我们就这样闲聊了几句，我想他们可能这辈子都会记住整整一周我都没跟他们联系的事。转身往更衣室走的时候，我还能听到他们在对我大呼小叫。去年夏天，他们几乎就要转会到罗马，而现在我担心他们会希望通过自己的表现让当初做决定的人后悔。幽灵们已经在球场上空盘旋。加油，前进！越早比赛就能越早赶走它们。

卡佩罗最终还是毫不迟疑地派上蒙特拉，跟我和巴蒂斯图塔一起打首发，他希望借此发出一个明确的信号：这一次，我们将发起一场短兵相接的攻击战。在开球那一瞬间，我感觉自己并不是在球场中央，而是置身于世界中心。如果真是那样的话，那可能会是一件让人头疼的事情。但是，布拉斯基的哨音终于打断了我一周以来的胡思乱想。奔跑、出脚、对抗、跌倒、射门，我从未对一场比赛的体能释放如此渴望。

比赛一开始，我们有点像一台空转的发动机，人们能够感受到引擎正在加速，但是变速箱没有匹配好，各个零部件之间的传动出现一些问题。我们的阵型应该保持更加紧凑，彼此距离拉得更近一些，以免在传球上出现失误。卡佩罗依然在场外大喊，甚至嗓门比往常还要更大，他希望我们场上表现不佳的位置能够尽快做出调整，以免我们为争夺球权耗费过多精力。天气热得要命，特别是下半场，或者更确切地说是在比赛还剩下最后20分钟的时候，这正是危机四伏的时候，我们可能突然就得为上半场消耗过多的体能追逐对方球员而付出代价。帕尔马则踢得非常果断，他们是一支很强的队伍，也希望展现出自己的实力，特别是通过他们的前拉齐奥队员。这一点并不让人感到意外。他们另一个利好因素是已经不需要追求积分榜上的数字，所以反而能更好地放开手脚。他们踢得并不保守，因为他们也不想让我们这些渴望在主场捧起意甲冠军奖杯的人称心如意。所以，当我们夺回球权，能够找到足够多的反击空间，我甚至会带球突然加速奔袭30米，这让对手无法对我进行三人包夹，或者通过犯规来阻止我的进攻。第一次破门机会来自蒙特拉接坎德拉长传后的一脚斜射，但足球滑门而出。与此同时，观众席的球迷爆发出一声长长的轻声惊叹，只不过不是庆祝的语气。我一开始没在意，直到卡福把他在替补席附近听到的消息告诉我：特雷泽盖在都灵进球了。这是大家都预料到的结果，谁都不认为尤文图斯不能赢得比赛，但是这个进球还是让我感到压力倍增。如果这样的结果保持到终场，我们可能会因积分持平而打附加赛。我们早就对这场比赛志在必得，但是时间越来越紧迫了。踢到第15分钟，比分仍然是0比0。幸运的是，至少比分没有落后，毕竟今年已经发生太多次落后的情况了。

就在这种不断增长但尚未爆发的压力之下，我生命中最重要的进球诞生了。这不是我最精彩的进球，尽管还算漂亮，但是进球那一刻我内心的激动程度可能仅次于我的孩子出生时的心情。托马西从中路将球向左侧长传到底线附近，坎德拉在对方一名球员头球争顶之后控制住足球，然后倒三角传球传向禁区中路。这是一个练习过上千遍的配合，我们闭着眼睛都能完成。不过这次出现了一个变数，那就是蒙特拉。德尔维奇奥当时正在别的位置上。蒙特拉是一个天生的中锋，他理所当然地出现在传球路线上。我当时正在全力插上，尽管蒙特拉已经在某种程度上意识到了我的出现，我还是大喊了一声“我的”，而他在即将触碰到足球时下意识地躲开了。真的就是在刹那间，我的这一记右脚射门必须做到完美无瑕，而我感到自己的位置有点跑过了，我刚才应该跑慢点就好了。这些都是电光石火之间的想法，在我碰到足球那一瞬间就烟消云散了。这是一记精彩的右脚背射门，踢得令人出乎意料，足球打进球门一角，正好是布冯移步去封挡其他区域留下的空当。这一脚的质量堪比一个点球，他被我的假动作迷惑了。它来了，我生命中最重要的进球。它将载入史册，成为留给未来罗马球迷属于我的印记。我就是那个人，那个在我们历史上最重要的星期日将比分改写成1比0的人。

在我的记忆里显然从来没有过类似的时刻，从来没有。这是一个光芒万丈的瞬间，你能做的只有在人生的漫长岁月里一次次地去回看和欣赏它。我的第一反应是听到奥林匹克球场里齐声爆发出山呼海啸般的欢呼，之后我则面带得意的笑容开始脱掉球衣，跃过广告牌飞奔着跑向南看台去赴我们的约定——一个不是本周而是很早就定下的约定：那是我刚刚进入罗马的第一天，当时我还只是个孩子。在南看台，很多人眼里含着深情和喜悦的泪水。多年以后，在我退役的那个星期日，我再次看到这里的人因为伤感而落下的热泪。在我的职业生涯里，我并没有赢得太多冠军。但是那一段时间分量十足的几场胜利，特别是2001年6月17日的那一场，完全可以弥补我的所有遗憾。我内心的幸福感不是一点点地在累积，而是瞬间重逾千钧。来自罗马的罗马队长带领罗马赢得意甲冠军，从这个意义上来说，这超越了纯粹由体育竞技带来的欢欣与喜悦。“我是马克西姆斯·德西斯·梅里丢斯，北方军团的指挥官……”

卡佩罗担心取得优势会让我们在接下来的几分钟里忘乎所以，就像时常发生的那样，他希望我们的防线在重新开球之后仍然能固若金汤，因此，他反复大幅度地打手势，示意我们返回中场。最后一场比赛面对一支已经无欲无求的队伍的好处在于，它的比赛态度不会因为结果而有所改变，所以帕尔马踢得还是老样子，就像什么都没发生。他们攻入我们的禁区，而迪瓦约当然想在这里达成一项成就——他已经打入14个进球，只差一个就能赢取15个进球奖金——帕尔马懂得如何让自己打出威胁性，但是会在后场留出很多空当，这也是在进攻端投入大量人员时难以避免的情况。中场休息前，巴蒂斯图塔反击，在他身后有两名防守球员紧追，他们将他压迫向右侧边路。巴蒂斯图塔一进入禁区，还是和之前一样对着出击的布冯右脚大力施射，而布冯果断伸脚阻挡了他的射门。在中路，就在足球落下的地方，蒙特拉仍然是反应最快的那一个。他在足球刚刚落地的一瞬间用外科手术刀般精准的脚法破门得分，然后人们马上就看到了他经典的“小飞机”庆祝动作。我一边追逐他跑向南看台的身影，一边想，都结束了，这个进球画上了一个句号，再没有任何人能够抢走我们的冠军奖杯。我结束跟他的拥抱，抬起头，发现我看不到任何一张球迷的脸。看台上旌旗招展，遮蔽了每一寸空间。

中场休息的大家不约而同地互相比起大拇指，发出一阵阵爽朗的笑声，用各种姿势比画着示意准备好夺冠的狂欢。卡佩罗不得不提高嗓门叮嘱我们不要前功尽弃，要求我们在最后45分钟好好表现。他其实很难找到一个好的理由，让我们继续谨小慎微，我看见他一转身就跟他的副手伊塔洛·加尔比亚蒂相视一笑。在罗马获得意甲冠军将是他的另一枚勋章，一块与他率领AC米兰打造的辉煌相比同样甚至更加凸显他价值的勋章，毕竟AC米兰赢得的冠军要比我们多得多。面对即将开始的下半场，没有什么比冲一个凉水澡能更好地让我们重新打起精神。从更衣室出来，我在走廊里看到布冯，他夸赞我第一个戏耍他打中门柱的球处理得不错：“我还等着你踢交叉跑位，然后就被你耍得摔倒在地了。”布冯说的话，当然是对我的称赞。下半场不再有真正的竞技和对抗。我们希望能够保持优势，如果可能的话，再有点锦上添花的事为赛季画上圆满的句号。巴蒂斯图塔的进球就是锦上添花，这是他那个赛季的第二十个进球，更是他在我们的冠军奖杯上刻上的一个印记。他是我们不可或缺的功臣。离比赛结束还有十多分钟，他在禁区顶部边缘的一次左脚射门，拉开了球迷疯狂庆祝的序幕。很多人越过围栏冲进了球场，在跑过去拥抱巴蒂斯图塔的人中就有一些最早冲进来的球迷，当然他们被工作人员迅速驱散到了球场线外。我们做了一些象征性的换人，卡佩罗在让德尔维奇奥和中田英寿登场之前（他们对球队的重要性我之前就反复强调过，因此，让他们上场参加最后的欢庆再适合不过了），还把阿梅德奥·曼戈尼换上了场。曼戈尼是一位随时蓄势待发的后卫，也是少数能够“搞定”更衣室的队友之一。他的外号是“白图拉姆”，两个赛季前，帕尔马那位实力强悍的法国人曾经出现在我们潜在的引援名单中，但是最终来的却是阿梅德奥——一位出色但并非特别优秀的球员，不过他的和蔼可亲足以打动我们。如果可能，当时或许还应该让其他板凳队友上场踢上几分钟。首先是克里斯蒂亚诺·扎内蒂，他有半个赛季都是我们首发阵容的一员，后来毫无怨言地为埃莫森腾出了位置。这里插一句：巴西人实力非常强大，但并不在跟我有最多化学反应的队友名单里。其他人包括阿梅利亚，他是一位在我有所斩获时常伴左右的队友，比如2006年世界杯；还有因为赛季初的伤病而大受影响的迪弗朗切斯科，兜了一圈又回到罗马的老巴尔博以及加埃塔诺·达戈斯蒂诺。

还是把目光转回那天的奥林匹克球场，冲进球场的数百名球迷让卡佩罗感到越来越紧张。从比分变为3比0开始（后来最终因为迪瓦约的进球定格在3比1，当然他因此可以拿到奖金），我们的教练就不再关注场上的情况，而是全神贯注地关注球场周边发生的一切。事实上，比赛进行到70分钟，有人下令打开了围栏，造成的结果就是半个罗马城的人都在你推我搡地想要冲进来。离比赛结束还有5分钟，布拉斯基吹罚了一个犯规，有人误以为这是终场哨音，便闯进了球场。这种情况下司空见惯，一个人这么干之后，就会有成百上千的人效仿。卡佩罗极为愤怒，脖子都明显粗了起来，他冲着人们大喊：这样的话我们煮熟的鸭子就飞了，而替补队员和俱乐部工作人员都帮助他尽量阻止狂欢的人们。场上有几位队友已经被他们脱掉了球衣，后来我们还是把闯入场内的球迷推出了球场，然后草草穿上在替补席找到的衣服。卡佩罗已经喊不出声，布拉斯基也示意他少安毋躁。他是一位对自己的执法对象关怀备至的裁判。数千人涌入内场围在边线前，比赛在他们的“威胁”下继续进行。布拉斯基在某一个时刻走到我身边低声对我说，“你拿着球走到出口附近，你一到那里我就吹响终场哨”，而这一切就发生在30秒之间。我离出口处的楼梯大概还有15米距离，维托冲我跑过来，我们欣喜若狂地拥抱了一下，真的只有一下。这是必不可少的，我们互相看着对方的眼睛，两个人都热泪盈眶。此后他马上充当我的人肉盾牌，想护送我到出口处。但是，那简直是一场冒险。

在奥林匹克球场，比赛场地与更衣室的距离并不算很短，一般情况下需要几分钟走完，而那一天我花了50分钟，因为我走到通道的入口时发现已经堵得水泄不通。所有人都挤在那里，既有熟悉的身影，也有从未见过的面孔。他们中有演员、记者、政治人物，当然还有真的陷入疯狂的球迷，他们唱着、跳着、推搡着，他们碰杯、痛饮甚至把杯中的酒洒到别人身上。我感觉自己仿佛置身F1方程式赛车的领奖台，只不过这里的人要多得多。我的出现自然不会没有人注意到，但是幸好没有人再打我的主意，想从我身上扒下什么作为战利品，因为我已经被脱得只剩内裤。如果真有谁这么做，我想我就是上嘴咬也要进行反抗。事实上，没有人注意到我只穿着一条内裤，因为我把它卷得很好，看上去就像一条毛巾。我还保住了我的球衣，这是我不愿与任何人分享的宝贝。当我走到能看见更衣室门口的地方，看到两名工作人员从门口探出头，他们可能正在担心我为什么还没回来。我于是一边用手扶着墙，一边尽量让自己出现在他们的视线里。他们一看到我，赶紧走过来，用庞大的身躯为我撑开一条通往更衣室的迷你通道。所有人都在，只缺我了。我一进门，就听到“砰“的一声开启香槟的声音。我环顾四周一看，这并不是第一瓶。

我立刻加入唱跳着的人群，跟大家举杯欢庆。与所有人一样，看到中田英寿的表现我先是大吃一惊，然后是忍俊不禁：在那样乱哄哄的一片狼藉中，他独坐在一个角落里，手里拿着一本书。这家伙应该是个火星人。更衣室本来应该有装满水果和巧克力的托盘，但是我进来时什么都没有了。就这样，当喝到第三杯香槟时，我感到有些不适。本来我就不喝含酒精的东西，空腹喝酒对我来说更是愚蠢之极。更衣室里挤满了电视台和电台的记者，每一家媒体都在恳请我们中的某个人进行连线。最善解人意的蒙特拉接受了其中一家的邀请，正在侃侃而谈，直到弗朗哥·森西走进更衣室，我们立刻恭恭敬敬地给他让开一条通道。我上去亲吻和拥抱了罗塞拉，她是森西主席的女儿，也是我的朋友。我起头带领大家为主席唱起了合唱，我开心得像个疯子，特别是看到欣喜若狂的大家终于放下一切包袱无所顾忌地尽情欢笑。在某一刻布冯也在我们更衣室探了一下头，我立刻抓住他，让他跟我们一起举杯，并且对森西说："主席先生，您得把他留住，别让他离开奥林匹克。"但是很快我就打住了，因为我想到，如果让安东尼奥利听到这些开玩笑的话，他可能不会这么开心。我私下又跟森西说了一遍，我们如果能够出奇制胜的话，还是有可能争取到他的，因为面临的一个现实问题是，尤文图斯在那个夏天把齐达内卖给了皇家马德里，而他们用获得的巨额资金要做的第一件事应该就是购买吉吉。

晚上的庆祝，我们并不是所有人都在。事实上，如果可以，我想坦承我的一些小伤感，那就是我们从来没有把全体队员都聚到一起庆祝过，即便是几天后在马西莫竞技场举行的安东尼洛·凡狄帝音乐会上。那天，本来承诺要裸舞的萨布里娜·费里莉只脱到剩下泳装，为此那天我可没少埋怨她……很多人已经去度假了，音乐会也是另一场盛大庆祝会的舞台上只有我们五六个人。夺冠那天晚上几位巴西人自己搞了一个庆祝聚会，巴蒂斯图塔和德尔维奇奥聚到一起，其他人则跑到蒙特拉的家里。我知道为什么卡佩罗（他真的是一位卓越的人物）会在半夜跑到那里按响他家的门铃。"温琴佐，我是教练，祝贺你。我能上来吗？"你们应该知道的是，他俩的生日都在6月18日。还有比这更好的机会来让他们消除芥蒂吗？睿智的教练选择在半夜带着一瓶好酒出现，聪慧的温琴佐选择拥抱他，并邀请他作为贵宾参加家里的夺冠聚会。胜利真是妙不可言，它能够让一切重归于好。

我是罗马人，那天夜里，没有什么比骑上一辆小摩托在城里游荡，去偷偷地观察我们幸福的罗马市民更让我感到惬意了。当然，我得戴上全遮蔽头盔。实际上，我这么做是非常冒失的，因为我在更衣室喝了太多香槟，骑车时感觉看什么都是重影。所幸我骑得很慢，身边还围着一大群同样骑着小摩托的亲友，这也可以让我尽情地欣赏连绵不绝的人群和旗帜，以及装点了整个罗马的黄色与红色的海洋。那是一种抛开了任何顾忌和思虑的喜悦，那是我生命中最美好的一个夜晚。当然，那也是从我身边走过的许多罗马人生命中最美好的一个夜晚，只是他们没想到头盔下遮住的是我。

我得吃点东西。妈妈、爸爸和所有朋友都在我预订的庆祝场地——克劳迪奥的拉维莱塔餐厅等着我们。大家知道我一直很喜欢这里，所以外面至少聚集了200多个等待的球迷，我们颇费了一番周折才最终混进去。这样的情况在未来几个月司空见惯，今天的情况只不过相当于一盘开胃菜而已。我们在克劳迪奥那里又唱又跳一直待到凌晨3点，再之后发生的事我真的记不住了：我知道我们最后到了万神庙附近的一家之前我从来没有去过的夜店，然后直到上午8点他们才把我送回家。我就那么躺着，就像这个世界上最幸福、最放松的人。我终于等到了这一天。

尤文图斯赢得意甲冠军的时候（当然他们几乎每年都能夺冠），双方球迷们总会拿同一个话题打趣：尤文图斯常年称雄意甲，所以每次的庆祝活动都比较短暂；而罗马的胜利多年难得一见，因此一次夺冠庆典就会尽可能地长久。有趣的是，双方各行其是，但是又会对对方表达喜悦的方式指手画脚：罗马球迷（当然不止他们）揶揄尤文图斯的球迷只庆祝一天就草草了事，而作为还击，尤文图斯球迷则会取笑罗马球迷为一次夺冠就闹腾整整一个夏天。事实上，现在在罗马还能看到一些那段时间人们在墙上喷绘的图案残迹。我不会疯狂到以为自己取得了超越布冯和德尔皮耶罗的成就：如果可能，我希望赢得更多荣誉，至少多拿几次意甲冠军和一次欧冠冠军。但是那座唯一的意甲冠军奖杯带来的厚重，的确是我此前乃至以后都未曾经历过的，甚至包括赢得世界杯在内。当然，世界杯是作为一名足球运动员所能够实现的最高目标。

庆典持续整整一个夏天的说法并没有错，事实上可以说一直持续到9月11日，当时整个罗马都在为一场重头戏——我们与皇家马德里的欧冠比赛做准备，而发生在纽约的一切（9·11恐袭事件）永远地改变了我们生存的世界（很显然，我们应该取消当日的比赛，但是欧足联并没有及时做出决定）。我们每一位球员都对那个夏天有着自己的记忆，那种无所不能和被万人拥戴的体验是不可复制的，当然更是难以忘怀的。

我还有个有趣的事想跟大家分享。在夺冠后一周，我跟亲友一起在阿文提诺山下的康索里尼餐厅吃晚饭。这是一家风景优美的餐厅，有一个宽阔的露台。了解到当晚宾客中有什么人之后，餐厅老板立刻在门口挂上了“打烊”的招牌，以限制入店的人流。在那段时期，无论我去哪里都会有人知道，而我去的地方很快就会被人们层层包围。那天晚上我们大概有150人，我很顺利地进入餐厅而没有被发现，然后大家高高兴兴地坐到一起安稳地吃了一顿饭，直到我做出那件犯傻的事。我走到露台栏杆旁，探出头往下方泰斯塔齐奥区的方向张望。马上，我听到第一声叫喊：“那是托蒂！”然后第二声、第三声就此起彼伏地从附近传来，“托蒂在康索里尼”“叫大家都来”。我再想撤步已无济于事，里卡多和安杰洛几乎架着我，把我从最显眼的位置抬走。我回到餐桌边，但是大概20分钟后便听到下面街道上传来的喧哗声越来越清晰，形势多少显得有些严峻了。维托打开收音机，所有的私人电台都在跟阿文提诺山附近的人连线：“托蒂怎么会在这个区域被目击者发现？”被目击者发现？怎么回事，我变成通缉犯了吗？答案是肯定的。餐厅老板关上两扇厚重的木门，人们开始用力推挤。我小心翼翼地找到一处遮挡得更严实的地方，伸长脖子想刺探一下状况。尽管我对罗马和这座城市的躁动了如指掌，但我还是被惊呆了。下面人头攒动，至少聚集了5000人，所有人都穿着罗马的队服。马尔莫拉塔街已经被挤得水泄不通，我真的不知道从哪里出去。

最后还是餐厅老板解救了我们。他把我、安杰洛、维托和里卡多带到露台后面，也是离街道最远的地方。那里有一道非常陡峭的土坡，土坡上方则是一道高两米、顶上有尖刺的围墙。“这是唯一的逃脱路线，翻过去就是圣安塞尔莫学院，晚上校园花园里应该没有人。你们得爬上土坡，从这里翻过去，然后从学院另一边出去：现在我把地址告诉其他人，让他们开车在外面等你们。”这真是个疯狂的主意，但是比从餐厅大门走到街上面对5000个球迷要好。我们挽起袖子准备行动，那场面透着一丝悲壮，又莫名地充满喜感。我第一个往土坡上爬，中间滑倒了几次，好在没有滑到开始爬的地方。过了几分钟我够到了墙，然后帮忙把其他人拉上来。等所有人都爬到墙根下，里卡多用双手搭成梯子，使劲把我推了上去。我在墙顶上待了好一会儿，欣赏着映入眼帘的一片美景：天色昏暗，但是挡不住院子里的无限风光。我们得避开墙顶上好几根尖尖的铁刺，幸好没有玻璃碴儿，那玩意儿可危险多了。维托和安杰洛已经各就各位，我一伸手把里卡多也拉了上来。

“准备好了吗？”

“准备好了。”

“跳？”

“跳。这会儿不会有神父拿着枪出来吧？”

跳下后我们落在刚刚修剪过的草坪上，很柔软。为了不制造出响动，我们不得不强忍着笑。天空中挂着一轮皎洁的满月，我们就像电影里演的一样，猫着腰蹑手蹑脚地穿过花园，好像这样真的可以不被人发现。我们经过一幢建筑大门，那是一座古老而精美的大楼。我很遗憾地这么匆匆而过，但是维托通过花园跑向马耳他骑士团广场，广场附近的一扇大门上就有那个著名的锁眼*，透过它可以看到梵蒂冈圣彼得大教堂穹顶。

“你们是谁？想做什么？”

说话的人语气充满威严。厚重的大门上开出的一扇小门里，一个修士走了出来。他穿着黑袍，我心里在想他是不是来自嘉布遣会。我下意识地

---

* 马耳他骑士团在阿文提诺山附近享有治外法权的一扇花园大门上的一个锁眼，透过它可以看到马耳他骑士团花园内部、罗马市区和梵蒂冈圣彼得大教堂穹顶，被称为“一眼看三国”。——译注

举起双手，尽管我很快就发现他并没有手持武器，还算幸运。

“我们什么都没干，我们只是想出去，我们在康索里尼餐厅吃饭……”

我意识到任何解释都是苍白无力的，除非……

“你是托蒂！”

“是的，神父，我不知道应该怎么称呼您。我是托蒂，康索里尼餐厅门口有5000个球迷等着‘吞’了我。我们穿过您的花园跑了出来，对不起，但是我们真的不知道该怎么办。”

修士扑哧一声笑出声，他走近我，看着我的面容，高兴得就像我们的一个球迷。

“过来，过来，我给你们开门。”

爸爸就在附近的车里等着我们，发动机一直没有熄火。

“再见，托蒂，再见。”修士拥抱了我，我也深情地拥抱了他。

上车前我让大家等我一下，我也想从那个锁眼里看看梵蒂冈的大教堂穹顶。

7

蝙蝠侠与罗宾

安东尼奥·卡萨诺是我队友中实力最强的。在罗马和国家队，我在球场上跟很多冠军级球员一起征战过，但是我毫不怀疑他是最具天赋的一个。

要说清楚我们的关系，或者更确切地说，无论他处于高峰或低谷，我们之间的深厚缘分都经受住了时间的考验，说明这样一个非常重要的前提很有必要。我很爱安东尼奥，而且我知道他同样爱我。我没有弟弟，他就像我的弟弟，我曾竭尽全力想要“挽救”他的职业生涯，但是我没有成功，或者至少没有达到我想要的效果。现在我们再见面，他总会对我说当时要是留在罗马就好了，我们在一起应该能赢得很多荣誉。这个时候我就会换一个话题，因为这样的讨论继续下去，最后留给我们的只有苦涩。一切都过去了，这样想不会让我们那么难受。不过安东尼奥说得对，如果他留在罗马，我们赢得的荣誉会多得多。他很可能向整个世界淋漓尽致地展现他的潜力，而不是最终只展现了其中的30%。

卡萨诺在2001年转会到罗马，他的到来就像我们意甲冠军蛋糕上的那颗小樱桃。在巴里的两年时间里，他很清晰地向人们展现出他是意大利足球最具天赋的年轻球员，尤文图斯一直想把他纳入麾下，但是最后还是森西得偿所愿。这是一次极具象征意义的交易，确立了我们作为意大利最具实力的俱乐部之一的地位，而且不仅仅只是在赛场上。安东尼奥是最后一个用里拉结算的大手笔转会操作，欧元在6个月之后才正式启用。罗马为此付出的代价是500亿里拉，再加上特里戈利亚最有潜力的年轻球员之一——加埃塔诺·达戈斯蒂诺。多家报纸上给出的总估价在700亿里拉，相当于3000万欧元，即便在17年后的当下，这仍然是一个巨大的数字。

实际上，跟巴里的这笔交易早在春天就定了，到5月，所有人都知道卡萨诺将来到罗马。但是，在离赛季结束还有4轮时，我们正好前往巴里的圣尼古拉球场客场作战。巴里已经降级，我们的优势非常明显，但是当人们知道卡萨诺不会参加对阵我们的比赛时，还是引发了很多争议。他在前一场比赛中受伤，直到9月末都没有再上过场。很多人都为此愤愤不平，不过这也证明了人们对他的重视。

我“正式”认识他的那天是2001年5月20日。此前，在多场罗马和巴里的比赛中，我们在球场中央有过合影，但那都是拍完就抛到脑后的场合。不过对他来说，情况并非如此。这一点我在比赛开始前才知道：当时他被维托带到更衣室，真诚地向我提出，希望在比赛结束后得到我的球衣。

“下个赛季你想要多少就有多少，所有人都知道你会来罗马。” 我开玩笑地跟他说。

安东尼奥很严肃地回答我：“我想要你的球衣，你一直都是我的偶像。”在他的眼里，我看到有一些光芒在闪烁。我答应了他，当然他表达对我的敬重时那种坚决也让我很受用。他不像我在后来的几个赛季里认识的那个吹牛说大话的人，他显得有点怯生生的。比赛结束后，我不但把球衣留给了他，还把从观众席走下来的我爸爸介绍给了他。安东尼奥毕恭毕敬地跟我爸爸打了招呼。

不到两个月，他来到了特里戈利亚，但是在对我依然保持礼貌和尊重的同时，对其他人来讲，他很快成为一个问题人物，因为他心直口快，总会真诚地说出自己直观的想法，从不考虑是否合乎时宜。训练时他从来不会正眼看任何人，而对技术上能力稍微欠缺的队友也是极尽挖苦。托马西和德尔维奇奥是他最喜欢攻击的对象，每次他们出现控球不到位的情况，他就会说他们太“娘”，他之所以没有遭到报复，完全是因为这两个人脾气好。你们也不要以为安东尼奥的嚣张跋扈只针对那些不跟他计较的人。

完全不是。巴蒂斯图塔是一个被惹恼就会在后面追打的人，但是卡萨诺也让他感到头疼。那个时候也是巴蒂斯图塔的低潮期，在意甲夺冠赛季发挥了决定性作用之后，他脚踝的伤势变得严重起来，甚至直到退役之后脚伤还在影响着他。他的实力一直都来源于他的力量，如果力量走下坡路，他就会变成一名普通球员，而卡萨诺已经锋芒毕露，并且丝毫不在意自己的表现会让别人有什么看法。

我了解到不止一个冠军球员，例如科比·布莱恩特，会在训练时态度恶劣地对待自己的队友，当着大家的面挑衅他们，以此激发他们证明自己比他认为的更好。这从来不是我的风格，而且我还总会尽量鼓励那些能力弱的人。如果说卡萨诺与众不同，就像我们看到的那样，那么绝不是因为他坏。相反，他是个好小伙儿，对能够摸准他的脉，特别是对那些把他带向正确方向的人既友善又慷慨。其实不难想象，是复杂的童年让他变成那个样子：性格就像一个火药桶，总是一点就炸。我记得第一天来到特里戈利亚，他举止很得体，原因很简单：他正置身于一群获得意甲冠军的球员中间，一起听获得意甲冠军次数最多的教练法比奥·卡佩罗训话。他有些紧张也很正常，但是从第二天开始，他的天性就展露无遗。

他在罗马的传奇之旅刚刚开始的时候，我就做好准备接受他是一个疯子的事实，但是我没想到他会疯到如此程度。另一方面，我知道他实力很强，但是没想到如此强。说白了，卡萨诺就是我的翻版。不仅如此，我甚至愿意称他为我的克隆版，因为他不仅踢球的风格像我，他的思考方式也像我。我能在一些特定情况下自然而然地找出别人无法预见的解决方案，每场比赛都如此。例如我转身的方式、对对方球员位置的判读、对高难度传球的应对等，谁都想不到经我处理后足球会在什么位置。只有安东尼奥，他一定会赶到足球出现的地方。这样的配合，如果是跟其他人可能根本实现不了，即便我在战术板上向他们清楚地示意应该在什么地方接应。

我跟他之间只需要一个眼神，有时候甚至连目光的交流都不需要。足球场上的心灵感应，从那之后我再也没有如此强烈地体验过。安东尼奥会注意观察我的移动，然后自动调整他的动作来组织进攻。他在罗马的第一年巴蒂斯图塔和蒙特拉都在，所以上场并不多。有一天在特里戈利亚，我听到卡佩罗在看到几次我们的配合后嘟囔着说：“照这样下去，我们就不需要第一前锋了。”他的语气听起来像在咂嘴。卡萨诺不仅对我在比赛中的每一次策动心领神会，而且往往能画龙点睛般地创造机会，然后无私地把球交给位置合适的队友完成射门。事实上，我俩在场上的关系就像蝙蝠侠与罗宾。

安东尼奥是在他“表哥”尼古拉的陪同下来到罗马的，这里加上一对引号，是因为尽管他是如此介绍的，但实际上尼古拉并不是他的亲戚。尼古拉是替安东尼奥跑腿和陪伴他的一个朋友：他在足球运动员圈里很有名，特别是对那些转会到别的城市但还没有未婚妻的球员而言。他俩在离我家不远的卡萨尔帕洛措找了一个住处，同时在寻租一幢别墅，在此过程中他们很快遇到了困难，甚至我爸爸都出动了，帮他们张罗，只不过所有的选项都有着这样那样的问题。有的太小，有的光照条件不好，有的没有游泳池，有的“很糟糕”。卡萨诺每个月能赚到数十万欧元，有这么丰厚的收入，他本该到比弗利山庄找一个住处。他喜欢电影，想找一幢带放映厅的别墅，但是他没有找到，鉴于我们彼此之间的感觉非常好，夏季集训结束时，我很自然地提议他住到我家里。我家有一间非常不错的客房。我话还没说完，他就开心得冲上来抱住我的脖子。我们于是有了一位新邻居，幸好此前我跟妈妈打好了招呼，否则，突然看到他带着两个巨大的行李箱出现在我家门口，她可能会吓一大跳。他的“表哥”仍然留在他们的住处，负责继续寻找一幢好莱坞式的别墅。我自己也为此感到很高兴，因为对于一个还没准备好抵御罗马城诱惑的19岁百万富翁来说，这座城市太复杂了，作为队长的职责，我应该在这方面给予他帮助。不过这并不是我的义务。安东尼奥身上有一些不可能不会触动到你的特质。在这个很多人都被锻造得失去本真的足球圈里，他是纯粹的。

2001年夏天，我经历了人生中第一段重要的爱情——我与玛利亚·马扎的恋情刚刚结束不久，那个时候伊拉莉还没有出现，直到第二年春天才出现。这意味着当时年轻、出名的我还是单身状态。我跟卡萨诺几乎每天晚上都会出去，一起的还有一些朋友和我的表兄弟们（我的都是真的表兄弟）。卡萨诺很快就跟我们打成一片，因为他真的是一个非常好玩的人。他既善解人意，又慷慨大方。有好几次我跟别人去我最喜欢的餐厅吃饭（有时是为了工作），比如克劳迪奥那里。如果安东尼奥也在，对他来说最正常不过的第一件事就是过来跟我打招呼，花上一分钟跟与我一起就餐的人寒暄，然后走回自己的桌边。晚餐结束时，我站起身找克劳迪奥结账，他就会摊开手对我说："不用结了，安东尼奥已经把你们所有人的账都结了。"第一次发生这种情况，我会向他致谢，第二次会跟他说这是最后一次，到第三次，我就告诉他再也不要这样了。没有道理每次都让他给10个人买单，更何况他其实只认识我们中的一个。但是没办法，我甚至都没法坚持让老板只接受我付账，因为只要安东尼奥在，他一定会跟我争到精疲力竭。

如果你是一个年轻球员，尤其是一个成功的足球运动员，你就不会浪费时间去在意别人对你的态度，特别是别人对你是否友善。你会觉得一切都是理所当然的。只是后来，当你深入地了解一些人，你才会停下来想一想，在你生命中遇到的那些人，他们的习惯、选择以及奇怪的言行背后到底隐藏着什么。我跟你们说过卡萨诺有一段苦涩的童年，他的爸爸很早就离家而去，这也是他很快自然而然地对我爸爸产生了感情的原因，而他的妈妈不得不在巴里老城艰涩的环境里肩负起抚养他的重担。他从那里离开时带上了他的足球天赋，但是从精神上他从未完全走出自己童年的经历。

有一个例子，晚上我们经常骑着小摩托出去遛弯，戴着头盔，别人很难认出我们，因此，我们往往可以从卡萨尔帕洛措一直骑到罗马新区。很显然，我会骑摩托；或者至少我是这么认为的，直到安东尼奥也买了一辆并加入我们的骑行队伍。没错，他骑摩托车的方式跟我们完全不同，我指的不仅仅是他为了逗乐我们宛如在赛车场一般的驾驶速度、拐弯路线和杂耍动作。他与众不同的地方首先是他坐在摩托车上的姿势。也就是说，我骑车时是看着正前方的，如果有什么话要跟身边的人说，我就把头转过去那么一小会儿。安东尼奥恰恰相反，我们结伴骑行时，他会直接把头扭向跟他说话的人，就好像他坐在沙发上，然后时不时用眼睛瞟一下前面的路。显然他一直用余光看着路况，只是让人难以察觉而已。我们经常拿他这个骑摩托的姿势开玩笑，但是谁都学不来他这一手，除非愿意冒着连人带车滚到地上的危险。我们跟他说，他这一定是在巴里当飞车党时学会的，他则开心地大笑，并留给我们一个不置可否的表情。

不容拒绝地为大家买单是一种慷慨的表现，就像我说过的那样，他的精神是可爱的，但同时也是一种想让他自己被别人认可的方式。如果一个人从童年时代开始就认为金钱是让自己获得接纳的关键，那么他有一天发达了，自然就会花钱这么去做。安东尼奥希望能够成为我生活中被认可和被接受的一部分，那天在巴里球场更衣室，他就表达了对我的崇拜：我是他的偶像。有时候，崇拜也会令人尴尬，例如来自女孩子们的狂热。晚上，我们有时会跟两个女性朋友一起出去，就像我说过的，我俩那时候都是单身，如果我观察到他非常喜欢其中更漂亮的那一个，我就会识趣地给他创造机会。他能够秒懂我，对他来说一件事情完全不需要重复两遍，然后他贴着我的耳朵悄悄地跟我说：“你看，那姑娘喜欢你。再明显不过了，谁会中意我这样的？”他这么说倒不是因为对自己没有自信，而是因为他从小就把我当成偶像看待，他觉得他不可能比过我。他后来不止一次地跟我说过：无论什么情况下，在罗马永远都不会有人能够成为我一样的人，所以他一丁点儿也不期望成为我的继承者，而是想成为我的朋友。这样的想法让我很受用吗？没错，非常受用，因为我知道卡萨诺说的是发自肺腑的。后来，在集训地有时我们会同住一个房间。我喜欢一个人住一个房间，所以同住情况很少，但有时踢客场会因为酒店房间不够而发生这样的情况。有那么几次，我醒来后发现他正在看着我，而这让我想起我睡在贾尼尼旁边的床上时也是同样的场景。他是我那个时代的偶像。

住在卡萨尔帕洛措我家的日子持续了几个月。那是一段欢乐的时光，我爸爸从那天下午在巴里第一次见到卡萨诺时就很喜欢他，没过多久，我妈妈也开始对他倾注了很多爱，就像他是她收养的另一个儿子。除此之外，他真的讨人喜欢：他对待我妈妈就像对待女王一样，非常注重她的感受，而且送给她很多夸张的礼物，这也有一点令人尴尬，说到底还是教育方式的原因。他的表现堪称完美，以至于妈妈了解到有关他在场上的火爆行为后会找我进行求证，因为她觉得难以置信。“可怜的安东，他真的骂裁判是绿帽子王？”呃，妈妈，大概意思差不多。我得小心翼翼地跟她讲，要不然她会很难过。妈妈从第一天开始就为他加油打气，从这个角度来说，她一直是他忠实的粉丝。当然，可能在我跟安东尼奥关系遇冷的那段日子里，她只能暗地里支持他。

此外，我们生活在同一个屋檐下的日子就像所有父母梦想的那样，因为我们不经常出门，只是把男性朋友和女性朋友召集来，在我家的餐厅欢聚。这样，他们可以安心睡觉，即便有时候我们聚会到很晚，也不存在回家是否安全的问题：我们就在家里。看到这里，我想有些人会认为在那段时间里我们的职业表现不怎么样。我接受这样的质疑，但是我想说的是，我们只是一周的前几天会这样，周五或者周六晚上我们绝对不会到很晚。另外，那个年纪的我们，身体状态恢复起来也很快；要想长久地保持状态有必要养成好习惯，但那是30岁以后才会越来越迫切的需求。更何况不论是我，还是安东尼奥都不喝酒、不抽烟，更别说碰毒品。即便我们这么做是不对的，我想说这也是值得原谅的。第二天早上起来，我们一起吃完早餐，然后赶往特里戈利亚，其他的事早就抛到了脑后。

我们本来还有几个赛季的冠军是势在必得的，但最后往往都是屈居第二，与奖杯失之交臂。卡萨诺来到罗马的第一年，正是这几个赛季中的第一个。对安东尼奥来说，那首先是他在罗马有着高水平发挥的新秀赛季，后来他就有点被其他球员孤立了。在赛季快结束时，在队伍整体状态有所下降，而我因伤缺阵几场的情况下，他如同一股新鲜的血液让我们支撑了下来。例如那一次在威尼斯，客场出战的无功而返使得我们的争冠之路变得异常艰难：面对一个已经降级的对手，我们竟然0比2落后，简直令人难以置信。我当时留在家里休养，在电视机前惊讶地看到一场溃败在最后5分钟里被力挽狂澜。科里纳判给我们两个点球：两次判罚的依据都很明确，但是在这么短的时间里连续获得两个点球，需要科里纳这样一位有个性的裁判。同时，也需要安东尼奥在时间所剩无几的情况下仍然在重重包夹下奋力突围，他在寻找一个射门的机会，或者，他可能还有更狡猾的想法，想等着对方某一位后卫犯下低级错误。那个星期日，也是赛季的倒数第五个比赛日，积分榜领头羊国际米兰主场输给了亚特兰大，如果我们能够赢得比赛，就能在积分上咬住亚特兰大。那一年的冠军争夺，因为最后一轮比赛的时间（5月5日），以及尤文图斯的绝地大反击而永载史册。但是在我看来，那是一个我们把到手的冠军拱手让人的赛季。我们是实力最强的队伍，但是却没能赢得冠军。

那个赛季末，卡萨诺在我们的关系第一次出现危机之后回到了自己的家里。但是这其中的原因完全是因为他的误会，事情的缘起是关于支付我们月薪的支票：当然数额很大，我们大概都是30万欧元。有一天早上安东尼奥跑到我妈妈那里，告诉她支票找不到了，他到处找都没找到，一定是别人偷走了。他认为唯一可能的嫌疑人就是家里的佣人。但是她已经在我家里服务了很多年，在这些年来也从来没有发生过丢失什么东西的事件，哪怕是一分钱。妈妈和我一边为佣人做担保，一边尽力地跟他讲清楚这其中的道理：你觉得一个佣人会偷这么大额的支票吗？她偷了用来做什么呢？你想让她拿去哪家银行兑现？这都是逻辑非常清楚的问题，但是安东尼奥听都不愿意听。他不停地重复都已经找遍了，其实就是想找一只替罪羊。我们没有让他得偿所愿地把这件事归咎于佣人，于是他便走了。在紧张的气氛里，他盖上行李箱，并打了个电话让尼古拉来接他，然后草草地跟我妈妈告别就离开了。事情就是这样。

此后，我们有一个月没有说话，但是我们在场上的默契还在。这一点很有意思，我们的技术能力仍在发生化学反应，好像它们存在于另一个世界。维托一直是龃龉时刻我跟卡萨诺，包括跟其他人之间沟通的桥梁。有一天他告诉我，安东尼奥在他的车里一个座位的缝隙里找到了支票。我们互相看着对方，好像两个被一个小朋友弄得焦头烂额的大人：案件的“侦破”让我感到如释重负，但是现在我希望有人跟我道歉。就在第二天，我在特里戈利亚的酒吧喝咖啡时，突然有人从背后紧紧地抱住我，是安东尼奥。“对不起，对不起，对不起。前两天我就找到了，但是我特别不好意思来告诉你。我就是个孩子，也替我向你妈妈道歉，当然还有佣人。”其实不用跟佣人道歉，因为她根本不知道有这么一件事。

还有一次我们的关系闹僵了，持续的时间比上一次长得多，以至于后来即便面上重归于好，但是其实并没有完全冰释前嫌。毛里齐奥·科斯坦佐和玛莉亚·德·菲利皮都是我多年的朋友，我们一直走得很近。每个赛季我都会抽出一个晚上参加《有你的信》（*C’è Posta per Te*）——玛莉亚主持的一档邀请由于各种原因多年未见的亲戚、朋友或相熟的人重聚一堂的节目。最开始是节目总制片人罗贝托向我提议，组织一次卡萨诺和他爸爸之间的重逢。大家都知道他们之间没有联系，因为卡萨诺一直将此归咎于他爸爸在他出生后的不告而别，这也情有可原。后来《米兰体育报》上刊登了一篇对他爸爸的采访长文，他爸爸在采访中——我想是为了利益——极力表示希望修补父子关系，但是我看到安东尼奥在更衣室里怒不可遏的样子，我知道这个提议只能作罢。后来他们跟我提出第二个轻松得多的想法，把卡萨诺带到演播厅，与巴里老城一位在他任意妄为的日子里曾经很多次没收他摩托车的警察见面。卡萨诺曾经常跟这个人发生争吵，但是骨子里很尊敬他，这一点卡萨诺自己也承认。

《有你的信》是一个非常成功的节目，所以给出的报酬很可观。我不知道那期节目他们给了卡萨诺多少钱，而且我觉得去问他并不合适。当晚节目进行得很顺利，“重逢”令人感动，安东尼奥心情很好，而我就没再去想这个事情。但是，过了几天，我发现我们在特里戈利亚的走廊里碰到时，他试图避开我。怎么回事？是因为星期日我有个球没传给他吗？我没把这当回事。安东尼奥的性格就是有点变幻莫测，如果你总是让着他，总有一天自己会疯掉。这样的情况持续了一周之久，特别是还第一次波及了维托，我于是去问蒙特拉——他和埃莫森及安东尼奥的关系比较亲近——是否知道是怎么回事。蒙特拉很痛快地告诉我：“他跟你生气是因为有人告诉他，他参加德·菲利皮的那期节目你从中抽取了1.5万欧元的佣金。”我惊得目瞪口呆。这完全是彻头彻尾的谎言，我真的不知道谁跟他说了这么混蛋的话。“我问过他是谁告诉他的，因为我觉得可疑。”蒙特拉继续说道，“但是他不愿意跟我说，他只说是在更衣室听到的。”

队里有人针对我？这样的疑虑让我感觉心情沉重，因为这应该是有史以来的第一次。卡萨诺最大的缺点就是轻信任何人跟他说的事情，但是对于这么敏感的话题来说，他的信息来源应该是可靠的。要不然他至少会黑着脸过来问我到底是怎么回事。我一边暗地调查，一边想方设法与安东尼奥对话。因为紧张气氛愈演愈烈，场上就能看出我们的决裂，卡佩罗也注意到这个情况，冲我们大喊：“你们传球啊！你俩怎么回事？”有一次在训练时的小型比赛中，安东尼奥挑衅般地问我：“你跟他说还是我跟他说？”会议结束后，我当面跟他说，他就是个傻子，竟然觉得我侵占了他

1.5万欧元。我每次参加节目拿得比这多多了，我根本没必要那么做。我的反应有点咄咄逼人，我不喜欢这样，而且这也不是真的我，我很快就后悔了，但是我真的是为他，也为那个在背后说三道四的混蛋感到愤怒。到现在我也不知道那个人到底是谁。

这次跟安东尼奥的交恶持续了很长时间，有好几个月。那段时期罗马也完全不在状态，我想这其中也有我们的错。他与队内的“巴西帮”走得很近，特别是埃莫森和利马。尽管球队内的环境有着各种限制，至少还算团结，但是现在明显感觉到裂痕。在那次支票失而复得事件之后，安东尼奥来到我家里拥抱了妈妈（每次妈妈过生日都会收到他送的100朵玫瑰），我们的关系立刻重归于好。这次不同，他对我家人的冷漠也持续了很长时间。最终，不知出于什么原因让他确定是听信了别人的流言蜚语，他再次来到我家并向我道歉，我们之间又变得相安无事，但是再也回不到几个月之前那样了。有一些芥蒂并没有被放下。

2003/2004赛季是卡佩罗执教罗马的最后一个赛季，我们再一次屈居第二：AC米兰赢得冠军，这对他们来说很常见，而我们则为3月份的懈怠付出了代价。那个赛季卡萨诺一直展现出他惊人的天赋，有很多星期日的夜晚，我们会在两个人都有进球之后大肆庆贺一番。例如，我记得在博洛尼亚，先是我一次左脚凌空抽射取得1比0的领先，而他则策动了蒙特拉的第二个进球，并且面对对方防守球员侧滑着打进第四个进球。安东尼奥有多特别，可以从这样事实中一窥究竟：比赛越艰难，对手越强大，他就发挥得越好，这是一种难能可贵的性格特质：在每周四的训练赛中表现得出类拔萃的球员大有人在，而能够在正式比赛中根据对手的实力提升自己竞技水平的人却是凤毛麟角。这样的球员才是真正的冠军球员，而每次跟安东尼奥一起联手对抗AC米兰、尤文图斯或者国际米兰都是一种乐趣。那一年他面对三大豪门都有进球，甚至在那场著名的4比0取胜尤文图斯的比赛中独中两元。我在赛场上对图多尔做出四指的手势，而他对我的回应并不算客气。那天晚上安东尼奥打出了毁灭性的表现，他制造的将比分改写为2比0的点球由我罚进，这是我们很多次一唱一和配合中的一次，这也是因为顶级球员之间的心灵相通。但是，与往常一样，你也得接受他的另一面：他有精彩的破门和场上表现，但是在我踢完点球之后，他却把水喷到了守门员教练坦克雷蒂身上，他没有看我踢点球，可能是对我没有信心；更糟糕的是，在打进4比0的最后一个进球锁定胜局之后，他一脚踢断了角旗杆。我们正在庆祝进球，科里纳怒气冲冲地跑过来，他面对卡萨诺，指着损坏的角旗杆大喊道："你为什么这么做，现在我得给你掏牌。"那场面就像一位老师正在不情愿地处罚一名淘气但并没有坏心眼的孩子。安东尼奥接受处罚，并且拥抱了科里纳。狡猾顽劣如他，真是叫人哭笑不得。

我之前说过，在关系遇冷时，我们的技术能力仍在发生某种化学反应。其实，有一个很恰当的比喻能够形容我们之间的这种关系。有时候情侣间的爱情会逐渐失去最初的新鲜感，由于性生活融洽，所以两个人仍能和谐与共。我和安东尼奥之间有过争执，也有过跟对方说"见鬼去吧"的经历，但是只要在比赛中有那么一个球能让这种神奇的化学反应延续下去就可以了，而我们之间的问题也会在比赛期间被暂时搁置。我们前几个月所有的"同居"经历最终在2002年春天画上了句号，当然这不仅仅是因为导致他离开我家的支票丢失事件，还有一个简单的原因是我认识了伊拉莉，之前很多花在朋友身上的时间现在都用来陪她一起度过，而我们的恋情也是在一些重要的前提下快速展开的。

不过，跟安东尼奥有关的一些场景还是会让我感到欢乐。比如有一次，我们平时总混在一起的一伙人知道他邀请了女演员帕梅拉·普拉蒂在康索里尼餐厅共进晚餐，于是我们雇用了一个人扮演小报记者去搅和他们，然后我们躲在餐厅外面偷看。普拉蒂在大台阶上等安东尼奥，他（平时最怕那些八卦的小报）到达那里，发现那个拿着照相机的家伙，赶紧开溜了，甚至都没顾上给可怜的帕梅拉发短信。他认定是她为了给自己增加曝光率特意叫来了狗仔队。如果说我现在讲的是一次安东尼奥作为受害者的恶作剧，那么我们作为受害者被他捉弄的次数则要多得多。对于安东尼奥来说，开玩笑就是生活的意义，他在这上面花费了大量时间。有人会跟他生气，但是特里戈利亚大部分人都可以接受，因为每次恶作剧成功之后，安东尼奥爽朗的大笑会让你感觉世界都美好了。那是一种非常纯粹的开心和愉悦。例如弗朗哥·森西就很喜欢他，并且很愿意被他捉弄。那时候，刚刚经历一场大病的俱乐部主席正在康复阶段，他每天上午都会带着理疗师来到特里戈利亚的游泳池进行训练。训练结束后，卡萨诺在淋浴前跑到主席那里开玩笑地骂他："老瘫子，你这是要去哪儿？"森西被这个鲁莽的小伙子逗得乐不可支，你们完全想象不到他笑成什么样。问题是安东尼奥不明白这种亲密是一种不可以滥用的特权，它也有底线。就这样，在连续输了几场比赛之后（用安东尼奥的话说是因为球员"太少了"），他失去理智地跑到游泳池大喊道："丑陋的吝啬鬼，多花点你那该死的钱买几个好球员。"那一次森西根本没有被逗乐，我和维托不得不出面干预，把他推到墙边，告诉他应该怎样举止得当。

2004/2005赛季，就是我们换了四任教练的那个赛季，是我职业生涯最艰难的一段时光，而安东尼奥是当之无愧的主角，原因则是好坏参半。坏的一面是因为那一段时间他对几位教练的态度简直令人难以接受。前一年他对卡佩罗的态度可以说是肆无忌惮，他会在训练时满球场追在卡佩罗背后辱骂他走路一瘸一拐的姿势："丑瘸子，你全靠托蒂和巴蒂斯图塔才在这里赢了一座冠军奖杯。"而与切萨雷·普兰德利，他们的矛盾很快就爆发了。8月底，新赛季开始的前几天，在佩鲁贾举行的一场友谊赛上，足协告诉我们，新的国家队主帅将在看台上观战。安东尼奥是那一年欧洲杯上蓝衣军团唯一表现抢眼的球员，他对国家队的看重程度比他表面上给人的感觉要高得多。因此，普兰德利在中场结束后把他换下场引发了他一连串的高声咒骂，让所有人都惊愕不已。很多人参与居中调停才没有让局势进一步恶化，但是几天后普兰德利就决定离开罗马，很明显更衣室里产生了裂痕。当然，众所周知，那段时间教练确实面临个人方面的困境，但正是那场与安东尼奥的激烈争吵最终促使他选择了辞职。

问题是那一年的状况层出不穷。罗马队史上的一座丰碑——鲁迪·沃勒尔火线上任接过教鞭，但是仅仅四场比赛之后，他就像他的前任一样辞职了：他无法掌控球队，也不想毁灭人们对他的回忆。第一场对阵佛罗伦萨的比赛，安东尼奥因为掌掴基耶利尼被红牌罚下。第四场在博洛尼亚的比赛中，在0比3落后情况下，下半场开场后不久对方就有两名队员累计两张黄牌被罚下，我们处于11打9的有利局面。然而，即便在多两个人的优势下，我们也只打进一个球（我禁区外的一脚远射得分），沃勒尔终于意识到我们根本不在状态。在好几次训练中，安东尼奥都像他习惯的那样，口无遮拦地说鲁迪没有能力胜任教练，这当然无益于缓解队中的紧张气氛。德国人离开后，德尔内里接替了他的职位，球队艰难地有了一些起色。这之后我们取得了一些成绩，并且进入了欧战区。但是那个赛季真的不属于我们，在难看地输掉德比和跟尤文图斯的比赛之后，我们再次走上下坡路。德尔内里教练说话很快，所以难免有时会吞音，而安东尼奥总是刻薄地挖苦他："根本听不懂他在说什么。"这种话他当着教练的面也大声地说过多次，而且有人会因此笑出声，德尔内里无可避免地越来越失去了对更衣室的控制。

作为队长，我当然多次跟安东尼奥谈论过他的莽撞行为。在公开场合和私底下，我都跟他说过，事实上每次谈论的时间都很短，因为他会承认我说得对，也承认他的行事方式让任何一位教练都难以开展工作，但是第二天一切还是老样子。他并不是真的坏，只是内心总有一股洪荒之力推动着他去制造麻烦。但问题是，总这样的话，球队就面临着一落千丈的风险。离赛季结束还有10轮，我们在卡利亚里输得很惨。卡利亚里在39岁仍然状态极为出色的詹弗朗哥·佐拉带领下气势如虹，打了我们一个3比0。

在更衣室，德尔内里联系了罗塞拉·森西，告诉她他受够了，然后扭头就走了。一年内三位教练——普兰德利、沃勒尔和德尔内里——相继辞职，在足球世界里，没有教练会以这样的方式辞职，这恰恰说明了当时的局面有多么棘手。那天下午，罗塞拉让时任卡利亚里俱乐部主席切利诺（她的朋友）找一个私密的地方，进行简短的商谈，并拿出一个决定。除了体育总监达尼埃莱·普拉德，她只叫了我和蒙特拉。那时我俩是更衣室里最理智的老资格。切利诺陪着我们走进体育场看门人住的地方时，我们都被看门人妻子在厨房里准备的肉片配面包屑的香味吸引了。尽管大家都忧心忡忡，但是罗塞拉冲我们这些对着那一盆小肉排垂涎欲滴的人做了个鬼脸：正在做饭的女士恍然大悟，非常慷慨地给我们分了一些。我们没忍住。那样的场景有些令人恍惚：球队高层和老队员召开的决定新主帅人选的紧急会议上，我们一边慢悠悠地吃着肉排，一边找纸巾擦拭油乎乎的手指。不管怎么样，我们都想到了同一个名字。我们属意的人选正在屋外跟他儿子聊天，我们向圣埃利亚球场这位令人惊叹的女大厨告别后，走出了门。

布鲁诺·孔蒂一看到我们，便注意到我们的目光都集中在他身上，他立刻像保护自己似的举起双手，嘴里还说着“不，不”。很显然，如果他想当教练，他应该早就做出了相应的选择。现在他正在跟儿子达尼埃莱聊天，对我们开会的内容完全不知情。当他明白我们想让他担任主教练后，他试着想推辞，但是他没法拒绝。罗马现在一无所有，既没有好的竞技状态，也没有好的战术水平，能否在最后的冲刺时刻摆脱困境还是未知数，再聘请第四位教练可能没有意义，也没有时间重新制定新的战术规划了。此时需要的是一个“罗马人”——指的就是一个罗马俱乐部的传奇名宿，他知道如何利用自己的声望将惶恐不安的更衣室和愤怒的球迷重新团结起来。我已不记得我当时是头脑清醒，还是内心隐藏着惧怕。今天我可以告诉你们，那一年罗马其实面临着极大的降级风险：在离赛季结束还有10轮时，我们还保持着一定的优势——比倒数第三名领先12分，但是我们已经山穷水尽了。布鲁诺最后的反抗是说“别让我掺和进来”，不过他是一个慷慨大度的人，最后还是妥协了。

然而，很明显，我并没有助他一臂之力。在主场对阵AC米兰的比赛中，我在最后一分钟轻踢了安布罗西尼一脚被罚下场，因此被禁赛一场。三场比赛之后，在第32轮，我又愚蠢地犯了一次错误。那一次是主场对阵锡耶纳，我在对方进球取得领先之后怒火中烧，打了科罗内塞一拳。我们曾经是朋友，马佐尼时代他在罗马踢球，我们一起去过夜店。他还向我介绍了他的理发师，后者成为我很喜欢并且最常光顾的一个。后来我们就没怎么见过，他先后在那不勒斯和国际米兰效力，在他转到拉齐奥后，我们在一场德比上再次相逢，那是一场腥风血雨的硬仗。到锡耶纳之后，他的职业生涯基本上进入了尾声，我不明白为什么那天从比赛开始他就一直不停地骂我。我觉得，当你穿着拉齐奥队服时，挑衅和攻击托蒂一定能够让你赢得你们球迷的掌声，但是作为锡耶纳的一个球员，这么做没有意义，唯一的作用就是激怒我。裁判的判罚残酷无情：我被禁赛五场，这意味着我最后一个星期日才能重新上场。我们的形势每况愈下，而我将无法提供任何帮助。勇敢的布鲁诺放弃了想辞职的打算，只是他现在要找到另一个救星。

那个人就是安东尼奥。在我们最艰难的几周里，安东尼奥做出了他的决定：现在是少开玩笑多出成绩的时刻。可能是巴里降级的记忆触动了他，也可能是因为我的缺阵，他实实在在地扛起了肩上的责任，与他同样出色的队友，也是更衣室领袖蒙特拉、帕努奇和德罗西一起并肩作战。我们输掉了其他两场比赛，但是在德比中取得了一场宝贵的0比0。到第37轮时，安东尼奥出其不意地用一记精彩非凡的右脚射门一脚定乾坤，帮助我们1比0在亚特兰大的主场取得胜利：我们成功保级，降级的是亚特兰大。这就像我曾经跟你们说过的，越是对手强大或者局势艰难的时候，安东尼奥就会发挥得越好。一年前在国家队参加欧洲杯比赛中，他也有过这样的表现，在对阵保加利亚时他打进了制胜球。如果不是瑞典和丹麦的默契球，这个进球应该能帮助我们在欧洲杯中走得更远。

遗憾的是，这成了他在罗马生涯中最后的闪光时刻。经历了如此不堪的一个赛季之后，一切都变了，都得重新开始。安东尼奥失去了他的耐性，他想赢得冠军。罗塞拉·森西选定的新任主帅是刚刚把乌迪内斯带进欧洲冠军联赛的卢西亚诺·斯帕莱蒂，对这个决定我也表示赞同。有一件发生在卡斯特尔罗托的事流传很广：集训刚开始的前几天，我们在健身房锻炼，安东尼奥像往常一样把音乐调到最大，过了一会儿，斯帕莱蒂一声不吭地走过去把声音关小了，而安东尼奥同样默不作声地把声音再次调大。气氛既滑稽又紧张，大家都想看看这次掰腕子到底结局如何。斯帕拉蒂再次走过去把声音调小，从而传递出一个明确的信号，他这么做才是对的，也就是说最后的发言权在他这里。安东尼奥爆发了："听着，你现在不是在所有人都闭口不言的乌迪内斯了，这是我的家。"他的讽刺没有产生任何作用：音乐继续小声地播放着。作为副队长，安东尼奥的表现是有失分寸的，大家也明白有些行为将不会再被容忍。教练取得了全线胜利，安东尼奥最终决定离开，这当然是由于球迷第一次在球场上对他报以嘘声，让他明白他们选择站在哪一边。我俩之间也开始了一段关系冷淡的时期，他不再为该如何表现征求我的意见，而我不再主动跟他说话。唇枪舌剑和紧张气氛充斥着那个秋天，与此同时球队也整合成形，大家都意识到终于走上了正确的轨道。安东尼奥一直游离在球队边缘，直到1月有关他与皇家马德里的传言被证实。有一天我看到他在更衣室清空自己的柜子，那种感觉真的让人很难受。

是的，那是糟糕的一天。但是对很多人来说意味着解放，因为总是怒气冲冲的安东尼奥是团队安宁的一个巨大问题。对我来说，那一天带给我的是无尽的忧伤。我感到一种沉重的挫败感。我很清楚大部分责任不在我，但这并不能让我的痛苦减轻一分。这些年，他的到来让我身边有了一个我梦寐以求的队友，但是仅仅依靠我个人天赋的魅力（这也是他在众多属意他的争夺者中选择罗马的原因），并不能把他留住。从技术上来讲安东尼奥是无可替代的，一切都不可能再回到从前的样子，但是我相信斯帕莱蒂能够找到解决的办法（他确实找到了）。从人性的角度来说，我会反思我为这样一段关系所付出的代价，我甚至与他分享了我的家，以及从某种意义上分享了我的父母。后来在弗朗哥·森西的葬礼上，安东尼奥走近我妈妈想要拥抱她，而她仍然因为我们“决裂”的某些原因而介怀，因此拒绝了他。不过，她很快向我承认她非常难过，她恨自己没有像她本来应做的那样把他紧紧地拥入怀里。如果有一天我们能够重归于好，妈妈一定会很高兴。

在特里戈利亚看安东尼奥转会到皇家马德里的发布会现场直播时，我们都忍不住捧腹大笑。面对身着一套无可挑剔的定制西装的俱乐部副主席、伟大的埃米利奥·布特拉格诺，安东尼奥穿着一身不合时宜的皮草，而这件事也隐喻了皇马这次转会操作将给他们带来的影响（他们当时并不知道）。不过，在球场上安东尼奥有足够的能力与罗纳尔多、齐达内、劳尔和罗比尼奥并肩作战。正是他在皇马这个全世界最传统的足球环境中的影响，让我们感到有些困惑……经过几个月的安静之后，皇马的新闻发布间里开始听到他发表的一些言论，随后也有了记者对他的采访，而他每次谈到我时总是不吝赞美。当然，如果有人询问我对他的看法，我也总是这么说。我们从未消磨对彼此职业水准的尊崇，而正是这种惺惺相惜让我们之间的关系有所回暖。在一年半的时间里，我都饶有兴致地关注皇马的战绩，等安东尼奥回到意大利，转会到一直对我很友善的桑普多利亚时，我依然为看到他开心的样子感到高兴。事实上，他仍然在“隔空”给我们制造一些麻烦：在他与皮耶路易吉·帕尔多合作出版的书里，他说有些晚上会有一些女人被允许进入特里戈利亚，但是我们根本连这些女人的影子都没见过。与此同时，我们所有人费了很大劲才跟妻子们解释清楚这件事情。幸运的是，他的真命天女即将走进他的生活：卡罗琳娜是一个很聪明的女性，也很强硬，能够让他在哪怕不情愿的时候也去分清对错。可能正因如此，在他们结婚之后，安东尼奥在很多次采访里都表示他为离开罗马而失去的东西感到遗憾。我补充一句，为了我们失去的东西。

在球场上我们有了很多次重逢，但是最重要的是那一次：2010年4月25日罗马1比2输给桑普多利亚，那是对我卓越的职业生涯来讲最倒霉的一场比赛。第35轮，我们超过国际米兰登顶积分榜榜首已经有两轮时间，夺取赛季冠军似乎只剩一路坦途。最后一个能给我们制造一些困难的阻碍正是前来奥林匹克球场挑战我们的桑普多利亚，而那之前整整一周——就像平时遇到这种情况会发生的那样——队友们让我找安东尼奥沟通一下的玩笑不绝于耳："给卡萨诺打个电话""提醒他别忘了你们曾经的友情"，凡此种种。我当然对此置之不理，但是那个星期日，当我在进行比赛前的按摩时，安东尼奥敲响了我按摩间的门。他知道在哪儿能找到我。当时房间里只有我俩和按摩师，看到对方，两个人都大笑起来。

我对他说："听着，你可别搞事。"这是一句笼统的话，泛指从他出现到比赛开始那一段时间里可能发生的一切。

"放心，我不会。"他开心地做了个鬼脸，"为了能打进欧冠，我们这场比赛必须赢。"我回答说这一点我很清楚，但是我会抱歉让他们失望而归。他离开时我们互相报以一个灿烂的笑容，意思是让对方见鬼去。对我来说，这样的一个小插曲是那么美好，我们誓言将在赛场上兵戎相见，却满怀着对对方发自内心的尊敬。安东尼奥觉得他应该过来告诉我，他将在比赛中拼尽全力，而我把他的来访解读成对我们过去的一种珍视。

该死的是，怕什么来什么。事实上那天比赛真正的主角是斯托拉里，他的精彩发挥应该是我生平遇到过的守门员中最出色的表现之一。当然，在我上半场进球取得领先之后，下半场开场时安东尼奥一脚精妙的传中，把球传给了帕齐尼，而他的头球射门也没有落空，但并不像人们议论的那样，这是一场复仇战。这只是命运的安排：面对一支实力强大的队伍，安东尼奥再一次将自己的竞技状态提升到了足够打败它的水平。然而，让我感到既震惊又沮丧的是斯托拉里的扑救，而不是安东尼奥的表现。我没有为斯托拉里鼓掌喝彩的原因在于，正是因为他，我们才与近在咫尺的冠军渐行渐远。帕齐尼在比赛最后几分钟为他们的壮举一锤定音，留给我们的是无尽的愤怒和痛惜。但是安东尼奥的表现是值得让人拍手称赞的。

比赛结束后一刻钟左右，我还躺在更衣室长椅上反思我们到底为什么这样将冠军拱手相让，安东尼奥窃笑着出现在我面前。“我告诉过你了。”大家都像发现外星人一般看着他，除了无奈摇头的德罗西和佩罗塔，其他人都是在他离开后才加盟罗马的。面对他至少有些不合时宜的高兴劲，我想大家都期待着我揍他一顿，我承认好长一段时间里我都有这样的冲动。后来，我慢慢地明白，站在我面前还是往常的那个安东尼奥，那个我曾经像亲弟弟一样爱着的安东尼奥。他是一个至情至性的人，游走于自我伤害的边缘。取得一场漂亮的胜利之后兴高采烈地走进刚刚承受了致命失败而死气沉沉的对方球队更衣室，他能做出这样的事，但是他绝对没有任何恶意或者不尊重。他只是不会审时度势。看到我没有动他，其他人也不敢贸然出手。“再见安东尼奥，回头见。”

“再见，走了。”他走出更衣室，好像为我这简短的告别感到吃惊。

把一根手指放进我的咖啡里把糖拌匀，这样一件事就能让他开心不已。如果有人把球停到两米开外，他就会非常愤怒：“这是在意甲，你怎么能踢成这样！”每天早上起来我都得在胸口画十字，希望他不要惹什么事扰乱球队训练的安宁。他会侮辱裁判，也很少有裁判对他有好感。现在他已经退役了，我们会在一些慈善赛上碰面。安东尼奥告诉我，他通常上午打打网球，下午卡罗琳娜出去练水球时，他会跟孩子们玩上几小时，他觉得这样很幸福。

他说，他很快就要跟孩子们讲我们之间蝙蝠侠与罗宾的故事了。

8

你是唯一

坎德拉在左路带球快速奔向对方的球门，等他传到蒙特拉脚下时，我们已经进入拉齐奥的中后场。蒙特拉用余光看到我无人盯防，把球传给我，然后迅速启动冲向禁区，让我把球回传给他。他打进四个球了，这是一个足够他永生难忘的夜晚，所以他不差最后一个球，而我需要一个进球。

那是2002年3月10日，离我职业生涯中比分最悬殊的罗马德比结束只剩下最后20分钟。我们以4比1的比分领先，4个进球全部由杀红眼的蒙特拉包办。比赛已胜券在握，而我还有一个私人的任务需要完成。我有资格允许自己这么做：第一个进球来自坎德拉接我的脚后跟传球之后的传中助攻；第二个进球是我的射门将足球打到守门员身上反弹后，由蒙特拉补射成功；第三个则是我开出的任意球由蒙特拉头球打进。总之，我有足够的资本考虑我自己的事情——为我的意中人。我看到安杰洛·佩鲁济（我可怜的倒霉蛋朋友）出击到离球门线几米远的地方，而我在电光石火之间决定挑一个高球。既然想让这次射门进入我一生中最重要的进球之列，我就得进得漂亮一点。我右脚在足球底下一挑，尽量踢出一条弧度最大的抛物线。足球划出一道长约20米的彩虹，越过只能望球兴叹的安杰洛，然后刚好擦着横梁下沿落入球门。我需要这个进球。现在，我得在观众席马里奥山看台区“找到她”。我大概知道她的位置，我撩起球衣展示T恤的方向应该是对的。

说起来，那个星期日其实有些出师不利。伊拉莉的姐姐西尔维娅告诉我，邀请伊拉莉看德比的愿望可能会落空。伊拉莉跟她的男朋友在米兰，我跟安杰洛和詹卡洛一起准备的写有示爱标语的T恤，可能只能躺在抽屉里。我的心情差到极点，而且我不知道该怎么做。给她发一条短信？如果起反效果怎么办？这样不行，我觉得我怎么做都是错的。我恨不得那些说“对足球运动员太容易了，女人都会被他们迷倒”的人站到我面前来。你们都过来，既然你们觉得再简单不过，就给我出个主意。罗马队长的身份在有些情况下会有所帮助，这很正常，然而，当你遇到一位特别的女孩，只要跟她说话，你的腿就会不由自主地哆嗦，任何标签都没有意义。你跟其他男孩一样，就是一个为爱痴狂的人，如果形势没有按照你准备的那样发展，这就是你面对的最十万火急的事。那是星期日早上的事，晚上还有德比，但是我脑子里只有伊拉莉。我该怎么办？

我对她一见钟情，真的就是这么回事，就是“看”过第一眼之后。我第一次见到她是在电视节目《敏感对话》（*Passaparola*）里，当时我便开始魂不守舍。“我的天，她太漂亮了。”我对安杰洛和詹卡洛说道，而他们立刻帮我收集各种情报，并了解到女孩名叫伊拉莉·布拉西，罗马本地人。那时候各种电视节目秀充斥荧屏各个时段已经有很多年，刚刚停播不久的著名栏目《这里不是国家电视台》（*Non è la Rai*）录制现场外经常一派车水马龙的景象，挤满了真的对邦孔帕尼旗下娇艳欲滴的电视女郎们垂涎不已的年轻小伙子（其中很多是足球运动员）。

我对伊拉莉的一见钟情是在跟玛利亚那段重要的恋情结束后一段时间。我们的分手还算和平，两个人都没有承受过多的痛苦。不过，我在球场上平平无奇的状态为那件可笑的传闻火上浇油，球迷们将我表现不佳的责任归咎于玛利亚以及她可能的新男伴身上。就在那段时期，一个名叫马西莫·朱利亚尼的罗马演员还在一档电视节目里精心地模仿我，他扮演的我，形象不怎么讨喜——如果说我喜欢他的模仿，那是我在说谎——不过肯定也没有到让我夜不能寐的地步。即便如此，他也成为一些担心我情绪不振的球迷们抨击的对象。没错，这就是成名后带来的最令人厌恶的一面：有的人你根本就不认识，但是他们在你没有跟他们说过半个字的情况下会以你的名义行事，进而给其他人带来困扰。这两次经历让我思索良多，自那之后我开始加倍注意我说的每一句话，特别是在有争议的情况下。过多的爱有时也会带来危险的影响。

我在《敏感对话》节目里认识伊拉莉后，我在感情方面是自由身。她的情况则很复杂，因为她在9月搬到了米兰，每周在格里·斯科蒂的节目上担任礼仪小姐，另外还会每个月参加一次毛里齐奥·科斯坦佐主持的《你好周日》（*Buona Domenica*）。她在波尔图恩赛区长大，爸爸是拉齐奥球迷，妈妈则是罗马球迷。20岁，她决定前往意大利商业电视之都——米兰。那几个月，她还有男朋友。

我对此毫不知情，在电视上刚一看到她，我就脱口而出："我要娶她。"我说得非常笃定，安杰洛和詹卡洛因此马上着手研究如何帮我娶到她。伊拉莉当然在混迹于体育圈和演艺圈的罗马年轻人中间广为人知：我找到的中间人名叫阿莱桑德罗·努切特利，他经常为各种活动和夜店做公关，我跟他提出以后他立刻就把西尔维娅介绍给我。为了认识伊拉莉，我不断地麻烦她，她不但没有把我轰走，而且给我支持和帮助。因此，我欠她很多人情。西尔维娅告诉伊拉莉，有一个著名球员为她神魂颠倒，尽管她对此无动于衷，西尔维娅还是一再坚持——至少认识一下——直到她妹妹点头同意。伊拉莉每两周回罗马一次，而1月初就有一次好机会，我们约定在诺门塔纳大道上一个有意大利年轻人演奏的酒吧见面。我满怀希望赴约，但是第一次会面有些令人窘迫，她和她的同伴们刚刚参加完一个聚会，而她因为丢了手机而恼怒不已。酒吧的音乐声很大，伊拉莉找她的同伴们一个个借手机，到处打电话寻找自己丢失的那一部。等西尔维娅好不容易让我俩单独面对面时，她只是跟我握了握手，然后互相说了一句"幸会"，而我明白那天晚上并不是一个让我们互相了解的好时机。我得让她高兴起来。

过了几天阿莱桑德罗把伊拉莉的电话号码给了我，并且向我确认得到了伊拉莉的首肯，这是第二个好消息。第一个好消息是她对足球一无所知，因此对于我是谁以及我代表着什么基本知之甚少。这让我感到欣慰，因为不论之后我们的关系如何发展，我都会觉得是真诚的。我给她发了一个非常有分寸的短信，类似于“嗨，我是弗朗切斯科”，她同样客气地回复了我。那是一种漠然。我不想让自己显得令人厌烦，所以没有立刻继续下一步。不过，过了一小段时间，我又问她下个周末会不会回罗马（周末其实并不是我时间最自由的窗口期，但是这个我想可以以后再跟她解释）。我们后来又约了两次，一次在1月底，一次在2月底：两次都是很多人一起出去，在晚上活动结束后，我则把伊拉莉和西尔维娅送回家，西尔维娅有点既算是我的同谋，又是她的保镖。其实伊拉莉完全不需要保镖：我本来就是害羞的性格，更别说我是跟自己爱上的女孩在一起。伊拉莉不仅长得特别好看，她还是个聪明、可爱的女孩，虽然只有20岁，但是非常冷静，或者说很严肃。她真的跟所有女孩子相比都是与众不同的。她是如此卓尔不群，以至于当我偶尔在一些娱乐场所碰到一些其他女孩子时都会感到浑身不自在。确切地说，很多时候她们看到的不是我这个活生生的人，而是我的身份——罗马队长，电视和报纸上的主角，她们会非常露骨地表达对我的赞许。因此，在伊拉莉在场的情况下发生这种事情，我的第一反应是恼怒：“她肯定会想，等我们成为男女朋友之后，她得不停地监视我身边的人。”过了一段时间，一切尘埃落定之后，她跟我说，她当时真的有那样的疑问：“我在米兰时，这小子会做些什么？”

时间就这样来到3月10日。我感觉非常好，在面对伊拉莉时我的信心更足了，而且我觉得她跟我在一起时显得很开心。她从来不会提及她在米兰的男朋友，我准备更进一步，在周中，我问她能否邀请她去球场看罗马德比。当然我可能得为此做好全套的服务，对于之前从没去过奥林匹克球场，第一次去看比赛的人来说，那里的组织问题可能会令人震惊，更不要说要看的是一场罗马德比：她的回答有些犹豫，但是并没有拒绝，我则把这理解成一句迟来的“好的”。总之有点像高中生之间的爱情故事，充斥着进展与退却、希望与打击，以及绞尽脑汁和悬崖勒马。你们曾经是不是以为足球运动员和电视女郎之间的爱情就像那些八卦杂志天花乱坠般描述的那样？星期六安杰洛和詹卡洛来到集训地，帮我一起准备我在比赛中要穿在队服下的短袖衫。我们准备了两件，上半场一件，下半场一件。我必须给伊拉莉传递一个明确的信号，而“6 UNICA”（你是唯一）我觉得再清楚不过，她能够看明白。如果我有机会展示球衣下的短袖衫，记者们会要求我给出一个解释，不管怎么样我都会把罗马、球队和球迷都牵扯进来。总之，最好能够伪装一下，而且我们还不是男女朋友关系，我得加倍小心，避免半个罗马城压到她喘不过气。一切似乎都进行得非常顺利，直到我收到伊拉莉一条短信，她再次表示，她很有可能来不了，但是那时已经是星期六晚上了。早上西尔维娅给我发了一条短信提前给我打预防针，这条短信就像双重打击，我的心气跌落到了谷底。到了午餐时间，不对，已经到了午餐后回到房间休息的时间，整个特里戈利亚寂静无声，现在让我睡觉完全是无稽之谈。我躺在床上摆弄手机，以此来分散自己的注意力。最后，我给她发了一条我能想到的语气最平静的短信。

“你好吗？”

“过一会儿我去火车站。”她立刻回复了我，而我有点摸不着头脑。她要走？

“你去哪儿？”短暂的沉默后，她回复了一条短信，我想她发的时候一定很不耐烦。

“什么叫我去哪儿？我来罗马找你，你不是邀请我去球场看球吗？”

描述一下我看到这条短信的心情：我几乎直接躺着就从床上跳了起来，真的只差一点脑袋就碰到天花板。她要来罗马！伊拉莉要来罗马！冷静，冷静，我们来分析一下。

“你几点到特米尼火车站？”

“6点。”

“我让我的朋友马西莫骑维斯帕摩托来接你，如果你需要回家一趟，他会在楼下等你，然后带你去奥林匹克球场。他知道在哪里拿票。”

我们没有再继续发短信，我特别想跟她联系，给她打了一个电话，她在去往米兰中央火车站的出租车上。我想跟她说，我会献给她一个进球，但是我又不能对没有把握的事情做出承诺：假如比赛输了……事实上，等确定伊拉莉会来到球场，我也联系了马西莫安排好接她的事情以后，我终于能够把精力集中到比赛上。我们在积分榜上领先拉齐奥14分，但德比永远是德比。

然而，那天晚上是个例外。我跑向马里奥山看台区寻找伊拉莉的面孔，安杰洛和詹卡洛为了让我看到她，把她架了起来，我只能影影绰绰地看到一小群人，我想再也没有比这更令人感到幸福的遥相呼应了。这真的就像珠璧交辉：在一场历史性的胜利中我打进一个精彩非凡的进球，而这一切都是为了她第一次来到球场。“6 UNICA”这几个字在赛后成为焦点，认识我已久的记者们应该能猜到些什么，因为我在赛后急匆匆离开的样子真的是非常明显。“南看台是唯一。”我告诉他们。

“你为什么面朝马里奥山看台区？”

下次再说，再见。

那天晚上我们一起举行了聚会，但是在带伊拉莉回家之前，我想办法确定第二天晚上家里只有我俩，她接受了，然后是经典的项目：我们先去奥斯蒂亚的电影城看了一场特别恐怖的电影，我不开玩笑（我俩都喜欢此类型的电影，但是那部电影真的让人不敢看下去，我甚至连片名都没记住），之后我幸运地得以更进一步，邀请她一起到新罗马伊尔枫格餐厅共进晚餐。那个晚上也是我们第一次接吻，2002年3月11日，伊拉莉告诉我，她考虑了一段时间，就是在那次她决定在最后时刻赶到罗马的前一天，她离开了她的男朋友。这是我从第一次在电视里看到她就梦寐以求的。我俩都非常开心，但是她对我们这种俗套的男女组合觉得有些不适应："你想过没有，我们分别是足球运动员和电视礼仪小姐，还有比这更俗气的吗？"

"我们就一起来让它变得与众不同。"我尽量劝慰她。

其实我不需要大费周折，因为她也想跟我试一试。我们在对方的眼睛里都能看到绵绵不断的情意，而这种感受一直到现在仍萦绕我左右。我简直开心到无以复加，如果有人问我罗马在积分榜上排名第几，我可能答不上来，我只会一直看着伊拉莉的眼睛，如痴如醉。我知道答案了，我们在德比之后成为积分榜领头羊……

我们的故事很快闹得满城风雨，这是不可避免的，因为在罗马当我的女朋友并不轻松，她需要有强大的内心面对冲击。那时我已经过上深居简出的生活，只去精挑细选的几个固定地方，让我在有的情况下不那么容易被察觉地脱身。跟伊拉莉在一起后，我的生活"重新被打开了"，她来自演艺圈，有自己的圈子。如果我们到了防护不严密的地方，形势就会很严峻：她会惊恐万分，例如有的人看到我会想尽办法摸我的右脚，好像那是一件圣物；有的人会在我试着安慰他们时无所顾忌地号啕大哭；有的想跟我合影，但因为手抖迟迟无法完成拍摄；还有的会猛冲过来，跳上汽车引擎盖，透过挡风玻璃跟我打招呼。这些对我来说都是"正常"现象，我已经应对了很多年，但是对于我身边的人来说却是荒唐行为，如果仅仅只有这些就好了。

还有的状况发生过不止一次，而且更加令人烦心。有一次在我新买的位于城郊托里诺区阿姆斯特丹路的公寓里，伊拉莉和我躺在沙发上看电影，她的手机响了起来。打电话的是她的一位女性朋友，或者更确切地说，是一个她认识的人，因为朋友之间有的龌龊的事是不会做的。

“我得跟你说一件恶心事，但是我还不能不提，他们刚才提醒我说10分钟前弗朗切斯科在吉尔达夜总会勾搭一个女孩子。”

伊拉莉惊呆了：“你的信息是错的，弗朗切斯科现在跟我在家里，至少两小时了。”那个女人开始含糊其词地找一些理由为自己开脱时，她放下了电话。没错，我们这样的一对引发的妒忌心让我们感到既害怕又郁闷。

她第一次跟我随队出征恰逢一次比较重要的赛事，去日本参加2002年世界杯。但并不是她非要跟着我，而是我跟她说，我无法忍受与她分别一个月那么久，她才同意了。另外，她正好要出差开启一段忙碌的工作。她从罗马飞到东京的旅程会在塞舌尔经停，在那里为一款晒黑油拍一组照片。那一届世界杯不仅在赛场上对我们来说是一场噩梦，赛会后勤保障方面也是如此：除了在比赛后得到允许之外——我们所在的地方当然不是什么旅游胜地——我们每天只能在入住的各个酒店的大堂里见上20分钟，过了一段时间后，我看得出来，伊拉莉有点受够了。除了躲避那些有可能骚扰她，想搞出什么独家新闻的记者，她什么都做不了。国家队结束在日本的所有比赛之后，她就回家了，再之后又飞到韩国短短待了几天。一周后我们再次团聚，这次是一起去度假。

人们很快就意识到我们的交往是认真的，实际上没过多久，我们开始谈论婚礼的事情。第一个大致的时间定在2004年，但这里涉及一个要讨论的议题，因为我是一个老派的年轻人，怀着对婚礼的憧憬，我想问一个重要的问题：“等我们结婚以后，你会离开电视圈吗？”

现在，我承认我对此感到惭愧，这是一个不合时宜的问题，后来的经历证明，尽管伊拉莉在一个非常辛苦和极具竞争力的领域工作，她同样把三个孩子抚养得非常好。此外，她比我要坚决和严厉得多，而我经常跟孩子们玩在一起，就像他们的哥哥……总之，一个老派的小伙子和一位现代女性进行讨论，赢的一方总是后者。这并不是由于疲于应付，而是由于你每天与她朝夕相处，她会让你明白她到底有多重要，不论她的职业如何。从这个意义上来说，我们开着Smart从米兰到罗马那一段漫长的旅程就显得尤为特别，也弥足珍贵。在过了两年远离家人的日子之后，伊拉莉决定回到罗马：这是为了我们的未来，而且她已足够出名，在工作方面可以进行自主选择。她把行李打包交给一家小型搬家公司托运，但是她在米兰买的用来代步的车可装不上火车。“这有什么，我来开。”我告诉她。那是一段悠长、柔情、浪漫而且开心的旅程，路上迎来很多人惊奇的目光，一辆在高速上飞奔的Smart很常见，而当有人认出我们时，他们就会疯狂地按喇叭。我不时会给妈妈打电话，告诉他我们到哪儿了。

“到皮亚琴察了！”我看了一眼第一个路牌，在电话里大声对她说道。

“才到那里？两小时前你们就出发了！”

“嗯，妈妈，走得慢才能走得更稳更远。”

说完，车里便爆发出一阵大笑声。

决定了，我们2005年6月19日结婚。婚礼的各项准备开始进行，我们希望弄一个大场面，把很多朋友以及希望出席的人——不论是出于对我们的感情，还是仅仅为了好奇——都聚集到一起。我俩都很喜欢阿拉科埃利圣母玛利亚教堂，所以教堂的选择很简单。天空电视台将为我们进行现场直播，而关于报酬我们很快达成协议，将全部捐献给慈善事业。对我们的婚礼来说，现在只面临两个问题。一个是最好的喜讯：伊拉莉3月时发现自己怀孕了，由于意外之喜，沉浸在幸福中的我们得为那个重要的日子重新给她做两套礼服，一套婚礼上穿，一套宴会上穿。这件事阿玛尼的裁缝会处理，只是伊拉莉必须重新进行试穿，但是我们都特别激动，开心得像两个孩子。

一想到要当爸爸，那种心情真的是兴奋到无以复加，就像我刚刚知道这个消息的时候一样。3月我们都有几天空闲时间，于是决定去罗卡拉索山区。一上车，我就看到伊拉莉靠着仪表盘放着的一个白色信封，上面有她药房的标志。尽管我们聊过，如果能马上壮大我们的小家庭，那将会特别美好，但是我没有往那方面想，也什么都没说。我们开了一小段，一路上聊到各种话题，然后她因为要用洗手间，就让我在一个服务区停下来。我在车里等着她，她过了几分钟才出来，而我为了消磨时间拿起那个药房的信封，打开看看里面有什么。

是怀孕检测报告，阳性。一阵寒战过后，我开始浑身发抖。我的脑海里浮现出烟花满天的场景。这是我生命里最强烈、最突如其来的震撼。我呆坐了一会儿，激动的情绪正在迅速地转化为无尽的喜悦，人像傻了一样。我合上信封，把它放回仪表盘附近，尽量放在我记忆中准确的位置。我不知道该说些什么。伊拉莉回来了，我们继续前行，有几公里的路程我们谁都没有开口，但是都在用余光偷看对方脸上的笑容。

“信封里放着什么？”

“你自己看。”

“可是我在开车，你告诉我。”

“惊喜，你得自己打开看。”

我转过头去看着她，她转过头看着我，然后两个人相视大笑，怎么也停不下来。车里听不到说话的声音，只有长时间柔情的、幸福至极的笑声。之后，她靠近我，给了我一个吻，我则对她说：“慢一点，你得小心，我们现在车里有三个人。”那一幕，永生难忘。

我之前说有两个问题。如果说第一个是梦幻，第二个则完全是噩梦。事情是这样的，在《人物》杂志对弗拉维娅·文托进行的采访中，她说曾经与我在她家里共度良宵。这完全是谎言，但就像很多类似的事件一样，一开始的传言根本就像一个有毒的诱饵，等消息传出来被当事人否认后，人们就会说这个事情有那么多细节可以佐证，不应该是捏造的，一定是真的。如果是这样的话，任何小说和电影可能都涉及一些真正发生的事情：

在那些虚构的作品中可不缺少细节……事实是有一天晚上我在图斯科拉那路上举办的一场活动上认识了文托，当时伊拉莉不在场。那是一个空调品牌新型产品的发布会，邀请了罗马各种晚会的固定搭配——足球运动员和电视女郎。有人把她介绍给我，她是一个漂亮的女孩，我们一起聊了几分钟。然后，就像这种场合经常发生的那样，我们就分开了，因为我们各自遇到了其他需要打招呼的人。那个晚上之后，我们再也没有见过。接下来那周，我和几个朋友一起去特拉斯提弗列区的普拉多餐厅吃饭，而詹卡洛和安杰洛告诉我另外一桌有个女孩试图引起我的注意。是文托。我就在餐厅的这边冲她笑了笑，打了个招呼，我的意思是说，我没有站起来走过去跟她碰面，然后两个人各自招呼自己的同伴。走的时候我们再次远远地致意，仅此而已，然后我就回家睡觉了。没错，在她的版本里，这就是那个争议中的夜晚。

这个采访让伊拉莉感到非常焦虑，这很正常，她刚刚发现自己怀孕了，离婚礼只有几周的时间，现在可不是处理自己准丈夫不忠问题的好时机，特别是如果这种不忠行为真的存在的话。我则反复逐字逐句地跟她解释我跟文托仅有的两次碰面，也就是我之前在文中叙述的那些内容，我请求她相信我为什么我说的话跟文托的表述不一致，而我的话对她来说更值得相信。事实上伊拉莉相信了我，如果不是法布里奇奥·科罗纳打电话给维托说，那个采访还有第二部分，并且那部分的内容更翔实，而且还公布了一些敏感照片，这个事情应该暂告一段落了。他准备以5万欧元的价格把这些照片卖给《人物》，如果我们想把市场上的照片都收回来，他可以给我们同样的价格。选择权在我们。维托接到电话时正在卡比托利欧广场准备婚礼当天的安保措施。维托跟我哥哥里卡多商量了一下，他俩负责管理用于婚礼花费的公共账户。他们一致决定付这笔钱，尽管我跟这件事根本毫不相干：他们认为那段时间里最重要的是让伊拉莉心态安宁，任何有可能侵扰到她的问题都应该被处理掉。他们跟毛里齐奥·科斯坦佐商量了这件事，他是个消息极为灵通的人，从我出版那本笑话书时就跟我交往甚密。

他们一直到把款付完了才告诉我，这让我感到非常不爽，我根本没有什么可隐瞒的。最后科罗纳给了维托一张用打字机打出来的纸，上面有文托的签名以及跟第一次采访基本上如出一辙的内容，并没有什么照片，所谓的证据完全是子虚乌有。

两年后，这个事件成为“偷拍门”调查的评估对象，但是最终只是记录在案，因为科罗纳并没有对我进行威胁，所以不构成敲诈。其实这两者之间差别很小，但是我关注的是警察在调查中确认一件事情：在那个著名的有争议出现的夜晚，我的手机信号根本没有在弗拉维娅·文托居住区域的电信网络中。我真的希望这个新的细节能够帮我洗脱嫌疑。

在那段时间，我开始用一个新的进球庆祝动作献给伊拉莉——吸吮大拇指，而这后来成为我的必选动作。很长时间里人们都以为这个动作寓意着我即将出生的孩子们，以及他们出生后蹒跚学步时的稚嫩与可爱，并不是这样。伊拉莉专心做一件事情时，比如在看一个节目台本或者研究我生日宴会菜谱时，她就会像婴孩那样把大拇指放进嘴里。她自己都没有意识到这一点，很明显就是无意识的动作，所以这绝对是她的“独创”。在每一次进球之后——当然也是我职业生涯的重要时刻——重复这一个动作，是我献给改变了我人生的女人的礼物。这是为了告诉她，我会永远爱她，就像第一次在电视节目看到她后惊为天人，就像我为了创造我们的未来而决定不把球回传给蒙特拉。

9

不，谢谢

25年来，我在罗马遇到的最精彩的比赛，是2001年8月19日的一场超级杯比赛。作为新科意甲冠军，我们第一次身着印有意甲冠军盾标志的队服出战，这是一个非常重要的细节，因为它就像催化剂，重新唤起我们在6月制造的激情。诋毁我们的人对我们的嘲讽毫无用处，但是他们说得完全没错，那个悠长而炎热的夏季的每一天，我们都在为赢得冠军奖杯欢呼庆祝。对于一座已经学会与胜利的激情共处并且为此狂欢不已的城市来说，我们身着冠军队服第一次正式出场就格外令人期待。我们面对的是佛罗伦萨，正是我们希望遇到的对手（我们曾经在意大利杯他们对阵帕尔马的比赛中为他们加油），因为它是在我们夺冠赛季里打败过我们的队伍之一，我们希望复仇。奥林匹克球场像夺冠那天一样座无虚席，我在观众席上看到无数张那个时候本应该在海边才能见到的面孔。人们不顾炎热从海边赶回罗马，因为谁都不想错过一场罗马队的比赛。

我连续好几天都在特里戈利亚练习举起奖杯的动作，所有人都告诉我那个奖杯分量不轻。普拉德和布鲁诺在我面前炫耀他们举起奖杯的动作，并且告诉我要完成这项任务得在健身房加练，而这说明队里的气氛轻松而愉悦。事实上，我们都没怎么把比赛放在心上。我们的状态非常好，哪怕是闭着眼睛，我们也能像猫抓耗子一样迎战佛罗伦萨。坎德拉的状态好到令人可怕，1比0的比分来自他球门外25米一记大力的右脚远射，我将比分改写为3比0的进球也是来自他一次长距离的大力传球：塔利亚拉特拉没能拦住我，我用脚背将球一搓，挑过他跌倒在地的身体，然后非常潇洒地用脚轻轻地一碰将足球送入网窝。对于这场差点以6比1取胜的比赛来说，最精彩绝伦的进球来自将比分改写为2比0的进球。我挑了一个高球传给蒙特拉，他在禁区边缘一记极为干净利落的左脚怒射将球打进。这是一个会让你惊叹“今年没有哪支队伍能够阻止我们”的进球。

遗憾的是，新赛季的情况可不是这样。我们以两场平局和一场失利开局，在皮亚琴察，刚刚转会过去的迪弗朗切斯科打入一个进球，而这立刻让我们陷入不利的处境。考虑到这个前提，我们需要进行持续而艰难的追赶，也就是说，我们可能不再找到上赛季那种气势如虹的连续性。那真是一个不寻常的赛季，有好几个星期日切沃竟然成为比赛的主宰者，而卢帕特利成了他们的门将。不过，圣诞节即将来临之前，正是我们在本特戈蒂球场用一场3比0阻击了他们进军积分榜前几名的梦想。就这样，我们在赛季上半程最后一轮成为积分榜头名，我们再次赢得冬季冠军，此后我们一直跟国际米兰交替占领头名的位置，一直持续到赛季结束。但是，最后两队之间的直接对话让我们的一切努力前功尽弃，其中最主要的原因在于威尼斯，对方在获得两个点球的情况下送给我们一场可笑的平局。这是那些年我们丢掉的两个唾手可得的意甲冠军中的第一个，5月5日尤文图斯捧起了冠军奖杯，尽管我们可能是那两个赛季最优秀的球队。

巴蒂斯图塔付出惊人痛苦的代价成为上赛季夺冠的非凡主角，但是他的精力正在消耗殆尽。在赛季前半程巴蒂斯图塔仍然在苦苦支撑，但是他面对的是一场大磨难：从星期一到星期四，他的膝盖要进行药物注射；星期五他需要小跑一段时间；星期六参加最后一次赛前训练；星期日，如果他想，他可以上场。他是一个战士、一台进球机器，但是已被耗尽了能量。他在1月打进了最后几个进球之后就偃旗息鼓了。从那时起，蒙特拉打出了很好的状态，而卡萨诺也在成长。然而，在关键时刻，我们却找不到以往的杀气，最后只能停留在联赛第二名的位置。

对我的职业生涯来说，那个赛季还发生了一件新鲜事，或者更确切地说，我们可以把它定义为一部几年后将引起轰动的鸿篇巨制的预告片。我们按照时间顺序来捋一下，故事的开头是在一个噩梦般的日子，9月11

日。当被劫持的飞机撞向美国世贸中心大厦的时候，罗马和皇家马德里代表团正在奇切罗内宾馆举行一场正式午宴。那是欧洲冠军联赛的第一个星期二，通过抽签我们跟世界上最伟大的球队，以及安德莱赫特和莫斯科火车头分到同一个小组。据罗塞拉·森西和达尼埃莱·普拉德对我的描述，事情是这样的：首先开口的是弗洛伦蒂诺·佩雷斯，他对森西主席说："亲爱的弗朗哥，你知道我正在想尽办法把最好的球员带到皇家马德里。出于这个原因，我想得到你的允许，让托蒂下赛季加入我们。"

森西听完后发出一阵爽朗的笑声，让佩雷斯有点不知所措。"什么意思？你以为这是个笑话？"

西班牙人显然有些激动。

"这绝不是笑话，也绝不是玩笑。你给我一个托蒂的报价，多少钱我都出。"

"这件事提都不用提。托蒂对我来说就像我的一个儿子，我永远都不会跟别人谈他转会的事情。不要再说这件事了，拜托。"

华贵的餐桌上披上了一层冰霜，几分钟后就传来了有关纽约的消息，而这件事带来的震撼让所有人都不再去想足球的事情。我们正在集训地观看电视直播，双子座垮塌以后，与欧足联的沟通就显得极为紧迫，但是最终得到的指令却荒唐可笑——比赛照常进行，直到第二天欧足联才决定暂停所有比赛。无奈上场比赛的球员都魂不守舍，我们如此，他们也是如此。我们输掉了比赛，但是没人去想这件事情。

森西主席给弗洛伦蒂诺·佩雷斯的回复非常明确：他不仅表示拒绝，还不容置辩地让佩雷斯不要再坚持此事。皇马私下里并没有完全放弃，这是因为我发挥我的作用打进第二轮比赛中取得领先的进球。仍然是坎德拉策动了那次进攻，他在身体已经出底线的情况下倒三角传中，而我则拍马赶到，左脚将球打进（最后时刻菲戈的点球将比分扳平）。这足以让弗洛伦蒂诺对我更加求贤若渴。他把这件事情交给埃内斯托·布隆泽蒂，一位跟皇家马德里联系极为密切的著名经纪人。布隆泽蒂不断地给罗马发来愿意交易的信号，但是森西正处于他最辉煌的时刻：他终于赢得了意甲冠军，通过卡萨诺的交易，他买来了欧洲最出色的年轻球员之一，他感到一支即便在欧冠联赛中也能更加强大、更具竞争力的罗马就在眼前。因此，他不但拒绝跟佩雷斯的信使见面，甚至连他的电话都不接。

我跟皇家马德里之间（没有结果）的故事第一篇章到此为止，但这只是序幕。不过出于好奇，我去查阅了佩雷斯在第一次执掌伯纳乌期间打造的银河战舰名册：他基本上是按照一年购买一名巨星的节奏在进行操作，2000年是菲戈，2001年是齐达内，而在本该我加盟的2002年，他最终购买了罗纳尔多，用来代替我显然也不错。在下个赛季初，我又碰到了他，这一年冠军杯的抽签结果好像故意安排的一样，我们又跟皇马分到一个小组（罗纳尔多只在主场伯纳乌的比赛中出场）。在奥林匹克球场的比赛中，客场作战的他们用3比0的比分给了我们一记响亮的耳光。遗憾的是，那段时间森西主席开始回过神，认为他在激进地进行超额的资金投入，决定刹住这一势头。此举对球队的影响大家都能感觉到，因为要保持顶级水平需要每个转会窗口都做一些更新换代。但是，俱乐部不再花钱投入。在那个赛季联赛中，我们在赛季中段时送别了已经被榨干的巴蒂斯图塔，最后的成绩很不好：在积分榜名列第八，落后尤文图斯23分。

如果说卡佩罗在意甲赛场上可以大显身手，那么他在伯纳乌同样如同魔法师一般。在第二轮比赛中，我们取得了胜利：我的一个进球、全队行云流水的配合，以及安东尼奥利对罗纳尔多两次奇迹般的封挡，让比分定格在1比0。这支被我们打败的皇马甚至不能只用银河战舰来形容，因为他们的阵容中除了齐达内之外，还云集了耶罗、罗伯特·卡洛斯、马克莱莱、坎比亚索……这是我职业生涯里最宝贵的胜利之一：蒙特拉的射门打在防守球员身上反弹，我在禁区边缘用一记凌厉的右脚射门，将足球打入球门上角，破门得分后观众们送上了他们的掌声作为对我的欣赏。那是一种巨大的满足感，我想贵宾席上可能有人正在调整他的转会市场方案……

第二年，也就是2003/2004赛季，我们重新变得充满竞争力：在卡萨诺身上的投资正在收获成果，帕努奇成为球队的领袖，齐沃和巴西人曼奇尼的加入被证明是成功的引援，而德罗西也在闯出自己的路子。我那个赛季一共打进20个进球，除了像往常一样作为一名进攻型组织核心，我没有错过任何一次临门一脚的机会。卡佩罗执教期间，我们第三次赢得了冬季冠军，尽管是与AC米兰并列。但是，在赛季刚刚过半之后，我们立刻就迎来两场几乎颗粒无收的比赛——主场与第88分钟扳平比分的乌迪内斯战成平局，之后又客场败给布雷西亚，这让我们付出了失去联赛冠军的代价。事实确实如此，正是在那两轮，AC米兰取得了对我们的积分优势，并且一直保持到赛季结束。后来我们有所振作，在那场著名的我嘲笑图多尔的比赛中4比0大胜尤文图斯，之后连续打出了几场漂亮的比赛，不过AC米兰也没有松懈，在离赛季结束还有3轮比赛时，我们在圣西罗与他们正面对决，如果获胜的话，我们可以将分差缩小到3分。但是舍甫琴科在开场两分钟后取得的进球终结了比赛。在最后三场应该全力奋起直追的比赛中，我们仅仅取得1分，再次屈居亚军，而卡佩罗为此怒不可遏。

同一位教练连续执教五个赛季并不轻松，特别是每个赛季都志在夺冠，并且我们的教练还是卡佩罗这样一位卓尔不凡的专家。我的意思是说，他不仅是一位要求非常高的职业人士，而且很清楚在取胜之后要延续这种势头就必须加倍努力，而不是像人之常情的那样，想着可以少下一些功夫。没有任何人比卡佩罗更有能力打造一套阵容，并且让它变得具有竞争力。有人指责他只擅长购买最好的球员，这当然是他的一项才能，但是在那一年显然没有进行重要的转会操作的情况下，我们仍然能够走到与冠军只差咫尺之遥，这更加凸显了他的执教能力。但是，要赢得冠军你必须对球员们要求非常严格，无论是训练还是私生活。从这个方面来说，在卡佩罗执教的末期，我们曾面临一些紧张的时刻。

在刚到罗马他跟我第一次谈话时告诉我，作为队长要承担起特别的责任，我一直谨记他说的话，也总会协助他。他跟别人起争执的时候很多，我也是会向着他，显示对他的尊重。卡佩罗是一个易怒的人，你不能直接反驳他说的话，即使你认为他说的是错的；如果你想让他接受你的观点，你必须从侧面下功夫，否则做什么都是徒劳。卡佩罗是一个自视甚高的人，他确实懂得很多，非常博学多才。但是他也有一个缺点，他希望永远都是最后拍板的那个人。在飞越欧洲的航班上，他会指着下面，告诉你这是维也纳，那是布达佩斯，而从他的语调可以听出来，他根本不在乎你的反馈。有时候空姐会趁他不注意冲我们摇摇手指头，意思是他指的方向并不对。这是他强大人格下的一些小缺点，但是无伤大雅，每个人都会有。不过，足球是一个会不停地让你面对各种敏感时刻的世界，我的缺点和你的缺点会发生交锋和碰撞，从而让气氛变得剑拔弩张，有时候甚至面临失控的风险。

就像我之前说的，在经历一个苦涩的赛季之后，卡佩罗极为震怒。几天后在特里戈利亚我们发生了激烈的争吵：一方是我、萨穆埃尔和埃莫森（没错，就是他，那位经常被作为职业球员正面典型的埃莫森），另一方则是我们的教练。他指责我们最近三场战绩不佳是因为平时训练过于松散。他大喊道："你们根本没有做出该有的努力。"我不想承担这样的罪名，因为它完全不属实：我们踢得确实不好，这一点没有什么可争辩的，但是，为了赢得冠军，我们一直在拼搏。我们跟他一样甚至更加筋疲力尽，正因如此，我们的反应跟他的批评一样强硬。当然，我们那时确实显得面目可憎。我们指责他喋喋不休，谎话连篇，我们还说他只在电视镜头定格到他时他才会开口唱《谢谢罗马》（*Grazie Roma*）。一个结局惨淡的赛季引发了各种各样的恶语相向，但这绝不是积重难返，更不是势不两立。等到球队重新投入运转，没有什么是无法解释清楚的。

问题是卡佩罗在比队伍重新开始运转早得多的时候就走了。5月27日，赛季结束后10天，尤文图斯宣布卡佩罗将就任主帅。这个消息引起轩然大波：谁都不知道这笔交易的存在，如果不是在几小时内敲定的，可能也只有短短几天。跟我发生争吵的教练其实已经对罗马感到厌倦，所以我对此没有别人那么感到惊讶。遗憾的是，我们没能在告别时刻跟他交谈，因为他根本就没有告别：5月27日，有人在特里戈利亚发现他的衣橱已经清空了。卡佩罗走了，他是我众多教练中唯一一个没有与我们告别的。关于他“夜逃”的话题引发了激烈的争议。但是他一直对此予以否认，肯定地说，他在都灵约定的见面会是在下午晚些时候，所以他早上去了特里戈利亚拿走属于他的东西。不管怎样，很显然，那个时候无论是他，还是我们都没有多大的进行告别的意愿：那可能会引发无尽的争执。赛季结束后的那次争吵令我永生难忘，其实我整理了好多话想要跟他说，或者更确切地说，想跟他澄清一些事情，它们堆积在我内心，让我感到难堪重负。

在后来的12年里我们没有再说过话。我们有过在球场上和一些活动上的碰面，但是双方都会下意识地把头转向另一边，因为很显然时机还不成熟，曾经的决裂给彼此都留下了创伤。我们甚至还曾在接受一些尖刻的采访时隔空互相揶揄。显然，我们之间存在着一个心结，需要一个特别的机会把它解开。

教皇方济各一世给我们提供了一次机会。2016年10月举办的“和平之战”足球慈善赛，我跟马拉多纳在一个队，而我们的教练正是卡佩罗。我们握了一下手，并且相视一笑，然后就很自然地聊了起来，好像前一天才刚刚告别一样，当然没有吵架。又过了不久，继上一次的冰释前嫌之后，我们的关系在另一次碰面后更加热络起来：那是在元旦期间去迪拜参加一次颁奖仪式，我、他和里皮坐在同一桌，都带着各自的夫人。我们在笑声中愉快地度过了两小时以足球为主题的时光。那真的是很美妙的两小时，因为正是在这段时光里，我们修复了早该重归于好的关系。卡佩罗和我一起在罗马赢得了一座意甲冠军奖杯，这样的壮举在罗马历史上寥寥可数，也必然会将开创它的主角们的命运联系在一起。当然，我们有过不和、分歧和争吵，但这些现象在任何一个工作场景里都再正常不过，而我们一起创造的辉煌将是永恒不灭的。

我们回到之前的话题，也就是在跟卡佩罗突然决裂之后，我们迎来了2004/2005我职业生涯中最糟糕的赛季，那个换了四任主教练的赛季。我们9月末抵达马德里时——小组抽签已变得无关紧要——普兰德利和沃勒尔已先后离职，那场比赛的主教练是埃齐奥·塞拉，而俱乐部同时在跟德尔内里接触。总之是一片混乱。在这一“美好的”形势下，有人告诉我埃内斯托·布隆泽蒂在我们的酒店，希望跟我打个招呼。我还没来得及下楼，就从给我提供信息的人那里得知，卡佩罗辞职后仍然在罗马留任体育总监的弗朗哥·巴尔迪尼在酒店酒吧里与布隆泽蒂进行了一场较为激烈的争论。简而言之，布隆泽蒂在没给任何人打招呼的情况下径直来到酒店，让弗朗哥非常不爽。

我没有跟布隆泽蒂以及他的助手詹皮耶罗·波切塔碰面，但是我了解到最后他们还是跟俱乐部的某个人进行了商谈。佩雷斯希望回到岗位，其中的原因包括连续两个赛季的颗粒无收，而在他继续打造的银河战舰名单中——这个时候已经补充了贝克汉姆和欧文——他再次希望加入我的名字。这一次，他知道罗马已经不如2001年强盛，因此还是希望继续推动这件事。那天晚上，我们依靠德罗西和卡萨诺的进球在伯纳乌取得2比0的领先，但是皇马的攻势一旦启动就如暴风骤雨一般无可阻挡：他们反超比分，以4比2赢得胜利，我到现在还记得罗伯特·卡洛斯精彩非凡的最后一记锁定胜局的破门。赛后银河战舰的巨星们，从齐达内到贝克汉姆都过来拥抱我，并纷纷对我说着类似“大家都知道我们很快就要成为队友”的话。我的感觉很奇怪。世界上最好的球员已经准备好迎接我的到来，但是我却对此一无所知。

当赛季的情况变得越来越糟时，德尔内里离开后，轮到布鲁诺·孔蒂承担起拯救我们的任务，布隆泽蒂隔一段时间就会来到罗马，宣称一旦球队走出降级区，就将发来正式的报价。这是很精明的一招，非常有马德里的风范。第二天，也就是5月22日，我们在比赛中赢了亚特兰大保级成功，报价真的来了。

2005年我年满29岁，那是我职业生涯中罗马给我待遇最好的一段时期：每年580万欧元薪资加属于我自己的完整肖像权。正是肖像权带来的收益能够让我在俱乐部遭遇严重困难时可以先等一等，让他们把薪酬先付给其他球员，特别是那些在俱乐部拿“普通”工资的人；而我只需要站在聚光灯前就可以了。一个非常重要的细节：我的合同一直签到2006年，这意味着罗马可以对皇马开出一个公道的价格，但是不管怎么样，很难对外宣称我是非卖品。原则上，这有可能让俱乐部面临我离开但是一分钱都得不到的风险。罗塞拉·森西跟所有人都说，她永远不会在我的转会协议上签字，而我相信她：她不仅仅真的爱我，也很清楚如果我走了，罗马城可能会闹得天翻地覆。但是在她身边还有球队高层，从普拉德到布鲁诺·孔蒂（巴尔迪尼已经离开了罗马）都有可能跟她仔细分析一味固执己见可能面临的风险。总而言之，如何抉择，千斤重担切切实实地压在了我的肩膀上。

皇家马德里给我开出一年1200万欧元，以及我个人和俱乐部共同拥有我的肖像权的条件：简而言之，我将可能拥有跟我有关的产品的一定比例收益，比如个性化T恤或者以我为主角的玩偶，以及所有皇马连锁产品的一部分收益，当然，是一小部分。收益的比例会随着所售产品数量的增长慢慢下调，但是根据初步估计，这可能让我一年赚到1500万欧元，再加上俱乐部开出的薪酬。这绝对是一个疯狂的数字，如果达成协议，我将成为世界上收入最高的足球运动员。除此之外，皇马还提出可以先行支付给罗马6000万欧元的转会费用。他们告诉我，对皇马来说，先行支付意味着最终把这个数字提升到7000千万欧元也没有问题。如果我们这是在演电影——而且我也不是滴酒不沾的话——这里可能应该出现的场景是我说："给我来一杯够劲儿的酒。"

那些天正是我们在筹备婚礼的时候，我跟伊拉莉谈过去马德里的事情：她表示可以暂时离开她的电视事业几年，也觉得去皇马将可能是很有意思的一次经历，尽管她对我是否真的有意愿转会持怀疑态度。她总是跟我说："有的罗马人认为，离开罗马以后根本找不到可以吃的东西，你就是其中一个。"她说得有点道理。我也仔细考虑过，皇马是一支负有盛名的队伍，去那里有可能赢得一座欧冠奖杯，甚至有可能实现我金球奖的梦想。为了赢得这些荣誉，我愿意付出一些牺牲……当然，这些想法都是发生在皇马发出正式报价之前。在那份报价里，已经包含了所有对我可能付出牺牲的补偿。

我感到浑身不自在，头有点晕晕乎乎。我小心翼翼地跟家人谈到这个话题，特别是跟爸爸和里卡多。爸爸的答案很明显："你还要去哪里？你在这儿待得很好……"里卡多则更冷静："你考虑一下，凯科（Francesco昵称），那些钱真的不是一个小数目。"我也征求了普拉德的意见。我们在Scapicollo餐厅吃饭，我明白我让他难堪了。我不应该问他"如果你是我，你会怎么做"，因为只有站在我的位置才能看清楚整个问题的全貌，所以，能做决定的只有我自己。

弗朗切斯科，你希望你的人生成为什么样子？你有可能成为一名"普通的"一流球员：完成这次伟大的转会之后，你将在一支巨星云集的球队赢得很多胜利，也将获得世界级的声望和不可思议的财富。除此之外，皇马还准备出售菲戈，为你腾出弗洛伦蒂诺·佩雷斯许诺过的10号球衣。那个曾经在大街上用足球玩"小鸭子"游戏的小孩子将成为皇马的绝对巨星，它10号球衣的主人，甚至是未来的队长。职业生涯能以这样的方式收尾，我简直连想都不敢想。

在你离开之前，你的所作所为是否已经足以回馈罗马？当然，你带领它赢得意甲冠军，完成了一项屈指可数的壮举。但是，从你第一次登场那天起将你包裹起来的无尽的爱，在支持你和保护你时对你流露出的深情厚谊，它对你的忠诚——不是信心，是忠诚——何曾有过尽头？刚刚结束的赛季是最不堪的一个赛季，在前方还没有看到新的盼头。你能这样潇洒地一走了之吗？如果将来在某一个星期日的晚上，你在伯纳乌上场比赛前有人告诉你罗马输掉了德比，又或者告诉你罗马在积分榜上已经排到下半区，你该怎么办？你会一拳砸在更衣室的衣橱上，你会按摩着痛处用含糊不清的西班牙语向惊愕的队友嘟哝些什么……你会愿意在2000公里之外组织罗马队的反攻吗？你会希望如此，却做不到。

我没跟我妈妈谈论这些。但是她都知道，我也知道她都知道，而一想到要跟她说去马德里的事我就会受不了。我想起最开始她陪我一次次去参加训练；想起她在车里等我时先替我学习历史课内容，然后在回家的路上复述给我；想起在那辆阿尔法罗密欧126里她用空调出风口帮我吹干头发；我也想起把洽拉皮克签署的2.18亿里拉的支票拿给她看时她的表情，想到她担心支票被偷的担忧，想到她在星期一早上小跑着去存支票的场景。一想到这些，我就情难自已。

我决定了，不去皇家马德里，因为那不是属于我的故事。我的故事是罗马，是罗马和这里所有的标杆构成的整体，它们让我能够最好地展现作为一个人和一名球员最好的一面。这里是我永远的家。伊拉莉正在等待克里斯蒂安的出生，我们的小家庭也正在壮大。特里戈利亚也不是一个普通的训练基地，而是由从第一天开始、在我获得冠军之前就一直爱我的人组成的集体：我说的这些人包括按摩师、器材管理员，以及那些一大早就为我们能在衣柜前看到叠放整齐的毛巾和在最好的条件下在球场训练而忙活的人。他们这么做，当然是因为他们会领到一份薪水，但是请你们相信我，他们真的为能够为托蒂做这些事情感到格外开心和愉悦。如果能看到他们注视我的目光，你就一定会明白这一点。我真的不知道该怎么跟他们说我要离开罗马，这对他们来说可能会像被割了一刀，而我当然不能对他们刀剑相向。

我也不知道该怎么跟罗马的人开口。开一场新闻发布会，告诉他们“这是我人生的一次重大抉择，我没有办法拒绝皇马”！呃？我想我没法说出这些苍白无力的鬼话。如果那样的话，我可能会像小偷一样感到羞愧。事实上，人们对我所怀有的绵绵不绝的爱，都是基于一个心照不宣的前提：生在罗马、长在罗马的罗马队长永远不会离开他的球队。这里的人为我付出了很多，出于保险起见，人们通常不会投入全部情感，因为一旦你受到背叛，就会变得一无所有。但是，他们对我的爱毫无保留。我真的不能背叛他们。

另外，我也考虑到我的妈妈。我可能得跟她说：“妈妈，我、伊拉莉和即将出生的你的孙子和他将来的弟弟妹妹们要一起搬到马德里。但是你放心，你只要想见我们，就给我打电话，我会派一架私人飞机到钱皮诺机场接你。”菲奥蕾拉·托蒂在维图罗尼亚街把我养大，小腿上曾经被担心我选择拉齐奥的哥哥里卡多踢过一脚，每个星期日都带着我去泰斯塔齐奥和特拉斯提弗列区的亲戚家，夏天时在托法亚尼卡照料我们二三十个小孩子。我要跟她说这些吗？派私人飞机来接她？不，我不会跟她这么说。

那是6月初，我跟儿时的玩伴们一起共进晚餐，呼吸小时候我感受到的古罗马城的气息。队友中我只邀请了坎德拉。那是一段艰难的心路历程的终结，吃完甜品后，我拿起电话打给了普拉德：“达尼埃莱，我们得见面续约一下合同。我不去皇马，我的位置就在这里。”

我从未为此后悔过。在罗马多年屈居联赛第二的那一段时期，我翻阅金球奖的名册，可以看到所有人的名字，除了我的，但是我一刻也没有想过“如果当时我说‘我同意’……”重申一次，那不是属于我的地方，那里没有我的故事。2008年我身着罗马队服重返伯纳乌，并且在球迷们遗憾的（至少在我看来是如此）目光中再次取得了胜利，那是一种非常美妙的经历。2016年3月8日，比赛还剩下一刻钟，我再次在伯纳乌登场，我知道那将是我最后一次在这座非凡的球场亮相，球迷们全体起立为我鼓掌，那样的场景令人心潮澎湃，我激动万分。当高音喇叭里喊出我的名字，所有人都在一瞬间站了起来，并送给我长时间的掌声。我跑向中场，碰到了马塞洛，他跟我击掌之后，迅速加入了鼓掌的人群。没错，走向球场的这一段路程留给我最重要、最宝贵的遗产，也是我切身感受到的，是尊重。这种尊重，证明我曾经与数以百万计的球迷们同在，也证明连对手也视我为一名标志性的球员，特别像皇马这样的一个对手，虽然曾经被我拒绝，但却不吝对我的赞美。

为了那一场我告别伯纳乌的比赛，我带去30件我的球衣。第一件是送给弗洛伦蒂诺·佩雷斯的，他拥抱了我，并且指着我对他身边的球队高层说："你们看好了，这是唯一一个曾经对我说不的球员。"他甚至还让我在球衣上写上一句话，让他记住被我拒绝这件事。然后，我非常自豪地把剩下的球衣送给了这支非凡球队的其他球星们：从罗纳尔多到马塞洛——他甚至激动地对我鞠了一躬，从莫德里奇到贝尔，他们都非常高兴地接受了球衣，而这让我倍感骄傲。所有的球员都会收集对手的球衣，但是一想到"托蒂10号"的黄红球衣会在他们的展示柜里占据一个特别的位置，我就会感到洋洋自得，就像人们为我起立欢呼一样。比赛结束后，我把身上穿的球衣跟塞尔吉奥·拉莫斯做了交换，他是皇马队长，一个赢得了所有应该赢得的荣誉、多次在伤停补时打进关键进球的球员，冠军球员总是不到最后时刻绝不放弃。拉莫斯来到皇马是在2005年，正是我本来要转会至此的年份。在某一个平行宇宙里，我一定曾经是他的队长。

10

银勺子

我身披意大利国家队球衣（也是我多年足球生涯里唯一不同于罗马队服的战袍）的故事应该有专门的章节和时间来讲述，所以，现在是时候把时间的指针往后拨动一些。但是，把我跟意大利国家队相关的所有经历都按照时间顺序回溯一遍可能没有什么意义。那样的全程回顾只适合罗马，我生命中的“女人”。我不是想说跟国家队的关系就像我的一段地下情，不过蓝衣军团对我来说，客观上确实有一些情人的影子：某些时刻的激情似火，一次又一次的出师不利，而最后所有的失望都在一个夜晚得到补偿和救赎。就在那个夜晚，我结束了自己的国家队生涯。我已经没有精力同时处理两段感情，但是，对“她们”的爱，我从来没有考虑过孰轻孰重的问题。从到科维尔恰诺基地第一天起，那时的我仅比儿童大一点点，到在马西莫竞技场举办的世界杯夺冠庆典，我跟随蓝衣军团一起经历了一段伟大的历史。正是出于这个原因，我想一口气叙述完我在国家队的故事。

第一次进入国家队是在1991年，U15国家队教练塞尔吉奥·瓦塔将我招入科维尔恰诺基地参加集训，为在雷杰洛举行的比赛做准备。我们都是新人。我跟当时在罗马的队友马尔科·卡特里尼一起前往，在那里遇到了几十个雄心勃勃的孩子，其中两个给我留下了特别的印象：一个是来自托斯卡纳名叫布冯的门将——没错，我们之间的友谊就发端于那一段日子，以及一位来自克雷莫纳、脚法精湛的中场球员阿莱西奥·皮里，而他其实值得拥有一段不一样的职业生涯。

对于最初的国家队训练，我一方面保持沉默，一方面又充满强烈的好奇心。尽管因为害羞的性格，我会回避我的同龄人中经常进行的关于等级、水平的讨论，但是我也清楚我是罗马最具天赋的14岁球员。不过，这没有多大的意义：在科维尔恰诺基地，你能看到很多来自全意大利最好的球员，我应该调整一下对自己的期望。这也是U15国家队集训的意义之所在，借此机会衡量一下意大利各个大区有着相同经历的同年龄段孩子的水平，看一看究竟谁最出色，是那个米兰来的、罗马来的、弗留利大区来的，还是西西里岛来的？

最出色的是我。我过了好几天，才在面对镜子里的自己时意识到这一点。我希望每一个人都处在最佳状态，这样测试的结果才是可靠的。但是从最初几次训练赛，从我在球场上的能力到别人看我的眼神，我明白了自己处于什么水平。我不但是罗马最好的，同样也是全意大利14岁球员里最优秀的，这让我感到欢欣鼓舞。注意，不是对自己感到满意：在足球世界里这是一个不好的词汇，你永远不能对自己感到满足。但是，科维尔恰诺基地就像一个期末考试的考场，在一群实力强劲的球员中脱颖而出，是每一个来到这里的人都希望达到的目标。就像往常的经历一样，在很短的时间里其他球员就开始因为我出类拔萃的表现，而在眼神里透露出一种尊重，这是我进入成人足球世界的入场券。小伙子们，有一天世界将属于我们，而现在，我先行一步。

两年后我被征召参加了我人生中第一个重大赛事，在日本举行的U17世界杯，其实我并不想去：我已经在罗马崭露头角，也开始因为逐渐为人熟知而尝到一些甜头……当时正是8月，我正在跟朋友和表兄弟们一起在托法亚尼卡度假。我该怎么办，难道我把这些都扔下去日本吗？我最终给出了肯定的回答，但真的是不情愿。那是我第一次离开意大利，出发时妈妈泣不成声，因为激动，又或者因为看到我穿着足协西装革履的制服热得满身大汗而心疼。一小时前我还穿着沙滩裤，而现在这一身衣服可能让我身上的温度足足升高到难以承受的地步。除此之外，我还得带着三个大包出行。我非常难过，去菲乌米奇诺机场的路上泪流不止，甚至现在回想起来都会让我动容。那次比赛完全是一场灾难，我们踢完三场小组赛只积1分后被淘汰出局。但是，在第一场1比2输给墨西哥的那场比赛中，我在神户打入一个进球，帮我们暂时扳平比分。那是我离球门25米开外用右脚打出的一记非常精彩的射门，直到今天，在Youtube上还可以看到这个进球，画面外还能听到解说员用西班牙语激情地喊出“Golazo”（“好球”）！我想那这个片段可能来自某家墨西哥电视台。在场上还有一个好玩的细节，我跑向替补席庆祝进球，那里坐着瓦塔和科拉第尼两位教练。但是还没跑到就被开心的队友们团团抱住，在一堆蓝色队服中间出现了一个身着灰色衣服的身影，他是我们欣喜若狂的守门员。你们猜是谁？当然是布冯。

3年后的1996年发生了同样的情况：5月底，我在享受假期，在奥斯蒂亚，一到晚上我就和罗马队友卡皮奥利一起疯玩，他总知道怎样找到乐子——在巴塞罗那举行的U21欧青赛进入还剩四支队伍的最后阶段，我收到被征召入队的电报。我一点也不想去，所以假装没有看到电报。除了是假期之外，塞萨尔·马尔蒂尼把我加入大名单，完全是因为维埃里和因扎吉因伤缺阵。我对于一开始没有入选有点耿耿于怀，我的想法是不想让马尔蒂尼如愿。就这样，我甚至连家人打过来的电话都没有接，而他们非常担心我们会因为拒绝而被禁赛。为了说服我启程参赛，爸爸甚至不得不来沙滩揪着我的耳朵把我带走，幸好他这么做了：尽管我的准备时间晚了十几天，但我在赛场上的状态就好像一列奔驰的列车。这让马尔蒂尼半决赛的中场休息后把我派上场，换下马尔科·德尔维奇奥。那场比赛并不轻松，因为我们面对的是法国队。那个时候我还不知道，他们将是我一生的劲敌，而那天在蒙特惠奇山出场的一些小伙子将在我以后的讲述里再次出现，包括维埃拉、维尔托德、我后来的朋友坎德拉以及该死的马克莱莱（你们之后会明白我为什么这么说）……我一上场就在人满为患的禁区里打入了制胜球，这让他们古怪而暴躁的教练——一个叫多梅内克的人顿时脸上笑意全无。当然，我跟他的故事才刚刚开始。比分最终定格在1比0，我们都为进球感到无比兴奋。三天后的决赛我们迎来的对手是西班牙，这支队伍中出现了另外一些已经声名鹊起的年轻人，例如劳尔、德拉佩纳和门迭塔。我们最终战成1比1平，我在比赛最后阶段被换下，准备不足带来的影响开始显现，接替我的是另一个熠熠发光的天才球员，来自亚特兰大的多梅尼科·莫菲奥。正是他的点球破门帮助我们最后赢得了冠军。那是我在国家队的第一座奖杯，我成了U21欧青赛冠军，而我甚至还不愿意来参加比赛。回到奥斯蒂亚，再见到那些曾经见证了我想临阵脱逃的人，我感到了一丝羞愧。

几个月前，也就是2月，阿里戈·萨基把我招到博尔盖锡亚纳体育中心，让我参加国家队试训。接到通知，我们刚刚在巨大的争议声中输掉一场德比，而且一开始我也以为只是个玩笑，所以并没有感到多么兴奋。后来弄清楚这是真的，我感到震惊不已，因为我还不到20岁，而国家队的分量对我来说可想而知。萨基很快告诉我，是为了建立初步的接触，他同时联系了莫菲奥和恩里克·基耶萨。他的实验意图很明显，因为没有比赛要进行准备，周一和周二我们都集中到博尔盖锡亚纳，一方面按照教练（他比较严格）的要求学习《行为手册》，另一方面跟成年队的冠军球员一起训练。那是我第一次有机会跟保罗·马尔蒂尼、孔蒂、卡西拉奇等球员同场踢球。我跟卡西拉奇相处得很好，因为在试训结束前与罗迪贾尼青年队的训练赛中，我们打进了十几个进球，而我用两个可圈可点的挑射完成两次破门。萨基毫不吝啬对我的赞美之词，告诉我他喜欢我，并且认为我在国家队一定会有美好的未来。这让我倍感激动，而他曾经、现在都是一个神话。但是后来在6月的欧洲杯他带了基耶萨，把我留在了大名单之外。这样更好，否则，我就赢不到U21的冠军了。

事实上，我在国家队的初次亮相还要等到很久以后。卡洛斯·比安奇执教的那个悲惨赛季让我根本没有进入塞萨尔·马尔蒂尼的视野，他在

1996年秋天接替萨基任国家队主帅，而泽曼执掌罗马教鞭的一个赛季还不足以让我在最后时刻进入1998年世界杯的国家队大名单。我得承认，一开始我感到有点难受。那本应该是属于身穿10号球衣的德尔皮耶罗的一届世界杯，但是在欧冠决赛中的拉伤让他失去了国家队的位置。取代皮耶罗的是当时仍然非常强大的罗伯特·巴乔，他是一个意大利记者们喜欢的球员。在这种情况下，我没有进入国家队反倒更好。意大利那一次世界杯之旅的结果众所周知，像往常一样，因为点球大战的失利，在对阵法国的四分之一决赛后出局，这之后，迪诺·佐夫被任命为国家队新任主帅。尽管刚刚交出拉齐奥主教练的帅印（他接替的是泽曼，这是什么样的巧合），佐夫立刻展现了对我的绝对信任：1998年10月10日，在他执教的第二场比赛——意大利对瑞士的比赛中——我在最后20分钟替下独中两元锁定胜局的德尔皮耶罗，上演了我在国家队的处子秀。一个月后，在萨勒诺举行的与西班牙的友谊赛中，我已经是蓝衣军团的主力队员。

要描述我在国家队的第一场比赛并非易事，因为这就是你听说过的很多次赛事中的一次——每年都会有人上演他的处子秀，而在我内心引发的兴奋与激动跟所有人的感受都差不多。如果你害怕平庸，就像经常发生在我身上的那样，这就是一个需要敬而远之的话题。进入成年国家队是我从小就在心里种下的梦想——成年队以下级别的国家队是另外一回事，当然也很重要，但是无法与成年国家队相提并论。为罗马而战是我天生的愿望，我童年时所有的想象都与罗马队有关。但是，在每一个有世界杯或欧洲杯的夏天，当爸爸把一个个硕大的西瓜切成块分给我们这些正在等待比赛开始的孩子们，我感觉到空气中好像飘浮着一种别样的狂热。这种狂热将我们每一个人都包裹其中，甚至包括水果摊主那别人谈起足球时听都不愿意听的妻子。当她丈夫因为跟别人谈论罗马的转会操作而耽搁了事情时，她会狠狠地数落他，让他知道在家里到底谁说了算。但是，在那些有国家队比赛的日子里，即便是她也会变得更加宽容。我记忆里的这一个细节胜过千言万语，让我认识到为意大利而战是多么重要。正因如此，当佐夫在乌迪内通知正在热身的我该上场时，我在想，这次登场就是我的一场特别的毕业仪式。我将不仅仅是一个有能力在意甲为自己城市的球队而战的出色球员；只有当我身着蓝色战袍征服其他俱乐部的球迷，征服那些跟我有着不同信仰因此并不爱我的球迷，我才能成为真正的冠军。

佐夫让我上场顶替下场的德尔皮耶罗的位置——我跟德尔皮耶罗之间正在产生化学反应——他冲我挤了一下眼睛。当然，他刚刚打进了两个进球，可以轻松愉快地把位置让给我了。当然，我也把这理解成他接受我跻身为他们这些顶级球员中一员的信号。我刚刚满22岁。在罗马我已经是人尽皆知的弗朗切斯科·托蒂，而且那时候我还不知道，一周后我将第一次戴上队长袖标。然而，出了罗马的环城路，我就是一个只拥有一座U21欧青赛冠军奖杯的球员和一个意甲的小学生，而德尔皮耶罗的陈列柜里已经有了三座货真价实的奖杯，其中两个分别是欧冠奖杯和洲际杯奖杯。此外，他还参加过一届世界杯和一届欧洲杯。总之，他有足够的资格来决定我是否能够加入他们的阵营，而他递给我的那个眼色表明了他的态度。我后来又去回看了那天晚上的阵容，除了德尔皮耶罗和我之外，还有布冯、卡纳瓦罗和因扎吉。很不错了，他们都是未来世界冠军阵容的核心球员。另外，司职中场左路球员的名字在我的罗马故事中还会多次出现：尤西比奥·迪弗朗西斯科。

在国家队的第一个进球则来得稍晚一些。直到2000年4月，在雷焦卡拉布里亚举行的一场欧洲杯前的友谊赛上，我在这场对阵葡萄牙的比赛最后时间才打入了国家队的处子球。我们以2比0的比分击败了这支群星璀璨的对手，其中最著名的球员包括菲戈、鲁伊科斯塔、保罗·索萨、孔塞桑和库托。在尤利亚诺射门取得1比0领先之后，对方门将奎姆出现了一次莫名其妙的出击失误，我抓住机会接斯特法诺·菲奥雷外科手术刀般精准的助攻破门得分。尽管这个进球对比赛并不那么重要，我还是欣喜若狂地庆祝，因为我总是钟情于那些第一次，而这当然也是一个值得永远铭记的第一次。我们信心满满地出征欧洲杯，坚信一定能够发挥出我们年轻球员的潜力，尽管布冯在挪威进行最后一次球队验收时受伤并导致退赛，让我们感到心情灰暗。主力门将变成了托尔多，而他的故事也绝不平凡。

我们打出了一届精彩的欧洲杯。球队展现出必胜的勇气和愿望，在意甲赛场上的仇恨——那是佩鲁贾下起那场著名的暴雨的一年，尤文图斯因此在最后一轮被拉齐奥超越——都在短短几天的集训时间里烟消云散。佐夫丝毫不掩饰对我的器重，让我跟因扎吉配合在进攻端打双前锋，而皮耶罗随时准备插上。欧洲杯是比世界杯节奏更快、更残酷的一项赛事，不会给状态迟迟不来的某个球员留出时间进行调整：我的状态非常好，在首场对阵土耳其的比赛中迎来首秀，在2比0击败联合东道主比利时的比赛中，我打进两个精彩进球中的第一个，之后又在对罗马尼亚的四分之一决赛中再次破门。我的表现非常优异，在距离与另一个联合东道主、夺冠热门荷兰队的半决赛还有4天的时间里，我一直在跟其他主力队员一起正常训练。但是我完全没想到，在阿姆斯特丹球场我会在替补席上作壁上观。

那段时间我不看报纸，所以就没有注意到《米兰体育报》上的那条独家新闻：半决赛那天上午，他们登出的参赛阵容中我的位置被德尔皮耶罗取代。午餐时，我感受到一种奇怪的气氛。有人告诉了我这个消息，但是我感到难以置信；后来，佐夫喝完咖啡之后通知上场11人的名单，而他的确认给了我最后一击，就好像走在人行道上突然被一个花盆砸中脑袋。上场的是德尔皮耶罗，而我将坐上替补席。拿在手里的手机也从指间滑落到了地上，我捡起来给最亲近的朋友们发了几条短信，言辞间都是对主教练的咒骂。队友们因为尴尬而不知道将目光投向哪里，他们对这一个令人费解的选择感到震惊，如果顶替出场的不是德尔皮耶罗——尽管那个时候对他来说是一段艰难的时期，但他依然是一个我们所有人都尊敬的冠军球员——可能有的人就不会一言不发了。比赛没有我的位置，我怒不可遏，而佐夫——我不知道是因为看到我怒容满面还是早就有此安排——让我单独留下来一会儿。

“我想你生气了，弗朗切斯科。我让你坐替补席是因为我看到这10天来你很累，比赛时间可能会很长，而我希望能够在决赛中看到神采奕奕的你。所以，希望你能积极看待这件事。”

我强忍着把那些想抛给他的难听的话吞了回去。我在最近这10天很累？完全是无稽之谈。5天前我在跟罗马尼亚的比赛中还是表现最好的球员。再往前5天我一直在休息，因为小组第三轮的比赛已经无关大局，所以我的位置留给了德尔皮耶罗，这样正好可以让他活动一下，适应比赛节奏。我还是什么都没说：我既没有跟他说“好的，我明白了”而放下这件事，也没有向他说出我心中关于某个赞助商向足协和教练施压要求必须让他们的代言人上场的怀疑。我澄清一下：这都是在德尔皮耶罗不知情的情况下，而他如果知道的话，一定会因为这样所谓的“帮助”感到恶心并严词拒绝。我从来不喜欢进行恶意的揣测，但在那个时候我想不出其他的解释。

进了球场之后，我还是没能平息内心的怒火，因为这个决定在我看来真的完全没有任何逻辑。我们在客场对阵夺冠热门，而你却让状态最好的人留在场下？好吧，我得承认，在赛前我表现得像个混蛋：看到更衣室通道出口处的那些摄像机，我放慢脚步直到完全停下来，然后故意不紧不慢地整理发带。总之，我在用这种方式“告诉”所有人我不会首发，要不然，我就会像其他人一样跑到球场进行热身。当然消息已经传开了，球迷们看到球场大屏幕上显示的信息都开始对佐夫破口大骂。显然，这是一个不仅对我来说荒谬透顶的选择。事后回想起来，我“自导自演”用来恶心教练的场景对德尔皮耶罗来说是很令人不快的，而他其实应该得到更加团结一致的支持。对此我感到后悔，但是我将来还有机会告诉他这一点。

荷兰跟意大利之间进行的不是一场比赛，更像是一场人体耐力的比拼，我们坐在替补席只能无能为力地观战。也就是说，在这样的比赛里，攻防双方从不调换角色，那么最终结果只有一个，就是一定会迎来进球，而你所有的煎熬就变成了徒劳。但是那天发生的情况我之前从未见过，后来也没遇到：一直没有进球。博格坎普的射门打在门柱上，赞布罗塔被罚下，我们在比赛进行到30多分钟时只能10个人应战。托尔多扑出了弗兰克·德波尔的一个点球，而荷兰队后来得到的第二个点球也被克鲁伊维特踢到了门柱上。场上险象环生，但我们坚持了下来。即便我们只剩下10个人，即便对方得到了两个点球。那天下午坐在板凳上的最后时刻，也就是佐夫终于让我上场前的几分钟，在脑海里我反复地想到人们谈到的我们意大利人在某些紧要关头能够爆发出来的精神力量。足球世界是充满迷信的，如果说我不认为这种说法是愚蠢的，那至少一直认为是带有夸张成分的。但是我却发现这是真的，特别是我当我看到尽管在场上占据着明显的、巨大的、无处不在的优势，荷兰人却慢慢变得绝望的神情。他们从我身边跑来跑去的时候，我能明显地感觉到他们越来越沮丧，因为他们很清楚，如果在那种情况下再进不了球，比赛结果将是大局已定。

我必须说，德尔皮耶罗的表现极为出色，因为在赞布罗塔被罚下后，佐夫没有进行人员调整，而是直接让德尔皮耶罗承担起双重任务：他后撤到边前卫，与其他队友组成4—4—1阵型。如果换作我，因为跑动能力不如他，我可能坚持不了多久就得下场。佐夫先是尽力榨干因扎吉的潜力，然后在中场休息后用马尔科·德尔维奇奥这样的长跑健将换下他，再用佩索托换下阿尔贝蒂尼加强防守，最后在第83分钟把我派上场，寻求最后一击。他的设想只差几厘米就实现了：我在我们的禁区边缘拿球，然后马上超远距离长传给马尔科，而那时只有他一个人面对对方门将。如果他将球打进，那将是一次“世纪偷袭”：可惜，范德萨的出击让我们无功而返。比赛将进行加时，而我们的气氛却变得轻松起来。荷兰人的体能指示器已经响起了红色警报，我们并不觉得他们如同温泉关战役中的三百勇士般不可战胜：这是我很喜欢的一个例子，因为几年后我去看《斯巴达300勇士》时，当我明白了电影中战场上的实力悬殊，尽管强忍着，我还是笑出声来，心里说着“这就像2000年的荷意之战”。像往常一样，整个看电影过程中都有人不断找我签名，当然这又是另外一个故事了。

比赛进入点球大战。我们一开始觉得这对我们有利：训练的测试表明，我们中有很好的点球手。再接着一想就觉得也不那么乐观：我们在最近三届世界杯中都是点球大战失利出局，所以某种对宿命的担心还是存在的。佐夫把我们叫到替补席前，对上场踢点球的人员和顺序做了简单的布置。我注意到我的朋友迪比亚吉奥脸上不安的神情，他显然为两年前在巴黎犯下的致命错误而心神不宁。佐夫叫到他的名字，他表情颇为凝重地表示应允，但是却抢到教练面前说出自己对罚球顺序的想法：“教练，我可以上，但是请让我第一个主罚，反正伸头是一刀，缩头也是一刀。”他走向点球点时真的好像在上断头台一样，脸色苍白得有如幽灵，我说了一句俏皮话给他打气：“我的妈，范德萨长得真长啊，像八爪鱼”。他冲我转过脸——你们能想象到他对我多没好气——似笑非笑的表情看起来扭曲而怪异。事实上，他打进了。这都是我的功劳，好吧，至少有一部分是。

那一天属于托尔多，现在大家都明白过了。他再一次扑出了弗兰克·德波尔的点球，好像那是世界上最理所当然的事。很明显，荷兰人走上罚球点时已经战战兢兢。佩索托用一记无可挑剔的斜射将球打进球门一角，这是一个必进球。而斯塔姆太想进球了，就像在你犹豫该往哪个方向踢点球时你往往会把球打飞，他的射门打得太高了。我们现在2比0领先，轮到我出场了。

在此之前，我们有好几天在训练课尾声以练点球结束。佐夫和他的副手罗卡看着的时候，我就会按照我自己的传统方式练习，也就是罚出势大力沉、角度刁钻的点球。一等他们说完让我们再加练5分钟扭头而去后，我就会尝试几个帕连卡式点球（勺子点球），也就是将足球踢向中路，戏要已经向某一个方向做出扑救的守门员，即所谓的“小挑射”。据我所知，在1976年，也就是我出生的那一年的欧洲杯上，来自捷克斯洛伐克的安东宁·帕连卡第一个用这种方式主罚了一个点球。这是一种风险很高的踢法，因为在不移动身体的情况下，守门员只需要接住罚球人的“传球”就可以了。如果你能足够出色地将自己的真实意图隐藏到最后一刻，你几乎可以肯定能够罚中，因为90%的守门员迟早都会选择一个角度进行扑救。那几天在训练中，我跟托尔多，特别是跟阿比亚蒂都尝试过这一点球主罚方式。每次成功后我都会得意扬扬地告诉他们，哪一天正式比赛中，我就要用这种方式罚点球，而这也会立即招来朋友们的“鼓励”：“牛皮大王！”“没人信你”，如此种种。内斯塔微微一笑，马尔蒂尼眉开眼笑，因扎吉大笑嘲讽，迪比亚吉奥狂笑不止，而我则警告他们：“有机会我会让你们见识见识……”

现在机会就在眼前，我没有选择：我必须罚勺子点球，要不然我就会变成永远的牛皮大王。没错，而且还会是一个大号的吹牛大王。听起来可能会让人觉得有些奇怪或者不合时宜，在这样一个决定国家队命运的重要时刻，我担心的是不能让自己事后被大家取笑。但是，这完全是我当时的真实想法。对我来说总是如此。如果你在罚一个决定性的点球之前想到的是电视机前数百万人的紧张与焦虑，你会被压力打垮，最终会把球踢到角旗那儿。如果你让自己放松一会儿，把它想象成你在酒吧的一次下注，一切就会变得容易很多。就这样，走过迪比亚吉奥身边时，我轻声告诉他“我要罚一个勺子点球”，然后径直走向范德萨，而后面还跟着迪比亚吉奥微弱的声音：“不，不！”他要是大声喊出来的话，有的荷兰人应该会有所怀疑，然后就会提醒门将担心我的不按常理出牌。

见鬼。之前我还跟迪比亚吉奥开玩笑缓解他的压力，而现在走近一看，范德萨真的会让人联想起一只巨大的章鱼。他的肩膀宽的就像一堵橙色的墙，蔚为壮观，而球门在一瞬间显得小了很多。我非常害怕会失误，但是脑海里已经拿定主意，不能踢得太夸张，得像手术刀一般精准把球打进。我完美地踢出一个半高球。守门员为了迷惑我，假装要扑向左边封挡，但实际却扑向了右边，而我也用我的射门戏耍了他，足球贴着他的身边飞过：他一定感觉离得特别近但又根本够不到，因为他的身体已经在下坠，他即便再使出浑身的力气也无济于事。我们取得3比0的领先，再不会有人叫我吹牛大王了。我把目光投向替补席，看到一张张惊愕的脸庞，因扎吉用一只手拍着前额似乎在说“那小子真是疯了”，正在走向球门的托尔多与我四目相对，我看到他脸上笑意盈盈，好像早就知道一切，现在正迫不及待地等待享受比赛的最后时刻。事实上，过了一会儿，他又成为全场的焦点：克鲁伊维特打进，马尔蒂尼打飞，托尔多扑出了博斯维尔特的点球，正式宣告我们进入了决赛。第一批冲向托尔多的人就有我，我跳到他身上摇动着他的脖子，嘴里不停地喊着“大竹竿儿”，我就是这么叫他的。我爱你，“大竹竿儿”。

然而，我们并没有获得一个圆满的决赛结局。其实之前我们就有一些预感，观看半决赛时，我们都在为葡萄牙加油，但最终碰上的对手是法国队。齐达内和他的队友们是世界冠军，客观地说，他们是一支非常强大的队伍：上半场，他们占据主动，但是我们的防守战术组织得当，安然无恙地度过上半场之后，我们在下半场迸发出能量。我踢得非常好，应该是我在国家队表现最好的几场比赛之一。例如，我灵光一闪的脚后跟传球，给佩索托创造出传中机会，并助攻德尔维奇奥凌空垫射得分。当时两名法国球员挡在我的身后，理论上已经没有任何传球空间。我也策动了差点帮我们取得2比0的射门，那个时候我们的表现也配得上另一个进球，可惜德尔皮耶罗没有将球打进，但这是在我身上以及其他任何人身上都可能无数次上演的情况。我这么说是因为事后针对他的责难其实没有任何意义，他尽管为此有些消沉，但还是任由人们评说。其实一个球员犯错后立刻就会在赛后的更衣室里为此付出代价：在他可能想独自默默承受心中的郁闷与苦涩时，还必须面对队友们在他身上轻轻的拍击。队友们此举当然是想让他感受到团队的关怀，但是往往却会加重他肩上的负担。在某些情况下，当唾手可得的冠军在短短数秒钟的时间里鸡飞蛋打时，非要为此找上一只替罪羊其实是残忍的。我其实也有类似的遭遇，尽管可能没有那么严重，但是也被指责在补时阶段那该死的最后一分钟，没能在我们的进攻区域尽量长时间地把球控制在我的脚下。

实际情况是我已经控制了一段时间，但是后来真的是力不从心了：我要么把球踢出边线，要么尝试传球给蒙特拉，但是我觉得他当时处于越位的位置上。我选择了第二个方案，而那最终导致了比噩梦还要悲惨的遭遇。巴特斯大脚开球，我们在场上有卡纳瓦罗、内斯塔和尤利亚诺，而他们就像三只野兽，特别是头球能力极强，球权怎么都应该是我们的。但不幸的是最终接到球的却是维尔托德，他在角度极小的情况下一记斜射，球从托尔多的手掌下掠过滚入球网。那真的就是毫厘之间的事情，短短几秒的时间，几厘米的差距，但是我们的幸运却是零。如果足球被我们中任何一个人拿到，裁判一定会毫不犹豫地吹响终场哨。我生命中再也没有过这样的感觉，好像整个世界都坍塌在你的身上：我们几乎就赢了，而且为此我们拼尽全力，90分钟过后已经快要无力站直身体。我们面面相觑，脸上写满了失望与疲惫，马尔蒂尼拍着手想让我们重新振作起来，但他的举动无济于事。加时赛开始后，我们有的人甚至已经心灰意冷到忘了还有金球的存在，谁打进谁将赢得比赛……我们以为已经没有机会了，不幸的是，事实的确如此：特雷泽盖做出了最后的宣判。我看着他狂喜地庆祝进球，他的队友在身后追逐着他。如果那个时候我想到的是“大卫，有一天你会为偿还今天的喜悦付出代价”该有多好，但即便说了，那也只能是天方夜谭，或者是一句谎言。在那个时刻我想到的只有如何从那里逃离，因为如果不是必要，我一分钟也不想在鹿特丹多待。但是我必须再等上几小时接受医学观察，因为在我返回更衣室的途中我就像一摊烂泥一样倒在地上。

我昏了过去。我本来应该及时补充身体失掉的水分，却没有做到，有那么一会儿——他们后来告诉我——我甚至连医生都认不出来。

就在那几秒钟的时间里，我失去了很多，既包括欧洲冠军，也包括金球奖。那一年金球奖最后的获得者是路易斯·菲戈，他在欧洲杯的表现堪称完美，打到半决赛才出局。在他名噪一时的转会皇家马德里之前，他跟随巴塞罗那在欧冠中也是止步于半决赛。我不想假惺惺地故作谦虚，那个时期我绝对是世界上最好的五名球员之一：如果意大利赢得那个赛季最重要的赛事——欧洲杯，有可能评委会把金球奖颁给最出色的球员。人们会因为他的进球、助攻和在场上的表现，比如那个勺子点球，而记住一个人的名字，那个人就是我。

我跟佐夫最终相安无事，这么做是对的。曾经因为他在半决赛把我踢出首发名单引发的怒火，在得知他辞职的消息后也早已平息，我完全不理解他为何要提交辞呈。他的继任者是意大利足球的另外一个图腾，乔瓦尼·特拉帕托尼。仅仅几场比赛之后，人们就已经明白，入主国家队时他已经不在黄金期：他没有足够的精力和必要的积极性来承担这份职责。当记者们称他是一个有活力的教练时，很显然他们是怀念更年轻时的特拉帕托尼，现在的他完全不是这么回事。事实上，更衣室里人人都觉得他讨人喜欢，因为他放手让我们做一切事情。但是要说到激发我们的斗志，他完全没有做到，更多的时候是我们在鼓励他，而不是他在激励我们。

带着这些不确定因素，我们迎来了2002年世界杯，或许因为我们选择在日本北部的仙台集训而付出了代价：从我们在那里跟当地的环境和人们融入的状态来说，我们感觉就像到了火星——我记得“蓝色之家”选在一个位于郊区的大厅里，而我们脸上似乎写着“我们在干吗”。但是我们的开局还不错，因为我跟维埃里的默契在首次搭档对阵厄瓜多尔的比赛中让我们轻松取胜；我跟波波无论在场内还是场外都非常融洽，因为他是一个爱开玩笑的人，总能把我逗乐，从而让我们的集训时光充满欢笑。球场上的他实力强劲，甚至不能仅仅用有实力来形容他。尽管我们感觉很好，但形势很快就变得复杂起来。我们没能以小组头名出线，八分之一决赛需要转战韩国，面对东道主。不仅如此，安排我们入住的酒店也不合常理，一般我们会入住相对豪华的酒店，最主要的是能够提供有保障的各项服务，但是最终等待我们的是一个巨大的、几乎没人的大学体育中心。我想，也许这是特意为我们到来而清空的一个场所吧。几栋建筑通过长到仿佛没有尽头的通道相连，我们从客房区到餐厅需要走超过一公里的路程。看过电影《闪灵》的人肯定不会忘记那座偏僻而惊悚的“瞭望酒店”，杰克·尼科尔森正是在那里变成了一个疯子。是的，有时我自己一个人穿过那些通道，我感觉可能就像电影里演的那样，说不定什么时候就会从某个角落里冲出来一个骑着三轮车的孩子，或者猛地看到一对被杀害的双胞胎尸体。真的很恐怖。更不要说按照韩国人的身材制作的长度不够的床、土耳其式厕所和无处不在的蒜味……这真的会让人觉得我们是故意输掉比赛，为了早点回家。

不，不是这样的。事实是那位著名的裁判莫雷诺就是想让韩国队赢得比赛，而其中的原因不得而知。他被收买了，或者他认为国际足联可能会赞赏他对东道主的照顾？我们让他感到讨厌？我不知道。我可以肯定的是，他对我们的判罚，特别是导致我最终被罚下场的执法尺度，在我们的记忆里绝对没有先例。

赛前其实就已经听到很多传言，但是我们并没有把这样的说法放在心上；我的意思是，我们参赛时抱着非常阳光的心态，并没有受到他们可能会为了照顾韩国队设计我们的传闻的影响。但是莫雷诺前面四五次判罚都呈现出一边倒的形势，我们开始互相传递眼神：小心一点，别让他抓住把柄，要不然这会让他变本加厉。例如，我得的第一张黄牌就非常可笑：我跳起来时手上有点动作，但是根本没有碰到对手。他完全可以吹哨，但是处罚的程度简直太夸张了。看到这个势头，从那时开始我就告诫自己得谨慎行事，不能再有第二次。不管怎么样，又是维埃里帮我们取得了领先，我开出的角球由他头球射门得分，而且有好几次机会我们差点扩大比分。我们踢得非常辛苦，因为莫雷诺让我们感觉危机四伏，这种阴影在我们回到家后依然挥之不去。真的就是这样。不幸的是，韩国队在最后2分钟扳平了比分，比赛进入加时。

我很快就被红牌罚下，其他的事情我基本上都没有记住——我当时极为愤怒——只记得我们错失了好几次绝佳的破门机会，没能终结比赛。我本应获得的那个点球非常清晰，因为在和韩国后卫一对一时，两个人发生身体接触，我已经占据了有利的位置，有人碰到你的腿使你倒地，一般都是犯规，通常如此。我绝对没有任何假摔的成分。当然，我没有努力让自己不倒下，当我们在一场如此重要的比赛中打到那个程度时，只有通过两种方式才能取得胜利：要不依靠你的一次出色发挥，要不就是抓住对手犯错的机会，而韩国防守队员确实犯错了。我在地上听到哨音响起，心里还想着我做到了：我将主罚这个点球，在金球制胜的规则下将意大利带入四分之一决赛。

不。莫雷诺没有指向点球点，而是指向了我。拜托，不要这样。他的手在兜里摸索，不，他妈的。不！黄牌，片刻之后，他就掏出了红牌。愤怒。抗议。第一次，我感到对他表示抗议完全是徒劳。走进通向更衣室的通道时，我的视线因为愤怒而变得模糊，更衣室的门一下子没有打开，被我踢了好几脚，直到被踢坏。上前拉住我的人是我们的器材管理员，因为没有任何一个韩国官员有胆量上来跟我说半个字。我就那么躺在一张长椅上，内心丧失了所有希望。大概一刻钟后，我听到体育场里欢声雷动，我明白我们被他们终结了。也就是在那个时候，我在心里暗暗下定决心，以后再做两次尝试：一次欧洲杯和一次世界杯，然后就到此为止。这样的罪实在没有办法再多受几次了。

淋浴的时候我的怒气渐渐平息，不止一个人吞吞吐吐地说是因为我们错失了太多次进球的机会，才让裁判有机可乘，抢走我们的胜利。不论如何，我得承认这是事实。特拉帕托尼对国际足联的视察员愤愤不平，卡拉罗要求我们新闻静默，他认为我们太过激动，因为比赛已经输了，再发表过于争议性的言论并没有任何意义。对我来说什么都不重要了，或者至少我是这么认为的。第二天在首尔机场碰到莫雷诺的时候，我发现不是这样。出于安全原因，为他的安全考虑，他们避免安排莫雷诺跟我们在机场的直接碰面。不过，在韩国首都那座规模很大的航站楼里，我们还是透过隔开国际航班区和国内航班区的玻璃看到了他，当时我们已经进入国际航班区准备返回意大利，而他在国内航班区准备飞往韩国其他地方。当然没有身体接触的可能，他一定没有意识到这一点，因为面对我们的叫喊、谩骂以及还有——我承认，你们应该理解我们——威胁，他隔着玻璃一溜烟地跑开了，场面颇为滑稽。我们最后少不了对他的一番嘲讽。事实上，即便当面碰到他，我们中谁也不会动他一根头发，但是，这一点你们可别告诉他。

接下来的赛季，不论是在罗马，还是在国家队，对我来说都不舒心。因为伤病和状态下滑，我在国家队只踢了两场比赛。但是我们进军葡萄牙欧洲杯的过程很顺利，而那个时候的队伍状态也很不错，因为除了已有的老队员之外，还有卡萨诺的加入。在等待国家队处子秀的那段日子里，卡萨诺状态非常好。特拉帕托尼在我们首场对阵丹麦队的比赛中下半场就派上了他，因为对方的防守让我们的进攻感到很吃力。不过，他的上场并没能扭转局面，我们与丹麦以0比0握手言和。

我记得那场在吉马朗伊什举行的比赛过程中，当地天气酷热难当，我感觉自己的双脚好像踩在火焰，而不是别的什么上面。第二天维托·斯卡拉——他在罗马的事务以外又承担了一些国家队的工作——来到我的房间，没有绕任何圈子，直接问我在场上是否对鲍尔森吐了口水。“你在说什么，你傻了吧？”我回答说。看到他脸上仍然写满疑惑，我直接准备把他赶出房间，嘴里还不忘加上“没有，我没有朝任何人吐过口水，这种事想象一下，我都会觉得恶心，你应该了解我”等等之类的话。

他则嘟哝着说：“好像有那么一个视频……”这让我感到非常震惊，因为我确信自己绝对没有朝任何人吐过口水。

我说：“给我看看视频”。此时，意大利代表团团长因诺琴佐·马济尼、媒体公关负责人安东内罗·瓦伦蒂尼以及其他高层都来到我的房间，他们脸上疑虑重重的表情让我感到情况不妙。视频就在丹麦电视台的网站上，他们全场比赛都有一台摄像机在对我进行跟拍，也就发现了这件事。我在电脑屏幕上点了一下，看到了视频。

对鲍尔森吐口水是我这一生都感到羞愧的事情，不仅仅从我的体育生涯的角度，而是全方位地从我的整个人生的角度。我真的为此感到无比羞愧，以至于我立刻就把这件事从我的记忆里删除了：如果不是有摄像机拍下那个片段，我可能会一直到人生的最后几天都会否认这件事情，我会绝对真诚地这么做，以至于确信自己说的都是真的。一次次地回看了视频之后，这件事无可辩驳，我觉得自己好像被轧在了火车底下。他们告诉我欧足联开启了相关调查，我需要去里斯本面对审议团参加一个听证会，而意大利足协正在想尽各种办法研究如何应对调查和听证会，以求让我只受到最低限度的惩罚。他们说了这些和其他的一些话，但是我再也听不进去了。我真的感觉很不好，完全无法相信自己竟然做出那样一个低俗出格、令人厌恶的举动。我表述得更清楚一些：在我的职业生涯里，我有无数次被犯规的经历，而只要犯规的动作没有真正地让我承受什么风险，我都能够忍受。从来没有人对我吐过口水，而且，如果真的有人那么做，我可能会揪下他的脑袋，因为我只要想到这样的场景，就会恶心反胃。直到视频被播放出来之前，我一直无法相信自己的所作所为，我把它看作人生里最令人羞愧的事情。

克里斯蒂安·鲍尔森是一个很糟糕的人。他挑衅成性，即便离球很远，他也会不停地拉扯你，在你身边用小动作攻击你，会装作不经意地用脚后跟踩上你几脚。作为一名资质平庸的盯人球员，他的防守无所不用其极。另外，当你跟他说“有种你在争夺球权时这么做”的时候，他会勒令你闭嘴，而当你因此让他走开时，他就会笑得更加肆无忌惮，并且取笑你。幸运的是，后来我在场上再也没有碰到过他，即便是他在尤文图斯踢球的那两年，因为我怕自己会抑制不住冲动给他一脚，那样的话，我就会被罚下场。在我们球员准则里，踢一脚是一种可以接受的犯规，但是吐口水不是，吐口水只是一种欺软怕硬的行为。正是这一点一直让我饱受煎熬，即便是过去了多年之后。

这件事的确令人不齿，足协有人告诉我，媒体已经对我形成了一边倒的负面浪潮。没错，这一波舆论声浪确实来了，而且超出了最坏的估计。摧枯拉朽，势如风暴。我什么都能接受，因为我知道自己确实做错了，与此同时，我不止一次感受到针对罗马的成见，以及很多评论里一种根深蒂固的反感。我已经学会了承受，特别是无视这样的反应，但是却无法忘却，而且很明显的是，这样的舆论将长远地、决定性地影响我做出放弃国家队的选择。我在蓝衣军团经历过一些困难局势，尽管事实可能并非如此，但是我内心一直有着这样的印象，那就是北方的媒体一直在等待一个天赐良机，来针对我和整个罗马进行道德审判。或者，这是一种对罗马当地新闻和电视评论字里行间对我包容的平衡。没问题。对于一个为了他的同胞在绿茵场上拼搏的人而言，在那一段形势复杂的日子里——我再次重申，我确实做错了——我非常清楚地感受到，并不是整个意大利的人都在严厉地，怎么说，却不失深情地揪着我的耳朵批评我。就像一个爸爸在儿子闯祸了以后对他进行训斥那样。如果是我，我也会严厉地斥责他，但不管怎样，他都是我的儿子。在那种情况下，有的人不是在揪着我的耳朵，而是可能恨不得把我的耳朵切下来。

为了给我辩护，足协聘请了一位非常杰出的律师茱莉亚·邦焦尔诺，她曾为安德烈奥蒂辩护。她跟罗马市长瓦尔特·维尔特罗尼关系非常好，而后者给欧足联写了一封信，他在信中谴责了我的举动，表示他无法相信我做出那样的拙劣行径，同时证明我在很多次慈善活动中都曾与他并肩同行，慷慨解囊。没错，这就是我想说的“深情的严厉”：承认错误，接受应有的惩罚，但是会事先澄清他只是一念之差，并不是屡教不改。依靠这封信和邦焦尔诺的能言善辩——以卡拉罗为首，所有人都为我担保——审判委员会后来并没有对我痛下重手。就这样，在我收到停赛三轮的裁决后，我真的很失望，因为我希望禁赛两场就能万事大吉，但是他们向我保证，这确实是打了折扣的处罚结果，从四场减到三场。尽管如此，对我来说，我很难再参加当年的欧洲杯比赛了，因为那样的话，我们至少要进入半决赛。不管怎么样，事态终于平息了。就是在那一届欧洲杯，瑞典和丹麦打了一场著名的“默契球”。一周后我们被淘汰出局，回到了意大利。而我，在罗马以外的地方，几乎成了头号公敌。

第二次在重大赛事上折戟，让特拉帕托尼失去了国家队主帅的位置。足协选定他的接替者是当时能找到的最好的教练——马尔切洛·里皮，他刚刚结束第二次在尤文图斯的执教。这真是太棒了，我想。我们最后一次较量是在2月，罗马4比0取得大胜，而正是那一次我没能抑制住内心的冲动，对喋喋不休的图多尔做出了那个著名的手势，意思是“我们赢了4个球，你们回家吧”。有人后来写文章说，我这个动作其实也是针对里皮的：这是不折不扣的谎言。因为后来我们再没有碰面，所以我没有找到机会跟他澄清这一点。现在，我在欧洲杯上这么一折腾，心里不禁感到有一丝焦虑，不知道我们的新教练会怎么看待我。

因为身体不适，圣母升天节后不久第一场对冰岛的友谊赛，我没有参加。罗马队把我的情况通知了国家队队医，没有出现什么问题。9月初，我们需要参加两场世界杯预选赛，在巴勒莫主场迎战挪威，以及客场与摩尔多瓦的比赛：我因为还有最后一轮禁赛，所以不能参加第一场比赛，但被允许跟随罗马队进行训练——我的状态有点跟不上，然后等到跟挪威队比赛的当晚再到国家队报到。然而，那天上午在弗拉米尼奥区与洛迪贾尼俱乐部的比赛中，我被踢到了脚踝，这也让我只能回到更衣室敷上冰袋。队医布罗兹给他在国家队的同行卡斯特拉齐打了电话，告诉他对我的伤势无计可施，我的情况不允许我参加在摩尔多瓦的比赛，我最好留在罗马治疗。这是正常的程序，曾经有过几次这样的情况，但绝不是为了帮我请病假。一小时后，足协发来一份传真，要求我去一趟巴勒莫，并在那里进行医学检查，你们可以想象我有多么不安。足协没有明确表示反对针对我的“税务探视”*，传递出来的信息很明显：他们并不相信。

第二天早上我踏上了前往西西里岛的行程，心里寻思着，接下来几小时将决定我在国家队的未来。里皮要跟我聊一聊，并把这个意图告诉了维托，而他对我俩的性格都很了解，担心我们之间会爆发激烈的冲突。当我抵达球队入住的蒙德罗皇宫酒店时，球队正在外面进行恢复性训练。队里的气氛看上去轻松而愉快，或者有那么一点点疲劳，因为托尼将比分改写为2比1 的进球，在离比赛结束只有10分钟才姗姗来迟，所以队友们那场比赛踢得并不特别轻松，但我们还是战胜了挪威。大巴车返回酒店后，我第一个拥抱的队友是德罗西，他前一天晚上第一次代表国家队出场，并且打进了第一个进球。然后，里皮看到了我，并微笑着走到我身边。他问我身体怎么样，并且告诉我用完餐大家去休息后，他想单独跟我谈一谈。他看上去没有什么不快，也没有任何一位队医约我进行检查。我感到困惑。我飞快地吃完一盘意大利面，已经迫不及待地想跟教练面谈。

“亲爱的弗朗切斯科，我们必须更好地了解对方，”这是里皮的开场

---

* 根据意大利法律规定，当患病或缺勤时，所有公共和私人雇员均应接受由意大利社会保障局任命的医生进行的税务探视。——译注

白，“因为接下来两年我们会一起度过很多时光，而我需要你付出很多。你可能看过一些报纸上对我的采访，在有的片段里，我说明了接受国家队帅印的原因，那就是我确信我们能够赢得下一届世界杯。你得明白，我的表态之所以如此不留余地，是因为我确信我们拥有能够开创这一伟业的人员储备，而你就是其中不可或缺的一位。作为你对手球队的教练，有很多个夜晚我都在研究如何限制你，因为要完全冻结你是不可能的。现在我非常期待能够享受硬币另一面所带来的好处，也迫不及待地希望能够激发出你所能做的贡献。要做到这一点，我们必须相互了解，并且产生化学反应。所以，我们先不谈足球，这个话题我们可以留到最后。我们先从向对方介绍一下自己是什么样的人开始吧。”

听完他的话我不禁目瞪口呆，我从来没有碰到过这样的沟通方式。简直太棒了。我于是开始跟他讲述我的家庭，告诉他我跟伊拉莉如何迅速地谈婚论嫁，而他告诉我他儿子大卫（我们是朋友，曾经一起服兵役）的近况。回忆起之前的一些蠢事傻事，两个人不由得开怀大笑。我们就这样在那里聊了两小时，几乎无所不谈，音乐、政治、女人、费德勒和科比·布莱恩特，对生活方式和对胜利的追求……聊到最后，我觉得自己应该让他感到满意，而我当然也很喜欢他。

他告诉我：“现在你先回罗马好好休养，弗朗切斯科，到10月，我就真的需要你了。”他就这样让我暂时离队了，也没有让我接受队医的检查。对于那些预测我和新任国家队教练的关系将会出现极度紧张的人，我能想象到他们有多么失望。人际关系建立起来之后，技术上的融合也就水到渠成了。里皮没有夸大其词，他真的需要我在国家队占据核心位置。正因如此，他非常睿智地在预选赛中最大限度地对我进行使用，而打友谊赛的时候让我休息。例如，2005年6月，他组建了一支具有试验性质的意大利队前往美国参加一系列比赛，而他允许我不随队出行，为我的婚礼让路。对于将近30岁的我的人生需求来说，那是最好的安排。我依然有着身披蓝色战袍追求伟大目标的坚定信念，但是太长的集训对我来说已经不堪重负。在这种优待之下，我开启了为最后一届世界杯奋战的一年。一切顺利吗？不。在前往柏林之前，我将不得不通过另一个艰难的考验。

11

巨大的恐惧

2006年2月19日，星期日，罗马对阵恩波利的比赛开始仅几分钟，咔的一声，我的一根腓骨骨折了。我向世界冠军头衔进军的攀登之路，竟是如此开端。瓦尼利的一次铲球将我掀翻在地，当时我并没有感觉到疼痛。我用双手紧紧抓起受伤的脚，想知道到底发生了什么事，那一瞬间我感觉一切都还好，但真的只是那一瞬间。我刚刚把手放开，我的伤脚就像自由落体一般不自然地倒向左边，而这令我感到万念俱灰。世界杯，我错过了世界杯，该死。为了报在韩国的一箭之仇，我等待了4年时间，可现在我没机会了。我本来决定并且已向外界宣布过，本届世界杯之后我将离开国家队。这本来是我最后的机会。这不公平，该死，这不公平，不应该是这样……

说起来，就在一周前，我还曾跟队友们抱怨从我身后被犯规的次数太多了，这一点罗马俱乐部的队医布罗兹表示认同。要说明一点，一个10号球员总要面对被对手凶狠地下脚，但是那些指责我怨妇心态的人完全不明白的是，只要这些犯规没有超过一定的度，我都一直在容忍。即便你是最好的球员，或者恰恰就是因为这一点，你更不能奢望对手站在那里，满怀仰慕地看着你表演，还为你送上掌声。

比赛中的犯规行为应该有一定限度，但在那一段时期，这种限度很大程度上超过了应有的尺度。布罗兹认为，让裁判们看看我身上的伤，特别是上一场比赛之后好几天还肿胀的脚踝，足以说服裁判们稍微将我保护得好一点。有好几周时间，由于疼痛，我无法进行训练，从星期一到星期五，我主要是在做理疗，星期六我会跟队友们一起进行赛前最后一次合练（一般来说都是比较轻松的训练项目），星期日上场比赛时则寄希望于对方盯防我的人不是个杀手。我曾跟你们讲过，在马佐尼执教时期，我第一次作为主力首发，维尔乔沃德送给我的见面礼。另外两个真正的恶汉是库托和蒙特罗，每次德比战和对阵尤文图斯之前，他们都会像噩梦一般折磨着我。AC米兰那几位后卫，从马尔蒂尼到科斯塔库塔，他们会迅速让你意识到你面对的是怎样的对手，但从来不会对你造成太大的伤害。从场上的角色和位置来讲，他们都是冠军球员，就像内斯塔和卡纳瓦罗。不过，有一个人，真实的他远没有他给人留下的印象那么糟糕，他就是马特拉齐。因为他的很多犯规并不是源自他的侵略性，而是因为有时他的防守动作慢半拍。当然在罗马也有动作夸张的人：我跟你们讲过萨穆埃尔是如何保护我的，我也记得库弗雷在迎战尤文图斯之前都仿佛子弹上膛的样子，人尽皆知他跟德尔皮耶罗有过节，每一次在场上相遇都是火药味十足。没错，没有任何一支球队的球员是圣人。

回到罗马和恩波利比赛的话题。那是斯帕莱蒂在罗马执教的第一年，经过一段艰难的开局之后，我们快速走上正轨，已经取得九连胜，而且没有人真正考虑过恩波利是否能够阻止我们连胜的步伐。当然，这也因为下周将迎来德比，我们希望能够借这场比赛厉兵秣马。盯防我的人是理查德·瓦尼利，他并不是对方常规主力阵容的一员，但也不是初出茅庐的毛头小子，而且他为了能够在球队赢得位置踢得很卖力。5分钟内3次犯规，我催促裁判梅西纳掏黄牌警告；这倒不是因为他们踢得太过暴力，而是如果不干预，比赛将无法进行下去，几乎每次争抢都是犯规。这根本不起作用，他直接把头扭向另外一边。我觉得黄牌警告肯定是迟早的事，只要等我再挨上一脚，耐心点，弗朗切斯科……

1分钟后，果然不出所料，上半场第六分钟，我被第四次侵犯，这次裁判出示了黄牌警告，但是为时已晚。瓦尼利在中场从背后踢到了我。要注意，我说的是中场，而且我甚至还没有转过身面向他们的球门。如果我左脚的鞋钉没有陷在草皮里，可能“只会”给我造成又一次脚踝的肿胀，但当时我的下半身还在原地，上半身却已经向前倒下，压在了脚上。后来他们告诉我为什么我一开始没有感觉到疼痛：我的韧带断了，这样让我的伤处失去了所有的知觉。左脚的“掉落”让我意识到这将是一场灾难，我在人生中第一次体味到了什么叫作恐慌。那是一种难以名状的恐惧，我知道一切都完了，我有点不知所措，这就是对当时感受最准确的描述。我冲着瓦尼利声嘶力竭地哭喊，这是后来别人跟我说的，因为有一段时间，我对发生的一切失去了意识。我就这样痛斥他10秒钟，然后脸贴在地面上痛哭10秒钟，之后重复这样做，直到布罗兹、维托和理疗师西里奥·穆萨冲到我身边团团围住我。我冲他们三个人大喊：“一切都毁了。”

我看到维托站起身急切地挥动着手臂，我想他在要求换人，而斯帕莱蒂已经让蒙特拉在场边准备，后者在活动身体准备上场。维托赶紧呼叫场边的救护车。当时还是2月份，有人给我穿上了队服外套。过了一会儿，我被抬上担架，然后被并不那么小心谨慎地移送到救护车上。维托冲司机喊道：“快，快，去斯图尔特别墅医院。”救护车上的医生刚刚从医院门诊处得知马里亚尼教授像每个周末那样，正在他安圭拉拉的乡间寓所，于是维托又给他的手机打电话。幸运的是，他很快联系上了马里亚尼教授，救护车飞驰前行，警笛声响彻马里奥山的每个角落。

令人难以置信的是，在那一片混乱中，我异常清楚地记住了所有场景：轮椅已经在医院门诊部入口处等待着我；电子表显示，进入医院的时间定格在15点26分——离场上发生的一切刚刚过去20分钟；在我身体两旁谨慎地护送我到核磁共振检测室的护士和工作人员，包括那个试图给我一点贴心的安慰、轻轻告诉我罗马刚刚凭借佩洛塔的进球取得1比0领先的年轻人。受伤的脚在机器里的检查持续了15分钟。我一个人待在检测室里，闭上眼睛尽力让自己什么都不要想，但是核磁共振仪的轰鸣却提示着我，判决即将到来。我还穿着球袜，腿上满是青草和汗水，眼泪已经止住了，但是鼻涕仍然在流。我真的很想洗个淋浴。

又过了15分钟，核磁共振仪终于在发出最后一声“叹息”后停了下来。检测室的门打开，我看到伊拉莉站在那里，心急如焚，但是还算镇定。比赛热身前我们通过电话，她正跟克里斯蒂安乘车前往菲乌米奇诺机场，准备从那里乘飞机去圣雷莫，为音乐节进行彩排，并在一周后正式主持这一盛事。15点，机场播放了催促他们登机的通知，但是在她登上乘机摆渡车之前，有人告诉她我出事了，于是谁都没有办法阻止她来到医院。现在，她就在这里拥抱我，亲吻我，并且告诉我，马里亚尼已经赶到医院，并且正在检查我的片子。我们在此待了5分钟，手牵着手，而克里斯提安就在旁边保姆的怀里。我试着尽力克制自己，但是我再也无法压抑自己的情绪：我放声大哭，哭得难以自制，而妻子就一直在身边安慰我。直到马里亚尼教授走进来，我才重新平静下来，而他甚至都没来得及跟我们打招呼，就摇动着手里的片子不容置疑地说：“手术室已经准备好了，弗朗切斯科，10分钟后，我和圣图奇马上给你做手术。”

我在什么地方看过的一篇文章说，不论一个人的境遇有多糟糕，他总能找到一个平衡点让自己艰难地脱离险境。于是，基于我对人类精神这个特点的理解，我在内心荒唐地对这句话进行了自己的解读，并因此立刻对医生提出的非常专业的紧急应对方案表示了反对意见。

“现在？不能明天做吗？”

马里亚尼不禁怔住了。他是一位杰出的医生，很少遇到有人质疑他决定的情况。他不得不一字一句地跟我解释，就像我是一个小孩子。“弗朗切斯科，你的伤很严重。初步估算你可能需要7个月才能恢复，但是世界杯还有不到4个月就开始了。如果你还想有机会，就得抓紧每一分钟的时间。

我还想再说点什么，因为恐慌就像打在身上的鞭子，会有间隔地落下再抽离，而恐惧——包括对手术的恐惧——是一种没有那么猛烈却能持续很久的感觉，挥之不去。但是伊拉莉的眼神让我明白，没有人赞同我逃避手术的想法，特别是爱我的人。我只要求对我实施全麻，如果让我听到教授对他的助手说把电钻拿来，我可能会直接被吓死。16点30分，我被送进了手术室，而此时比赛还没结束。麻药发挥效力前，我想偷听医生们都在说什么，但是我什么都没听明白，可能这样更好。

我醒过来时已经是20点30分，嘴里有一种酸酸的味道。我感到房间里有人，于是在完全睁开眼睛前，先眯着眼看看是谁。所有人都在，他们在轻声地交谈以免影响到我。妈妈、爸爸、伊拉莉、里卡多、安杰洛，还有其他亲戚，有十来个人，都是我最亲近的人。我感觉房间外还有更多人，透过磨砂玻璃，我只能看到他们身穿衣服的颜色，其中最显眼的就是队服的红色，他们应该是我的队友们。我咳了一下，所有人都猛地奔向了床头。幸运的是，速度最快的是一名护士，只有她知道怎么做才是最正确的。她把我的头稍微抬起来一点，让我可以通过一根吸管喝水，而我现在知道我有多么需要补充水分，以及用来消除嘴里那股难受的味道。外面的人显然察觉到屋里轻微的骚乱，而在我还没有注意到的时候，医生和护士们已经急切不安地承担起维持现场秩序的工作，“过滤”着想要进来的队友和其他几十位不知道怎么摸到这里的热心人士。有人喊道：“队长，我们赢了。”这是我最想从队友那里听到的消息。剩下的，就是等待马里亚尼的到来，而他一直等到人群都散去以后才走进房间。

“我现在就可以告诉你，你会好起来的。你的腓骨骨折，脚踝韧带断裂。手术进行了2小时15分钟，我在你体内用13颗螺钉固定了一块钢板，它会永久地留在那里。另外，脚背上的这颗螺钉会固定住你的韧带，一个月后我会把它取掉。你的康复将是一个漫长、艰难而且痛苦的过程，但是我对你的身体非常了解，你的钙化会比一般人要快，所以我觉得我应该能够向你承诺，6月你就能够上场参加比赛了。但是，不要问我怎么做，因为时间真的很紧，而且世界杯可不是闹着玩的，要求你达到百分之百的身体状态。我想说的是，我们一定能够做到，只是不知道在这背后你需要做多少准备。这将很大程度上取决于你自己。”我想，一直都是这样，我必须靠自己，这是我在进入一段没有梦境、长长的睡眠之前记住的倒数第二件事。我记住的最后一件事是，维托因为清楚我会感到害怕，所以让马里亚尼和外科医生圣图奇不要在我手术之前告诉我腓骨骨折了。

我再次睁开眼睛时已经是第二天上午9点，病房里只有妈妈。她手里拿着一本杂志，但是根本没有翻阅它，因为她的目光一直注视着我。有时候，人会不由自主地感觉回到孩提时代，脑海中会浮现出过去的时光。就像有一次我发烧严重，她决定不让我去上学了，这让我觉得没有那么难受了。可我确实没有办法做其他事情，因为她每5分钟就来摸摸我的额头，看看体温是不是升高了。就这样，我感觉好像回到了25年前，她脸上带着浅浅的微笑，把手放在我的额头上试探体温，然后再跟护士反映我需要什么。我有点想跟她说，我是断了一条腿，而不是得了流感，但是我忍住了，我想留住这一段让我们重温母子情深的亲密而短暂的时刻。是的，真的很短暂。窗户外出现一个人影，他敲了一下门，没等我们回答就径直走了进来。也就是9点刚过几分钟，我甚至还没想起来感觉一下我的脚怎样了，我们的国家队教练马尔切洛·里皮，已经出现在我的病房里。

“教练，您怎么样？”我太震惊了，以至于脱口而出的只是俗套的问候，心里则专心地在想，他9点就到了，那么他几点上车从维亚莱乔赶往这里？

“我怎么样？你怎么样才对，这才是重点。谁会关心我怎么样。你好，弗朗切斯科，现在跟我讲讲……”

其实，算上世界杯、友谊赛和预选赛的集训时间，我最终跟里皮共处的时间只不过是我人生中的3个月而已。但是，这段时光对我来说就好像30年那么重要，因为他是一个真的从内心深处理解我，即便告诉我一个坏消息，也能够找到正确的方式跟我沟通的人。这样一个人，至少从足球角度来说，我之后再也没有遇到过。那天的我，在斯图尔特别墅医院面临着两条道路：要不绝对相信自己能够恢复，勇敢面对所有的困难；要不一蹶不振，在担心与疑虑中惶惶不可终日。里皮对我露出如同电影明星般的微笑，就像人们经常形容他的那样，手把手地牵着我走上一条正确的道路。

“弗朗切斯科，我来是告诉你，你一定要参加世界杯，没有如果和但是。昨天晚上我跟维托通了电话，他告诉我一些初步信息，过一会儿，我会去找马里亚尼了解一下详细情况。不论他怎么跟我说，你都一定要来参加世界杯。要想赢得世界杯，我需要有你，即便是一个只有30%状态的你。我需要你，我们需要你。不要有什么思想包袱，一丝一毫也不要有，相信你自己康复的能力。当然，这会是个艰难的过程，我会在你身边跟你一起度过。”

我们习惯于认为所有人都是被需要的，但是没有谁是不可或缺的，这是一句让我们保持谦逊的美丽格言。但是，对于那天躺在床上有一条腿被牵引的我来说，我需要的不是谦逊。相反，我需要感觉到自己是不可或缺的，而里皮——他能够神奇地辨别出他的队员真正的需求——只是看了我一眼，就立刻明白了这一点。他的话不仅让我心潮澎湃，更让我感受到身体里好像有一股力量在推动着自己。国家队队友陆续地给我打来电话或者发来信息，所有人都在重复着同样的话，这让我感到体内的这股力量越来越强大。我从来没有问过里皮，如果他确实下过命令，让他们这样不停地为我打气，我不会感到奇怪。在你迟疑不决时，就像我现在面临的状况，你的意志决定一切。

那天上午，瓦尼利也给我打了电话。他很难过。在对我那次犯规后，他在奥林匹克球场度过了一个艰难的下午：随着关于我的消息慢慢传到球场，球迷们变得越来越愤怒。我知道他在更衣室里曾经哭着询问我的消息，而我如果得理不饶人也没有意义。我告诉他，我丝毫不怀疑他根本不想让我受伤，这是毋庸置疑的，只是如果犯规少一些可能对他的形象会更有好处。他再次重申他不是暴徒，我则回应他说："我明白，不要有顾虑，我只是不走运而已。"在我内心深处，我想到的却是"那不仅仅是不走运，而是一场厄运"，因为6分钟里4次犯规真的是太多了。但是，让这件事到此为止是对的。

我在斯图尔特别墅医院住了4天，而每天来到马里奥山络绎不绝的人流（一方面是亲戚和朋友；另一方面则是希望我感受到他们关爱的球迷），让医务人员疲于应付。人们对我的深情让我感到骄傲和自豪，但是也会产生一些尴尬。在护士们脸上，我能够看到她们对于这种突如其来的混乱的厌恶。总之，我觉得自己是个麻烦，总会有人让我签名、合影或者对着电话跟"我的弟弟，罗马的忠实球迷"说两句话。情况就是这样，晚上关灯后，妈妈和爸爸最后一批离开病房时，我自己会沉思一会儿。谁知道医院这些可能对足球并不感兴趣，只是由于某种原因跟我产生关联的人，在受到这种令人难以置信的爱产生的副作用影响之后，他们会怎么看待我呢？他们能容忍到什么程度？我是从什么时候开始，例如这次在斯图尔特别墅医院，成为一个大麻烦的呢？这是从我住院第一天黄昏起就困扰我、让我睡不着觉的想法。当然，我睡不着觉另一个原因，是因为每天早上一起来就在床上躺着，我真的很想出去惬意地散散步。

我把头转向一边试图让自己睡一会儿，电子表上的数字跳到了11点。可以俯瞰整个罗马的斯图尔特别墅医院雅致而幽静，而我却听到走廊里响起一阵脚步声，然后又听到有人在很有节制地敲门，很明显只想让我听到。我透过病房的磨砂玻璃看到一个人影，下意识地说了一声"请进"。

进来的是卢西亚诺·斯帕莱蒂。现在是晚上11点，而我的教练偷偷出现在我的病房里。他把手放到嘴边示意我不要出声，然后拆解他带来的一个挺大的包裹，从里面拿出来一个可拼装的架子和一叠尺寸很大的白纸。

继续拼装工作的同时，他好像突然想起一个隐约的疑问，于是转过头来问我："你刚才睡着了吗？"

"没有，教练，我还真是睡不着。"

"噢！那就好，那就好……"说完他又接着忙活，心情好像很不错。30秒钟后，一切准备就绪。他从口袋里拿出一根黑色记号笔，开始进入正题。"亲爱的弗朗切斯科，现在我们来一起勾画一下下个赛季的罗马。我会给你列出一系列选项，我们一起研究每个球员的利弊。"我真的完全惊呆了。他显然预见到了这种情况，这显然阻止不了他不为所动地继续这个奇怪的"大富翁"游戏。他在纸上写下3个守门员、6个后卫、6个中场球员和6个锋线人员名字。"我们现在开始，你在每个位置选出一个球员。你就当我们没有预算方面的问题，这个问题我们之后再考虑。"

我在斯图尔特别墅医院住了4个晚上，斯帕莱蒂连续4个晚上11点来到我的病房，并且待到第二天3点才离开。我们其实就是聊跟足球有关的话题。当然，分析罗马可以买哪些球员只是个由头，实际上我们讨论的范围涉及一切，从欧洲顶尖俱乐部足球风格到罗马自成一格的特点。对于从乌迪内斯卸任的斯帕莱蒂来说，罗马俱乐部是他执教过的球队中实力最强的。我把罗马的情况言无不尽地告诉了他，因为此前他还没有跟其他人聊过。这是4个漫长又轻松的夜晚，教练给予我极大的信任。通过让我参与讨论转会市场的操作，我的头脑仍然可以留在罗马，因为这个时候，主要是因为一直到8月前我都不可能踢比赛，我和俱乐部之间或多或少会有些疏远。我记得我们聊得非常投机，甚至可以说惺惺相惜。正因如此，多年之后他的态度让我觉得百思不得其解。但是，在此刻，斯帕莱蒂对待我真的无可挑剔，这一点应该要向他坦承。

手术一周后，我拄着双拐回到奥林匹克球场边，见证了我们在罗马德比中的胜利。最后的比分是2比0，塔代伊和阿奎拉尼在进球后没有忘记我，来到我身边一起庆祝。

如果那天晚上是一个快乐的插曲，那么剩下的只有艰难、劳累和疲惫。按照马里亚尼的预计，我的骨头钙化会比平均水平快一些，这能够为我争取一个月时间。但是我还得想点办法再多争取一些时间，这时西里奥出了个好主意：他把几个垃圾袋剪成一块块的，然后用橡皮筋扎到我的腿上做成防水保护套，让我可以在伤口愈合期在游泳池里进行锻炼。不在水里训练时，因为那颗固定韧带的螺钉，我还需要拄拐行动。在他们给我拆下螺钉后，我已经通过泳池训练恢复了一些灵活性，特别是肌肉弹性，我通过这个方法整整节省了20天时间。事实上，手术后不到一个月，我扔掉双拐第一次去特里戈利亚，就围着主球场速度极慢地走了一圈，双腿的支撑让我感觉心里很踏实。我走完一圈，来到最后一个角球杆附近，好像冥冥中注定似的，正好有一个足球在等着我，我真的感到很踏实，以至于丝毫没有犹豫，抬起右脚把球打进了球门。足球划出一条刁钻的线路直入球门，我的球感还在。我还没来得及高兴，迎来的却是劈头盖脸的大声质问“你干什么呢”“你傻了吗”。事实上，为了用右脚射门，我很自然地把全身力量都放在左腿上，全然忘了左脚上的螺钉刚刚取走，不到一个月前自己的一根腓骨已经断裂。我脸上的表情好像一个把手伸进果酱瓶被抓个正着的孩子，与此同时，我也“听到”左脚的回馈：没有任何问题。“你们看，都非常好！”我低声说道，有点生怕激怒大家。维托、西里奥、教练……我觉得，如果可以，他们那时恨不得把我另外一条腿也给打断。

为了最大限度地争取时间，我每天会进行8小时的康复训练，每一次都会给左脚增加一些强度，让它恢复强壮。跳跃、小步上台阶、大步上台阶……起初，我每次跳跃后都停下来检查一下是否全部正常，然后变成每两次停一下，然后到三次、五次……不断延长间隔。大概在3月30日，我已经可以轻松地跑步。里皮每周会来特里戈利亚一次，看到我的进步，他脸上的表情越来越舒展。斯帕莱蒂则从一开始就陪着我一起跑，他会用一种难以察觉的方式加快速度，直到看到我有点一瘸一拐了，才把速度降下来。这样的情况变成了一种常态，而我们每天跑步的时间会持续得更长一点。那几周，我心潮起伏、感慨万千，因为身边有无数的人在激励我，为我打气，而我很清楚他们这么做是因为他们爱我，而不仅仅是因为世界杯。这个时候我忍不住想起那几个著名的问题，我究竟应该怎么做才能对得起如此这般的情感、爱戴和声望？这一次，他们给我了一个简单、直接而清楚的答案：我必须在6月前恢复。就这样，越来越强烈的信心和每天递增的必胜信念让我心花怒放。是的，我能做到。是的，你们卓越的努力不会成为徒劳。是的，我将走上世界杯的赛场。至于我能踢出几成实力，我会表现成什么样，还需要拭目以待，但是我不会缺席世界杯。

马里亚尼教授给我下达了最终的确认，而且4月初他就来查看过我的情况，允许我跟球队一起训练。我告诉他，即便经过最高强度的训练以后，脚踝也没有肿胀，而且我感觉非常好。他看了我的片子，脸上流露出灿烂的笑容。“弗朗切斯科，那天下午我跟你说，一般像这样的伤势可能需要7个月的休养和康复，我并不是在夸大其词。但是我知道你的身体素质异于常人，而且现在我更加确认这一点。时间还不到两个月，但是我可以告诉你，世界杯离你已经近在咫尺。”

这之后我又进行了一个月的训练，当然我会很谨慎，避免对抗。与里皮通话变成了每天的必修课，而罗马队和国家队队友的鼓励变得越来越坚定。到了5月初，教练给我打来电话，用平和但稍显激动的语气（至少我是这样感觉的），向我提出一个他不得不问的问题：“弗朗切斯科，现在需要给国际足联提交世界杯球队名单了，我能算上你吗？”

你们还记得我小时候在维图罗尼亚大街按别人家对讲门铃，跟他们说我是格里·斯科蒂的事吗？尽管里皮问得很客气，其实隐含有一层最后通牒的意思。因此，那个时刻我想到的是斯科蒂在节目问答环节常说的那句著名的话："你确定吗？"我没有丝毫疑虑，当然确定。

"是的，教练，算上我。"

这显然是他所期望的答案，我感觉他好像没能掩饰住内心的兴奋。或者，里皮根本就没有任何要掩饰的意思。"你给了我最好的答案，弗朗切斯科。我们科维尔恰诺（基地）见。"

12

针眼儿

在科维尔恰诺第一次训练让我明白了自己真实的处境。在一小时丰富的体能训练之后，里皮吹响了结束哨，并带着我们所有人走向场地边放满水瓶的桌子，此时的我们已经相当疲惫。喝了几口水后，教练的声音在我们耳边响了起来："所有人都去洗澡，除了弗朗切斯科之外，他和我留在场地。"我转过身，只见里皮手里拿着两个足球，微笑着对我说："让我看看你是不是还记得怎么射门。"

这是一个善意的"挑衅"，实际上，受伤后，我在正式比赛中出场时间加起来还不到90分钟，都是在圣西罗，意大利杯决赛第二回合对阵国际米兰，以及联赛最后一轮对阵AC米兰。在特里戈利亚训练基地，我完成了整套恢复性训练：跑步、传接球、变向、很多的抢圈练习，以及与生怕碰到我的队友们进行的几场小型比赛。真正的足球是另一回事。在让我重新投入激烈的对抗前，里皮希望我能够重新熟悉"属于我的"核心能力，于是他在球门前站好向我发出挑战，让我在禁区外以能够做到的最快节奏射门。也是他跑去捡那些没有射正的足球，等到他第十次跑出去时，我看到他有些气喘吁吁。很多年后，他向我承认，那些在第一周每天半小时的额外训练，确实让他消耗了不少体力（我也在某一个时刻感到累得不行了），但这个训练并没有因此停止。那是在让我面对终极考验——上场比赛前，马赛克中的最后一块拼图。

这次上场是5月31日在日内瓦对阵瑞士的友谊赛中。从我受伤起，已经过去101天，距离世界杯第一场对加纳的比赛还有12天。里皮把我排进首发阵容，并且没有给我设定上场时间的限制，我必须在场上一直踢到自己体能耗尽。就好像你有了一辆新汽车，需要精确地知道它的油箱最大容量是多少，就要让发动机一直转到油耗尽，转到它自己停下来。上半场我有些束手束脚。我的位置在吉拉迪诺身后，正是他接到格罗索左路地滚球传中，帮助我们取得领先。我们排出的是4—2—3—1阵型，卡莫拉内西和德尔皮耶罗在两翼齐飞，这是一套备用阵型，里皮最常使用的还是双前锋身后配置单前腰。瑞士队凭借一个漂亮的禁区外远射扳平了比分，我在场上踢得小心翼翼，因为在一个相对平稳的开局后，对方一些球员变得很有侵略性，我不明白是什么激怒了他们。中场休息，里皮向我做出一个询问的手势，以确定我是否一切正常，我让他放心：技术层面我没有什么建树，但体能没问题，而且随着时间推移，感觉越来越好。下半场，在技术方面我踢得更好了，因为阵型调整为里皮最常使用的打法，两名前锋顶在前面，我在他们身后，在我身后则有3名中场球员支持我。之后的比赛没有出现进球，但是整整90分钟时间——直到比赛最后时刻我也没有被换下来——却给出了最令人期待的确认：我（的状态）很好。

赛后我们留在瑞士，因为按照计划，两天后在洛桑，还有世界杯前的第二场，也是最后一场友谊赛，对手是乌克兰。理所当然，这场比赛中上场的主要是那些在日内瓦没有参加比赛的球员，但里皮为了弄清我的能力到底恢复到什么程度，一小时后就把我派上场，换下了德尔皮耶罗。半小时的比赛波澜不惊，安德烈·胡辛一次滑铲对我正在恢复的伤腿来说，倒是一次很好的碰撞试验：如果它承受住那次拦截带来的冲击，说明骨头比之前更强壮了。我还是忍不住对这个金发男人骂了一句脏话……不过最终我还是跑开了，我的腿并没有受到影响。我看到身边的队友，脸上都带着欣慰的笑容。在世界杯期间，甚至在世界杯之后的几年里，里皮多次对我说："你不知道队友们多么热诚地关切你的恢复情况。他们给我打电话，给我发信息，说的都是一样的内容：'教练，即便弗朗切斯科只恢复到50%，我们也带上他吧，至少他能威慑对手，然后给我们创造出空间来。'与那句著名的谚语相反，他们一直央求我选择生病的医生，而不是健康的驴。”*当然，这只是一种说法，在备战世界杯背景下，没有谁是一头驴。

意大利已经在杜伊斯堡搭建好了大本营，我们确信组成了一支优秀的队伍，信心满满地出发了。在各个位置我们都兵强马壮。布冯是公认的世界上最好的门将，后防核心中有两名顶尖球员：卡纳瓦罗和内斯塔。中场中轴线上有皮尔洛站在后防线前，而我在前锋身后。在锋线上则有些选择困难：德尔皮耶罗、托尼、吉拉迪诺、因扎吉，每个人特点不同，但都极具威胁。除了这些冠军球员，还有很多其他球员，有实力在需要他们的时刻，成为球队的主角。剥夺年轻人的希望是不对的，因此或许不该这么说，但我觉得再也不会有这么强大的国家队了。或者说，除非在（意甲）各个俱乐部阵容中都能看到相当数量的意大利球员，我们才可能再拥有一支如此强大的国家队。如果说曾经可供选择的球员能够充满一个水库，那么现在却只能塞满一个池塘。你还能找到出类拔萃的球员，但要同时找到七八个冠军球员已经不可能了，概率计算只会给出否定的答案。

为了说得更清楚，举个例子：在罗马更衣室里都说英语，我一直认为这不正常。拜托，我们都能嘟囔几句英语，多年来队友们也会帮助新加盟球队的外援，直到他们学会意大利语。如今很多人都不再学意大利语，反正他们知道在罗马也就待上一两年，没有努力的必要。其结果就是，罗马俱乐部更衣室本来能够让大家紧紧地围绕在从迪·巴尔托洛梅到布鲁诺·孔蒂，从朱塞佩·贾尼尼到我，再到达尼埃莱·德罗西的历任罗马队长周围，但现在大家交流起来好像我们不是罗马，而是阿森纳或者切尔西。这样正常吗？拜托……2006年国家队的强大是因为在那些年有丰富的选择，是因为大家都有共同的国青队经历。你们还记得在日本举办的U17世界杯上，我对墨西哥的进球吗？记得布冯穿越整个球场过来拥抱我吗？

---

* 意大利谚语：“宁要活着的驴，不要生病的医生。”——译注

那是1993年，我俩已经在国家队是队友了。

我认为，现代社会还有着有损团队精神的一面，那就是智能手机。它有很多神奇的功能，同样能在任何时刻把你带到遥远的其他世界或者将自我与世隔绝，而有的时候，你本应该与团队水乳交融。2006年的国家队，就像那个时代很多国家队一样，坐在前往球场的大巴车上，大家会通过马特拉齐带来的功率夸张的音箱听着相同的音乐。我们听的不仅有那首著名的《七国之军》（*Seven Nation Army*），还有一整套音乐播放清单，这种大家一起听音乐的简单方式就能帮助我们像弹簧一样蓄势待发。之后的几年里，我在罗马很多次建议回归传统：关掉手机，不用耳机，一起共享音乐。不过，已经不可能了，每个人都能找到不让手机关机的理由：有人要告诉妻子把票留在了哪个售票窗口；有人在等待朋友的Whatsapp信息，以便知道比赛之后在哪个餐馆见面；有人想在开场哨吹响前一分钟知道孩子发烧多少摄氏度……所有理由都是正当的，但却必然会让你疏离了其他队友。

比赛前一小时，当你知道过一会儿你需要为队友做出牺牲，或者队友马上要为你做出牺牲，此时全体队友都是你的家人，是你的庇护所、你的动力。你不能像对待陌生人那样对待他们，他们也不是你办公室的同事。他们是你的兄弟，比赛结果对所有人都是一样的：不存在你赢了而他们输了的情况。每个人的情绪必须同步，尽管在大巴车上一起听一首歌显得有些奇怪，但这却能制造出一种在场上能让人感觉到的共鸣。在结束这个离题的话题时，我回想起我职业生涯最后一个赛季，当一些人希望我觉得自己老得跑不动时——尽管我经常会想到这些，会留恋过去的回忆——我从未感觉自己的头脑变老了，变得迟钝了。我老了但并没有犯错，我会让自己胜任新的角色……

让我们从出发前往德国以及我们之间洋溢着与电话门事件造成的沉重

形成鲜明对比的自信气氛开始，继续我们的讲述。关于这个话题，我们在集训一开始就开过一次内部会议，并做出了两个决定：第一，不回答记者们任何相关的问题；第二，即便在我们自己之间也对此闭口不谈，开玩笑和调侃也不行，因为我们所有人都对自己队友的正直深信不疑。但我们并不相信俱乐部高层是无辜的，事实上，每天早上看到关于电话门事件调查的文章，我们都会把它们吞到肚子里；但毫无疑问，布冯、卡纳瓦罗、德尔皮耶罗和其他尤文图斯球员与电话门事件都没有直接关系。我们知道对他们来说当时的处境很困难，所以最好连玩笑都不要开。必须承认，由于尤文图斯被指控导致他们可能转会的消息流传开来时，我尽可能地张大自己的耳朵，因为我不想错过关于布冯的任何一个字。出于尊重，我没有公开问过他这个问题，除了在马西莫竞技场庆祝的那个晚上，因为气氛很特别，大家都有点醉醺醺的，如果他的回复里哪怕有一丁点可能性，我都会一直折磨他，直到“强迫”他来到罗马。但吉吉从来没给过我这个机会。

慢慢地，世界杯第一场比赛临近了，无论如何，其他任何话题都会渐渐被淡忘，直至销声匿迹。我们迎来了加纳队，这是一支来自非洲的很难对付的球队，因为他们有不少水平很高的“欧洲”球员；如果说我们害怕这个对手，那有些夸张，但他们也不是一个只需要对它们显示尊重就能战胜的对手，因为“尊重”这个词语太过温和，不足以表达我们的想法。当时我们感到非常不安，没错，“不安”这个词是对的。我们的比赛是6月12日，也就是第四个比赛日。比赛前夕，在我们飞到汉诺威之前，我们注意到荷兰也被列入德国、英格兰、阿根廷这些夺冠热门球队中。这几支球队都在第一轮考验中波澜不惊地轻松过关，全取3分。我很羡慕他们，他们已经通过了首场比赛的测试，而我们每个人心中都升腾着一种强烈的渴望，渴望踢球，渴望较量，渴望战斗，这是一种深深扎根的、能够互相感染的欲望，就像一种在耳边响起让我们睡不着觉的锣鼓声。我们非常紧张。我很难睡着，即使是在午休时，所以我先看了一下与我们同组的另外一场比赛，捷克队轻松地击败了美国队。之后，鉴于还有半小时的时间，我叫来理发师帮我剪了头发。这是我的临时起意，没有任何原因，一切都是情绪的驱使，而我也欣然接受。好像是我希望走上世界杯赛场时，能够与之前的自己有所不同，而我需要从外观上做出一些改变，来证明这一点。在18点45分的技术会议上，不止一个队友用狐疑的目光看着我，不过现在再回忆一下，那些充满迷惑的面孔应该属于替补队员。我们这些被里皮一个一个拽着谈话的主力球员，精神都高度集中，仿佛呼吸都暂停了。

“嘟”，巴西主裁判（西蒙·卡洛斯）吹响开场哨音，如同发令枪响。我们的阵型非常具有攻击性，我在托尼和吉拉迪诺身后，教练的意图非常清晰：用一种强势的开局来增加团队内部的自信，对外则要让人感觉到我们是一支充满威胁的球队。加纳队中最强的球员是迈克尔·埃辛，一个善于奔跑的中场球员，切尔西为了让穆里尼奥满意花了不少钱从里昂将他引进。我和他交手过几次，但离我最近“照顾”我的是另一名中场，效力于荷兰埃因霍温的埃里克·阿多。当我摆脱他的人盯人防守后，就会遇到来自后卫约翰·潘特希尔的阻截，在某一个时刻，他在我手术过的脚踝上狠狠地踢了一脚，幸运的是，没有完全踢中受伤位置。无论如何，加纳是一个高水平的对手，身体强壮，技术不错，而且在战术层面绝不是没有章法。比赛开始后，我们的表现更加出色，在对手的两条线之间，我找到很多不错的空间，让我可以进行一脚传递，或者最多两脚。皮尔洛一记令人震惊（当然不是我们）的任意球传球让我找到出脚机会，遗憾的是，我在16米开外踢出了一脚极为糟糕的射门。触球的一瞬间我的身体太向后了，以至于这次射门变成了类似于橄榄球的带球触地动作。幸运的是，我利用角球机会从角旗区传球给皮尔洛，他在禁区顶端完成了一个漂亮的进球。这是我们在战术准备会上研究出来的方案在场上的实施，但我显然不认为这是（我的）一次助攻。这个进球完全是皮尔洛的功劳，我们取得了领先。这场比赛对我来说，最美好的事情就是在下半场一开始的时候，我给吉拉迪诺送出的精确制导般的传球，帮助他完成了一次射门：可惜的是对方的门将并没有“睡着”。之后不久，潘特希尔对我进行了一次滑铲，尽管我并无大碍，里皮还是决定用卡莫拉内西把我换下场。这么做是对的。我们需要保持住领先的优势，4—4—2阵型是最合适的装甲。最后几分钟里，我罗马队友库福尔在回传门将时犯了错，这导致亚昆塔将比分改写为2比0。一场大胜！终场哨音响起，我从替补席上跳起来，把水瓶里的水浇到了里皮的助理教练奇洛·费拉拉的一头卷发上，而此刻汉诺威体育场的喇叭里也以最大的音量播放起阿德里亚诺·切伦塔诺演唱的《蔚蓝》。

在面临一系列问题，特别是外界对于我们真正实力的质疑之后，这样一次胜利的开局当然会让我们感到放松。里皮给我们放了一天假，但我家人还没来到德国，所以我只是留在酒店和加图索一起打牌，完全不知道在下一场比赛中，我恰恰是需要为他让位而下场。在世界杯期间，时间过得很快，两天的训练之后，第二场比赛已经来到眼前。比赛前夕，我们乘坐飞机去了德国南部城市凯泽斯劳滕，那里离德法边境线不远，我们的心情比之前轻松愉快得多。我们又收到一个好消息，加纳在下午的比赛中击败了捷克，大家都觉得小组出线已经十拿九稳。但显然我们高兴得太早了。这是一个致命的错误。整场比赛，美国队在身体对抗上完全是对我们的绞杀，因为他们跑得更快，也更加强壮。我们依靠吉拉迪诺在门前的头球射门取得了领先，但扎卡尔多的一次漏球造成一个乌龙球，这立刻让比赛恢复了均势。一分钟之后，德罗西闯了祸。

我非常喜欢德罗西。自从他来到特里戈利亚训练基地以来，他对罗马绝对的、夸张的，甚至有些神经质的爱，显然成为我们之间亲密关系的基础，随着时间的流逝，这种关系在各个方面都进一步发展，即使在球场外，我们也经常在一起。现在，能看到他在历经岁月沧桑之后的宁静和幸福，对我来说是一种宽慰。德罗西的大部分职业生涯都在罗马度过的，为了做到这一点，他比我说了更多次“不”，很显然，那些国际豪门俱乐部并不相信他想要一生留在罗马的意愿，所以每年都会有关于他的重要报价到来。我想他默默忍受了很久他的绰号——“未来的队长”，逐渐从新鲜变得老旧。如果你去回看一下我告别的视频，你们就会发现，他真的激动到不能自已，这是一种真挚情感的表达。现在，没有比我跟德罗西一起在酒店或机场遇到一个球迷叫我“队长”更尴尬的时刻了，我不再是队长，他才是队长，没有谁比他更配得上让我将队长袖标佩戴到胳膊上。

那天晚上在凯泽斯劳滕，上半场刚刚过半，比分是1比1，在一次争抢高空球过程中，德罗西用手肘击中了美国球员麦克布莱德，而且就在裁判眼皮子底下。一张红牌不可避免。他张开双臂试图进行辩解，意思是，他只是为了用双臂帮助自己起跳，我们当然迅速聚集到他身边，事实上，我们谁也没有看清楚发生了什么，出于对他的信任，我们相信他，而他在向裁判无用地大喊：“我什么也没做，我甚至没有碰到他。”那种语气是急切和绝望的，因为他要在一场世界杯的较量中离场，扔下10名队友在场上继续比赛。德罗西极为沮丧，将头埋在自己的双手间走下了球场，而我们则紧张地重新组织起来。我退回中场线上，很快我就在中路成功地穿透3个美国球员，将球传给皮尔洛，他再把球交给托尼射门。很遗憾，托尼的射门打偏了，因为那是个非常好的机会。我知道，这样的排兵布阵，即使是重新调整过的，也不会持续太久。在第35分钟，德罗西被罚下后7分钟，里皮换上加图索，把我召回了替补席，这没什么可反对的。这场比赛对我们来说还不错的唯一原因是对手比较稚嫩。第45分钟，马斯特洛尼用一个可怕的滑铲，给了乌拉圭裁判让比赛在人数上重回均势的机会。下半场刚开始，已经有一张黄牌在身的波普一次疯狂的铲球，让美国队人数减为9个。我们很走运，因为我们已经昏了头，甚至可能就这样输掉比赛。如果我们面对的是一支经验更加丰富的国家队，我们可能不会这样死里逃生。

在更衣室里，里皮一次都没有点到德罗西的名字，这也让我看出他对德罗西非常恼火。德罗西坐在那里，像换了个人，一直低着头。在对瑞士的友谊赛中，德罗西就曾踩了对方球员，令其倒地，里皮为此训了我们10分钟，就是为了告诉我们必须避免这种愚蠢的行为（这解释了我不太明白的一点，瑞士人为什么那么有侵略性）。在里皮看来，裁判在那时看到了发生的一切，但他避免采取措施，只是为了不毁掉德罗西的世界杯。这个错误再次上演，他感到很不可思议。无论如何，他对德罗西什么都没说，并示意我们等他自己去消解飙升的肾上腺素。由于对阵捷克，两种结果（胜利或打平）都能让我们小组出线，所以在很快速地分析这两种可能之后，赛后会议被取消了。我们正准备走出去时，德罗西站了起来，但眼神始终低垂着，大声说出了他应该说的话："我请求你们的原谅，真的，我向所有人道歉，我做了件蠢事儿，这差点让我们付出很高的代价。我不可原谅，再次向你们道歉。"然后他就第一个走出了更衣室。

除了是一个后果很严重的行为之外，所有人最震惊的是，德罗西在场上信誓旦旦地说他什么都没做，但他的话与录像中令人痛心的事实真相却并不是一回事。肘击确实存在，因此，在接下来几天里，当精神上的创伤开始愈合时，几个胆大的人跟德罗西开起了玩笑（"你没碰他，他的一边脸却开了花，想一想你要是被他抓到的话……"），德罗西只能勉强苦笑。等到裁决结果出来之后，他根本笑不出来了：停赛四场。事实上，这意味着他的世界杯结束了；如果想让他重新上场，我们必须打进决赛，而没有人想到那么远。德罗西非常沮丧，在裁决公布的当天他就想立刻回家，而这时候我必须出面了。因为在罗马，我是他的队长，也是他时间最长的朋友。我鼓励他，并对他说，随着时间推移，我们一窥决赛的钥匙孔可能会变得越来越大。我细问了一些他那种情绪爆发的原因，但从没想到，在后来的日子里我还需要很多次地重新触及这个话题。在一场罗马德比中，他与毛里的冲突，在2017年底对热那亚的比赛里与拉帕杜拉的摩擦都是如此。每次德罗西都像个机器人一样重复："我什么都不记得了，在某个时刻我就是会觉得视线模糊，做出一些我自己意识不到的事情。"之后他脸上会充满越来越悲凄的歉意：对被打的对手，对留在场上的10名队友，也对如同遭遇诅咒的自己。在球场周围会有无数台摄像机，想躲过所有镜头是不可能的，你犯错了，就注定要付出代价。从理性来看，你知道有些事情是不能做的，但在那种情绪爆发的时刻，完全没有理智可言。

第三场比赛的对手是捷克，那也是亚历桑德罗·内斯塔的最后一场比赛，上半场他拉伤了腹股沟，下场后在中场休息时，他得知了诊断结果：需要一个月的时间恢复，而距离世界杯结束只剩下不到三周。我为他难过，因为在我们还年少时，他就是我在拉齐奥的"双子星兄弟"。我为他在国家队大赛中总是受伤的多舛命运而痛苦，因为每次大赛他都会遇到一次伤情。然而，尽管已经确定不能再参加世界杯比赛，亚历桑德罗也没有想过哪怕一分钟回家：他依然全心全意投入这次征途，而他的决定对德罗西产生了积极的影响，让他最终放弃了提前回国的想法，他还有重新在世界杯出场的机会，虽然看起来很遥远。在随后的比赛中，他一直和亚历桑德罗相伴左右，最后我们都管他们叫奇奇和蒂蒂（迪士尼动画片中总在一起的两只花栗鼠）。

就像德罗西停赛由加图索补位一样，内斯塔的受伤为马特拉齐开启了道路：仔细想想，命运为打造一套世界杯阵容所起到的作用是非常惊人的。要说马特拉齐只是做好了准备，恐怕是不够的。就在他上场后几分钟，我主罚一个角球。我看到他从后排飞奔上来，手指向空中，意思是让我把球踢得远一些，到第二根门柱的位置。他脸上的表情是如此自信，让我不由得顺从了他的意图，这是一个神来之笔的选择，因为我看到他纵身跃起，比其他所有人都高出一头，把球顶进了死角，逾越了切赫的十指关。我握紧双拳跑过去拥抱他，这是一个重要的进球，因为在比赛刚开始的时间里，捷克人用他们高强度的逼抢，对我们造成了极大的侵略性，他们想留在世界杯就必须取胜。那天，内德维德的状态根本无可阻挡。我花费笔墨提到他，是因为在场上，我从来都忍受不了他。他是个非常爱抱怨的人，你只是轻轻碰他一下，他能飞出去10米，迫使裁判掏牌，这会让你有一种抬起手打他的冲动。除此之外，我不想再说什么了。但他确实很强，我的天呐，如果说他很强，那么在那场比赛里，他似乎更厉害，为了防住他的射门，布冯不得不做出三四次高难度的扑救。在重申我对他作为球员的看法，并且坦承我对他从未隐瞒这些之后，我们第一次在赛场外有了交集，在蒙特卡洛的欧洲冠军联赛抽签仪式上，我还是得承认，他对我非常亲切友好。

我是第一次参加抽签仪式，还是个新手，他主动过来找我，询问我刚刚从赛场上退役后的感觉，还开玩笑地嘱咐我要给他们抽个好签。当我抽出巴塞罗那那个小球时，他笑着耸了耸肩，似乎要帮我摆脱负担，毕竟我给他们抽到的可能是最差的签了。我的朋友布冯坐在他旁边，那样子似乎已经准备好从第一排对着我喊："你这个该死的……"

如果说给马特拉齐送上助攻，帮助球队领先的角球是我在对捷克的比赛中做出的第一个个人贡献，那么第二个贡献应该归功于我的脚踝，波拉克在背后踢了我十几脚，在上半场伤停补时阶段，不知道第多少次犯规后，人们看到墨西哥裁判掏出第二张黄牌在他的面前挥舞。即便内德维德不停地攻击布冯把守的球门，下半场纯粹是控制局势。里皮让我打满了全场。在首发阵容中，他拿掉一个前锋，使用了西蒙尼·佩罗塔，这是专为我设计的一步棋，因为西蒙尼无论在意大利国家队，还是在罗马队，都是最擅长冲击对手空当并给我纵深传球的球员。有一小时时间，吉拉迪诺打单前锋，之后被因扎吉换下。因扎吉在错过两次机会后，在第87分钟，用一种让所有人欢呼的方式打进一球，将比分改写为2比0。还有就是，我们所有人都在笑巴罗内。他也是下半场替补出场的，在因扎吉打出单刀反击时一路紧紧跟着他，好像真的存在因扎吉会传球的可能性似的。事实上，因扎吉过掉切赫，打进了他在世界杯赛场上的进球。汉堡在对我们微笑，我们以小组第一的身份出线，进入上半区，避开了夺冠热门巴西队。到了晚上，我们发现，我们八分之一决赛的对手是澳大利亚，而不是之前我们所有人预想的克罗地亚：他们之间的比赛打成2比2平，我不能说我们对这个结果感到失望。

第二天晚上，在我们面前打开了那条著名的通道，因为法国拿到小组第二，也进入了另外一个半区，德国电视台一个图表分析打消了所有疑问：击败澳大利亚之后，我们将面对乌克兰和瑞士之间的胜者。没有任何有不尊重的意思，但世界杯四分之一决赛对我们来说完全可以更糟。事实上，第二天一早，里皮在早餐厅把我们召集在一起，用他的辩证能力成功传达了一条语带双关的信息。一方面，我们要全神贯注准备应对澳大利亚，因为在世界杯赛场上，唯一的思考方式就是一次只考虑一场比赛，特别是进入淘汰赛阶段。另一方面，我们需要明白，至少打进半决赛的这个机会是无法重来的。在意大利，所有人都认为我们最小的目标是打进四强：考虑到我们的实力——他补充说——这样想也是对的。无须掩藏的是，在更衣室闲聊中以及在集训时更多的谈论中，我们都会谈到那条“通道”，以及在一条看起来很好走的下坡路途中可能隐藏的陷阱。我们自认为比澳大利亚强很多，而我们与瑞士和乌克兰刚刚交过手，就是在飞往德国之前的两场友谊赛中。那是两场平局，但在我们看来，如果不是备战仓促，能够轻装上阵的话，两场比赛我们都会轻松获胜。因此，每次讨论都会转到一生的机遇这个话题上，因为命运看上去如此顺风顺水，就好像传递给你一个信息：好好利用这次机会，因为你不会再有第二次。乍看之下有点吓人，但随后会让你增添更多信心。小组赛最后一轮和八分之一决赛中间的间歇很短，只有四天时间，这是世界杯期间最短的间歇，也就是说恢复性训练，一次合练，然后就是比赛前夕飞往凯泽斯劳滕了。

到目前为止，我在对加纳的比赛中踢了差不多一小时，对美国队上场

35分钟，对捷克打满全场。在世界杯期间谈论恢复计划显得有些自负，但情况就是这样：我在状态恢复到50%时来到世界杯，而现在，对于我这个从2月开始就没踢过一场正式比赛的人来说，由于状态的提升和之前体内毒素的消失，我感觉恢复了至少70%。总之，一切都在向好的方向发展。因此，在我们吃完饭准备启程去球场之前，里皮来到我房间告诉我，这场比赛不会让我首发，我感到很难受。“前面三场比赛你都踢了，现在休息一下是正确的，如果事情能够按照某种方式发展，这场比赛正好是我们在这次世界杯之旅的半程。我们的休息时间少一天，对于一个经历你这样伤势的人来说应该会是有影响的，而且澳大利亚人身体条件非常好，我们得让他们疲劳一些……”

坦白地说，他的理由无懈可击，但我还是极度烦闷，因为伊拉莉在她姐姐西尔维娅的陪伴下第一次来德国看我比赛。本来我就因坐替补席有点气急败坏，还要告诉她，我今天不能上场，这无疑给我愤怒的心情火上浇油。我没有抱怨。不仅如此，我听从里皮的意见，跟他说没问题，告诉他我会让自己做好随时替补出场的准备，我没有表现出半点失望的情绪。为了他，我应该这么做，因为在那个漫长的春天里，是他一直等待并激励着我。时至今日，如果你问他当初我是如何接受他的决定的，他都会告诉你，我没有任何怨言，而且完全听从他的支配。我很骄傲没有让里皮知道我的情绪，他投我以木瓜，我理当报之以琼琚。只有在看到这几行文字时，里皮才会知道我当时的心情有多么糟糕，也可能恰恰如此，他会更加赞许我。

我跟伊拉莉发泄情绪，可她在听完我的理由后，二话不说就站在了里皮的阵线。我被包围了。她并不怎么关注足球，但本能地理解了教练所说的话，并认为他说得对，因为在一个由23名精英球员组成的环境中，在一场轻松的比赛中休息一轮是正常的。我们甚至不能让自己有一点往这方面想，但她显然可以不受那些陈词滥调和迷信思想的束缚，说出整个意大利的想法：对澳大利亚是一场简单的比赛，如果让他们知道我们是怎么想的……在去球场前，里皮召开了技术会议，确定了首发阵容，而我要说清楚两件事：第一，他很体贴地提前告诉我，我不会首发，这显示了他对我极大的尊重；第二，我的位置由德尔皮耶罗顶替，当你被一个和你一样的冠军球员所代替时，你唯一能做的就是吞下苦涩的心情，不遗余力地为他加油。

从2000年欧洲杯到2006年世界杯，我和德尔皮耶罗一起参加了四届大赛，而每次大赛前都会有报纸炮制类似“10号球衣掰手腕”的标题，当然指的就是我和他之间的竞争。在那些年很多类似的无稽之谈中，我俩都很喜欢“掰手腕”这个词。在录《托蒂笑话集》时因为它一直笑场，我们每次说不完三个词就会哈哈大笑。我马上就会讲到关于“10号”的故事：2000年欧洲杯，他理所当然地穿上10号，因为两年前的世界杯他就是10号，而我初出茅庐，因此很满意地申请到20号球衣。但2000年欧洲杯决赛对德尔皮耶罗来说不太走运，两年后，当我们启程前往日本时，他提议让我穿10号球衣：“7是一个总会带给我好运的数字，而且我知道你是10号的最佳人选。”2004年欧洲杯，他说了同样的理由——鉴于这两届大赛意大利队的表现都算不上成功，这引发了关于魔咒的说法，所以我和他说，关于10号球衣的选择我们可以顺其自然。还有，里皮告诉过，我们需要解决我们之间的这个问题，所以我们应当都有服从大局的姿态。德尔皮耶罗则更加坚定：“弗朗切斯科，不光是我对10号没有兴趣，我还明白你对此很重视，所以没有什么顺其自然，10号就是你的，这样我们都高兴。”关于球衣号码的问题之后再也没有成为问题，但毫无疑问，这件事成为我在足球界所拥有过且现在依然拥有的最美好的友情注脚：德尔皮耶罗是一个非常优秀、慷慨大度、充满智慧的人，是一个真诚的人。当然，他还是一个不可思议的冠军球员。在球员生涯中所扮演的角色让我们不可避免地成为对手，因为双方球迷看待罗马与尤文图斯之间竞争的态度和氛围，我们之间可能应该很容易心生罅隙。但从我们间的第一场比赛开始，从第一次在奥林匹克球场的球员通道等待裁判入场指令时的四目交汇，我们之间就萌生出一种天然的惺惺相惜，而在国家队的经历让这种惺惺相惜升华成真正的友情。带着这样的尊重，面对一个出现在我位置上的人，当主裁判吹响对澳大利亚比赛的开场哨时，我把所有的不快都扔到了一边。

淘汰赛再简单不过了：如果输了，你就得回家。说到这里，人们可能会想象离开宾馆前球员们——我不说是收拾行李，因为这样可能会招来霉运输掉比赛——至少会花上5分钟时间规整东西，看看两天找不到的拖鞋是否在床底下，从牙膏管里挤出最后一丁点牙膏，而不是打开一支新的。不，怎么可能？我们把集训期的每一天都看作永恒的一天，就好像我永远也不会离开，至少绝对不会在决赛前离开。在等待一场比赛开始时，你会有这样的胡思乱想，而坐在替补席上显然会想得更多，因为你不能在场上奔跑来进行发泄。上半场我们的表现不好，或者说我们创造了很多次射门机会，但都没有进球得分，在需要取得实质性突破的时候总是突然哑火。中场休息时，里皮提高了自己的音量，此前我们从未听过他这样说话，因为他说我们踢得太乱了，我们好像在表演芭蕾舞剧，而不是在踢一场“生死大战”。他对某一个他没有点名的人感到怒不可遏，指责他跟记者们说得过多，导致向对手透露了我们的战术计划。他的目光投向那些上场的球员，也包括我们这些在替补席上的人，所有人都觉得对他的震怒难辞其咎。他说，澳大利亚人对我们传球的线路了解得很清楚，肯定是之前做过周密的准备。我们的阵型和站位都是新的，可见是有人多嘴向外界透露了这个变化，而该死的希丁克——他是澳大利亚的主帅——很明显安排了正确的阵型准备这场比赛。后来再琢磨这件事，我认为里皮是盲目地开火，或者说是用这样一个借口来向我们表达他的愤怒：如果连我都是在比赛开始前几小时才知道自己会坐替补席，更不可能会有人那么快向记者透露球队计划，从而让希丁克知道。不管怎样，他拉响的警报好像对我们有作用，但麻烦依旧接踵而至。

下半场开始5分钟，布雷西亚诺在赞布罗塔贴身防守下突破，与此同时马特拉齐冲向他放铲。这是一个明显的犯规，而且没有必要。鉴于马特拉齐碰到的是赞布罗塔，当值主裁判，西班牙人梅迪纳·坎塔莱霍的判罚让我们目瞪口呆：那是一个黄牌的犯规动作，他却掏出了红牌。我们全都从替补席上站了起来，就像在这样的情况下我们经常做的那样，脸上的表情一半是震惊一般是愤怒，这都无济于事。这是我们在四场比赛中第二次10打11，但这是一场淘汰赛。我们站在了悬崖边上。

距离90分钟常规比赛结束还剩下40分钟，距离点球大战还有70分钟，在那个时候，点球大战是我们所有人的目标。但对于场上的10个人来说，剩下的时间太长了。我们花了一点时间重新组织阵容，而澳大利亚开始控制比赛的局势。这倒不是很危险，但里皮在上半场伤停补时为了加强中前场的覆盖能力，用亚昆塔换下了吉拉迪诺，现在他又用巴尔扎利换下托尼，以重新启用传统的四后卫阵容。进行了第二次换人后，里皮让我去热身，这给了我一个信号，也许第三个（也是最后一个）换上的人是我。我在边线和广告牌之间那个狭长的草皮上慢跑，从角旗区看过去，我注意到布冯几次稳稳地挡出了来自罚球区外的远射，还有卡希尔的一次头球顶高了，但确实给我们造成了威胁。球队的阵型在回收，在第四场比赛中，我们可能显现出了一些疲劳：如果真的需要有10人应战，真不应该是此时此刻。

“弗朗切斯科！弗朗切斯科！”里皮非常激动地喊着我的名字，好像我走得太远了。我飞快地来到他的身边。“现在你上场。你需要多给亚昆塔送一些纵深传球，他体能还很充沛。让他拿球，这样我们在他身后可以松口气，等你给他传完球后要迅速靠近他。如果他回敲给你，也许你有机会尝试禁区外远射。去吧，去吧……”最后几个词淹没在球迷看到换人牌后山呼海啸的声音里。德尔皮耶罗被换下，我们简短地拥抱了一下。队友们脸上显现出满是疲劳的神色，但是都下定决心绝不放弃。计时器显示，第75分钟。我立刻明白我们有反击的空间。澳大利亚人是很好的运动员，但即便是希丁克也没能带给他们像样的战术水平：他们的无效跑动很多，并没有体现出人数上的优势，而且在人数上占优，依旧没有进行换人，这说明他们的板凳深度确实不足。我两次传球给亚昆塔，不过他并没有给我回传。计时器来到90分钟，进入伤停补时，加时赛几乎成为定局，谁知道我们是否能坚持到点球大战呢。突然间，法比奥·格罗索——他真是个跑不死的家伙——沿着左侧边线用田径选手的步伐开始冲刺。我在中圈拿球时用余光看到了他，决定相信自己的直觉：我把球长传到左侧，格罗索很聪明，他把球让过去，这样就能在身位上取得对布雷西亚诺的优势，之后果断地运球，突入禁区内靠近底线的位置。亚昆塔在中路接应，而我并没有离开传球的地方。

我不知道该怎么解释（当时的场面），但在我的记忆中，这一切就像在看高清画面。格罗索把球扣过尼尔后与他接触并倒地，主裁判瞬间思考了一下，把手指向了点球点，亚昆塔欣喜若狂，跑过去拥抱还在地上的格罗索，而球被莫名其妙地交给了我。说真的，我真不知道是谁把球踢给我的，也不知道他这么做是有意还是无意。当然，我把球拿在手里后环顾四周，没有看到一件蓝色球衣。摩西和红海之水的故事，你们记得吗？

意大利队并没有指定点球手，里皮不愿意做这样的安排，因为在比赛中的换人会改变一切——例如，你们想想刚刚被换下的德尔皮耶罗和刚刚替换下他的我——人在特定时刻的情绪也是无法规划的。回头再看看场上的阵容，最可靠的主罚者是我和皮尔洛，事实上如果球在皮尔洛手里，我不会允许自己跟他交代什么，让他踏实地主罚。不过，在这个紧张时刻，球在加图索手里，我或许会对他说点什么，如果他能大方地接受的话……我重新环顾了四周。布冯转过身面向看台，就像平时一样，他不愿意看主罚点球。皮尔洛在替补席旁边喝水。他内心应该感到很紧张，因为他喝了很久……总之，我走向点球点一路顺畅，澳大利亚人的抗议正在逐渐平息——我理解他们，这是一个有些勉强的点球——由于他们有盎格鲁-撒克逊人的体育文化，所以他们没人想到用某种方式来干扰我，比如阻断我面前的道路，或者对我说些什么难听的话。我走向点球点时也注视着施瓦泽，他已经开始了一个门将在面对点球前的仪式：活动身体、小步走向裁判跟他说几句话来缓和情绪。我边走边想，甚至可以说是小声地自言自语："我要踢个勺子吗？"

那天晚些时候，里皮告诉我，他度过了惊恐万分的1分钟，因为他真的害怕我会再次尝试在阿姆斯特丹玩过的把戏。事实上，就差一点，因为在距离点球点10米左右时，我还没有决定好。后来我想，施瓦泽是一个出色的门将——我知道他在米德尔斯堡效力——在淘汰赛之前，他一定研究过对方的点球手。他肯定了解我的一切，特别是我打进的点球里最著名的那一个，所以最好不要给他机会，让人觉得他未卜先知，而我却傻乎乎地被看透了心思。我把球放在点球点上，做出决定：打左上角，就在门柱和横梁交界处下方，内脚背，出脚。

站在那里，除了射门方式，我没有想任何事情。但是因为裁判——我的目光只注视着他，小心翼翼地避开施瓦泽——吹哨前花了一点时间，我内心感到有什么东西一闪而过，让这能令人发疯的紧张情绪得到了舒缓。突然间我仿佛回到自己6岁时，在我曾经的学校前玩踢"小鸭子"的游戏，为了赢下比赛，我需要击中最后一个。这个想法闪过我的脑海，那一瞬间让我感到放松：这次射门决定着我们整个世界杯之旅，我不知道进入加时赛后我们能不能幸存，因为长时间10人打11人就像垂死挣扎。我看着梅迪纳，他吹响了哨子，我这辈子从没有像此时一样精神高度集中。加油弗朗切斯科，把球打进。

当我看到球网的颤动，我头脑中仿佛引爆了一颗炸弹，因为那是一个宣告一锤定音的瞬间。我要说：我承受着极大的压力，以至于我甚至不相信自己的眼睛，或许我产生了幻觉，我觉得球已经越过了门线，可施瓦泽的手还是能改变它的方向。但球网的晃动是板上钉钉的，球进了，没什么能再把它弄出来。我做到了，“小鸭子”被击倒了。我把手指放进嘴里时早就忍不住笑了起来。不是微笑，而是真的笑逐颜开，因为在那一刻，过去的一切都涌入我的脑海：受伤、害怕、担心不能及时恢复的焦虑、拐杖、与时间赛跑，一切都回想起来，与这样一个无比快乐的时刻交织在一起。我要说，这是我职业生命中最美妙和最重要的三个时刻之一。我极目寻找伊拉莉，我大概知道她的位置，可还没等看到她，1个，3个，10个，所有的队友都堆到我身上，所有人拥抱在了一起。“我们会赢得世界杯！”有人大喊了一声，而这个声音立刻传播出去，并得到了回应：“是的，我们要赢下它！”“谁也不能阻挡我们！”“我们是最强的！”这是一种令人疯狂的喜悦。时间到了第95分钟，裁判甚至没有重新开球就结束了比赛，经过了前所未有的痛苦，我们打进四分之一决赛。里皮冲我微笑，像一个爸爸。在那个2月的某一天，他一大早从维亚莱乔出发，为了早点到斯图尔特别墅医院的旅程，也让我突然找到了它深层的含义。我对他说，我伤愈之后终于又进球了，他缓缓地、志得意满地拍着双手：“恭喜你，你真是选对了时间。”

在我还是个辅祭男孩时，我曾心不在焉地听过一些本堂神父的布道，其中《福音书》里一个章节一直让我百思不得其解，讲的是一只骆驼穿过针眼的故事。我真的不理解这怎么可能：直到有人向我解释了其中隐喻的道理，我才恍然大悟，理解了那个关于骆驼的故事。有时候不知道在我脑海的哪个角落里还会突然再次浮现跟澳大利亚比赛之后的那个夜晚，我飙升的肾上腺素一直在体内循环，让我无法入睡，思绪总是会回到那个点球上。对我来说，如果不是在那样的环境下，那是一次简单的射门，而为了承受住压力，我必须召唤我内心所有的精神力量。就这样，我在剧烈的心跳下费了很大力气强迫自己冷静并调整自己，并穿过了那个针眼。最后，我疲惫不堪地带着满心喜悦睡着了。入睡前最后想的事情跟我的队友们想的一样：现在我们要去赢得世界杯。

13

“前进，进球，取胜”

我们的心理预期发生了变化，从希望在这次赛事里尽量取得好名次，到认为可以赢得世界杯，而这也改变了我们的每一场比赛。直到八分之一决赛之前，那些日益临近的比赛逐渐让我们感到焦虑不安。从现在开始，球队似乎感受到一种激情，而每一个比赛日期的临近——跟澳大利亚和乌克兰的比赛还是间隔4天——也让全体队员心跳加速。我们不再被动地等待对手，而是带着无限的战斗欲望去迎战他们。在直接淘汰赛里，我们要做的显然是击败对手，但不仅如此。我的意思是，我们甚至有些大言不惭地享受这种检验自己实力的过程，我们坚信能够让自己的实力显示出它的价值。里皮多次告诫我们要谨慎，因为低估乌克兰将会带来极大的风险，但我认为在他内心深处也有着和我们一样的感受。

如果说我们需要进一步的动力，它在对澳大利亚比赛后一天的午餐时刻不期而至，当时我们因为头一天深夜才回到住处而萎靡不振。卡纳瓦罗和赞布罗塔告诉了我们一个消息，他俩刚刚接完从都灵打来的电话：“今天早上，佩索托从办公室二楼坠楼，现在还在医院昏迷。”如果不是他们用那种严肃和颤抖的声音说出来，我会认为那是一个白痴的笑话。

在足球场上孕育而生的团队精神中，有一种最特殊，它存在于最后时刻点球决战中主罚的队友之间。你在中圈等待着轮到自己，在这样一个竞争时刻——我不能说这是比赛，因为技术上说比赛已经结束了——压力是非常大的，你的视线不可避免地穿过一排队友，转向你的对手，再回到队友身上。这是一场决斗，你在朋友那里寻找勇气的痕迹，在对手的身上寻找恐惧的气息。最重要的是，穿着跟你同样球衣的人应该是一个坚强的、精神力量强大的人，是一个不会颤抖、不屈服于当下情绪的人。我正是想到这些，来消化这个可怕的消息，与此同时，其他人围在布冯、卡纳瓦罗、费拉拉和其他来自尤文图斯球员身边大喊着“不”，并问着在那种情况下最常见的问题，为什么，为什么，为什么。我想起6年前，在阿姆斯特丹那万分煎熬、惊心动魄的几分钟，我们在和东道主荷兰队争夺进入欧洲杯决赛的资格，比赛来到点球大战。我想起亲爱的佩索托在我之前走向点球点，他是第二个主罚的人，而我是第三个。我想起他镇定的步伐，尽管他的内心和所有人一样都在承受地狱般的煎熬。我记得他平静地等待裁判哨响时传递给我的力量，范德萨移动着他长长的手臂试图干扰他，却反被假动作晃倒了，佩索托轻松地用一记地滚球主罚命中。之后他转过身，长时间握紧了拳头，这也是人们唯一能看到他宣泄内心惊涛骇浪的方式。他微笑着回到中场，与斯塔姆擦肩而过，而后者被佩索托满满的自信与坚定震慑住了，走上前去罚失了点球，这也让我的“勺子”变得更轻松了。

究竟发生了什么，让这样一个精神强大的人如此彻底又如此悲剧地迷失自己？有人说是他退役后的抑郁症造成的，有人说是家庭问题。对我们来说，不安与痛苦远远超出了对事情原委的好奇心，简而言之，唯一的想法是想知道他现在怎么样？那个时候没人敢提，但是在内心深处，我们都想知道他是否能够挺过去。佩索托刚刚结束自己的职业生涯，他的能力和体育精神给队友和对手都留下了极为深刻的印象。佩索托先后效力于都灵和尤文图斯，他是个强劲的对手，他是那种无论赛前还是赛后，你都会开心愉悦地拥抱他的对手。他是一个后卫，会对你犯规，但你倒地后，他一定会停在那里，伸出手拉你站起来。我听说足协正在手忙脚乱地准备一架私人飞机，因为卡纳瓦罗坚持要求去医院探望佩索托，其他几位队友也打算加入他。这么做是令人欣慰的，也是顺理成章的。离开训练基地前，卡纳瓦罗把我们召集起来说：“我跟你们说，我要向他承诺，我们会击败乌克兰，把胜利献给他。”我的内心深处宁愿根本没有这样的机会需要对他做什么承诺，但是如此强大的动力确实剥夺了乌克兰人任何最后的机会。

在凯泽斯劳滕踢完两场比赛后，我们回到汉堡，在那里我们踢过一场比赛。飞行途中，我觉得里皮再一次做对了。虽然我找到让自己变得对球队有用的方法，但对澳大利亚只踢了20多分钟让我恢复很多在小组赛中消耗的体能。如果我们真的打进决赛，就意味着在10天内有3场比赛等着我们；之前坐冷板凳的经历曾让我耿耿于怀，但是现在我几乎要感谢这次替补经历了。我拥有的是典型的、狭隘的球员视野，很难看到90分钟以外的东西。教练则需要有更长远的目光，为此他们要承受超出常人的压力。看看他们，有时候甚至会让我觉得担忧，在短短几个月里掉头发，发胖，自言自语，感觉自己在所有人注视之下。大多数时间他们是正确的，就像里皮这一次。为了让我们能够理解，你知道他们要费多大的工夫……

乌克兰显然比我们弱多了，更衣室里大家普遍的看法是，我们只要用60%的实力就能击败他们。我们当然不会对教练说这些，如果他知道了，肯定会推翻我们的想法，不过我从没觉得我们的这种意识是一种自负。球队已经成熟，备战也不需要那些虚假的谦逊。我还要说，在出场热身之前，我们很多人都利用更衣室区域的屏幕，屏住呼吸观看了德国与阿根廷的点球大战，以确定我们在半决赛的对手是谁。我知道在此应该说“可能的”对手，但那时我们真的没有一点会出局的想法。我们大部分人甚至公开支持德国队，当坎比亚索罚失最后一个点球时，我不能说我们互相拥抱，但那种气氛超出了“满意”的程度，还有一些人在击掌。我们畏惧阿根廷，不仅因为他们的技术更出色，还因为在主力阵容之外，他们拥有一些人们都在谈论的年轻球员，从特维斯（当然他那时已经很有名）到巴塞罗那小天才莱奥·梅西。亲眼看过他踢球的人都会确信梅西真的就是新马拉多纳，并不像之前也有几个阿根廷小伙子被人们用来与伟大的马拉多纳相提并论，但之后都因为这种荒唐的比较不堪重负被压垮。梅西的故事截然不同，他真的是一个天才，人们都在谈论他，至少在我看来，2006年的他还是一个希望之星，因为那个赛季巴塞罗那赢得了欧洲冠军联赛冠军，而他受到冬季尾声伤病的影响，错过了几场具有决定意义的比赛。

无论如何，德国对我们来说是更好的结果，因为世界杯上我们战胜德国队的传统会对他们形成负担。首先我们要击败乌克兰，当我的同龄人舍甫琴科走上球场时，我从他的眼睛里看到和我内心深处滋长的同样的坚定：要么是现在，要么就再也没有机会，在30岁的年纪，想赢得世界杯，就是这届了。所不同的是，他是个非常伟大的前锋，却没有能帮他剑指冠军的队友。但是，我有。

我们开场后6分钟取得了进球，这里有我的功劳，我的脚后跟传球避开了习惯性扑过来上抢的胡辛，和赞布罗塔完成了撞墙配合，赞布罗塔左脚远射。这样的配合快速有效：赞布罗塔的射门犀利而精准，门将绍夫科夫斯基的扑救稍稍地晚了一点，没能碰到球。我们1比0领先，半决赛距离我们如此接近，仿佛触手可及，尽管在绝大多数对抗中都处于下风，乌克兰队仍然采用人盯人防守。好吧，他们高兴就好……

事实上，他们给我们制造了一些麻烦，毕竟在这样级别的比赛中，在世界杯四分之一决赛中，任何一丝一毫的放松都会被发现并被攻击。我们的防守总能成功地将舍甫琴科控制在安全的距离，为了有更多人盯防他，我们被迫放弃了一些区域，卡利尼琴科在下半场刚开始时差点就利用这一点破门：面对他近距离的射门，布冯非常出色的扑救改变了球的方向，球打到立柱上。我把这次险情解读为一个信号，我必须尽快策动一个进球，将领先扩大到2比0。在一次左侧角球时，我招呼格罗索接球后回传，基于我们在训练中演练过的一个套路：他把球完美地回敲给我，我用右脚将足球踢出一道下坠的轨迹，让它正好落在卢卡·托尼的头上。说实话，卡纳瓦罗试着在同一条空中线路上起跳争顶这个球，但稍微晚了一点点。托尼出色地完成了头球攻门，而这一次同样是球网的晃动让我确信任务已经完成了。是的，球进了。皮尔洛和赞布罗塔的一次配合，再次给托尼创造了机会，3比0，我们取得了大胜，我也为自己提升的状态感到很享受。我送出两次助攻，放下对澳大利亚的点球不说，这场比赛是我做出贡献最多的一场。比赛结束后，我笑着和其他队友一起举起了意大利国旗，我们在上面写着“亲爱的佩索托，我们和你在一起”。这是我应该献给他的，因为在阿姆斯特丹他带给我的平静。这是我应该献给他的，因为我爱他。

我们晚上就离开了汉堡，回到杜伊斯堡的酒店时，基本是7月1日拂晓了。我们很快弄清楚了日程安排：与德国队的半决赛定于星期二晚上在多特蒙德进行，在那之后我们将面临两条路：要么星期六去斯图加特争夺第三名，要么星期日在柏林争夺冠军。无论如何，对乌克兰的胜利让我们更加确信自己可以打进决赛，这已经是一种美妙的满足感。维托告诉我，许多记者在对我进行了恶意攻击后——他们竟然写我是坐着轮椅踢球——现在已经意识到我正在发挥重要的作用。还不错。我让他帮我准备新闻摘要，因为我不想分心，或者因为那些带有偏见的批评而烦躁。我非常清楚在德罗西吃到红牌后他们都写了什么：两年前是托蒂的口水，现在是德罗西的肘击，这些罗马人是不值得信任的，他们无法控制自己的情绪。拜托，这些事情的存在是无可辩驳的，但以此断定这是罗马人的基因缺陷，未免差了十万八千里吧。

突然之间可以感觉到，德国人从一个友善的局外人变成了我们的对手，甚至可以说是敌人。从与乌克兰比赛的终场哨音响起的那一刻，所有人看待我们的方式都不一样了：组委会志愿者、护送我们的警察、机场工作人员。在杜伊斯堡基地的工作人员，他们都是意大利人，也从另一个相反的角度增加了我们的压力。如果击败了德国，那将是他们一生中最美妙的一天，而如果我们被淘汰，那将是无法愈合的伤口。星期六，我们尝试着到基地外转转，而且那天是对家庭的开放日，但我出去不到200米就决定回来了，因为散步根本不可能。整个区域挤满了我们的球迷，从一方面看，我们已经在意大利引起了人们很大的期待和激情，从另一方面看，我们也不可能听取所有人的意见和看法，所以最好还是待在酒店里。

队友们愁容满面，而里皮意识到紧张的情绪在加剧，为了安抚大家，他策划了一个事件，开安杰洛·佩鲁济的玩笑。在说笑话之前，我需要聊聊安杰洛，他是亲密的朋友和无数场比赛中同场竞技的伙伴，只是他全都是以对手的身份出现，他在罗马成长后，先后在尤文图斯和拉齐奥效力了多年，而这两支球队是我们最主要的对手。安杰洛就是人们说的那种“野兽”，当然这是个褒义词。他的爆发力极强，二头肌粗得像大腿，如果他把你推到墙上，你的身体根本完全无法动弹。幸亏他是个好朋友，否则，有可能成为一件最可怕的武器。他性格非常争强好胜，所以要把他拉下水很容易，比如有一次在比萨店，我们和他打赌，看他能不能把一张比萨折成八层后两口吃掉。他当然接受了——因为他总是接受挑战——我就不说他是怎么在尝试赢得赌注过程中毁掉自己的衬衫了，可他成功了。对成长于维泰博乡下的安杰洛来说，有一些关于他的疯狂传言，比如他只用一拳就能打死野猪。最后，有一件最让他引以为豪的英勇事迹：他可以凭借自己闪电般的反应力和铁爪般的抓握能力，用双手就能抓鱼。这是他在自己家乡的小河流中锤炼出的技能。总而言之，他就是只野兽。

在杜伊斯堡酒店的花园里有一个很大的池塘，我们经常在池塘边打发自己的闲暇时光。池塘里的水真的令人作呕：水很脏，泥泞不堪，简直就是个泥坑。这并不能阻止数量可观的鱼群在这里游来游去。每次菜单上出现鱼的时候，就少不了关于厨师的段子，说我们盘子里的鱼可能就是厨师从那个池塘抓上来的。即便是佩鲁济也不愿意跳到池子里一显身手，但他从第一天起就开玩笑烦扰我们：“让我看看你们是不是也能不用鱼叉抓到鱼。”当然，我们所有人都会大声地回呛他。让我们回到那个星期六，里皮决定舒缓一下紧张的情绪。在谁都没有注意到的情况下，他跑去厨房，在服务员帮助下，用一根大叉子穿起一条刚刚从市场上买回来的漂亮的鲷鱼。我们还在按摩，他偷偷摸摸地把鱼放在池塘里的一个“战略要点”，并记住了位置。吃完饭后（事先告知了我们实情），里皮坐在佩鲁济跟前对他说，他啰啰嗦嗦地讲徒手抓鱼的故事讲得太多了，其实这并不是什么很难的事情，比如他也完全有能力做到这一点，他还信誓旦旦地说：“所有维亚莱乔人都能做到这一点。”挑战正式敲定。安杰洛笑得乐不可支：“瞧瞧您，教练，您不知道您给自己挖了一个多大的坑。这可一点都不简单，您会意识到这一点的……”

于是，全队理所当然地一起出发去了池塘。佩鲁济交叉着胳膊站在池塘边，里皮脱掉鞋子，卷起运动裤的裤腿，小心翼翼地下到池塘里，开始向着他放好猎物的地点歪歪扭扭地行进。当他看见一条鱼游过，迅速把手伸进水里，又带着失望的苦脸把手收回来，佩鲁济爆发出得意忘形的笑声：“我和您说过了，教练。您看着吧，我们可能得一直等到夜里。”好戏终于上演了。教练重新把手伸进池塘晃动起来，并摇出了水花，最后他用力紧紧抓住那条鱼，装出极为吃力尽量避免眼睁睁看着它从自己手里跑掉的样子。那些戏剧化的瞬间其实都是假的，只是里皮用来掩饰拔出那把叉子的动作，可安杰洛却显得越来越焦虑不安。“什么情况？他能行？”我听到他低声地嘟嘟囔囔，脸上的表情可不像刚开始那样兴致勃勃了。教练成功地从那个泥坑里把鱼拉出来，现场大批围观的人轰的一声爆发出惊叹，而佩鲁济则哭笑不得。我们笑得像疯子一样，立刻恢复了好心情，是的。

星期六还有一个令人震惊的新闻：巴西队被淘汰了，他们在法兰克福对阵法国的四分之一决赛中输掉了比赛，亨利的进球让巴西队0比1失利。我们在电视前看了比赛，在某一时刻我们都不遗余力地为巴西队喝起倒彩。这是个令人惊讶的结果，因为在一个慢热的开局后，上届冠军似乎开始加速，而且从一年前——当他们漂亮地赢得联合会杯之后——所有人都认为他们是冠军的绝对热门：锋线上有罗纳尔多、罗纳尔迪尼奥、卡卡和阿德里亚诺，还有老熟人像迪达、卡福和罗伯特·卡洛斯。我们很高兴没有和这样一个阵容豪华的球队分在同一个半区，如果说我们能够打进决赛，所有人都认为巴西队是我们最合理的对手。事实上，看到他们这样出局，而我们还留在世界杯赛场上，着实让人松了一口气。我们对喝倒彩的结果感到满意，很多人评论说“少了一个强敌”，我也是其中之一。但我们没有想过，随着巴西队的离去，还有一支卷土重来的实力强大的法国队，之前跟他们的交锋——我指的是近些年的交锋——仍然让我们感到隐隐作痛。

意大利记者们告诉我说，德国人挑起了关于弗林斯停赛的争议，说我们推动了这件事，也跟我讲了那些老套的针对吃比萨的人的玩笑（就好像他们不爱吃比萨，但那一个月我看到的比萨店比啤酒馆还多……）。总之那是一场心理战，不过对我丝毫没有影响，因为我不懂德语，而且对深入了解这个话题也没什么兴趣。加图索感到很气愤，在我们热衷于无休无止的纸牌游戏时，他会插上几句话表示对手的这种媒体战略很高明，很显然有人给他解释了相关情况。到了星期日，他实在忍不住了，要求参加新闻发布会，对德国人显示出对意大利人的不尊重说上几句。在他回来后我们都为他鼓掌，但更多的是出于好玩，而不是因为他对那些争议的回应。与此同时，一切都变得喧嚣杂乱起来，我们入住的酒店变成一个乱哄哄的地方，挤满了记者、国际足联的人、亲戚家人，还有上百个没什么事的人，在这里转悠，为了弄一张票、一个签名，或者在十几分钟的时间里感受一下成为名人的感觉。拥挤的人群已经无法控制时，酒店方面组织专人来维持秩序，保护专门留给球员活动的区域，并且只能在我们提出要求的情况下，允许我们认识的服务人员进入。谁知道会发生什么事，毕竟我们是和东道主比赛。

为了让我们烦躁不安，德国人的心理干扰策略也体现在多特蒙德的酒店。一般情况下，比赛前一天晚上，球队会在大型国际酒店度过，而酒店会专门辟出一个区域给客队和代表团。但这次，我们被安排进一个糟糕透顶、狭小逼仄的三星级酒店，到处都是机织割绒地毯，如果我们谁因此过敏，那可能够他受得了。这种无礼的行为进一步激发了我们的斗志。我们自己人之间公开地谈论起这件事：“他们这么害怕我们，甚至不想让我们休息。”这是一种说笑的语气，却给了我们勇气，让我们的状态更加兴奋。然而，气氛当然很紧张，难以置信的是，那天晚上我们睡着了，在这间铺满割绒地毯的三星级酒店里……

2006年7月4日，星期二。我经常被问到的问题之一是，我愿意付出什么去重新体会那一天的激情。我会愿意为此付上100万欧元吗？这显然是个无聊的问题，但我给出的回答绝对是严肃认真的。如果不能保证结局的圆满，我不愿意让这一天再重来：单单想到可能会以在半决赛中的失利来结束那一天，就会让我觉得如同万蚁噬心。如果有人能向我保证还能打进决赛并感受同样的兴奋，我甚至愿意付出200万，因为我觉得那是自己最充满生机、最充满活力、最充满激情、最容光焕发的一天。那种感觉好像在月亮上漫步：你们去问问一个宇航员愿意付出什么再来一次……如果确保能重返地球，他可以付出任何东西。

多特蒙德的主场是一座非凡的体育场，当你走进球场的时候，并不会感受到他的庞大，可你越来越接近场地中央的时候，才会慢慢发现它是多么雄伟。我代表罗马队在这里踢过一场友谊赛，但当时场内并没有坐满。这里给我留下的印象是非常夸张的，比赛前两小时，球场就因为欢呼、希望和忧虑变得沸腾。我暗自揣度，德国人装备了一个绝妙的舞台来庆祝自己打进决赛，而如果我们顺利过关，他们失望之情也将是非常残酷的。好吧，耐心。在踩场熟悉环境时，我极目寻找属于我们球迷的那一片看台。当然，这片看台很小，但很容易看到（在比赛中，我注意到，到处都有我们的旗帜）。我做了个打招呼的手势，那里立刻爆发出一片山呼海啸。他们已上满发条，就像闹钟一样。

当你为一场极其艰难的客场比赛（从这个角度来说这场比赛无疑是我

职业生涯最艰难的，因为我从未在如此敌对的环境中比赛）做心理准备的时候，没有什么比看到自己的球迷更能受到鼓舞的。尽管安全能够得到保障，但也关乎风险，关乎你孤独地站在所有人对立面的窘迫不安。没错，你的球迷之所以追随着你，因为他们不愿意留下你孤身独行，就像利物浦的队歌里所唱的。这种感觉太美妙了。对方支持者越是对你的球迷狂嘘，希望压住他们的激情，你内心深处想为他们赢得比赛的愿望就越强烈，就越想回报他们为了站在你的身边所做出的牺牲。在主场比赛，你就不会有如此完美的跟球迷们的水乳交融。在最艰难的客场比赛中，球员和支持自己的球迷之间的距离会大大拉近，以至于你会觉得与他们同呼吸共命运。你为你的球迷而战，是因为希望看到他们在对方球迷失望和嫉妒的目光中，昂着头、幸福地走出球场。

在那块看台上，有我的亲朋好友，西尔维娅（伊拉莉没能来到现场）、我的几位叔叔、其他亲戚和一些朋友。我没法分辨他们，因为有规定的限制范围，不能靠得太近。但我知道他们在那里，这对我来说就足够了。与此同时，平日里宽宏大量的德国警察已经把我们没有当场证件的器材管理员赶出了场地，尽管他们脖子上挂着世界杯的通用证件，上面甚至还有照片。在其他场次比赛，他们曾经被允许坐在替补席后面他们的箱子上，这次却完全没有任何通融的余地。表情面带威胁，争吵一触即发，但好在情绪还是被控制住了。

上吧！我们很快开始了比赛，并果断地发起连续进攻。我在对手几条线间找到了一些极佳的空间，罚出一个很好的任意球，但没能给莱曼造成很大麻烦。在那之后，我等待的机会来了。我在刚过中线的位置接到球，在一瞬间发现德国队的防线出现了“波动”，因为他们的一个边后卫没在自己的位置上，佩罗塔看到两个中卫之间的突破口，非常果断地冲了过去，巴拉克和弗雷德里希离我有点远，无法阻碍我的长传，足球完美地落在队友身前。这是我们在罗马的常规操作，我满怀希望地屏住呼吸。每次佩罗塔跟球队续约时，他都会抱着我说：“多亏你给我的那些完美的做球。”这一次，他的二次触球距离稍微远了点，莱曼可以做出完美的时机选择出击，在球门区边上完成了扑救。太遗憾了，这是一个绝对的进球机会。几分钟后，在对我做了一个预先设定的手势后，皮尔洛在右侧开出角球*，在对乌克兰的比赛中我把球踢飞了，所以这一次我非常注意自己身体的位置，以便把球压得低一些。在跑动时，我被……马特拉齐推了一下，却正好跑到位置上，而且我的射门不错。禁区里人太多了，球打在卡纳瓦罗身上。在德国队罚球区内阻碍我的却是我们自己的两名中卫，这很好地说明，在酷热无比的那片区域里，我们对比赛有着怎样的激情。德国队很强，他们的球迷对此深信不疑，但承受重压的不仅仅是我们。甚至，给人的感觉是他们所畏惧的东西更多，我们在开场后的强攻让他们更加不安，我经常跑过克林斯曼的技术区，看到他打了很多手势，在我看来，与其说他是在进行战术安排，不如说他在尽力去鼓舞在勇气方面有所欠缺的球队。里皮非常平静。到了中场休息，我们很清楚地意识到在点数上领先，但很可惜这不是拳击比赛。

“你们必须在90分钟内赢下比赛。”教练穿过一张接一张长凳对我们说，“你们有这样的机会，你们踢得更好，继续这样，你们是有能力做到的。你们过去一个多月的努力，就是为了赢下这场比赛，没有什么可以把它夺走。”事实上，下半场更加平衡，布冯有好几次让德国人记住了他的价值。我们借助格罗索和佩洛塔的几次斜插跑位和传球逼近他们的球门，莱曼在出击方面真的非常凶猛敏捷，有两次他面对长传的应对都做得比我们的前锋要好。

下半场中段，吉拉迪诺换下了托尼。常规时间结束了，我们拿着水壶喝水，里皮将我们集中到替补席边：“现在亚昆塔换下卡莫拉内西，我们

---

* 原文如此，实际应该是个右侧任意球。——译注

不改变阵型，文森佐（亚昆塔）体能充沛，他们拿球时可以覆盖边路。但我要释放一个信号，那就是我们会急需进攻，因为我们要在点球大战之前赢得比赛，我们远比对手要危险得多。”他的评价是正确的，在加时赛上半场，先是吉拉迪诺在一次漂亮的反击中击中立柱，随后赞布罗塔的禁区外远射打中横梁。天平越来越向我们这一侧倾斜。德尔皮耶罗上场了，取代了佩罗塔的位置。在加时赛极其短暂但非常宝贵的中场休息时，我意识到，我们场上有1个门将、4个后卫、4个前锋、1个组织核心和可怜的加图索。里皮的脖子上青筋暴出：“了结他们！现在！现在他们已经无计可施了，只剩下梦想进入点球大战。你们不应该给他们这个机会，因为你们更强，给他们另一次机会是不正确的。现在两个中场已经没有了，比赛成了攻防两端的直接对话，而我们的防线是坚不可摧的。上吧，进球，赢下来！”然后，他轻推我们的身体，鼓励走回赛场的我们。

走回场地中心时，我突然感到球场内喧闹声减弱了，能听到的主要是我们球迷的声音。德国人的恐惧显而易见，几乎已经植入骨髓。加图索对我做了个手势，让我“听听”这种安静，显然他也注意到了。我握紧拳头，我们必须尽快完成目标。最后15分钟跟里皮预测的是一致的，双方轮流进攻：他们的进攻都被布冯一一化解，特别是布冯扑出了波多尔斯基的射门，那是最有威胁的射门；我们也发动进攻，并且对他们展现出更大的威胁性。但这些还不够。时间在流逝，一次攻防转换后，皮尔洛在禁区外尝试了一脚远射，但莱曼已经准备好了，飞身封住死角。他在AC米兰效力时，可没觉得有那么厉害……这次配合中，我跑到禁区中央位置，而在此之前，我试着招呼皮尔洛给我传球。德尔皮耶罗体能更充沛，迅速跑到角旗边开角球，尽管他不是角球主罚者。皮尔洛留在弧顶位置，赞布罗塔——排在皮尔洛之后的另一个主罚角球的人——追上他，停在中路靠右的位置，吉拉迪诺在我身前更好的位置，我不得不向后退了三步，退过了点球点。格罗索靠向德尔皮耶罗，以备他可能回传。马特拉齐和卡纳瓦罗也来到罚球区内，在出现前场角球时，他们经常会顶上来，而亚昆塔则双腿跨在球门区线上，他是最靠近对方门线的人。从替补席上传来的信号告诉我们，我们还有不到2分钟。2分钟后就要进入点球大战。警报即将拉响。

现在，让我们暂停在这一幕，把它当成一幅等待被激活的静物画。前面讲了有多少个意大利球员参与这次角球进攻：9个人。只有布冯和加图索除外，前者在我们的后场观望，加图索在中圈，一旦德国人发动快速反击，他就要肩负起一个人面对对方两三个人的防守责任。之后，我们中的某个人会退回去帮助他，虽然我不知道靠什么力量才能冲回去，但是在第一时间里，我再重复一次，他只能一个人应对。在世界杯半决赛对阵东道主比赛的第118分钟，这绝对是个疯狂的战术，但就像你生活中可能并不常见的某个时刻，就在那一瞬间你觉得你能够通过任何考验。这不仅仅是关于球员的故事，更是关于男人的故事。就拿加图索来说，他的技术远比人们普遍想象的要好，除此之外，我不认识任何一个比他更有牺牲精神的球员。这就意味着，要在球场上竭尽全力，同时不能犯错，这一点很少有人意识到，就像所有人都看到的，也要忍着伤痛出场比赛，而这些伤如果落到别人身上，他们连坐上替补席的机会可能都没有，只能躺在家里的沙发上。加图索是那种感到他看重的人需要自己时就会非常兴奋的人。你总会希望他是第一个站在你身边的人，因为你知道有他保护你，就会觉得无所畏惧。他在等待三个可能会伺机奔袭布冯的德国球员，也将会用自己的方法阻止他们。现在，我们需要其他人都到罚球区里，因为是时候终结比赛了。

德尔皮耶罗把球开到中路，弗雷德里希抢在吉拉迪诺之前头球解围，但顶得力量不足，球落在禁区弧里，皮尔洛正在那里处于无人盯防的状态，他只需要一次触球就能控好球。鉴于他是个天才，就在那个位置，他开始了自己的征程。我之后无数次回看这个进球，每次看都会陶醉其中。

皮尔洛轻轻触碰了四次足球，从左侧向右侧平行于德国队的防线移动，防线上的人并没有想要阻止他（的动作），而是想封住他的线路。我总会想起一座列车进出高峰时期的火车站，你在一侧月台上，透过川流不息的火车，在视线被再次阻挡前的一瞬间看见另一侧月台。皮尔洛就是用他的第五次触球打开一个这样的小“窗口”，把球传给格罗索，那是一次人们经常在篮球比赛里看到而足球比赛里不常见的不看队友传球。此时我从禁区中央回撤到离球门16米开外的禁区前沿，如果皮尔洛带球跑动最后需要转身，我可以给他提供另一个制造射门机会的选择。我就站在他身边，而且身前没有德国队球员，即使是我，也没有在第一时间领会他的意图，因为除了那只右脚，他全身上下没有一块肌肉是向着格罗索的方向运动的。因为我一时没有反应过来，正好看到格罗索那一记完美的左脚射门，看到那条让莱曼无可奈何的弧线，看到紧绷的球门网稍微皱起。

说实话，我不记得格罗索进球后的任何举动。他飞快地跑向场地中央，视频画面里能够看到布冯像火箭一样冲过去压到他身上。我应该是追皮尔洛，为他的传球感到痴迷与折服，在那种欢乐和兴奋的海洋里，我可以做任何事情。球场上到处都是三五成群的穿着蓝色球衣的身影，不仅仅是在场上比赛的球员，还有其他球员，加上教练组成员、按摩师、器材管理员。可怜的里皮，短暂地放纵自己陷入无可抑制的狂喜之后，还有别的事要做，那就是让所有人以最快的速度重新组织起来回到比赛中，因为距离比赛结束至少还有1分钟，加上伤停补时或许还有2分钟。加图索也大喊了几声，帮助我们清醒过来。我们重新整队。所有人都面带微笑，但已经严阵以待。

当你追求的结果在一场比赛最后时刻实现（甚至不存在比它更临近结尾的时刻），终场哨响起，你所经历的那些瞬间会将你分裂成喜悦与恐惧的混合体。前者的原因很简单，后者的原因也很明显：你费尽千辛万苦取得了领先，但随后被追上，剩下的只有撞墙了。但这一次，我并不害怕。

这有些奇怪，或许这是一个月来，在我们内心深处不断增长的强烈的自信带来的结果。我们不会输。在余下的短暂时间里，德国队情急之下草草地把球长传到罚球区，但卡纳瓦罗抢先头球顶了出去，他的头球非常有力，紧接着又冲上去从波多尔斯基身边把球顶走，而波多尔斯基信心不足，没有控制好球。格罗索在那一刻似乎觉得自己已无所不能，所以可能想带球一直冲向莱曼。巧的是他在奔跑过程中撞到我身上，而我的地盘当然由我来做主。实际上，看到吉拉迪诺冲击对方的空间，德尔皮耶罗在他身后全速冲刺，我的头脑里有了一个想法，为了拿到球，我不得不推了卡纳瓦罗一把，这就像一声不容置疑的“让我来”，格罗索甚至没来得及意识到——是的，现在已经是我的球了，我快速并准确地传向了吉拉迪诺。和我一样，吉拉迪诺也注意到德尔皮耶罗的速度是其他人的三倍。他等着德尔皮耶罗跑到和自己平行的位置好把球传给他，德尔皮耶罗神奇的右脚内侧打出的弧线绕过了莱曼，直入死角。这是他在阿姆斯特丹犯错之后一次成功的雪耻，美妙无比又当之无愧。我为他欣喜若狂，因为事实上我和他一直互相激励着对方。

多特蒙德球场被强烈的、极致的痛苦所笼罩，那种强烈的负面情绪让球场完全失控。我是最先跑过去拥抱德尔皮耶罗的人之一，比赛结束了，我们的球迷陷入疯狂，但时隔多年仍然让我记忆犹新的是那令人震撼的寂静。在主场错失世界杯（冠军）是一种不可言喻的伤痛。

14

决赛失眠夜

我们返回更衣室并没有人们想象的那么混乱，如果说很明显我们已经进入欢庆模式，我们周围的一切则陷入了死寂。我们闯祸了，如果说那个时候我们为了顾及德国人的感受才约束自己，那肯定是骗人的……我更担心的是在毫无恶意的情况下给他们的伤口上撒盐。简单地说，我们都因兴奋和疲劳而迷迷糊糊的，这是一种很危险的两种状态的混合，可能会让你失去控制。告诉你们一件事：在我们又唱又跳折腾到筋疲力尽，并将更衣室里摆放的所有水果一扫而光之后，为了提神，我一头扎进冷水池里。当我从水里钻出来时，在我头顶上出现了佩鲁济骇人的身影，他赤身裸体，手持武器——一张高举过头顶的按摩床。他到底要搞什么鬼？我正要开口问他，佩鲁济把按摩床一下扔到水里，落在我和水池边之间。按摩床在激起的无数水花中沉下去，万幸的是他瞄得很准，如果砸到我，估计把我砸个半死。我错愕地看着佩鲁济，但他已经带着满脸的笑容走开了。在他心潮澎湃又想起往水池里扔下一个物件之前，我赶紧从水池里爬了出来。

换好衣服，去混合区，接受采访。比赛打到这个阶段，国际赛事的惯例也会变得不同，因为在栅栏之外，与数十名来自不同国家的记者相比，我们早就熟识的意大利记者明显属于少数。显然他们每个人都会把录音设备或者电话放到你的嘴边，希望能记录下你所说的话。你得在某个地方停下来（接受采访），正是在那样的时刻，我更能真正感受到德国人所承受的巨大痛苦，因为那些世界杯志愿者们像往常一样护送我们、给我们指引道路，而那些孩子在那个晚上曾经梦想着完全不同的结果。有个女孩给我留下了特别的印象，她带着我从一拨记者走到另一拨记者前——她事先会尽量告诉我这些记者来自哪个国家，她尽力强忍住自己的眼泪，我看她时，她偷偷转过头，为了不让我发觉她泛红的双眼。我想跟她说，那是一场比赛，这个晚上我们的表现更出色。这样的话并没有意义，因为很显然没有什么可解释的，更没有什么可抱歉的。站在她身边，她的悲伤一直伴随着我来到球队大巴车边，我不由得展现出一种五味杂陈的态度。我宁愿有分寸地微笑，而不是放纵地大笑，宁愿竖起大拇指，而不是大声喧哗着高高击掌。告别时我抚摸着她的头，不知道她是否理解我当时的局促。

我没有看见我的家人，他们是乘坐包机来到多特蒙德的，即来即走地直接往返于机场和体育场之间。这个时候他们应该已经在返回意大利的飞机上，忙着规划决赛的隆重行程了。说起来很奇怪，那是一种不太好的感觉，但我并没有多么想念他们，因为在那个时候你会觉得球队就是你的家，队友们、刚刚跟你一起战斗到筋疲力尽并取得胜利的团队就是你的家人。那种几乎是肉体上的对家人的需要往往发生在刚刚输掉比赛、惨遭淘汰的一分钟后，当体育比赛的魅力被击得粉碎，当你意识到一个多月以来你和自己的妻子、孩子待在一起的时间连一小时都没有，只要一想到这一点，你就会觉得这太荒唐了。只要你还在比赛征途中，特别是有过击败东道主后打进决赛这样极致的经历，身处充满斗志的狂热气氛之中，你内心的空间只属于你和你的队友。说到狂热的气氛，在返回杜塞尔多夫的飞机上——从那里我们再去杜伊斯堡——里皮决定给我们一个应得的奖励，给所有从集训第一天开始被严格禁止的东西开了绿灯：小比萨、薯条、巧克力、碳酸饮料，食品篮被我们洗劫一空。或许这些被装满的篮子本来是为了在我们万一被淘汰后，用来舒缓我们失望的心情，而同样为我们的成就兴奋的教练想了想还是将这些东西给了我们。

无论如何，这是一个真正的庆典，直到我们回到酒店还在继续。凌晨2点，我们终于跨进酒店的大门，那里有一眼望不到边的意大利球迷在等待着我们。后来报纸上的报道说，从机场到杜伊斯堡的街道，再到酒店，有大约1万名球迷。他们中有的是在休假的意大利人，但更多的是生活在这里的意大利人，他们走出阴影，为他们自己的国家队欢庆，因为被淘汰的是德国队，所以这种幸福是双倍的。透过车窗看到外面列队欢庆的人洋溢的快乐，看到我们通过时疯狂挥舞的旗帜，你会百感交集，会受到些许感动，总之那种感觉很好，你会明白自己完成了一件对很多人来说都非常美妙的事情。欣喜若狂的同胞，会让你平衡一下看到那个眼泪就要夺眶而出的德国女孩的感受。或许你带给他们的是一次耻辱。是的，应该是这样。酒店服务员跟我们解释了一番，然后齐声高唱球场里的歌曲来欢迎我们。在酒店大厅里足足有400人，那是一个“超大家庭”，有我们的亲人、加图索的朋友、吉拉迪诺的家人，总之都是你习惯了亲切、兴奋地去问候的人。里皮看上去非常疲劳，他一边上楼回房间一边大喊，叫我们不要折腾到太晚。但那个夜晚无人入睡，在为我们保留的活动区域里——餐厅、酒吧、娱乐室——直到清晨灯还亮着。尽管第二天的训练主要是针对没有出场比赛的人，但还是被英明地安排在下午进行。

星期三。这一天是自由活动时间，实际上没有人出去，因为那是不可能的：几乎半个意大利的人都在向杜伊斯堡汇集，准备之后进军柏林。我又一次感到，如果没有维托，我会不知所措。我们花了半小时时间来统计我需要多少张票——显然这是在给伊拉莉和妈妈打完电话之后——最终的结果很吓人。有些人“并非是必不可少的”，虽然这么说不好，但我实在想不出别的词，在划掉他们之后，我面前还剩下100个名字。100张票，1张也不能少。我向足协官员安托内洛·瓦伦蒂尼寻求帮助，他转了转眼睛，向我保证他会尽力而为。在开始这项最复杂的任务之后，维托控制住了局面：“从现在开始，我来负责这些，你只专注于决赛。”我永远都不会为这事想着怎么感谢他的。

这一天主要有两件事，每件都要花不少时间。第一件事是在早餐之后，打开电脑浏览网站，看看报纸的消息，上面讲述了在意大利，人们如何涌向街头庆祝胜利。这是一种最美妙的感觉。在这样一个平静的休息日里，我尽情感受着我们成就的重要意义以及它所带来的影响。我们很多人都带了笔记本电脑，从一个房间到另一个房间——房间的门都是开着的——我们登录一个网站，看一个照片合集，阅读一份关于这几天刚刚发生在意大利夜晚的新闻报道。第二件事，我们是短暂休整的战士，到了晚上就回到战斗模式：电视上在播放法国对葡萄牙的比赛，这是另一场半决赛，我们都聚集在大屏幕前共进晚餐。不用说，我们支持葡萄牙：他们有德科、菲戈那样最优秀的球员，有克里斯蒂亚诺·罗纳尔多这样极具潜力的希望之星，但相较于法国队的实力，还是没有可比性的。事实上，法国队以最小的代价获得了胜利：齐达内的点球把比分锁定为1比0。所以，又是他们。我并不害怕，反而觉得这是命运决定给我们一次复仇的机会。

星期四。维托向我保证球票最后都可以搞定，无论如何他会和意大利沟通，来组织购票事宜。如果必须由我来做这些事情，我会连训练的时间都没有了。那天，在去往训练场的大巴车上，我像往常一样和布冯聊了一会儿。如果让我说一个我在国家队最好的朋友，我会说是他，他是一个真诚、可靠的人，极为直接坦诚，疯狂但并非无度，这一点无伤大雅。我们算是同龄人，在各个级别国家队都在一起，从还是小孩子时就在同一间屋子里睡觉。现在，我们还是在一起，一起向世界杯决赛进军。那次聊天的主要内容是“看我们已经走了多远”，但并没有直接表达出来，要不然就显得太俗了。我们没有聊太多比赛，反而一起开心地回忆一些无关紧要的小事，比如我们跟随U18国家队在西班牙比赛期间，有一天晚上为了去跳舞，我们从二楼小阳台翻下来。这么说似乎并不是件难事，但你们带上拄着拐杖的科科试试。他在比赛中受了伤，但一提到舞厅，就足以吸引他。布冯不得不像扑救一样接住他，避免他在落地时加重伤势。这样的回忆让我们都开怀大笑起来，面对不断增加的紧张情绪，这是一剂最好的解药。

星期五。100张球票已经到手：足协给了我20张，另外80张是我自己买的，这很好，重要的是星期日，我的亲朋好友都在现场。为了庆祝，我和加图索盘着腿坐在床上玩Scopa纸牌游戏，我们就像机器人一样重复着相同的手势：我相信，从世界杯开始那一天起，我和加图索说的话远没有我俩算的分多。有意思的是，我们都怀疑对方作弊，所以每一局之后我们都会开骂。但是，我们玩得很开心。

我们来到德国已经一个月了，到了训练场，依旧是卡纳瓦罗引领着球队，在场外他有多么讨人喜欢和爱好玩闹，在训练中他就有多么坚决。只要有他在，就不存在轻松的训练赛，他面对所有人都会伸腿拦截，就像在踢一场真正的比赛，如果你收脚不够敏捷，就会有被踩上一脚的危险。我们中还有一位在训练中拿出双倍强度的人，他就是德罗西。一轮又一轮的比赛之后，他剩余的停赛场次越来越少，直到清零。就像当初我们为了鼓励他、不让他提前回意大利时所说的话一样，我们为了让他重新回到赛场上，为了给他另一个机会而打进了决赛。他强烈地感觉到自己亏欠大家，在几天的沉默之后，他终于开始说话，开始参与全队的讨论，回到集体生活里。我不知道里皮是否为他的回归做了什么准备，但到时候德罗西一定会发现的。

星期六。赛前一天的训练在早上进行，之后乘坐飞机去柏林。那些在整整一个月中为我们服务的服务员们跟我们告别，就好像我们要去参加一场战役。这是非常令人感动的。维托将意大利过来的亲朋好友大部队安排得井井有条，简直不能再好了，而传到我这里的只是反馈。我在飞机上和内斯塔聊了一会儿，虽然他在第三场比赛就受伤了，但他还是留了下来。是这样的，如果说布冯是个兄弟，那内斯塔简直可以称得上是我的双胞胎兄弟。我们一直互相欣赏，因为我们太相似了：冷静，非常谨慎，一个人遇到困难时经常偷偷给另一个人打电话，谈谈心，交流一下思想，但不会让其他人知道。我们之间永远有非常良好的关系、和谐的气氛，正因如此，他的缺战才会让我感到双倍的遗憾：他完全应该百分之百地与我们共同体验这种期待，但内斯塔在国家队总是不走运，在其他一些重要大赛中，他也曾经受伤。只能说这就是命运。

我们在柏林下榻的酒店非常豪华，算得上是对多特蒙德简陋条件的一种真正补偿。我们安顿下来的时间里，去往球场的大巴车已经准备就绪：熟悉场地，简短的跑步热身，里皮和卡纳瓦罗参加新闻发布会，安静快速地通过混合采访区，我们没有任何表达的欲望，现在还不是时候。随着时间流逝，对于决赛的担忧越来越深入我们的骨髓，有的人变得比平时更加沉默寡言，其他人尽量找人陪伴，因为不想独自一个人。晚餐时，我们像往常一样开着玩笑，但事实上比平时要少一些。紧张的气氛跟我们如影随形。里皮推迟了第二天的所有战术讨论，因为法国队对我们来说一点也不陌生，我们了解他们，而且记忆刻骨铭心，即便那场带给我们伤害的欧洲杯决赛已经过去6年，球队中只有卡纳瓦罗、德尔皮耶罗、赞布罗塔、因扎吉和我经历过那场比赛。教练在酒店大堂比平时多停留了几分钟，也许他的家人已经在那里了，而我和很多队友的亲朋好友还要等到第二天才到。之后，在回房间之前，里皮用和往常一样的方式和我们道晚安……怎么说呢……一种比较男人的方式。大体上就是嘱咐我们，无论晚上找到什么乐子，都不要太晚。对所有人来说，这显然只是一种表达方式，并不意味着真的会发生，世界杯专用酒店的安保几乎都是武装到牙齿的，而我们每个人只是在等待自己的妻子和女朋友。事实上，里皮希望传达给我们一种信任，和其他教练不同，他避免对我们进行出其不意的监视和控制，因为他对我们和我们的职业素养充满信心。

那个晚上却有所不同，即使我们在晚上11点就把自己关进各自的房间并熄了灯，但没过几分钟就从楼道里传来一阵脚步声，然后又是一阵，我听到远处一个房间响起并不那么小心的开门声，接着我的房门也被推开一道缝，借着灯光，我看到了加图索的身影。“你在干吗，睡着了吗？”

“没有啊，我睡不着。”

“你想打牌吗？来一局？”

不等他说第二遍，我就跳下床，打开灯。加图索手里已经准备好了一副牌。

“切牌。”我们兴冲冲地开始了牌局。我对自己说，也许这样可以调和一下我的睡眠，就打半小时，然后上床睡觉。只打两局就行了，不过，怎么佩罗塔的头也探了进来？

“你们干吗？我能看看吗？”从那时起，我们专用的楼层变得生机盎然起来。我出去巡视了一番，已经过了午夜。我尽量让自己记得，第二天晚上我们要去踢世界杯决赛。

马特拉齐的房间门是关着的，从里面传出来的声音是清清楚楚的。我打开他房门就好像把手伸进袋子里要去拿里面的礼物一样，但里面那伙人丝毫没有察觉。我记得里面有马特拉齐、德罗西、奥多、皮尔洛、巴罗内和亚昆塔，还有一些其他人，他们在PlayStation游戏机上2对2打FIFA游戏，每进一个球都跟在球场里一样欢呼。我笑了笑，告诉他们要小点声。马特拉齐看着我的眼神仿佛在看一个白痴。“看，没人在睡觉。”他说。皮尔洛表示出赞同的神情，好像他是个公证人，要确认马特拉齐说得没错。我回到走廊，所有门都打开了。布冯正在看一场温布尔登网球赛的录像，温网的比赛和世界杯在几乎相同的日期进行，因为他不知道结果，所以正在不遗余力地为两个网球选手中的一个加油。阿梅利亚，好吧，阿梅利亚最了不起，他在看书。“这本书讲的什么？”我问他。“哲学，我在学哲学，另一方面，是有点希望它能让我犯困。”楼道里还有一个巡视员和我在一起，那就是因扎吉。他一边挨着房间串门，一边咯咯地笑着。时不时有人提醒“明天还有决赛”，但立刻引来大家的嘘声。巡查结束，我回去继续打牌，时间过得很快，2点，唯一一个觉得有点困的人是德尔皮耶罗。他带着一种嘲讽的笑和所有人告别：“你们知道，我习惯了决赛的气氛，所以决赛前对我没有任何影响……”他立刻遭到一连串骂声和扔出来的拖鞋问候。了不起的德尔皮耶罗。

我们差不多持续到早晨6点。生命中最重要的比赛让我们的肾上腺素如同江河一样奔涌，直到筋疲力尽才稍稍感到一些困意。我想象着在法国队也发生同样的事情，很显然，每当面对这样一场比赛，这个月的第七场，也是最激动人心的一场比赛时，你需要更多去寻找精神力量而不是肌肉力量。我睡了大约3小时，早饭安排在8点30分，我在这之前不到两分钟才醒来。在餐桌前，我们都像霜打的茄子，几乎没人说话，只有疲惫和紧张的神情。5天前，在对阵德国的半决赛那天早晨，我们更加轻松，也更加闹腾，但那个晚上我们都睡着了。到了大巴车上，大家依然沉默无言，我们用了20分钟赶到训练场，到那里唤醒自己的肌肉。在一次抢圈练习带来的欢乐气氛下，有人讲起了笑话。大家为刚刚过去的不眠之夜说笑了一会儿，“想想我们怎么样”等，但这只持续了5分钟，伴随着足协工作人员的一阵喧嚣，草坪上走来了体育部长梅兰德里，特别是还有乔治·纳波利塔诺总统。里皮上去尽地主之谊，过了一会儿便陪同他们走向球场中心，而我们正在那里围成一个半圆等待着。

总统的发言与在这样的场合下能够听到的内容差不多。人们都明白足球并不是他的主要工作，但我们的胜利将意大利凝聚了起来，也推动我们国家在一种兄弟般的气氛中分享激情，这给他带来了巨大的快乐。他的话听起来非常诚恳，这种感觉让我想到，对于一位共和国总统来说，没有什么比管理一个分化且充满怨恨的意大利更痛苦的事情了。在纳波里塔诺讲话的结尾，他说所有人都祝愿我们取得胜利，但无论结局如何，这个国家都会对我们在这个月所带来的激情和取得的成绩表示感谢……他说到这里，气氛从开始的局促慢慢变得轻松起来，而里皮令所有人感到惊讶地插了话。要说里皮生硬地打断总统有些夸张，但他确实是利用纳波里塔诺讲话的第一个停顿间隙插话进来：“抱歉，总统先生，还不是感谢的时候。这些小伙子还什么都没做，或者至少我在训练他们如此去想，因为这个晚上除了胜利我什么都不要。除了世界冠军，没有其他选择。感谢的话还是等到世界杯之后再让我们享受吧，只要我们还在世界杯赛场上，就最好不要这么说，以免放不开手脚。我们已经打进了决赛，但如果我们输了，就会毁了到目前为止我们所付出的一切努力。我再次抱歉，这些小伙子都知道这一点，但重复一下还是很重要的。”他不再说话，所有人目光又回到总统身上。他短暂地整理了一下思路，嘴角边露出一丝轻微的笑意，然后直接转向我们说：“听到你们教练说的了吗？前进，去赢得比赛，我们所有人都对你们有信心。今天晚上，我坚信你们可以让我碰到世界杯的奖杯。”他和每个人都握了手，和里皮握手的时间略长一些，他应该很喜欢里皮的发言。

那天早晨，教练让我感到了惊讶。在返回酒店之前，他叫住我，告诉我今天晚上绝不能放松对马克莱莱的盯防。这是一件很奇怪的事情。一般来说我不拿球时，里皮会给我最大的自由度，最多是当对方的中卫作为发起点参与进攻时叫我去干扰他们。叫我去盯防一个中场，而且还是一个像马克莱莱这样活力十足的中场，这样的话他从没说过。但我连眼睛都没眨就答应了。就像我说的，教练为我做了太多太多，所以我从不会质疑他的选择。回到酒店，午餐已经准备好了，13点30分，我们专属区域的大门打开，我们可以见见自己的家人。一小时时间，足协官员举着手表告诉我们。这是我们赛前最后一次和家人见面。再见到他们的时候，我们或者是世界冠军，或者是失败者。

这是非常特别的一小时，为我们所有人注入了新的活力，其实，当你说“我为意大利而战”时，其实是在对你认为最亲近的人说的，你的家人、你的朋友。他们首先代表着那个你想为之赢得冠军的意大利。我送出了100张票，但并不是每个拿到票的人都来到了酒店跟我们会面，那确实不太现实，但来的人还是很多。所有人都穿着意大利的蓝色球衣，包括仅仅8个月大的克里斯蒂安，他在伊拉莉的怀里，看着我的眼神就好像要将看到的这些时刻永远铭记在心。我的妻子温情无比，妈妈显得有点兴奋，而我的爸爸……还是那个爸爸。没有亲吻，没有拥抱，这不是我们的习惯，但我们长时间地互相凝视，从他的眼神里，我读出了他的喜悦、他的情感与亲近。那是一个绝对的情感迸发时刻，而我需要这个时刻来让自己深陷其中。在艰难地和所有人打过招呼后，我终于回到了房间，和我的大多数队友一样，我睡着了：两小时的深度睡眠，没有做梦，手机调到静音模式，因为无论如何，房间外面整个世界的人都在给你发送他们祝我们好运的祝福。嘘！我需要休息。

闹钟响起。下午茶。淋浴。比赛前，在去往球场之前，我都会洗一个长时间的冷水澡，可以给自己提神，无论在罗马队，还是在国家队都是这样。整理好西装。这个晚上，除了其他事情，我们还要保持优雅。随着行李箱撞击台阶的声音，我们走出房间向会议室走去。里皮在过去几天已经说了很多，最后的战术会议只是确认最后几个要点。对齐祖要加倍关注，这就是为什么我不得不去看紧马克莱莱的原因，为了解放另一个中场球员去盯防齐祖。法国队是一支由冠军球员组成的球队，但毫无疑问，他们的绝对核心是这位效力皇家马德里的顶级球员。他是出类拔萃的，当然，他是我见过的最好球员，尽管他的位置介乎我和皮尔洛之间。事实上，他没有我在对方禁区内的能力，他进球不少，并且在阅读比赛方面确实是一位真正的指挥家。在场上，他的队友们无疑能够感受到他带来的安全感，并激发斗志。说到这里，齐达内一直很令我着迷，即使是他有些分裂的性格特点，他吃的红牌、他的反应——当然我没想到那个晚上他会再次体现出来，那也是他职业生涯中最严重的一次——这一切都是因为他的热血沸腾。在罗马和尤文图斯比赛结束后，我和他有过几次交流，在他身上我发现了和自己的一个相似之处：我们怀有同样的价值观，某种程度上说，是一种古典的价值观。我们共同的好朋友坎德拉向我证实过这一点。

比赛之前，我们没有见到法国队。大巴车入口是不同的，更衣室的距离也很远，赛前热身都是分开的：他们先出来踩场，轮到我们时，球场已经坐满了人。世界杯的奖杯就在那里，在一张小桌子上，我对着它看得出了神，直到加图索和维托·斯卡拉从我身边走过，他们重复着："不要看它，要不然会给你带来霉运。"接着他们跑向他们家人所在的区域。直到比赛之后我才知道，克里斯蒂安没有球票，他才8个月大，德国人因此不愿意让他进场。回到更衣室，换上战袍，紧张的情绪显而易见。这种情绪一直被我们压抑到现在，为的是让我们走上赛场时不至于过于兴奋，但是紧张情绪已经掌控了我们每一个人。

如同人们通常认为的，世界杯决赛是一场独一无二的比赛。后来，里皮将胜利归功于团队的团结，我百分之百同意他的观点。在某些时候，没有上场比赛的队友的激励会给你带来更大力量。所以，替补队员毫无私心地为主力队员加油打气的程度是一支球队是否健康的主要体现之一，事实上经常出现替补席上有人心怀怨念，或者希望球队获胜的同时，也希望与自己踢同样位置的人表现令人失望。在我们更衣室里，11名首发队员和可能代替他们出场的球员们互相拥抱和鼓励，我还记得德尔皮耶罗看着我时那真诚的眼神，他对我说："冲出去干掉一切，弗兰切斯科。"我们走了出去，穿过走廊，走进大门敞开通往球场的大厅，再走几节台阶，我们就到了自己的位置。法国队从另一侧走廊过来，我们轻松又热情地打着招呼，我们所有人都互相认识，为了缓和气氛，有的人竟然开起了玩笑。

阿根廷主裁判埃利松多和助理裁判是最后到位的，我们拉起了小球童的手，孩子们看着我们的眼神仿佛他们正置身梦中。出场。我们从奖杯旁边走过时，我前面有人无法抗拒触摸奖杯的冲动：马特拉齐、卡莫拉内西、卡纳瓦罗，还有一些法国队员。但我避免这样做。我认为如果现在触碰了奖杯，比赛结束后可能就无法如此了。这纯粹是一种迷信，但我认为这也是抵消一切厄运的良方。两队球员在两侧大批摄影师中间穿过，列队站好，无论我的目光望向哪里，都会看见或握紧拳头，或使着眼色，或抛出飞吻的人们。这是全身心的投入。国歌响起，我们的手臂都搭在身边队友的肩膀上，替补席上的球员也是如此。卡纳瓦罗示意我和托尼去中圈，因为是我们先开球。埃利松多等了很久，以确认每个小细节都准备就绪，然后吹响了开场哨。卢卡踢出他踩了半分钟的足球，让球滚向我的右侧。我停好球，转身，看见皮尔洛在中圈之外等待，将球传给了他。我们再熟悉不过的体系再次运转，即使是在世界杯的决赛中。

其他比赛永远不可能与这场比赛相提并论，事实上我只记得一系列片段，不是按逻辑发展的情节，因为太紧张以至于无法组织好这种逻辑发展，而是一系列环环相扣紧密相连的情形。比赛开始还不到60秒，亨利和卡纳瓦罗相撞后倒地，有那么一会儿没有站起来，卡纳瓦罗并没有犯规，但法国人开始说出类似“意大利人还是老一套”的话，裁判开始令人难以察觉地偏向了他们一边。很快，赞布罗塔就因为一次对维埃拉伸直腿的拦截吃到黄牌，不过那是在法国队禁区前；而马卢达刚刚进入我们禁区，裁判看到他和马特拉齐的一次身体接触，从转播画面看那是个比较清楚的犯规，但慢镜头回放则显示要轻微得多：点球。事实上比赛还没怎么正经进行呢。我想我从来没有如此希望一位对手罚点球时出错，有那么一瞬间我内心几乎在庆贺，因为齐达内的勺子点球稍稍地高了一点点，打在横梁的下沿之后弹到球门线附近。线里还是线外？在短暂犹豫之后，助理裁判指向了中圈，齐祖在等到示意后开始庆祝，大屏幕上的回放消除了所有疑虑：球不仅越过门线，而且还过了不少。我回想起之前一天我看到的一个统计数据，在世界杯决赛中，自1974年联邦德国与荷兰交锋之后，还没有哪支在决赛里先丢球的球队能最终赢得比赛。这是个好想法，既然与法国队交手还不够，就让我们来挑战一下历史。带着这些想法，我回到了中圈。

重新开球后，比赛并没有发生什么根本变化，为时尚早，还不到改变比赛基调的时候。如果不算我盯防马克莱莱这个变化，我们的战术始终是一样的，重要的是保持镇定，做到这点并不容易，因为球总是从在我的头上飞越而过，而不是传到我的脚下。法国队的领先打破了场上的平衡，我们后场有些人变得急躁，只要视野内一出现空当，就大脚向前长传，而不是寻找短传的机会，那本应是我们的特点。幸运的是，我们很快扳平了比分，皮尔洛开出角球，马特拉齐一次完美的头球破门。我还是移动到罚角球时自己习惯的位置，基本上是在罚球区顶上16米线的位置上，准备在对方解围不远的情况下凌空抽射。从那个位置，我第一个看到马特拉齐因为难以置信而变得不一样的眼神，我对着他大喊，但他看都没看我一眼，在和队友尽情拥抱之前，他要把进球献给他的妈妈。他高举双臂望向天空，人们明白——就像格罗索对阵德国队时一样——他根本没有想到过会在世界杯决赛中打入一个进球。之后就是无数条手臂紧紧环绕，纵情高呼，相互激励，以及快速扳平之后的长舒一口气。我高兴地揪住他的头发，但马特拉齐完全没有察觉到。双方回到同一起跑线，接下来就是一场“70分钟的比赛”，至少在退回本方半场准备重新开球时，我们是这么想的。

比赛就像一场在战壕里的战斗，双方各有一个明显的指挥官。法国队的指挥官是齐达内，法国队试图牢牢控制住我们的前腰；我们的核心则是皮尔洛，实际上出于对他调度能力的信任，我们的进攻都是从低位开始的。我的问题在于传球的线路被封死了，在努力寻找新空间的同时，又不能距离马克莱莱太远，实际上他是法国队常规攻防转换的枢纽，从后防线接球，然后迅速找到齐达内。法国队更多地掌握了比赛的节奏，亨利不断示意要纵深的传球，如果他在正确的时间拿到球就会非常有威胁，如果他越位了，就会兜个圈，瞬间再次进行反跑。他简直是我们后卫们最难应付的客户，甚至可以说是整届比赛中最难缠的一个，毕竟这是世界杯决赛，没有人是好对付的。如果说我们的处境更安全，那是因为我们的第二个定位球差点将比分反超。在马特拉齐扳平比分的进球后，皮尔洛再次完美地开出一个角球，托尼用额头完成了攻门，但球打在横梁上。上半场30分钟左右，佩罗塔受伤后倒在地上，有两分钟时间。趁此机会我走到替补席边喝水，里皮情绪激动地转向我，但并不是为了夸奖我。

“弗兰切斯科，你怎么了？你做得太少了，这应该是属于你的比赛。”我试图解释说球总是越过我的头顶，但他还是接着不停地打手势。“你要让别人看见你，可你总是在一个法国球员身后。”我竖起大拇指，对着他做了个“没问题”的手势，将水瓶扔给一个按摩师，回到场地中央。我自己也知道我确实表现不怎么样，马克莱莱的问题打破了仍然微妙的平衡，我才刚刚重回球场一个月。我招呼皮尔洛做撞墙配合，之后又尝试和赞布罗塔做配合，这样的方式曾经在对乌克兰的比赛中帮助他打进一球，我尽量保持和托尼的距离不太远，而之前我有些对他听之任之……埃利松多吹响上半场比赛结束的哨音，我感觉自己并没有达到对自身的期待。这一点里皮也同意。一进入更衣室，他就把我叫到一边，将我带进一个卫生间，拉上门后再一次爆发：“你需要做得更多，弗兰切斯科，这种比赛需要由冠军球员来解决问题，而你就是我们的冠军球员。想想为了站在这里你所做的一切，想想这几个月来你付出了多少努力，然后把你剩下的一切投入场上，因为决赛是一场没有明天的比赛。我想要赢得冠军，弗兰切斯科，你所有的队友都需要它，你也应该需要它，请全力以赴。否则，一会儿我就会换下你。”

谈话很短暂，不到一分钟，但非常尖锐。现在回想起那一幕会让我觉得可笑，在一个有好多洁具的浴室里，很显然这是因为没有时间去找一间会议室了。在私下里进行这次谈话，我认为这是一个非常正确的选择，我确实在尽力召唤自己全部的精力，但它们确实所剩无几，我在为之前3个月没有正式比赛付出代价，为了充分发挥这些能量，我可能需要另外一种战术环境，但在当时那种条件下是无法实现的。当我们回到场上，法国队开始占据上风，我总是在无效跑动，总是离球很远。里皮换人的选择是正确的，他希望能够加强中场，几分钟前我就注意到德罗西在热身，对于由他来换下我这个调整，我并不感到意外。亚昆塔也替补出场换下了佩罗塔，因此整个比赛体系发生了改变。实际上我总共只有10次触球，其中没有一次能转化成给西莫内的直传。根本没有空间去给他传球，所以我怀疑对方主教练多梅内克可能使了什么招数，限制了我在我们战术体系中的发挥，而这之前这种战术可没少给他同事们制造麻烦。

在世界杯决赛中踢了一小时后被换下，我知道自己不会再出现在世界杯赛场上了。我至少应该会觉得有些气愤、失望、沮丧。我似乎应该气急败坏，就像我已经和你们说过的，以我的性格应该会往这个方向发展，但是我离开场地时没有一丝负面情绪，我相信在那样的局面下，德罗西会更加有用。要知道到目前为止我所说的一切当中，这件事最像是一个奇迹：我作为主力球员踢了一届世界杯，也一直在赞美替补球员的精神，而在我成为替补球员的时候，我最关心的事情就是主力球员赢得比赛。我强调这一点可不是想得到夸赞，而是为了让你们明白，什么才是一支战无不胜的球队，夸赞应该送给所有23名球员，也应该送给教练，因为彰显团队协作好处的正是在最微妙的时刻懂得抛开个人喜好的能力。我筋疲力尽，一屁股坐在替补席上，喝了一大口水，之后立刻将注意力集中到德罗西身上，走上球场的他背负着常人难以想象的巨大压力。设想一下，你在世界杯决赛中替补出场，但之前经历了4场停赛，所以你并没有比赛的节奏，但每个人都会因此而斥责你，而不是由于这个原因去接受它。这就像背着十只大猩猩在比赛，当德罗西第一次拿到球时，我就屏住了呼吸：控球不错，抬头，向前传球，让球穿越了一条还算不错的传球线路。从那时开始，之后的一切对他来说就没有那么困难了。

坐替补席的煎熬是难以言表的。托尼把球打进对方球门时，我们都跳了起来，但我的余光注意到助理裁判举起了手中的旗子，所以失望的情绪并没有那么强烈。我们重新坐下，我坐在佩罗塔和佩鲁济中间，我们尽情地加油助威，如果我们队中的某个场上球员沿着边路从我们面前跑过，我们就会提高分贝来给他鼓励。

比赛还剩下几分钟时，里皮再次叫来正在热身的德尔皮耶罗，那一瞬间，我握紧拳头，期待着我们的眼神交汇，来给他加油打气。在决赛中他能获得一段出场时间，我为他感到高兴。不过这段时间可不短：90分钟后，比分依旧是1比1，比赛进入加时赛。当埃利松多吹响90分钟比赛结束哨音时，我两手抱着几瓶水，将它们递给走到替补席旁边的队友。我微笑着激励他们，给他们鼓劲，就像其他不在场上比赛的球员一样，或者说我们在用另外一种方式“参加”比赛。里皮用满了3个换人名额，替补席上的球员不需要去热身了，场上11个人不会再变化，所以其他人的任务就是为他们加油。被换下场的肾上腺素骤降对我来说仿佛已经是遥远的记忆，现在我又重新被点燃，情绪激昂，就好像自己还在场上。甚至我脑海里出现这样一种想法，如果足球比赛的换人像篮球那样，我还可以重新回到场上，而我很愿意这样做。

加时赛是“属于”齐达内的。首先是他那个出色的头球攻门，这个世界上恐怕除了布冯之外，没有其他门将能扑出那个球，时至今日，每当想起那一瞬间，我的膝盖都会发抖；第二就是因为他令人难以置信的头撞马特拉齐和随之而来的红牌。那是他职业生涯的最后一幕。替补席上谁也没有察觉到发生了什么，因为球已经开到前场，所有人都转过去关注前锋；德尔皮耶罗拿球冲向球门，但被判犯规。法国队开出任意球，维尔托德在中场接球，就在那时，所有人发现马特拉齐倒在地上。比赛被中断，埃利松多跑向事发地——在那里，穿着蓝色球衣和白色球衣的人之间正处于一种越来越紧张的对峙气氛之中——从布冯脸上的表情，我明白应该是发生了很严重的事情，显然他看到了一切，所以不停地在主裁判和助理裁判之间来回，并向助理裁判做出手势，用手触碰自己的眼睛，仿佛在说他不可能没有看到。加图索非常坚决地建议埃利松多向坐在监视器前面的人求助，这就是当时发生的事情，齐达内被出示了红牌，而当大屏幕回放了齐达内头顶马特拉齐的画面后，法国队的愤怒化作沉寂。因为惊讶，只听到现场齐整地爆发出“噢”的声音，或许所有人都设想过那是一次推人，最多是一次肘击，但绝不会想到这样疯狂的举动。

齐达内从我们面前走过，离开球场，没人敢和他说什么。让我们说清楚：在那样一个时刻，我为法国队失去一个无可争议的最好的球员而高兴，距离加时赛结束还剩下10分钟，这位巨星仍然持续让我们感到畏惧。这件事让这样一场如此重要的比赛变得没有那么困难，反而轻松了一些，而另一方面则忘记了正在走出球场的人是谁；忘记了他与奖杯擦肩而过，最后一次走向更衣室的苦涩；忘记了这样一个冠军球员以一张如此屈辱的红牌结束自己非凡的职业生涯多么不公平。比赛应该还剩下10分钟，但他不会再次登场，齐达内这件事给所有人留下了非常深刻的印象，以至于剩下的比赛变成了对点球大战的等待。

终于，点球大战来了。这一次，里皮没有像在半决赛中一样要求球队杀死比赛。原因很明显，当时德国队处于下风，点球大战会给他们一个他们本不应得到的机会。面对法国，我们势均力敌，强行扭转局势可能会让我们自己置身于丢球的风险之中。实际上，在这样一个如此戏剧性的背景下，我们反倒相对平静。我们队中有很多在各个俱乐部担任点球手的球员，尽管在情绪状态方面没有可比性，但习惯于罚点球的特质还是有一定意义的。布冯很难安定下来，因为作为世界上最好的门将，他知道扑点球并不是自己的强项。我承担起安抚他情绪的任务，让他记得自己是布冯，任何一个射手在想到自己站在他的面前都会感到恐惧。很显然，我有些夸张，因为布冯笑着对我说“你再夸张点，来吧”，与此同时我还给了他一个微笑，这就是我的目的。里皮有一套精确的策略，一开始就派上一名“安全可靠”的射手主罚。我们先开始罚，这样的情况更有利，就好像在打网球比赛的第五盘。

皮尔洛神情冷峻地走向点球点。此时我在替补席已经待不住了，走进中圈里，站在主罚球员身后的一排队友中，什么也说不出来。紧张程度已经达到了一个高点，没有人能说出半个字。球射向中路，但巴特斯已经提前倒地了。球进了！皮尔洛亲吻了他的结婚戒指，然后回到中场，他依旧毫无表情，这种表情就像涂在了他的脸上，永远不会改变。这届世界杯他的表现惊艳，是这支球队的关键人物，是这支蓝色乐队的指挥；一旦我和他都在场上，我们会本能地碰撞出火花，因为顶级球员之间的心灵相通，所以在对加纳的比赛中，当他接我的传球破门后——当然那都是他的功劳，我只是把球交给他——他曾和我说，我就像个联邦快递员时，我为此感到很开心。即使在世界杯决赛中打进一个点球，他依旧波澜不惊，平静地回到中圈，简单地回应了所有人的祝贺。接下来出场的是维尔托德，和往常一样的维尔托德，他扳平了比分。

马特拉齐立即走向点球点，就好像他要缩短那种煎熬时间。15分钟之前，法国球迷所在的看台和法国队的替补席——以多梅内克为首——对他大加侮辱谩骂，认为他的倒地是假摔表演，或者无论如何是他的挑衅导致了齐达内的红牌。大屏幕已经还给了他清白，但对他的反感情绪依旧存在。承受这些需要一个非常坚韧的性格，而马特拉齐并不缺少这种性格。虽然对他爆发出的巨大嘘声快把体育场的顶子掀翻了，但他还是踢出了一记有力的射门，足球越过巴特斯伸出的手臂，蹿进死角。太棒了！返回中圈时，他用一只手轻触自己的耳朵，这是对那些还在谩骂他的法国人的一个信号。从那届世界杯开始，我非常喜欢他，虽然在联赛中他依旧若无其事般地跟我对着干。他这个人远比他这个球员要柔和得多，如果你深入地了解他，就会情不自禁地喜欢他。

轮到特雷泽盖了，他是布冯在尤文图斯多年的队友。门将和点球主罚者相互非常熟悉的情况，会在这种对决的心理平衡上产生一种决定性的影响。事实上，法国人过于追求难度极高的处理方式，他瞄准了球门的上角，但打中了横梁。对手犯错导致的肾上腺素激增，其作用是队友成功打进一个点球的三倍，因为那会让你感到离胜利越来越近。现在很大程度上要取决于我们的第三位主罚者了，我不记得里皮最终排定的顺序，悬着心看着我前面几米的地方那排等待主罚的人。当我看到德罗西走出来时，我感到心里激灵了一下。

这是一个合乎逻辑的选择，在罗马队中，他就是排在我之后的第二点球手，他的右脚射门兼具力量和精准度。同时，出于一种保护他的情感，德罗西选择冒这个风险也让我深受感动。他完美复制了特雷泽盖的射门，当我看见球蹿入球门上角，我内心深处的狂喜和其他任何一个点球打进时都不一样。长久以来，我一直都被认为是德罗西的榜样和参照，而在我看来，他觉得我就是他的兄长。这是让我为他感到骄傲的众多时刻之一，或许也是最出名的一个时刻。我用一个拥抱迎接他回来，此时阿比达尔走上点球点，并将球打进。法国队依旧紧追不舍，虽然略微落后，但依旧紧追。德尔皮耶罗拍着手往前走，轮到他了。

他不能犯错。首先，他从没罚失过点球，多少次在对尤文图斯的比赛中我指望他罚丢，但最终都是徒劳……其次，现在是他助我们一臂之力的时候了。在2000年欧洲杯对荷兰的比赛中，佐夫将他排在最后一个出场，但荷兰人自己的犯错让我们可以提前庆祝。里皮把他放在第四位，以免浪费我们的点球王子。德尔皮耶罗没有让人失望，他的假动作骗过了巴特斯，随后向着我们所在中圈位置的方向紧握双拳。

皮尔洛抱着卡纳瓦罗观看点球大战，而对德尔皮耶罗的点球破门最感到激动的是格罗索，很快就会说到为什么。从这一刻开始，每个点球都是赛点，如果布冯扑出下一个点球，比赛就会结束，格罗索就会省去主罚最后一个点球的任务，那是压力非常大的一个点球。他在点球主罚顺序的第五个。萨尼奥尔上来了，他是个边后卫，我想在法国队罚点球的五个人里他可能是顶替齐达内的那一个。你希望看到……不，没什么可看的，萨尼奥尔稳稳地把球打进，所有的目光不可避免地聚焦到法比奥·格罗索身上。

他的妻子坐在看台上，怀孕8个月了。伊拉莉后来告诉我，她们中有三四个人围在她身边照看她，她情绪太激动了，她因为害怕而转过身，不敢看格罗索主罚点球。但格罗索，当里皮问他是否愿意作为第五个主罚者踢点球时，他眼睛都没眨一下就答应了。他是一个战士，现在他变得具有决定性作用，看他笔直向前的步伐，不偏离最短路线一厘米；看他把足球拿在手里，又小心地将它放在点球点上；看他向后退步准备助跑。他停下来用余光观察着准备吹哨的裁判，小心翼翼地避免与巴特斯的目光交汇，而后者可能希望能让他感受到世界冠军头衔的分量。格罗索在对澳大利亚的比赛中已经制造了一个本来不存在的点球，然后又在对德国的比赛中打进第一个进球。他的肩膀是否能承受住这个决定世界冠军头衔的点球？

老实说，如果是在这次世界杯开始的时候，我会说不。但慢慢地，责任逐渐落到了他的身上，而他对此的处理越来越好，在我们所有队员心中越来越有这样一种感觉，格罗索也许就是那决定命运的人。果不其然，助跑，左脚射门，球进了。

我瞬间感到天旋地转，我不记得我第一个拥抱了谁，只记得皮尔洛从我前面走过，而后面还追着点球大战时在我们附近拍摄我们的克制而沉默的国际足联官方摄影师。在我后来回看无数次的那些画面里，我和德罗西、维托紧紧抱在一起，这是一次纯罗马队成员之间的庆祝，佩罗塔片刻后才加入进来，这一幕会永远铭刻于心，难以忘怀。赢得世界杯是一个无法定义的伟大壮举，你可以去尝试，但总会发现有些东西不到位。你成为足球历史的一部分，是的，这是我在等待卡纳瓦罗举起奖杯前脑海中浮现出的想法。但一切又显得那么模糊，每次我回看这些画面都会发现新的细节，比如里皮在颁奖仪式时嘴上叼着雪茄，这是最近才发现的。至于著名的布拉特缺席，人们谈论了很多，但完全没人察觉；你可以想象一下在那一刻是否会有人去问怎么没见着布拉特的影子……

更衣室里挤得水泄不通，人满为患。就连成桶的冰水往下倾泻时也没人能挪动半步。我想在那个时候待在那里是一种显赫身份的象征。问题是，纳波里塔诺进来后也有水溅到了他身上，还有梅兰德里，她是个漂亮的女人，也被她的崇拜者饶有章法地浇了一些水……所幸的是，他俩都没有不悦，我想，即使是他们，对出现在那些照片里也会感到开心满足。维托一直保持着警醒，他扑到一个总统护卫队员的身上，而后者正在偷偷藏起几件球衣。

之后我们赶往机场，因为在回意大利之前我们需要经过杜伊斯堡，我们要感谢那些在酒店工作的年轻人，他们在迎接我们的到来，脸庞上仍然留有泪渍。在酒店外是一眼望不到边的意大利人，一大群人。我们分成了很多小团体各自等候天明，我和伊拉莉、维托以及他的妻子克里斯蒂娜一起度过了那个非常甜美的夜晚，还有在旁边打瞌睡的克里斯蒂安。我们畅谈，大笑，所有人都有这样的感觉，那就是在胜利之后，一切都会变得与之前不一样。没有人问我这个问题，但是当天空变得有色彩，曙光初现的时候，我脑海里出现了一个想法，我踢完了自己在国家队的最后一场比赛。是的，就是这样。如果说之前我还有一些犹疑，那么这样一个能够在巅峰时刻说再见的机会吸引着我，因为在还有人为你的离开而惋惜时急流勇退总是最好的。

下午从杜塞尔多夫起飞的航班直达普拉提卡・迪马雷空军基地。我刮了胡子，把自己收拾得干净利索，我们要先去基吉宫受接见，之后前往马西莫竞技场，在那里和球迷进行盛大的庆典。整个行程中，我一直和伊拉莉相伴左右，怀里抱着克里斯蒂安，世界杯结束了，我一分钟都不想和他们再分开。飞行途中，我们来自罗马的球员向其他人解释着在我们城市庆祝意味着什么，也意识到这种欢庆尤其让尤文图斯人印象深刻，因为他们已经习惯了用最多20分钟庆祝联赛冠军，这其实是久已有之的一种开玩笑的说法，一种看到他们赢得冠军的次数而进行的一种幽默戏谑，同时又是苍白无力的自我安慰。每次谈到这个话题，布冯都会开怀大笑。飞机降落前20分钟，“三色箭”飞行表演队的飞机一直在我们的飞机旁边护航，直到降落。表演队指挥官告诉我们，这是只有极少数人才能享有的荣誉。心情越来越激动。

在跑道上迎候我们的士兵立刻就让我们见识了等待我们的是什么。他们似乎陷入了疯狂。我的意思是，这应该是一个仪式，而不是我们刚一落地就成为被追逐着合影与签名的对象。我想，我们还不错。第一个接见是在罗马市中心，总理罗马诺·普罗迪在科隆纳广场的总理府等待着我们。我有10年没有去过科尔索大道了，这让我感到有些兴奋。我有机会重新看看我深爱的罗马城的一些剪影，但由于众所周知的原因，我之前无法做到。在我已经饱和的快乐中，这件事在我心中激发了又一种小小的快感。沿着彭迪纳大街和克里斯托弗·哥伦布大街的旅程美不胜收，因为沿途有成千上万的人在欢庆，每个人都手拿着一面旗帜，有些人会在我们经过时展开一条横幅，所有人脸上都带着清晰可见的疲倦，也许因为那个夜晚，全意大利几乎无人入睡，但也洋溢着发自内心的幸福。很快，大巴车被迫放缓了速度，因为在我们前面聚集了几百辆小摩托车，通往基吉宫的路程变成了游行队伍。我们沿着帝国广场大道以步行的速度向前行驶，这么多人聚集在街上，我只在夺得意甲冠军时见到过。我们在9点左右抵达了科隆纳广场，与原计划相比延误了不少时间。普罗迪走到大街上来欢迎我们，在他身后是一排政要。我早就知道，吉吉·里瓦为此感到很恼火。他对政界人士很反感，特别是那些在世界杯之前接受采访时发出疑问，认为在电话门事件后最好留在家里的那些人。基吉宫的接见活动还是令人愉悦的，科隆纳广场上挤满了庆祝的人群，有时我会拿起奖杯，从一扇窗户探出头将它展示给人们，随后爆发出的欢呼不亚于在德比大战中进球之后。

尽管洋溢着欢庆的气氛，但我还是感觉有什么不太对劲。我问维托是否探到了什么风声，他告诉我一些跟里瓦有关的问题。听说，开往马西莫竞技场的大巴车上不仅有球队成员和在世界杯期间进行保障的工作人员、足协的一些成员，特别是还有几位政界人物，他发了脾气。我看见他在大厅的深处，黑着脸。人们试图拦住他，但是他去意已决。里瓦飞快地走下内部楼梯，快步走到广场上停着的大巴车旁边，让不知所措的司机打开了行李舱，拿出他的拉杆箱就离开了，我想他是去找出租车了。我之前就很钦佩他，因为他曾经的冠军履历，也因为他永远站在球员一边的独一无二的态度，即便是在情况艰难的时刻，比如我对鲍尔森吐口水之后，而现在，我觉得自己确实很爱戴他。我发现他有一种可贵的品质，那就是眼睛里绝不揉沙子，绝不像我们一样随波逐流，比如在这样的欢庆气氛中，我们会假装岁月静好而不去回想某个人说过什么，这个人建议过什么，那个人曾经如何侮辱过我们。但里瓦不同，他明确表示他可以去握个手，但不同意让所有人都登上属于胜利者的大巴车。他是如此的言行一致，一知道有曾经抨击过我们的人要进入欢庆的照片里，起身就走。从科隆纳广场到马西莫竞技场是另一段缓慢的旅程，沿途大街被堵得水泄不通，以至于有些本应赶飞机回家的队友希望欢庆仪式能够就此结束。我则想办法安抚他们，向他们承诺将会看到从未见过的庆典场面，大巴车上储备的物资也助了我一臂之力，这其中就有一瓶又一瓶的起泡酒。在抵达目的地之前，我们都已经处于半醺状态，而我们的铁三角——我、德罗西和维托——再次尝试劝说布冯来到罗马。“看这人潮涌动，看这欢乐的海洋。”我们缠着他说，“想象一下你在这里获得联赛冠军，你可以整整庆祝一个月。”委婉地说，布冯一直在举杯尽欢，开怀畅饮，而事实上，他整个晚上就像个傻子一样笑着，对我们琢磨的诡计满口答应，“对啊，对啊，我真的应该来罗马，我不能让自己错过这样的环境……”然后又哈哈笑起来。我们三个人迷惑地面面相觑，是我们终于成功说服了他，还是他在拿我们开涮呢？答案显然是第二个：在马西莫竞技场的庆典和王子公园的自助餐之后，布冯拥抱了我们，并祝我们假期快乐。遗憾的是，也只能如此了。我连续第二个晚上没有睡着，这也不错，因为第二天，在飞往波拉波拉岛的飞机上，我把克里斯蒂安抱在怀里甜甜地进入了梦乡，再也不用与他分开了。

在世界杯决赛出场一小时后被德罗西换下，我不仅仅是与一场伟大的比赛作别。我决定结束我与国家队的故事，所幸的是在辉煌时离开。我还不到30岁，但我感觉需要更多的时间和家人在一起：和伊拉莉，和克里斯蒂安，和他即将问世的小妹妹们，而且这是我们真心期许已久的。从现在开始，我只属于罗马和家庭，与国家队的集训、友谊赛、预选赛和大型赛事彻底告别。一旦你到了一定的年龄，你就会感到时间并不是无穷无尽的，而这样会为自己赢得很多时间。在从德国返程的飞机上，我就把这个决定告诉了管理层，而且这个决定是我在世界杯前就做出的，所以9月份意大利国家队新教练罗伯特·多纳多尼，在一场意甲联赛前来米兰一家酒店找我时，我还是给了他否定的答案。很遗憾，因为拒绝一个告诉你他特别想执教你的教练并不是一件容易的事情。多纳多尼是个出色的人，可惜我没能和他共度一段旅程。在那个时候，我的旅程已经到了尽头。

在其他场合流传着我回归国家队的可能性。他们都认为两年之后，里皮回到国家队帅位时我就会回来。鉴于我们之间的关系，这样想也有一定道理。正因如此，我从没给过他机会，让他再次挑起这个由头。如果我允许他明确地问我会不会回国家队，那么再次拒绝会变得很难。终于，在2014年世界杯开始前几个月，普兰德利给维托打电话询问是否有些转机，实际上，想到能在巴西踢比赛让我很感兴趣——这是众所周知的——如果教练亲自和我谈这件事，也许我们有可能达成一致。但这并没有发生，普兰德利没有打第二个电话，这样更好。如果在最后时刻进入球队，我会感到不自在，因为球队在预选赛中拼得非常艰苦，同时因为如果那样，就会从名单中挤掉一个为了这个位置付出很多努力的人。

我作为世界冠军离开了，这是能够得到的最高荣誉。这个选择受到很多批评，因为罗马高于一切的决定，我用一种无可置疑的方式强调了我的城市属性。时至今日，当有人听到我说，为罗马赢得意甲冠军的价值比世界杯冠军要略胜一筹时，他们都会感到惊讶。他们认为我疯了，难以接受这一观点，很显然，世界杯冠军对任何人的职业生涯来说都是个顶点，但与从未赢得意甲冠军的人来相比，这更多的是对那些每年都赢得联赛冠军的人而言，比如尤文图斯人。对我们来说，联赛冠军是至高荣誉，对我来说，最让我伤怀的就是没赢得哪怕是第二个意甲冠军。至于国家队，嗯……每一次大赛来临，我都会本能地去关注。国歌响起，摄像机镜头掠过意大利球员的队列，我叫来克里斯蒂安一起坐在沙发上看比赛。在我的内心深处会有一丝惆怅，但没人能察觉到。

15

罗马，城市之魂

在30岁的年纪选择放弃国家队，全身心投入罗马，这很好地诠释了我与这家俱乐部和这座城市之间的关系。肝脑涂地，这或许是最恰当的形容词。一位很精明的朋友建议我用另外一个词，共生。是的，在我和我天然的生活环境之间，共生这个词捕捉到了其中的真谛。罗马是公认的世界上最美丽的城市，但我对罗马的眷恋很大程度上源于一种舍弃。自从我被迫从维图罗尼亚大街搬到卡萨尔帕洛措，我便不能随心所欲地在这里漫步，因为那些对我极端崇拜的球迷甚至偷走了我们公寓的脚垫，我的行动自由受到严重的限制。对此我并无怨言，因为这是我曾经领受到，也会继续享有的那些厚爱——那些无比深重的爱——所必须付出的代价。我与罗马之间的共生是以两种不同的速度向前推进：这座城市从我这里汲取充足的养分——比赛、采访、公共活动，而我最多可以咬上一口苹果，然后就得消失。可能会在夜色中穿过一座修道院出逃，就像在获得联赛冠军之后的那次经历。

记得有一个圣诞节——那是在2011年——我到最后时刻才发现还没有为伊拉莉买任何礼物。我感到有些慌乱，因为她非常看重圣诞树下的礼物……我打通孔多蒂大街她经常光顾的爱马仕店的电话，预订了一条围巾。但那是12月24日下午，他们不能帮我把围巾送到家里，我需要派个人或者我自己去拿。好吧，让我们来点疯狂的。我带上克里斯蒂安，用棒球帽和帽衫包裹好自己，登上我们的Smart汽车就出发了。唯一的预防措施是，我给一个朋友打了电话，他在距离孔多蒂大街附近的科尔索大道有一家店铺，我问他是否可以把车停在他店门口，打着双闪停5分钟，也就是到爱马仕店取货、付款和往回走的时间。这计划就像一场反恐闪电战。圣诞节前夜17点30分，我到了科尔索大道。我把车停在朋友的店铺前，他待在旁边帮我看着车，我快步走向孔多蒂大街。我把自己伪装得很好，而且天也暗下来了，但我忽视了克里斯蒂安，他头上没有戴帽子遮挡。好吧，我们快去快回。走进爱马仕店，包裹已经准备好了，我用信用卡付了款，等待着付款机与银行之间的网络连接。我偷偷地从橱窗向外瞄，发现那里已经聚集了一小部分人。加快速度，付款时间也太长了……收款机打印了两张小票，我在第一张上签了名，然后笑着和所有售货员告别，我们必须抓紧时间。

我走出店门来到街上，听到一阵喧哗声。百十来个人正聚集在店外，我像往常一样猜测，有一个人说看到了我，然后两个人因为好奇而停下来，而第四个人则正好无事可做，慢慢地，人便越聚越多。另外一些人会在询问完“你们在这干吗”后也加入进来，让阵势变得越来越大。这种情况我并不陌生，但幻想着至少在圣诞节前夜能够像带球过人一般抽身于此。应该是克里斯蒂安出卖了我，因为球迷普遍都认识他。我紧紧拉着他的小手——那时他只有6岁——低着头沿着孔多蒂大街快步往前走，坚决果断地冲破了人群。他们让我过去了，但随后又簇拥着跟在我身后，就像《阿甘正传》里阿甘在沙漠中奔跑时，后面不断增加的尾随者。如果说前50米我是快速往前走的话，之后我几乎开跑了，同时注意把克里斯蒂安的手攥得更紧，所幸他已经是个小运动员了，可以不费力地跟上我的步伐。我们来到科尔索大道上，一个惊喜在等待我们：那辆Smart小汽车已经被人群团团围住。出现这个情况应该是有人看见我们从车里出来，但是他们没有跟着我们，而是就在那里等着，料到我们肯定会回来。顺便说一句，我们周围的一些人想要一张自拍，可一旦拍照就完蛋了，那样的话我得停下脚步，随后很可能会被彻底包围。我最担心的是无法抓住克里斯蒂安的手。其他人只是限于用智能手机拍下这一幕，因为他们的想法很简单：留下一段证明12月24日在罗马市中心遇到托蒂的视频。

在我的车旁边，不仅有我的朋友，还有两名警察。他们一看见我们就一个劲打手势，我得走到车门旁边，让克里斯蒂安先进去，之后我再上车离开。他们会帮助我的。我朝着那个方向前进，他们三人英勇地为我创造一条防线，但这不是件容易的事。有太多人挤在车旁边，连打开车门的空间都没有。我一厘米一厘米地往外推车门，终于成功让克里斯蒂安上了车，然后自己也在两名警察的帮助下钻了进去，这足足花了5分钟。我发动车起步，但非常小心谨慎，因为轧到某个人的风险太大了。我们终于离开科尔索大道，可以把自己隐藏在台伯河畔大道的车流中，我对克里斯蒂安说："再也不这么干了。"他看着我，好像还觉得挺好玩。

从小时候起，星期日我从家去泰斯塔齐奥区或者特拉斯提弗列区，我总会要求路过真理之口，因为我喜欢把手放进去时那种战战兢兢的感觉，并且希望它不会把我的手咬掉。圣彼得广场我很小就去过了，那次还得到了教皇的亲吻，但我几乎一点也不记得了。在我结婚前一个月，为了从高处欣赏阿拉科埃利圣母玛利亚教堂（我们即将举办婚礼的地方），我登上祖国祭坛的最高处，而且还享受了一点点特权，就是走了一条受保护的通道，这样可以避免我被游客团团包围。我好像是说出了什么咒语，让我得偿所愿。

有一天，我只想成为一个不被关注的游客，在不会引来人群聚集和不被要求自拍的情况下在罗马四处闲庭信步。要么就像《绝美之城》里的男主角一样，当他在艳遇之后的深夜回家时，穿过这座城市最迷人但也是空无一人的地方。我希望有一天凌晨能如法炮制，就像他一样。我会沿着台伯河的堤岸奔跑。

在获得联赛冠军后，我认识到这样一个令人欢欣、也是美妙的现实，但它同时也是危险的：那就是我说的和做的事情会影响到一些人的观点，因为他们保持着对我的高度信任。我说过我会永远留在罗马，并且确实做到了。这比其他事情更能巩固我和球迷之间彼此深爱的关系。爱，以及信赖。长久以来，我一直小心地远离政治——我认为在这一领域我不应该去引导任何人——但是会和官员们走得很近。当某位罗马市长（无论他属于什么党派）请我帮忙进行选举资金募集的宣传或其他慈善活动时，我从不会推脱。当然，在这个领域也存在着一些私人关系，例如，我从未也永远不会掩饰我与瓦尔特·维尔特罗尼之间的友谊。在他担任市长期间，我和他一起有过很多合作，但从来没有被人知晓，因为我们做的都是一些远离摄像机镜头的事情。瓦尔特会在大清早打来电话，向我提议参加一些活动，给医院里即将接受手术的孩子们送去一个微笑，参加一所新建小学的开学典礼，或前往一个面向某个问题街区所有人开放的五人制足球场等。没错，和维尔特罗尼一起，我看到了一些罗马郊区的面貌，这让我感觉很受教。

当然，我也了解罗马的富人区。其实，成为一支深受爱戴的球队的冠军成员所得到的真正特权是，你可以接触到很多有意思的人。让我提及一些有点特殊的罗马球迷：他们在自己的工作中都是公认的认真严肃的专业人士，一旦他们走进奥林匹克球场，就失去了理智。首先要提到的是一个亲爱的朋友：卡洛·韦尔多内。他和自己在电影里展现出的形象完全一样：友善，随和，有些疑病症。千万不要跟他说“你看起来脸色有点发白”，否则他会用一整天的时间去做所有可以做的检查。几年前，卡洛让我有了一次在那个时候非常独特的经历：他带我参观了位于卡拉卡拉浴场的阿尔贝托·索尔迪的别墅。现在那里正在被改造成一个博物馆，这显然是对的，卡洛应该是这个项目的负责人之一。我们造访时，只有索尔迪的妹妹有别墅的钥匙，她很乐意把钥匙借给卡洛，因为她知道自己的哥哥和他的关系非常好。这座别墅令人惊叹，而卡洛讲述的关于阿尔贝托·索尔迪的轶事有过之而无不及。

在奥林匹克球场的看台上总会有很多电影人的身影。我和你们讲过，我们曾经拿萨布里娜·费里莉开玩笑，因为她曾说要在联赛夺冠庆典上裸舞，但事实上她食言了。克劳迪奥·阿曼多拉和皮埃尔弗兰切斯科·法维诺是另两个真正的球迷，他们去球场并不是为了让别人拍摄他们，而是因为尽管罗马的表现让他们饱受折磨，但是他们真的无法缺席比赛。我在万奇纳兄弟家里度过了很多美妙的夜晚，现在卡洛已经不在人世，而我总是喜欢追忆他人格中的美好：他的卓尔不凡以及让客人感到宾至如归的能力。我和恩里克·万奇纳关系很好，与他弟弟相比，他在球场里往往更加激动易怒，但都是为了罗马好。玛莉亚·德·菲利皮和毛里齐奥·科斯坦佐也是我多年的好友，从他们第一次邀请我上《有你的信》节目开始。之后毛里齐奥有了做笑话集的绝妙想法，而这些书帮我摆脱了“大宝贝”这个称号。这个绰号本是《信使报》一个很喜欢我的记者米莫·费雷蒂出于对我的深情而取的，但在罗马之外，它已经成为不成熟的代名词。

我第一次和伊拉莉一起度假是在2002年联赛结束后、前往在亚洲举办的（韩日）世界杯之前，有一周时间在沙姆沙伊赫度过。想象一下，当发现在我们度假别墅旁边的一栋别墅中住着的是克劳迪奥·巴廖尼和他的女伴时，我们是多么惊讶。那是非常美妙的几天，我们一起在红海深处潜水，到现在我仍然记忆犹新。但真正的荣幸是，他愿意单单为我们演唱一些歌曲，虽然只是清唱，但足以抵得上一支乐队。伊拉莉太激动了，甚至邀请他演唱一首并非他原唱的曲目：阿德里亚诺·切伦塔诺的《激情无声》。克劳迪奥欣然接受地唱了起来，而且根本不用在谷歌上查歌词。他真是个天才。我们现在仍然会碰面，不时地一起共进晚餐，而每一次都会成为欢乐的聚会。

还有一位优秀的著名人物，我很喜欢和他共度时光，特别是在夏天，那就是乔瓦尼·马拉戈。我会和他一起乘船从萨包迪亚出发，我俩在那里都有房子，一直开到蓬扎岛、文托泰内岛，甚至伊斯基亚岛。我和乔瓦尼在阿涅内河船员俱乐部球场踢五人制足球，每次我成功为他送上完美助攻，让他只需轻轻一碰就能进球时，我就会重新宣布一次我要告别足球。在帮助他得分之后，我在职业生涯中已经别无所求。

直到我在米亚尼别墅举行的婚礼招待会上，我才更充分地理解了足球和罗马俱乐部在这座城市中有多么非凡的影响力。我指的是婚礼前几天专门为重要宾客举行的招待会，而第二个为朋友和家人们举办的是真正的婚礼宴会。说到第一个招待会，尽管我不认识，但还是有人建议我邀请朱利奥·安德烈奥蒂，他是罗马城在国际上的标志人物，就像阿尔贝托·索尔迪和……呃……和我一样。是的，我邀请了他，而他出席了招待会。他感谢我的盛情邀请，还祝福伊拉莉可以生很多孩子，祝福我可以获得很多联赛冠军，并且补充说，送给我的这些祝福也是给他自己的，因为他也是罗马队的铁杆球迷。之后他走到招待会专为政要预留的区域，停下脚步，我记得他坐在维尔特罗尼和达莱玛中间，心情非常好，一直待到很晚。当时，他已经86岁了。

在结束题献朋友的段落后，也应该记得在罗马，还有一个伟大的敌人：拉齐奥。这是我一生都在面对的球队，从我13岁刚刚从罗迪贾尼加盟罗马的第一场罗马德比——也就是（拉齐奥）大区U14少年队联赛的一场比赛——开始，直到职业生涯最后一场德比（2017年的4月），我们输了比赛，而我只踢了最后20分钟，并没有什么亮眼表现。我从小就不曾掩饰过自己的情绪，因为那种感觉就如同皮肤被灼烧了一般。我曾憎恨拉齐奥，会把他们球员的图片头朝下地贴在帕尼尼球星卡片画册里。他们的卡片是反着贴的，因为我甚至不愿意看到他们的脸。很显然，你也会把这种激烈的情绪带到球场上，在各个级别比赛中，无论是我们还是他们，都疯狂地看重自己的队伍能否占得上风。但是，这从未妨碍我认识到对手球员身上的优点和能力，我这一代的罗马所面对的拉齐奥球员中有内斯塔、迪瓦约和弗兰切斯基尼，每场战斗之后，除了毫不掩饰我们之间交情的握手之外，我都会暗自思忖他们是多么强啊。特别是亚历桑德罗·内斯塔，他是我见过的最帅后卫。我还记得我们最初面对面交锋的德比战。场地糟透了，更衣室环境的恶劣程度更是场地的三倍，所有更衣室屋顶都是石棉水泥板铺盖而成。在比赛之后，一场暴雨下来，你会觉得自己是这个星球上浑身污泥最多的小伙子。就是在这里，就是在这样泥泞肮脏的环境下，我记得亚历桑德罗就像一个王子，干净，优雅，从没有粗野的犯规，因为他根本不需要。我们很自然地相互致意和微笑，即便是在一场剑拔弩张的对峙中，因为他知道我是罗马青训中的未来之星，而我也知道他是拉齐奥着力培养的天才少年。在那之后不久，我们进入各个年龄段国家队，而我们并肩作战的职业生涯由此开始。实际上，在进入U15国家队后，对于在科维尔恰诺的所有人来说，我们就是“那两个罗马人”。尽管出自不同的球队，但我们之间很快建立起牢不可破的友谊。

拉齐奥的球迷曾经对我恨之入骨，这很正常，但是当亚历桑德罗转会去了AC米兰后，情况变得特别令人失望。我真的感受到一种强烈的失落。因为从公平比赛的角度来讲，内斯塔和我本应该在每场德比大战开赛前在中圈握手，一直到职业生涯结束，直到两个如此显赫的标志性人物耗尽最后一丝体能。如果说森西付出了令人无法质疑的牺牲成功让我留在队里，那么克拉尼奥蒂在一定程度上却放弃了。亚历桑德罗走得非常不情愿，事实上他在AC米兰队度过的那些赛季非常美妙，作为主角赢得了能够赢得的一切，而这些都是他惊人才华的印证。对于拉齐奥来说，他的离开是一种伤筋动骨的损失，而我想进一步将这看作整个城市的遗憾，因为年复一年地享受拥有两位强大、忠诚而且是罗马本土球员作为双方队长的德比是一件幸事。因此，失去球队象征带来的失落，让拉齐奥球迷对我的憎恨又增添了几分。

当你还是一个男孩时，油然而生的发自肺腑的情感会永存心间，赢得德比大战会让你感觉极其美妙，而一旦你输掉它，你的懊丧之情会远超其他任何时候。作为职业球员，有的事情在发生变化，球场上的竞争与敌对，甚至是暴烈的情绪，到比赛进行到第90分钟就会停息，也会在一次淋浴之后荡然无存。我曾经很多次在夜店遇到过在星期日刚刚狠狠修理过我的人，我指的是库托、拉杜，那些信守“如果输了，也要给他点颜色”这句德比箴言的后卫们（显然，我们队里也有这样的人）。好吧，在夜店里可没人会互相踢来踢去。我们会打招呼，甚至坐在一起喝点东西，再开些关于挨到的和送出去的踢踹的玩笑。这样的事情也发生在我和马特拉齐、蒙特罗等人之间，我们彼此尊重。没错，这个词是最关键的。没有比记者的这种问题更可笑的了。当你和尤文图斯或者国际米兰竞争联赛冠军，而你的竞争对手要和你的同城球队交手时，有人会问：“你能为拉齐奥加油吗？”我能吗？如果涉及联赛冠军，我会全力以赴为拉齐奥加油……

这并不能改变输掉德比会让人非常难受的事实。只要我还活着，我就不会忘记迪卡尼奥的那个进球——确实是个非常漂亮的进球——因为我当时是如此气急败坏。他在南看台下面庆祝，我的天呐……更令人心碎的是那场意大利杯决赛的失利，卢利奇打进了制胜球，而我们非常希望能够赢得一场罗马德比后在奥林匹克球场举起奖杯，况且那是安德烈亚佐利的正名之战，他是一个非常优秀的人，而我愿意助他一臂之力。

幸运的是，也有幸福的德比，其中很多在本书中各个章节里都提到了，因为它们在我的讲述中都处于重要位置。比如内格罗的那个乌龙球对于我们争夺联赛冠军至关重要；比如那场5比1，我第一次将进球献给那个即将成为我妻子的女人；还有一场德比中——这个故事你们会在后面看到——拉涅利换下我和德罗西，因为场上罗马人太多了，但事实证明他是对的。还有很多其他值得一提的德比，以及与它们相关的那些环环相扣的故事。比如1999年我们的那场胜利阻挡了拉齐奥冲击联赛冠军的脚步：我在第90分钟的进球将比分定格为3比1，并展示了球衣下写着“我又让你们拉肚子”的T恤，这件T恤是球迷送给我的。拉齐奥球迷非常恼怒，我理解这一点，但那是一个互相嘲笑和狠戳对方痛处的时代，有时候是我，有时候是你，总而言之，是很有意思的。无论如何，我承认T恤上的话说得有点重；不过我再一次否认2017年在圣雷莫音乐节舞台上闹出那个著名的笑话有贬损拉齐奥之鹰的意思，在这里我希望做一次永久的澄清。事情很简单，登台前没有人告诉我主持人卡洛·孔蒂和玛莉亚·德·菲利皮会问我最喜欢圣雷莫音乐节的哪首歌。我真的说不上来什么歌名，所以不得不现场临时发挥，而第一个想到的就是波维亚的那首《鸽子》。可我说出来的甚至都不是那首歌的名字，可想而知我上台前是怎么准备的。人们后来大肆渲染的那个争议其实毫无意义。

很多人认为激烈的竞争让双方球迷产生对立和敌对，也使得罗马与拉齐奥的比赛成为意大利联赛中最粗野的比赛。我的一些队友也经历过其他德比，听了他们的讲述，感觉确实如此。但是有那么一次，双方球迷的极端派系似乎联合起来，这显然造成了令人不安的后果。我说的是2004年3月21日那场被中断的德比。下半场比赛刚开始，在球迷间流传起一个消息，说在赛前的冲突混乱中，一辆警用装甲车撞倒并轧死了一个孩子。这是个彻头彻尾的假消息（用现在的话说，是一个假新闻）但球场上谁也没法确定真伪。所以一些球迷从死忠看台走下来，希望与两位队长交谈，我们会倾听他们的声音。另外，我认识他们中的一个人，或者更准确地说我认识他的兄弟，他和我一样都来自梅特罗尼亚门街区，我们经常一起去上学。“你们应该停止比赛，警察杀害了一个罗马球迷，一个孩子。”这就是他对我说的，语气带着愤怒。与此同时，拉齐奥队长米哈伊洛维奇和主裁判罗塞蒂走过来，也听到了他的话。我们面面相觑。显然警察不会杀害孩子，但满心感觉真的出了事故。

“你们不应该比赛了。”冲进场内的球迷不断重复着，特别警察部队的人也倾向于暂停比赛，因为球场内的气氛每分钟都在不断恶化。最终做出决定的是职业联盟主席阿德里亚诺·加利亚尼，他在与罗塞蒂进行电话交流之后，最终下令中止比赛。我们球员都很感激他，因为大家完全没有心思继续比赛了。与此同时，越来越多的证据表明，这是一个巨大的谎言，这是警察说的，而且人群涌出奥林匹克球场时，很多人都在发出呼吁，其中包括我，希望球场外不要发生任何暴力事件。这些话是对牛弹琴，那个晚上不仅爆发了针对警察的游击战，甚至一些兵营也遭到了袭击，尽管所有人都已经清楚地知道没有孩子死去（幸亏如此）。之后的诉讼中排除了两队球迷携手合作针对警察的可能性。难道这仅仅是一个群体狂热事件？不知道。对我来说，那天晚上发生的事情一直都令我感到很奇怪。

回到体育竞技层面，我还愿意回忆起另外两场德比。第一场要追溯到2011年，凭借我的独中两元，我们2比0获胜，一个英国评论员宣告："罗马国王并未死去。"无论是球迷还是我自己都很喜欢这个评论。几周后，对阵巴里打进的两个进球让我在意甲历史射手总榜上超越了罗伯特·巴乔，我也展示了一件写有这句话的T恤衫。也许有人会质疑，所以顺便说一句，不存在"没有展示"的T恤，因为还没有我准备了一件写着某个口号的T恤，由于比赛的结果走向另一个方向，最终让我没有机会进行展示。也许这是运气吧，又或者是一种额外的激励，所有我特意准备的T恤，人们肯定都看到了。

让我最后再沾沾自喜一次，来结束这一段落。2015年1月11日，当我再一次用独中两元决定德比大战的结果时，在南看台下自拍，我感受到一种下意识的强烈的喜悦与满足。时任教练是加西亚，上半场包括我在内，我们所有人都表现得很差，结果拉齐奥以2比0领先。如果教练把我换下来，我绝不会有任何怨言。但加西亚和他的助手弗雷德一起走过来，让我看了他的战术板，上面只有10号的旁边没有任何箭头。"弗兰切斯科，你再也不要离开罚球区了"，教练说，"你没有全场跑动的体能，在禁区里最果敢的那个人就是你。让全队给你喂球，不要去找球，那样会让你很累。"这是在请求帮助，同时也是交付了一份责任。从更衣室出来后，我向门将教练古易多·纳尼示意，我们已经定好了计划。

我很快打进了2比1的进球，拉齐奥的防线没有察觉到我在右路从拉杜身后包抄上来，也留给了斯特罗曼传中的机会。真的令人意想不到，一刻钟之后，我几乎重复了相同的一幕。这次传中的是霍莱瓦斯，传球行程稍微长一些，为了让自己能从拉杜和卡纳中间插上，我被迫腾空而起，把自己扔向前方，在半空中完成了右脚射门。这不是一个容易的进球，说真的，甚至可以说是一个难度很高的进球，需要很高的协调性。这种协调性，足球学校也许能帮你进一步完善，但肯定无法帮你创造出来，它要么是你与生俱来的，要么就与你彻底无缘。如果说第一个进球让我在意甲联赛德比战中成为德比历史第一射手，那么这个进球让我在所有人的视线中完成了一次非凡的告别。是的，这是我在罗马德比的最后一个进球。我用目光寻找古易多，他正拿着智能手机冲我跑过来，而且手机已经处于拍照模式。南看台因为喜悦而陷入疯狂，人群几乎要涌入体育场内的跑道上。我框定这个场景，摆好拍照的姿势，根本没有必要跟大家说露出微笑。咔嚓。

16

斯帕莱蒂神奇的第一任期

在我的职业生涯里，我曾经跟两个不同版本的卢西亚诺·斯帕莱蒂打过交道，尽管跟第二个版本的他之间存在着巨大的问题，这一点我会在本书最后几个章节讲述，但是就此轻描淡写我对第一个版本的他的欣赏（不仅仅限于他去斯图尔特别墅医院看我的那几个晚上），可能并不公平。斯帕莱蒂是一个伟大的教练，可能是我碰到过的最好的教练，他两次任职罗马主教练都是如此。他在罗马第一个任期里，特别对我来说，是一个更好的教练，因为他是一个让你可以跟他一起共进晚餐和随意聊天的教练，你不用在他面前有什么避讳，不用担心自己发表的意见不合时宜。他也是一个疯狂又有趣的家伙。疯狂是因为每天早上他都会在自己办公室的写字台桌面上插一把瑞士军刀，让人对他娴熟的使用技巧印象深刻；有趣则是因为他时常会制造出一些荒唐可笑的场面，比如在更衣室外的走廊里裸奔，一般来讲，这显然不是一个教练能做出来的事。总而言之，他跟传统的教练形象相去甚远。正因如此，大家都喜欢他。

在我们经历四任教练的悲惨赛季之后，罗塞拉·森西选定斯帕莱蒂作为2005/2006赛季的教练。当时她爸爸的身体已经不允许过度劳累，也不再有足够的精力管理罗马俱乐部。当然罗塞拉身边有孔蒂和普拉德的辅佐，而她所有事情都会提前跟我通气，我得说清楚一些，我的意思是她会"通知"我，而不是向我"提议"某个决定。也就是说，我通常被看作一个对俱乐部具有影响力的人物，但是我从来没有要求或强加过什么。有人敦促我表态，我总会对他做出回应，这是事实，如果球队高层想要坚持己见，我也会注意自己的身份。

我跟罗塞拉是一起成长起来的。在马佐尼执教时代，她曾跟她爸爸一起来到奥地利卡芬堡看我们的训练，而显然是因为年龄的原因，她主要跟我和达尼埃莱·贝雷塔——两位最年轻的集训球员接触最多。罗塞拉和我有着相似的性格，我俩都是外表腼腆却内心坚决，我记得，每次她跟教练或者某几位“成年”球员说话时都会面红耳赤。跟我们就不一样，我们可以一起谈论当时最流行、年轻人最喜欢的歌曲，而且我们也会偷偷地拿那帮“老家伙”开玩笑。

我们就这样成了朋友，也这样迎来对我们来说最悲伤，也将我们永远联系在一起的时刻：2008年她爸爸的葬礼。弗朗哥没有儿子，他一直把我当成他的儿子看待，因此罗塞拉就相当于我的姐姐。那时她刚刚知道自己怀孕不久，而送别亡父和将为人母两种情绪的交集让她心神不宁。当她爸爸的棺木被装上灵车，所有人都走向她表示哀悼的时候，她突然感到不适。在圣洛伦佐阿维拉诺教堂前的空地上，眼看她就要晕厥过去。她丈夫在灵车另一边，忙着招呼亲戚和朋友们，没有察觉他身后发生的事情。罗塞拉身体往下瘫软时给了我一个求助的眼神，我用双手及时搀扶住了她。我就站在她身边，吊唁人群的第一排，我比其他人都先一步发现了当时的情形，而且反应也一如既往地迅速。罗塞拉在我扶住后恢复了神志，在她的目光里，我看到了那个曾经跟我一起在卡芬堡吃冰激凌的小女孩的感激。我想，就像森西的妻子玛利亚为此动容一样，这样的场面应该也会让弗朗哥感到欣慰：“弟弟”和“姐姐”组合在他的名字（Franco Sensi）里。

我们再回到2005年夏天，罗塞拉告诉我新教练将是斯帕莱蒂，我跟她说，这是个很棒的决定，因为他是受到更衣室球队领袖们——也就是我、德罗西和帕努奇三个人首肯的人选。在刚刚结束的赛季最艰难的时刻，我们三个曾谈到乌迪内斯确实踢得很好，如果能够尝试把他们那种踢法移植到一个更大的平台上应该很不错。罗塞拉给了我们这样的机会。

从我内心深处最真实的想法来说，直到斯帕莱蒂真正出现在特里戈利亚之前，我都完全不相信他真的会离开乌迪内斯。当然，与这家弗留利大区最出色的俱乐部相比，罗马确实有着另外一种魅力。但是那个时候正是罗马最黑暗的时期，为了赢得意甲冠军并实现卫冕，森西家族花费了一大笔财富，而几个月之后，俱乐部最初的节省开支变成了真正的削减预算。用于巴蒂斯图塔、萨穆埃尔和卡萨诺的花费非常高，而唯一一个从他身上有所获利的球员是沃尔特。巴蒂斯图塔离开罗马，被免费租借到国际米兰，因为他的薪资对俱乐部来说已经不堪重负，所以哪怕是白送，也只能如此。这样的局面，再加上主席病魔缠身，俱乐部最重要的任务不是购买新球员，而是如何按时支付薪资。至于从其他联赛引进的球员，奢望他们能够对这样的形势给予特别的理解，其实也是不公平的，例如库福尔就只有在拿到薪水后才会上场，而他来自拜仁，你们应该知道他的经历。不管怎么样，没有人再给罗马哪怕半毛钱。直到为俱乐部寻找买家的事情为人所知，森西家族都在全力履行应尽的义务。

在这些前提下，罗马要在转会市场上进行操作当然是不可能的事情，因此我并不相信斯帕莱蒂这样一位有着远大抱负的教练会接受离开那个年代的乌迪内斯——一家同样雄心勃勃、打进了欧冠资格赛（之后又通过资格赛进入小组赛）的俱乐部。事实上，普拉德只能招揽被解约的球员，而他做得还不错，带来了罗德里戈·塔代伊，一个在后来多年时间里我们非常仰仗的球员。但是，斯帕莱蒂来罗马不是为了打造一个低成本的阵容。他多年的梦想是跟我一起并肩作战，对此他直言不讳。一方面，他觉得我非常出色，哪怕只用一条腿也能踢得很好；另一方面，他希望看到我增加训练强度，因为他觉得我每周的训练强度可能连应有的30%都没达到。他说得有一定道理——在第二个任期里，他在这个问题上变得变本加厉——但是这里也需要解释一下。

我每一场比赛都会被踢上很多脚。两只脚踝会从后面受到不同力道的踢踹——裁判对于这种犯规的判罚变得越来越严厉，但并不能有效地改善我的处境——两条小腿经常被对手脚后跟踩到，大腿则会从侧面被踢到。总之，我就是一个有价值的10号球员的样本。对此我没有过多的抱怨，至少对方的动作没有过于出格的时候，我会如此。我从小就听到教练们不断地跟我重复：“你是最好的，就得付出这样的代价。”然而，我需要时间“消化”这样的踢踹，准确地说是两天，如果两天中的一天是休息日，也就是星期一的话，那么星期二我就会把时间主要花费在按摩和在健身房进行无球训练，然后星期三再回到场上练习。从那个时候开始，我就会按照70%而不是30%的强度进行训练。很多人都会说，“你训练是什么样，赛场上的表现就会是什么样”，例如，巴蒂斯图塔状态好的时候，他甚至在进行抢圈训练中也会像在战场上厮杀一般。对我来说不是如此，因为这是两种大不相同的情况。比赛太特殊了，每一场都不一样，但不论如何都极为激烈，所以在每周训练中是不可能达到这种强度的。

尽管如此，斯帕莱蒂来到罗马，是因为他相信我们这支经过某种程度重组的队伍已经具备夺冠的实力。从他对我的器重来看，很明显我在他做决定过程中占了很大的分量。斯帕莱蒂在罗马第一年的工作是从4—2—3—1阵型开始的（他是意大利最早使用这个阵型的人之一），我被放在一名中锋身后，这名中锋主要是由蒙特拉和农达轮换，卡萨诺也打过几次这个位置，但是那时他已经要离开罗马——事实上，他1月份就去了皇马。到了12月，因为一系列伤病原因，斯帕莱蒂让我尝试踢中锋的位置。第一次是在热那亚对阵桑普多利亚的比赛中，我们以1比1握手言和，但是我各方面的感觉都非常好。这既是因为我们的进球来自我在球门区内（比中锋还要中锋……）一次打在别人身上变线的射门，另一方面也是因为我从中场启动的出击总会吸引桑普多利亚的中场防守球员，从而为佩罗塔和托马西插上创造空间。就在那场平局之后，罗马开启了十一连胜，其中前八场我都有进球入账，这证明了我在新位置踢得很舒服。不幸的是，到第十场连胜时罗马的对手是恩波利，你们已经知道那场比赛发生了什么。从那场比赛一直到赛季结束，斯帕莱蒂先是主要依靠蒙特拉，后来因为蒙特拉受了伤，迫不得已只能发明了一套没有前锋的阵容。我们最后获得联赛第五名，后来在电话门事件后被调整为第二名。

世界杯的夺冠改变了很多事情。我还是会被推搡踢踹，但是对方往往会显示出对我更多的尊重；此外，中锋的位置——有时只是战术上的安排——让我可以有更多时间进入对方禁区，而这对我的脚踝来说算是一个安全区域，因为对方防守球员会更加谨慎。回想起以前被下过的狠脚，这个位置也是一种很美妙的体验，当然也是因为更衣室气氛很好，大家相处得很融洽，而我们的打法也让我们乐在其中。通过我在场上位置的前移——这已经成为一种固定安排——斯帕莱蒂让我重新找到了从孩童时代就感受到的进球快乐。之前我在意甲一直打前腰位置，最多也不过是在泽曼时代踢过边锋，这让我更多地为完成一次助攻而不是一个进球感到开心和满足。但我是天生的前锋，因此，当我和球门之间不再隔着某一个队友时，我仿佛回到了童年的足球时代。我很享受，我真的很享受。

就这样我迎来了一个个人表现出色的赛季，甚至完全出乎意料地赢得了欧洲金靴奖。我打进了26个进球，比范尼斯特鲁伊多一个。除了在荷兰踢球的巴西人阿方索·阿尔维斯之外，在排行榜上与我共同角逐这一奖项的还有迭戈·米利托、罗纳尔迪尼奥和德罗巴，而他们显然不是进入名单的新面孔。意甲乱象丛生，尤文图斯被降入意乙，而AC米兰、佛罗伦萨和拉齐奥都受到相应的处罚，我们最后名列第二，但是与国际米兰有着很大的差距。

那一年罗马无论从比赛的激烈程度还是进球方面都打出了很多精彩的比赛，你们只要想一想11月我们与AC米兰、卡塔尼亚和桑普多利亚交战的三部曲。在红黑军团的主场圣西罗，我们连续19年不曾在这里赢球，而那一场比赛完全由我们主宰。我用一记漂亮的凌空抽射拔得头筹，之后布罗基扳平比分，而最后，得益于一次能够完美代表斯帕莱蒂第一任期罗马竞技水平的配合，我打入制胜的一球。托内托接球拼抢丝毫不惧与对手的对抗，他跳得很高，赢得球权并传给阿奎拉尼，后者没有经过任何调整，而是用一个令所有人目瞪口呆的插花脚动作赢得时间，只有曼奇尼对此心领神会，并极为精准地执行战术从左侧插上。曼奇尼把一次完美的传中献给了你们最喜爱的中锋弗朗切斯科，而他面对迪达毫不留情地头球破门。

如果要从“团队配合进球”的角度来说，这是我们那一年最漂亮的一个进球，而让我感到高兴的是，这一团队配合链的核心是阿尔贝托·阿奎拉尼，这让我有理由来谈到他。阿奎拉尼是另一个像我和德罗西一样从小就梦想成为黄红军团一员的罗马人，为了实现这一目标，他在俱乐部各级别青年队都努力表现。他的职业生涯相当不俗——曾经为利物浦、尤文图斯、AC米兰和葡萄牙体育效力，也曾入选过国家队——他本来还有更大的潜力。与卡萨诺不同，除了因为体格脆弱导致很长时间不能上场，他没有什么其他可懊悔和自责的。他真的不走运，因为他具备一切应有的素质：技术、比赛的视野、射门，包括领导力。我们得以共同出战的机会并不多，但是由中场的阿奎拉尼、德罗西和位置更靠前的我——罗马出生的罗马队员——组成的铁三角，在比赛中打出了极高的水准。你们得承认，我们这三位“罗马出生又是罗马球迷”的罗马队员可以展现出现代足球中更加美妙的“三重奏”。

关于阿奎拉尼插花脚传球的新闻出现在一些西班牙体育报纸的头版，因为已经传言称，在卡萨诺之后，他也有可能得到皇马的邀请。问题是，几天后在一次训练对抗中，他的膝盖受伤了（不幸的是，这是他职业生涯里经常发生的情况），这造成他在最好的时候有6个月无法上场。我真的非常遗憾，因为阿奎拉尼不仅在场上表现很出色，他同时是一个按照我喜欢的方式成长起来的队友。他曾经是青年队队长，后来在特里雅斯特培养了一年，等他回来时，他想的首先是如何为俱乐部服务展现自己的价值，在此之后，如果可能，他才会提出一些要求。是的，他的职业生涯本应值得拥有大得多的作为。

我之前提到我们的比赛三部曲。第二场比赛是那些年我们取得的最酣畅淋漓的胜利：7比0 大胜卡塔尼亚。这是一场大屠杀，部分原因来自他们很难捉摸我作为进攻核心的各种动作。另外，马斯卡拉在上半场、巴约科在终场前几分钟分别被罚下场，使得比赛结果完全形成了对可怜的卡塔尼亚人的灾难。在这种紧张的气氛里，斯帕莱蒂在比赛结束后竟然走下通向更衣室的楼梯，并等在那里与每一位卡塔尼亚的球员握手。我不知道他这么做的初衷是什么，我从来没有问过他，但可以肯定的是，对方球员一定认为这是在拿他们开心，因此极为恼怒。几分钟后，我就在走廊里看到卡塔尼亚主席普尔维伦蒂和总经理莫纳科犹如怒不可遏的困兽般的身影。如果说斯帕莱蒂有一件热衷于独自或者跟他了不起的搭档达尼埃莱·巴尔迪尼一起做的事，那就是与人争吵（我觉得斯帕莱蒂简直乐此不疲）。他们与人吵架脱口而出的话语可不适合让学校里的孩子们听到，幸好只有争吵时他们才会如此口不择言。“去冲洗一下你的嘴吧”是两个人都最常用的口头禅。斯帕莱蒂的举动带来的问题就是，从那以后每次跟卡塔尼亚的比赛都宛如一场你死我活的战争，而在下个赛季里卡塔尼亚和罗马之间的比赛又极为重要。

我之前说到的三部曲还没有结束，所以我们按照顺序接着说。还差一场跟桑普多利亚的比赛。有人问我职业生涯中哪个进球最漂亮，我总会在两个选项之间犹疑不决：第一个是2005年在圣西罗面对朱利奥·塞萨尔打进的勺子；第二个则是2006年11月在马拉西球场左脚小角度凌空抽射。第二个进球在技术和协调性方面堪称完美，而它的价值在于我是用较“弱”的一只脚打进的。凭借进球我们4比1取得了胜利。在排行榜上，罗马在奋起直追，但国际米兰却已经一飞冲天，很快就变得让我们难以企及。

那个赛季还发生了一件事情，让我非常尴尬，略感羞愧，并因此饱受那些一直以来对我嗤之以鼻的人的非议和指责。那是下半赛季的第一轮比赛，我们周中在帕尔马踢完意大利杯比赛后转战利沃诺。那是一场既难看又紧张的比赛。我们一开始落后，直到离比赛结束不久我才扳平比分，而在补时阶段灾难发生了。加兰特在跟我争球时肘部有动作，虽然他没有恶意，但还是让我极为恼怒。我想，如果裁判吹哨的话，就不会有什么事，因为加兰特是我的朋友，我可能只会让他注意点。裁判埃罗尔迪的视而不见让我失去了冷静。我使劲一把推开加兰特，虽然没有用到肘部，但却是一个很清楚的犯规动作，这让我吃到一张红牌。我被罚下场，这一切都是他挑起来的，我什么都没做，留在场上的却是他。幸运的是，补时行将结束。我怒气冲冲地走下场，面对尽力想把我带离这个是非之地的维托，我又推了他一把，让他跌了个四脚朝天。离开球场后我已经想象到第二天会出现什么样的评论，我全都猜中了。我是如此不成熟，即便对爱我的人也会粗暴对待。

我的举动确实很差劲，我想解释一下其中的缘由。这还得回到星期二，我们为准备意大利杯比赛在帕尔马进行集训，就在此时维托在帕尔马的酒店告诉我，我的表兄弟安杰洛——你们早就知道他的名字，我跟他特别亲近——出了车祸，并且有一条腿骨折。维托跟我说："这事确实很糟糕，很令人烦心，但并不严重。在医院，他没有带手机，他说他随后打给你。"我没有丝毫怀疑，因为我打给了妈妈，她告诉我不用担心。到了比赛时，因为斯帕莱蒂选择了轮换，我没有上场。比赛结束后，我走出更衣室，维托挽住我的胳膊，我立刻意识到情况不妙。"为了让你安心比赛，上午我没有告诉你实情，但是我必须让你知道，安杰洛昨晚做了开颅手术，现在仍然不省人事。他在奥斯蒂恩塞附近撞了车，我们还不知道事故的原因。他最初被送到奥斯蒂亚的一家医院，但是布罗兹医生立刻安排转院到了圣卡米洛医院。"

我真的很愤怒。我先是骂了维托一顿，后来又在电话里数落了妈妈的不是。我能够理解在那种情况下他们所有的顾虑，但是对我隐瞒安杰洛真实的身体状况不应该是他们的选项。在你最好的朋友人事不省的时候，没有哪场比赛比他更重要。回到罗马后，我立刻赶往圣卡米洛医院的重病护理科。医生们只让我的姨妈、安杰洛的未婚妻和我进入他的病房。只有3分钟时间，一秒钟也不能多待。我们还得保持绝对安静，甚至连眼泪都不能掉。看到他，我感觉全身的血液都凝固了。安杰洛的样子变得认不出来了，他嘴里插着一根输氧的管子，面部肿得老高，就好像有什么东西从他脑袋里发生了爆炸。姨妈快要哭出声，我把她揽入怀里，拥抱着她，这止住了她的抽泣。3分钟的时间显得太漫长了，没过多久，我就让护士打开了门。给安杰洛做过手术的医生在门外等着我们，他说："我们能做的都做了，现在就看他自己了。我不能给你们什么保证，但还是有一些希望的。他能做到。"医生的话仅此而已，但是我们可能得等上一个月，因为他得一直待在重症监护室。

不论有什么特权，足球运动员是跟其他人一样的普通劳动者，所以应该像其他人一样能够掌控自己的情绪，特别是那些负面的情绪。但是，有时候足球运动员的所作所为也是情有可原的。他们所从事的是竞争最激烈的职业之一，身体接触无处不在。在脸上挨了几记肘击后保持冷静，要比在办公室里跟人拌几句嘴后依然心平气和的情况复杂得多。那天下午在利沃诺的是另外一个弗朗切斯科，完全乱了方寸，至亲的生命垂危让他心乱如麻。维托非常善于解读与我有关的情况，并加以干预，我更多地希望你们能够明白这一点，而不是希望得到你们对我的理解——安杰洛的车祸绝不是借口。在裁判掏出红牌那一刻，我有可能做出任何举动，包括最极端的举动，因为我本来就极为不安，遭受不公平的判决被罚下场更让我怒火中烧。维托立刻意识到，我这次发怒的情况跟以往不太一样，可能会很危险。因此，尽管他被我一把推倒在地，还是尽力把我和外界隔离开来。

那天下午，他直接前往新闻发布厅，向外界保证他身体没有任何异样，同时向大家解释了我心情不好的原因，当然恳请大家不要在文章里提及。最后，这件事情诡异的地方在于，我在看了电视回放之后感到羞愧难当，以至于我甚至连向他道歉的勇气都没有，从此再也没碰过这个话题。所以，我在这里道歉。请你原谅我，我的朋友。

2001年赢得意大利超级杯之后的6年里，我们一直颗粒无收，但在斯帕莱蒂带领下，我们重新有所斩获。他任期的第二个赛季结束时，在意大利杯决赛第一回合比赛中，我们出人意料地6比2战胜凭借遥遥领先的积分赢得意甲冠军的国际米兰。基于这场大胜，我们最终将意大利杯带回了家。这次大获全胜的部分原因有一个前提，国际米兰根本心不在焉，他们最近几周一直在庆祝，很显然还没有回过神来应对这场比赛。我们则相反，我们在赛季某个时刻开始，就因为差距太大放弃了对意甲冠军的争夺，转而集中精力准备杯赛。两支队伍在如此不同的心理状况之下遭遇，为我们带来了这场大胜，而我在开场仅仅50秒就第一次洞穿了托尔多值守的球门，接队友底线传中转身右脚射门打进。比赛进行到一刻钟，我们已经3比0领先。我们并没有因此松开进攻的油门。上一年夏天在超级杯比赛中，国际米兰正是在0比3落后情况下最终在加时赛以4比3击败了我们，而这造成了我印象中斯帕莱蒂生气到极点的几次愤怒之一（当然，他的愤怒情有可原）。那是一次耻辱的失利，幸运的是，我们没有忘记它，也就是说当克雷斯波打进将比分改写成3比1的进球时，我们想起了上一次的失败，之后便扩大优势，将比分提升到5比2。我们还将回到主场作战，而6比2的比分算是个不错的保障。最后一个进球来自任意球，我主罚时采用了一种我已经迷上一段时间的新技术，有点类似巴西人常用的“三趾触球”，不同之处在于触球那一刻，我的外脚背紧绷，而不是松软的。

足球也会改变方向，但是速度要快得多。托尔多无法辨别球的运动轨迹，而此刻最快插上的帕努奇接到足球射门得分，也完成了个人的梅开二度。帕努奇是一个特别的球员，因为他首先是一个特别的人。他知道如何让别人尊重他，在更衣室里，他是几个有威望的队友之一，有时甚至还有些独裁专横。总而言之，他是一个有魄力的人；他也是一个伟大的球员，这也给了他发号施令所需要的气质和威望。他非常有个性，以至于脾气经常一点就着，有一次在乌迪内，他就跟多尼大动干戈，而平时和蔼友善的多尼在发生争执时也像变了一个人。他们的争执甚至延续到比赛结束，两个人互相说话的嗓门越来越大，以至于我们不得不动用10个人才把他俩分开。否则，多尼可能会把他大卸八块，他失去理智真的让人害怕，但帕努奇并不会因此后退一步。

一周之后，我们来到圣西罗参加决赛第二回合，上半场无精打采的国际米兰在下半场突然开始振作，克雷斯波和克鲁斯先后打入第一个和第二个进球。那是一个困难时刻，我们真的面临崩盘的危险，离比赛结束还有一刻钟，多尼滑倒使得雷科巴脚下出现了一个非常不错的机会，但是他没有把球打进。如果他将比分改写成3比0，我们可能就完蛋了。当时剩下的时间并不短，一鼓作气的国际米兰肯定有可能再找到机会取得对我们的第四个进球，这可能让我们一蹶不振。这一场虚惊使得两支队伍的心态发生了一些调整，离比赛结束还有几分钟，我们取得了场上的控制权，而我在禁区中央的一脚射门打到佩罗塔身上，变线进入球门。

我们做到了，而我感觉这并不真实。我们在圣西罗吸引了12000名罗马球迷的到来，而他们都在那里，就在西莫内打入进球的球门后方，唱着，跳着，在看台下方喊着我们的名字，双手伸展送给我们飞吻，就好像使劲拉他们一把，就能把他们拉到我们身边。进球之后比赛实际上就结束了，我们在微笑、拥抱、击掌和玩笑中等待着第90分钟的到来，而国际米兰已经没有再尝试努力一下的意愿。就在一瞬间，所有人的休假模式都被开启了。在场内的庆祝非常热烈而深情，我在德罗西的目光里看到他第一次穿上属于“他”的夺杯庆祝衫时的极度兴奋，而斯帕莱蒂也非常激动，他刚刚带领罗马赢得了第一项荣誉，他意识到这带来的满足感并不同于以往。在菲乌米奇诺机场，还可以看到这样一幕，即便是在深夜，也有足足2000人自发地赶来迎接我们。那些天对于意大利杯的恶意调侃并没有起到作用，没有赢得过这项荣誉的人把它称之为“雨伞架”，讽刺它的分量太轻。我知道意大利杯不是欧洲冠军联赛，但是各位，现在请允许我跟2000名前来接机的朋友们一起庆祝一下吧……

那是5月17日和18日之间的夜晚。大概5周前的4月11日，我们曾经受到过另一种方式的迎接。这是一次来势汹汹、结局伤感的迎接，真的非常令人伤感。我们从曼彻斯特回来，在那里，我们以1比7的比分输掉了欧洲冠军联赛四分之一决赛。在特里戈利亚基地门口，我们看到一堆堆装满胡萝卜的水果筐。胡萝卜是兔子的食物。我想说，1比7真的是一个令人感到耻辱的比分，这也与意大利球队的习惯迥然不同。在意大利，通常在取得3比0领先，你就会放慢节奏（今天的情况不再是这样，就像在欧洲其他地方，每一场比赛都会拼到最后）。我们遭此惨败不是因为对老特拉福德心存畏惧。我们不是兔子。我们输得如此难看是因为曼联实力太强了；是因为他们幸运地碰到一个对手每次射门都被门柱夹角弹飞的夜晚；是因为我们被第一轮在奥林匹克球场2比1获胜的比赛迷惑了。但这毕竟是一场欧冠四分之一决赛，我们一路过关斩将闯到那里，并且踢完了比赛。如果能让你感觉好受一些，你可以说我们实力不济，但是不能说我们是兔子。

在老特拉福德惨败之前，我们其实经历了一次很不错的欧战之旅。小组赛排在巴塞罗那之后位居第二（领先顿涅茨克矿工和奥林匹亚科斯），八分之一决赛我们成功淘汰了里昂，打出了绝对是斯帕莱蒂执教以来最精彩的一场比赛。我们的配合行云流水，特别是曼奇尼一次惊世骇俗的射门让我记忆犹新，他用一连串“踩单车”动作晃过了雷韦埃，这段影像可能值得每一位球迷永久珍藏。我在此之前已经打进一个进球，当时我在禁区中央位置身边没有人盯防，就在原地轻轻一摆头将球打进。再之前，德罗西还有一个并没有问题的进球被吹掉了。这个进球是有效的，没有任何人比我更有发言权。裁判因为我推搡了一下克里斯而吹哨判罚犯规，其实我只是无心地碰了他一下。总而言之，罗马在这块鲜有败绩的场地上占据了绝对优势。我们打出了顶级表现，不到一个月，就有人给我们送来了胡萝卜……不，我到现在都无法忘记这件事情。你们告诉我，这是能够让人理解的吗？

夺得意大利杯的庆祝没有像意甲夺冠那么长久，但还是让罗马城在一段时间里出现了红黄两色的装点。那是一段美好的时光。那个赛季快要结束了，而我还有一个个人目标尚未达成。我们将在奥林匹克球场迎来按照积分计算已经降级的墨西拿，我届时需要再打入两个进球才能赢得欧洲金靴奖。我对此非常看重，内心同样确信自己能够做到，因为这并不是一件难以完成的任务，而且我极为出色的状态一直保持到了赛季末。最后一场比赛前的集训不是强制性的，而我利用了这个机会，我们做了一件通常赛季结束队伍解散时没有先例的事情，星期六晚上邀请大家一起到Scapicollo餐厅共进晚餐，让大家再多聚一次。这当然没什么大不了的。然而，这件事却成为斯帕莱蒂第二次执教罗马时对我来说极为痛苦的一个时期的预演。

我们在俱乐部内部非常盛行玩纸牌游戏，而那一年玩得格外兴起，组织了充满挑战和竞争的Scopa纸牌和Briscola纸牌联赛，而这些是那个没有智能手机，也不是所有人都带着个人电脑来到集训地的年代里的经典项目。我们的年度“排行榜”还没有完全确定，所以还需要打一场Scopa纸牌决赛。于是，晚餐结束后，我提议晚上去特里戈利亚过夜的人继续玩，确定最后的战绩。大伙异口同声地同意了。午夜0点，大家都聚在我的房间里，比赛开始了。在这种轻松的气氛里，我们忘记了时间。就这样，等听到有人敲我房门，很多人突然发现时间已经到了凌晨5点30分，所有人都吓得惊慌失色，想尽办法试着把自己隐藏起来。

“谁？”

“别装了，弗朗切斯科。”

我慢慢地打开房门，看到斯帕莱蒂正用食指指着自己的手表。

“你们看到几点了吗？”

“教练，明天我们还是会赢球的，交给我吧。”

但是斯帕莱蒂并没有被糊弄住。他用一只手轻轻地把我推开，走进了房间，一眼就看到床后面的阿奎拉尼、奥卡卡和罗西，被抓住的他们只能垂头丧气地从躲藏的地方走出来。这时传来一阵强忍着的笑声，让斯帕莱蒂意识到还有其他人躲在洗手间里。最后他统计了我们的人数，一共12个人。我试着跟他说好话，向他保证我一定能够拿到金靴奖，但他的表情依然是惊讶和厌恶参半的样子。

“你们觉得这正常吗？比赛前一天晚上这么做？”他没等我们回答就回屋睡觉了，脸上的表情就像一个面对一班不争气的学生的老师。第二天——应该说是当天——我们在一场轻松而愉悦的比赛中以4比3的比分击败了墨西拿。我罚丢了赛季第五个点球，这绝对是我罚丢点球最多的一个赛季，但我还是有两个进球入账，我的进球总数达到26个，这让我成为意甲最佳射手和欧洲金靴奖的获得者。最后的结局不是很好吗？算是吧。我们那次玩纸牌的事情并没有就此结束，我知道斯帕莱蒂跟罗塞拉说了这件事，并且要求将某些人转会以示惩罚。也许他对纸牌的厌恶就来源于此，而这种厌恶也在后来关于我退役的争议中占据了一席之地。

接下来的赛季，随着我们在圣西罗赢得另一项荣誉拉开了大幕，而这次赢球同样让我们感到欣喜和满足。在意甲，我们跟国际米兰争夺各项荣誉已经成为常态（“电话门”事件之后，两支队伍就像足坛的费德勒和纳达尔，在所有奖项的角逐中我们都是主角），而这场比赛后，我们也将意大利超级杯揽入怀中。我们又打出一场非常具有厚度的比赛，尽管我们刚刚失去齐沃，他转会去了国际米兰，不过斯帕莱蒂打造的阵容仍然非常高效地运转，特别是在赛季初，大家还能享受到他“轻松版本”的训练强度的好处。我非常在意这场比赛，尽管出现了屈肌挛缩，还是坚持踢完了全场。上半场我们占尽上风，但是没有进球；国际米兰有好几次快速反击射门得分的机会，但是我们还是战成平局，最后通过一个点球决出了胜负。点球算是我有点强行争取到的，也就是说，我越过布尔迪索碰到了球，而他把腿伸到了我要通过的地方。这不是一个故意犯规，对于一个来自南美的后卫来说有点奇怪，一般来讲，他们最善于踢到你却不留下任何痕迹。这一脚立刻让我的屈肌“发出”不适的信号，我得加倍小心地罚这个点球。我集中精神，很快明白自己来罚可能并不合适。我给德罗西做了一个手势，然后站到旁边等着看他来主罚。我很平静，就在一年前，他刚刚在世界杯决赛中打进一个点球；这当然不能说是一种绝对的保证，至少能让我的心态积极一些。最后他打进了，一刻钟后我就双手接过奖杯，并把它高举到空中。

斯帕莱蒂执教的第三个赛季，我们留下了许多遗憾，跟上一年不同，这个赛季我们直到最后一轮比赛还保留着夺冠希望。国际米兰还是非常强大，有那么一段时期他们状态下滑，裁判对他们几次有利的判罚让他们逃过一劫，而我们在关键时刻总是差点什么。比如第25轮我们客场在圣西罗挑战他们的比赛，我们从各个方面都占尽优势，我的一次转身射门得分让我们取得领先，有好几次都差点再次进球锁定胜局。在裁判罗塞蒂对我们几次夸张的掏牌之前，我们本应该取得两个进球的优势，但是梅克斯一次可判可不判的断球犯规背上了他的第二张黄牌。他手上有推搡动作，但是并没有踢人。在比赛最后几分钟，我们本应该至少两球领先，但是萨内蒂这个几乎从不进球的人却在禁区外打出一次远射，将足球送入球门死角。这样被扳平真是太荒谬了。我就在他进球的区域，看到萨内蒂抬起右脚，我因为害怕犯规并没有上前拦截，心里满以为禁区边缘开出的一脚任意球都应该比他的射门更具威胁。当命运如此安排的时候，你根本就没有机会。

这个赛季我并没有踢完，在第34轮我遭遇职业生涯第二次严重受伤。在主场对阵利沃诺的比赛中——面对利沃诺，我的运气真是不怎么好，去年也是在跟他们的比赛中我被红牌罚下——我右膝盖十字韧带断了。我当时已经感受到疼痛，眼前的射门机会又是如此充满诱惑，我还是踢了出去，我刚刚把脚缩回来放到地面上，就发现有什么地方不对劲。我能把球打进也好，但是根本没有，阿梅利亚的扑救完美地把球送出了底线，我下场时，我真想去跟他表示祝贺……如果我还能从担架上起来的话。那时我们落后第二天比赛的国际米兰4分，我们真的无法允许自己不能全取3分。下半场武契尼奇终于带来我们期待已久的进球，而他是我合作过的最强大的前锋之一。武契尼奇非常有天赋，兼具技术、速度和冲刺能力，另外，他的宽容和友善也很招人喜欢。要成为一名冠军球员，他只缺少最后一个楔子——决心。他太放松了，有时候甚至有点软弱。他通常不会刺痛对手，但是那天他做到了，只不过还不够。离比赛结束只有几分钟，阿力诺·迪亚曼蒂打进一个非常精彩的任意球，将比分扳成1比1平，而对我们来说这简直就是一场灾难。利沃诺在积分榜上排名垫底，即将降级，他们的最后一击却让我们与国际米兰有了3分的差距，而国际米兰在第二天客场击败都灵之后，对我们的积分优势扩大到了6分。

我就这样下场了，心里咒骂着一场希望就这么化成了泡影。而前一周在乌迪内，我又犯老毛病，闯了一次祸。我接到一个确保我进球的助攻，但是裁判里佐利因为速度不够快，没有来得及抽回身体，而我为了不踢到他，不得不扭曲身体射门，球打飞了。当时正是场上气氛非常紧张的时刻，乌迪内斯刚刚取得领先，而我们有点心急如焚，不知所措。就这样，我失去了机会，我对着里佐利大骂了一声，看到他惊愕的表情，我又说了一次。我被黄牌警告，对我来说挺好的。或者说，非常好，因为在他对我发出警告的那一刻，我第三次对他送出了那个字眼。他可能一方面觉得内疚，一方面也能理解我发怒的原因——我当时的情况是对事不对人——他没有根据规定向我掏出红牌。总而言之，他原谅了我。

在维持11人打11人的局势下，我们3比1赢得比赛，而那一整周报纸上都充斥着关于我本应该被罚下的争论。那一刻钟对里佐利来说是非常糟糕的经历，在此之后，他饱受批评并且被暂时停哨。多年之后，人们会知道，传言说那些天他打了一个电话要求辞职的事，根本就是胡说八道，因为有一件事是确定的：尼古拉·里佐利2014年在马拉卡纳球场执法了世界杯决赛。对我来说，一个矛盾的事情是，如果那天在乌迪内他将我红牌罚下，我的停赛就可能让我免于遭受十字韧带断裂。那样的话，谁知道结局会什么样。国际米兰当时已经筋疲力尽，他们在最后三轮输了米兰德比，并且主场与锡耶纳战平，到最后一轮在帕尔马踢完客场之后，他们对我们的积分优势只有1分。

赛程对我们来说并不友好，因为我们需要在卡塔尼亚面对一支公开憎恨我们的球队——你们应该还记得那场7比0以及斯帕莱蒂跟对方球员一一握手的场景。另外，如果不能至少拿到1分，他们将无法保级。尽管环境对我们不利，我这么说是尽可能地显得委婉，但还是很快就凭借武契尼奇的进球取得领先，在实时积分榜上暂时超过了国际米兰。这个伟大的梦想也就持续一小时多一点，随后在帕尔马的倾盆大雨中，本来因为伤病无论如何都应该坐在替补席上的伊布拉希莫维奇上场了，最终他作为一名超级巨星主宰了比赛。在得知蓝黑军团2比0赢得比赛之后，我们的心理崩溃了。卡塔尼亚最后逼平了我们，我们只能再一次屈居第二。赛季结束后，我们还是赢得了意大利杯聊以安慰，我们在奥林匹克球场通过单场决胜捧杯，而对手当然是国际米兰。我穿着便服举起奖杯，当天我是作为队长而不是球员出席。膝盖手术之后，我的伤势预计到夏季集训时才能恢复。

实际上，要想这么快恢复完全是幻想。我最终回到场上的时间是8月，正好赶上罚丢那个可能再给我们带来一座超级杯的点球，也因此让穆里尼奥来到国际米兰之后，赢得了他的第一项荣誉。但是，直到新年之前，连续地参加比赛对我来说都是不可能的事情：踢一场歇三场，随后某一场比赛里踢上一段时间，然后在替补席坐上一个月，总而言之，真的是令人绝望。我的伤病病理比较复杂，不仅仅跟膝盖有关，很明显，我的身体已经失去一些它传奇般的快速康复能力。在32岁的年龄，我恢复需要的时间已经跟其他人一样多，如果过早返回赛场，旧伤复发的风险将非常高。欢迎回到地球，弗朗切斯科。糟糕的是，在我断断续续上场这段时期，球队踢得非常差，照这么发展下去就奔着降级去了。又过了十几轮后，我们回到保级安全线以上，但是已经丧失了任何争取荣誉的雄心壮志。

在那个灾难般的赛季，我记得我打入13个进球，这对于新科欧洲金靴奖得主来说实在是寒酸。我也记得我的各种紧张暴躁，甚至还跟达尼埃莱·孔蒂发生了一次争吵。需要说明一下，布鲁诺·孔蒂对我和达尼埃莱·孔蒂其实都像爸爸一样。我还记得，在更衣室里，球队的气氛每况愈下。每一个队友间的小团体都会取笑教练，拿他特殊的体形、他总是重复说一些事情的说话方式、他走路的样子，还有他面部的抽搐来开玩笑。这件事跟是否尊重他、对他有没有敬畏心，以及任何他的职业素养都没有关系，就像学生拿自己的老师开玩笑那样，更衣室里的人都在拿教练开心。当然，是在他不在场的情况下。大部分情况下都是一些无伤大雅的话题，重要的是不能泄露出去，因为有的话不在当时的语境里可能会显得很恶劣。那一年，很多人都怀疑是不是有人把这些关于斯帕莱蒂的笑话都转述给了他，因为我们能够感觉到他跟我们越来越疏远。所有的嫌疑都落在达尼埃莱·巴尔迪尼身上，因为我们开的玩笑都是无心的，所以我们从来没有想过遮掩，即便是在巴尔迪尼在场的情况下。我想，这个疑问将永远留在我心里。斯帕莱蒂的第四个赛季无疑是最差的一个赛季，而他比较明显地流露出一种感觉，认为我们的能力已经到了最高点，因而担心他的队伍无法再进一步提升实力，特别是在俱乐部经济状况捉襟见肘的那一段时期，他很难在转会市场上有所作为。

斯帕莱蒂还是开始了他在罗马的第五个赛季，也就是2009/2010赛季，但是他身边的氛围很快变得沉重起来。前两轮我们连吃两次败仗，第一轮是客场出征热那亚，第二轮则在奥林匹克球场迎战尤文图斯，而他也决定辞职。这是一个非常正确的决定，因为俱乐部已经没有经济实力来解雇他；根据后来所发生的情况来看——他很遗憾我对他的辞职决定无动于衷——这个决定可能也是一种挑衅。不论如何，他辞职后有两天时间完全失去了踪迹；谁也没有办法找到他，甚至还让我们感到一丝担心。后来等恢复队内训练以后——国家队比赛日让俱乐部的日常训练断断续续——普拉德走进更衣室正式通知，斯帕莱蒂不再是我们的教练，关于继任者的消息会在之后向我们通报。说完他就出去了，而过了一会儿，斯帕莱蒂走了进来。

那是一次难忘的告别。这些年我经历过很多次告别，每一次都会让我感到煎熬，即便是面对公认的对我有敌意的人，比如卡洛斯·比安奇，因为面对这种离愁别绪，我感觉自己好像被卸下了所有武装。这一次，斯帕莱蒂一言不发，却让我们感到内心的震撼。或者更确切地说，正是他的沉默让我们感到错愕不已。他悄无声息地走进更衣室，眼睛盯着地面看了很长时间，然后突然就出去了，好像内心过于激动，无法再跟我们一起多待上一秒钟。接下来几分钟里，我们手足无措地面面相觑，这时候斯帕莱蒂重新走进更衣室。这一次他尽力抬起自己的视线，有那么两三次好像要说些什么，但还是欲言又止，应该是眼里的泪花把他想要说的话给压了回去。最终，他跟我们所有人握了一圈手，始终没有说一个字。作为队长，我是他最后一个握手的对象，他给了我一个紧紧的拥抱，用力到能让你觉得骨头都快要碎裂。我用同样的力度紧紧地拥抱了他，跟他一样湿了眼眶。在所有我经历过的告别中，这是最让我感到人性受触动的一次。

17

逐梦意甲冠军的人

下午晚些时候，我们被告知，罗塞拉在帕切利别墅等着我们这些老队员。跟我一起去的有德罗西、皮萨罗和佩罗塔。我们赶到那里，发现罗塞拉身边还坐着孔蒂和普拉德。我们被告知，斯帕莱蒂辞职后他们在曼奇尼和拉涅利之间犹疑不决，想听一听我们的意见。我们甚至都不需要事前协商，不约而同地"投票"给了曼奇尼，他刚刚带领国际米兰赢得了几次意甲冠军，并且显然拥有更高的国际知名度。他得到所有人的尊重，将会是一个很有分量的选择。俱乐部高层们对我们表示感谢，在我们离开这座位于罗马古道路上的别墅时，满心以为俱乐部对两个教练都尽在掌握，而我们的意见将有助于他们将天平倾向其中的一位。我回到家里跟克里斯蒂安玩了一会儿，晚餐时，我打开电视机，看到一条消息："罗马正式确定聘用克劳迪奥·拉涅利作为新任教练。来自泰斯塔齐奥的他与俱乐部签订了两个赛季的合同。"我惊得好长一段时间里都目瞪口呆，然后开始愤愤不平，如果是这样，你为什么要问我的意见？

我打电话给布鲁诺·孔蒂，我还没来得及开口，他就连珠炮似的对我说道："你们这些球员都疯了。你们不看报纸吗？我们现在想花一欧元都没有，俱乐部正在找买家，而你们选了一位著名教练，让他买进转会市场上最贵的球员……拉涅利没有要求我们买任何人，所以这个时候对我们来说，他是最好的选择。"

我们没有任何反对他来执教的意思，那为什么还要征求我们的意见呢？"因为俱乐部现在的情况是需要所有人都承担起最重要的责任。我们希望你们跟我们共同分担，你们是公众最看重的面孔。我们以为你们应该能够明白。你们回答曼奇尼的时候，我们真是吓了一跳。"

再继续下去已经没有意义，布鲁诺会一直绕来绕去直到你被他说服。现在我回想起斯帕莱蒂后来的某些表态，还是会忍不住笑出来。他说我们都曾经去机场迎接拉涅利……是啊，当然去了。更衣室里的人对他的到来是如此兴奋，毕竟他们几小时前中意的还是另外一个名字。

过了一段时间（其实就在那个赛季末），我很高兴地向拉涅利坦承，跟他一起共事是一种非常美好的体验，如果没有经历过这一段，我会觉得缺失了些什么。拉涅利首先是一个很本分的人，这个定义对于这个疯狂的世界来说，已经显得格格不入，但是却成了他的一个强项，让他可以“强迫”更衣室里其他几个同样纯净的人为他效力——那些年在罗马还有那么几位。另外，他也是罗马人，这是他另外一张应用自如的王牌。他能立刻明白我们说的笑话，而且他自己也会说，只是保持适当的尺度，但是讽刺和放松的氛围并不打折扣。他来到罗马时，我们的队伍正在艰难地重整旗鼓，所以正是我们确实需要他的时候。我们赢了几场比赛，然后又变得步履蹒跚，我去年做过手术的膝盖又受了伤；在我们跟那不勒斯的比赛中，我两次攻破我的朋友摩尔甘·德桑克蒂斯把守的大门，其中第二个打远角的射门堪称经典，比赛结束后我休养了一个月，等到我再次回到场上时已经落后穆里尼奥的国际米兰14分，我们之间显然还隔着很多支球队。不过，在我们再次感受到接近降级区的沮丧之前，我们重新发动了我们的战车，而且这一次是认真的。

这是一个对我来说不那么幸运的赛季，有时能上场，有时不能，因为我总有这样那样的问题。在锋线上武契尼奇已经成为一名真正的球星，儒利奥·巴普蒂斯塔可以助他一臂之力，而从拜仁租借来的托尼更是我们非常重要的一次引援。从世界杯经历来看，我跟托尼的配合是非常多的。他个子很高，所以我叫他“大骆驼”，我非常赞赏他的为人，他性格很好，而且绝不贪图表现，跟我完全一样。在场上他的存在感很强，他的进球意识能够帮你赢得比赛，这一点很明显。另外，你在他身后处境艰难的时候，他总能适时地展现出他的价值。只要把球往前传出去，给你自己赢得一分钟喘息时间，他知道如何护住球，也能相当狡猾地阻挡住对方的盯人球员。我称他为“进攻端后卫”，因为他知道利用他的优势，使用各种盯人球员会的那一套诡计。托尼是我们那一次漫长追分之旅的关键人物之一，他在那场2比1战胜国际米兰的比赛中打进的制胜球，就是个最好的例证，那场胜利使我们在离赛季结束还有7轮时将跟国际米兰的差距缩小到只有1分。积分超越国际米兰的比赛是在第33轮，我们在他们前一天战平佛罗伦萨之后拿下亚特兰大。但是他们在第35轮实现反超，我们在主场输给桑普多利亚的那场令人大跌眼镜的失利，我在关于卡萨诺那一章里已经跟你们讲过，所以你们就别让我再体验一次痛苦的回忆了。在这两场比赛中间，还有一场引发轩然大波的罗马德比，可以说是我踢过的罗马德比中争议最大的一场，但跟拉齐奥关系并不大。在这里我值得提一下。

2010年4月18日，那天下午，罗马作为新科积分榜领头羊登场比赛，而拉齐奥刚刚脱离降级区，我们之间有31分的差距，这是一个非常大的数字，而任何了解德比有多么邪门的人都知道，这意味着一个多大的陷阱正在等着我们。实际上，这个陷阱来得极为准时，罗基开场不久就射门得分，而我们一直束手无策。上半场比赛踢得极为难看，我们场上每一个人都应该被换下。这只是一种说法，但是没想到在更衣室等待我们的却正是这样一个现实。我们听到的可能是我印象中在中场休息时做出的一个最令人震惊的决定。

“弗朗切斯科和达尼埃莱下场。”拉涅利的声音不高，但是非常干脆，他拥有让所有人都保持绝对安静的权势。这造成了令人难以置信的效果，一般来讲，上半场结束后大家回到更衣室总会发生一些混乱的场景，有几个人对某一个队友发了脾气，有人因为被踢了一脚感到疼痛而骂骂咧咧，而踢了他的人为了开溜就跑到了卫生间，如此种种。因此，如果教练想要说些什么，得等到大家的肾上腺素水平稍微降下去的时候。这一次教练立即就宣布了他的决定，等待他的则是冰冷的沉寂。我感觉所有人的目光都在投向我们，两位被替换下场的罗马人，当然也是对赢得德比最看重的人。拉涅利冒着前所未有的风险。我俩就待在那里纹丝不动，接踵而至的惊讶和失望让我们浑身麻木。我觉得好像有那么10秒钟，更衣室里的时间完全静止了，所有人都像雕塑一样一动不动，在电影院里看科幻电影时常会有这样的场景。过了一会儿，我俩没有做出什么反应，时间开始恢复运行，队友们脱下汗湿的球衣换上新的，捆着绑带的人重新缠绕绑带，口渴难耐的人开始喝水，而我和德罗西好像突然变成两个局外人，呆坐在靠墙的长椅上，对于从那往后发生的一切，只能沦为无能为力的看客。在其他人准备重新登场后，我们去洗了淋浴，就在那个时候，我们终究还是开口愤怒地指责拉涅利简直是疯了，如果不能改变比赛结果，那么他的身上将永远贴上“在罗马德比中场休息之后换下托蒂和德罗西的傻子”的标签。我们非常气不过，这一点没有必要否认，以至于两个人都不愿意回到场上等待比赛结果，换衣服我们也尽量拖延，就差找到一个合理的借口拒绝回到场边。此刻，拉齐奥赢得了一个可能最终锁定比赛局势的点球，好在朱利奥·塞尔吉奥扑出了弗洛卡里的射门。过了没多久，我们也赢得了一个点球，武契尼奇没有错失机会，将比分改写为1比1。这还不够，但是我们的任务算是完成了一半。这可是关系到意甲冠军归属的比赛，最终我和德罗西还是跑去看武契尼奇的第二个进球，那是一个非常精彩的任意球破门，我们就这样不再有丝毫怨恨地目睹了拉涅利的胜利。

他确实很有勇气，这一点没有太多可质疑的。上半场我们都踢得不好，但是他的判断后来被证明是极为正确的，罗马人对这场比赛太过于求胜心切。不仅如此。罗塞拉后来告诉我，中场休息，她去了通往更衣室的走廊，在那里她刚一知道我们被替换的消息，就在拉涅利走出房间时截住了他。“你什么都不用说。”他如此劝告罗塞拉，语气礼貌但是不失坚决。罗塞拉强调，“可我是主席”，拉涅利只是把手指放到嘴边做出“嘘”的手势，没有再给她任何回应。当然罗塞拉从来没有要求过让我们重新回到场上，而且即便我们那场比赛输了，她也不会因为拉涅利拒绝听她发表意见而对他怎么样。她也是一个很本分的人，这一点教练很清楚。这并不能否定拉涅利的举动在所有层面来看都是非常有性格的，都是为了捍卫这样一个他整个职业生涯都在追求的获得意甲冠军的机会，而在赢得这场罗马德比之后看上去即将梦想成真。在对桑普多利亚的比赛让我们痛失冠军之后，我为我自己，也为他感到难过。还不仅如此。为了让你们明白我对拉涅利的情感，我想说，几年后我对他执教的莱斯特城队的关注程度超过了任何一支外国球队：每次比赛前、每次他们赢球之后，我都会给他发一条简短的信息，而这也得到了他的认可：“谢谢你弗朗切斯科，你给我带来了好运。”至少是如此。

那个赛季我也犯下了我最严重的犯规，在意大利杯决赛中从背后狠狠地踢了马里奥·巴洛特利一脚。我并不是没来由地突然爆发。本来就因为没有进入首发名单而极为烦躁——拉涅利告诉我，他想让我为联赛最后两轮保持体力，但是决赛毕竟是决赛——我坐在板凳上看到一场极为艰难的比赛，而巴洛特利比平时更加令人难以忍受。这里有个前提，我们现在谈到的是一个有实力的球员，但是没有任何人教育过他什么是体育礼仪。要说起来，他有些方面跟卡萨诺有点像，不过有一个不同之处，也是我有点想吐槽国际米兰的老队员们的：我曾努力用尽各种方法告诉卡萨诺在场上应该如何表现，我跟他讲过如何处理场上球员之间的关系，即便是在一场满是踢踹的比赛中，还是有一定的规矩应该遵循的，尽管他的性格反叛，有很多事情他还是理解了。对于巴洛特利来讲，显然国际米兰那些相关人物早就拿他无可奈何了，又或者他的某些举动受到了米诺·拉伊奥拉的启发，毕竟拉伊奥拉旗下另外一个著名人物兹拉坦·伊布拉希莫维奇正是如此行事的。到处宣言自己是实力最强的球员不是我的性格，但我知道并不是所有人都是一样的。不过，在你炫耀之前，你应该展现出自己的实力，并且一直持续下去，而不是只在你认为合适的时候。另外，冠军球员会同时尊重自己的队友和对手，他不会因为前者一脚离谱的传球而心生抱怨，也不会因为自己完成一个漂亮的动作而嘲笑后者。

在巴洛特利身上已经有过一些先例。那天晚上，他又在辱骂罗马人，德罗西想要打他，反倒遭到他的队友们的斥责。我跟替补席上坐在我身边的队友说，“如果让我上场，我要干倒他”，我的双手确实有想打人的冲动。拉涅利在下半场开场时让我上场，我们一球落后，米利托在上半场最后时刻射门得分，我试着组织发起反攻，并没有奏效，那天的国际米兰显得更强大。这显然更增加了我内心的挫败感。就这样，离比赛结束还有3分钟，我彻底红了眼。我在球场边线附近跟巴洛特利展开了缠斗，而他在死球时嘴里嘟哝着类似“你能拿我怎么样”的话，说完还骂了我一句。我再也忍受不了。比赛继续进行，他带球突向底线，我随即追了上去，心里非常坚决地想着，不仅要踢他一脚，而要让他受点苦头。我在塔代伊和马尔科·莫塔之间找到一个空当。看住巴洛特利是他们的职责，而我其实根本不应该出现在那里。就这样我从后面极为凶狠地给了他一脚。出脚时我根本不知道球在哪儿，我瞄准的就是他的脚踝，而他倒地之后蜷曲着身体，嘴里还因为疼痛而发出喊叫。这是一个极为恶劣的犯规。

我走近他伸出一只手，随后又撤了回来，因为从我踢他那一脚的力道来看，没有一分钟他应该起不来。我知道自己没法在场上等那么长时间了。不等里佐利给我掏出红牌（这是完全意料之中的），我就开始向更衣室走去。走过麦孔时，我们互相击了个掌。他尊重我，就像我尊重他一样，而且很明显，国际米兰普遍对我的行为并没有什么反应，这其实就是对巴洛特利最严重的“定罪”：我的举动不是常规的比赛犯规，而是一次斗殴式的犯规，按道理会激起他的队友用言语和推搡对我的群起而攻之，从而引发我的队友们对我的维护。总而言之，这之后终场哨吹响时，塔代伊正从蒙塔里脚下抢球，这再次说明那个晚上场上的气氛是多么紧张。不过，我的那个大号犯规并没有招致什么恶劣的后果。我下场时心里还想着，可能队友们也想揍他，而这时整个奥林匹克球场已经陷入山呼海啸般的掌声里。

几年后我去探访国家队集训地，跟几位老朋友打招呼，巴洛特利走到我身边。那个时候我才意识到，我们之间从来没有就这件事做过澄清，这让我感到几分尴尬，我至少应该给他打个电话。我把手伸过去想跟他说点什么，但是我还没来得及张口，他就微笑着拥抱了我，语调非常和蔼地问我，“弗朗切斯科，你怎么样”，然后又跟我聊了几句。他完全变了一个人。再往后，我们会在社交媒体上给对方留言，隔空对话，气氛非常融洽，绝没有任何勉强。现在进入意甲的年轻球员往往没有我们老一代人的处事得体，我们那时候跟“大人们”一起冲凉都会感到难堪羞愧，这其实也是另一种意义上的过度谦卑。如果这些年轻人不是昙花一现，而是长久地保持高水平的竞技状态，总归有一天他们会明白。在那种情况下的规则从未改变：尊重他人，展示自己，然后再发表意见。这一点永远不会改变，因为这是金科玉律。

接下来的2010/2011赛季，我们开局打得非常糟糕，尽管打败了新科三冠王国际米兰——凭借武契尼奇在第92分钟的进球，6轮比赛之后我们在积分榜上排名倒数第二。我们的成绩稳定了一段时间后，开始有所改观，但是完全没有进入积分榜前几名的希望；在欧洲冠军联赛的表现好一些，因为我们完全没想到在奥林匹克球场，在两球落后的情况下，我们实现了逆转，最终击败拜仁并且小组出线，将比分锁定为3比2的点球是一个最美好的回忆（当然也是因为他们的门将克拉夫特差一点就扑救成功）。在2月八分之一决赛第一回合，我们在主场输给了顿涅茨克矿工，而在意甲也进入一段黑暗时期，甚至面对热那亚时，在3比0领先情况下最终3比4输掉了比赛。这是一种耻辱，也是拉涅利不能承受的。他坚定地向俱乐部提出辞职，我们这个老队员的小团体最后一次被罗塞拉·森西叫到一起征询下一任教练的意见。我之所以强调是“最后一次”，是因为无论是俱乐部高层，还是我们球员都认为应该让温琴佐·蒙特拉担任森西家族执掌的罗马俱乐部最后一任教练。俱乐部的出售已经迫在眉睫，而等到新老板入主罗马后，他要做的第一件事，就是确认自己在选择主教练这件事上说一不二的决定权。

所以，蒙特拉成为罗马的教练。他当时已经在俱乐部执教U14少年队，他是我的一个前队友，更是我的朋友，而他的行事方式跟人们通常想象的恰恰相反。他是我的一个坐在替补席的朋友，这也意味着他需要更加刻苦地训练，并且让自己打出最佳的表现，因为即便从无意识的角度，你作为一名替补也不希望别人说你是“沾了别人的光”。另外，作为一个前队友来说，他作为主教练的初次亮相，如果不依靠曾经跟他一起并肩战斗的队友，那么又能依靠谁呢？蒙特拉很快就展现出他能够胜任的能力，因为他头脑很清晰，尽管性格依然易怒，但是他知道如何跟球员们相处。他还是把我放到锋线上，而我重新开始有很多进球，拉涅利当时把我放到更靠后的位置，以便给博列洛腾出空间。意甲冠军最终归属AC米兰，排名靠前的队伍在赛季最后阶段都在高歌猛进，这使得罗马最终排名第六。我们所有人都希望蒙特拉能留下来，更衣室里大家都认为他已经为自己赢得了认可。然而，俱乐部已经被出售了，新老板希望传递一种万象更新的信号。最好的教练是谁呢？很多人的回答可能是瓜迪奥拉，但是美国人最终带来的路易斯·恩里克，正是瓜迪奥拉在巴塞罗那B队主教练位置上的继任者。那个时候我不知道这是好是坏，但肯定是一个选择。

确切地说，操盘聘用西班牙教练的人是弗朗哥·巴尔迪尼，一个在近20年断断续续地陪伴罗马的俱乐部高层。在弗朗哥·森西时代是俱乐部的体育总监，在美国人入主之时担任总经理，而今天则是帕洛塔最依仗的顾问。我们之间的关系一直都非常真诚，也非常复杂，特别是在与他关系密切的卡佩罗出走之后。2011年夏天，他还与英格兰足协有合同在身，所以并没有正式为罗马工作；但是就连石头都知道，事实上他将成为新的总经理。就这样，有一天我们跟我的理疗师团队在Scapicollo餐厅吃午餐时，维托把电话递给我，是巴尔迪尼想跟我说话。我跟他说："嗨，弗朗哥，你回来了……"我接听了电话，是因为我到了忘掉过去的龃龉、重新修复关系的时候。他一开始语调非常和蔼，但是我们进入正题后，他便扔出了一个炸弹。

"你看，弗朗切斯科，如果从我的角度，我可能会把你卖掉。"

他就是这样，说得很坦率。我感到很吃惊，不明白他是在开玩笑，还是说真的。他又重复了一遍，而我很干脆地回应了他。

"给我找一支队伍，我没问题。"

"我不能那么做。每一个我接触的教练在刚开始谈判时都会提同一个问题：'托蒂会留下来，对吧？'所有人都想要你，所以我是不会卖掉你的。"

电话就聊到了这里，也不能说我们的关系已经在新的基础上重新起航：巴尔迪尼认为我对球队的环境拥有太大的影响力，他把我看成罗马的毒瘤。那些教练在接受俱乐部邀约之前，都想确定我会留在罗马，而这也让我觉得很正常。为了再给巴尔迪尼一个机会，我还想到他这么说是为了让我尽快跟路易斯·恩里克搞好关系。这可能有意义，我跟巴尔迪尼的关系还是像以前那么冷淡，但是我知道教练表达了对我确认留下来的希望，所以我站在他这一边。然而……

几天以后——我们已经在布鲁尼科集训——第二个打击接踵而至。在接受《共和国报》采访时，巴尔迪尼批评我懒散。这绝不是你希望从领导嘴里听到的对你的公开批评。记者们试图在上午我训练之前截住我，但是我没有看到任何相关的内容，所以我暂时拒绝做任何评论。在我看到（并且看了又看）采访的内容后，尽管我发现并没有像别人给我描绘的那么糟糕，我还是很生气。不过，我决定不做任何回应。我不想一段新的旅程从开始就充满争议，我还是跟毛罗·巴尔迪索尼以及沃尔特·萨巴蒂尼吐槽发泄，他俩是俱乐部刚来不久的高层，我跟他们每天都能见面。我就这么让这件事过去了，但我内心其实很激动，也很恼火。

路易斯·恩里克在帕里奥利找了个房子住下，每天骑着自行车在他的住所和特里戈利亚之间往返。去程40公里，回程再40公里，每周总里程达到400公里。这足够说明他对体育运动有多么狂热，而巴尔迪尼关于我懒散的言论在最开始跟新任教练共事时显然一直在我脑海里不断地响起。对于这样一个每天都会进行如此大强度体育锻炼的人来说，他很难对一个以偷懒闻名的人有什么好评价。事实上，从技术上来讲，路易斯·恩里克给我发出的第一个信号并不积极。在欧罗巴联赛预选赛第一轮比赛中，我们的对手是布拉迪斯拉发斯拉夫人队，那场比赛我们0比1败北，而我没有上场。在第二轮比赛中，我们很快就因为我的进球取得领先，但是在离比赛结束还有一刻钟，他用奥卡卡将我换下。为什么？我们踢得很好，对方造成的威胁还没有完全解除，此时你把我换下？这次换人引发整个体育场的嘘声，就像经常在这种情况下发生的那样，离比赛结束还有几分钟，斯拉夫人扳平比分，并且将我们淘汰出局。我们就这样在赛季还没开始就退出了欧战的争夺。球迷们因为愤怒几乎快要冲破围栏，而坦白说我的心情也好不到哪儿去。路易斯·恩里克让我这样不能连贯地上场，难道不是因为他也觉得我懒散吗？没错，我应该才是那个该生气的人。多年前在诺坎普对阵巴塞罗那比赛中，我们曾经痛骂对方，而最后他一脚踢破了我的小腿。

实际上，我所有的担忧很快一扫而空，这正是他作为一个教练，特别是作为一个正派的人的表现。从我到德罗西，我们有好几个都喜欢上了路易斯·恩里克，因为他带来新的理念，并且像一个先知般充满激情地给我们进行讲解。需要强调的一点是，他把过去的做法全部推倒重来，对于以前那些年的战术原则完全置之不理，而是运用著名的“拉沃尔佩出路”战术打造了一套4—3—3阵型。两名边后卫同时前压，两名中卫拉开，等待一名中场球员后撤，从而由四人防守变成三人防守。就这样，路易斯·恩里克要求我们在场上总是从低位组织进攻。同时，我们不再有任何长传球，而是非常多、非常多地进行快速短传。最初，我们感到有些吃力，常常后防线上只剩下两个人，而球迷们也会由于我们经常往后传球而喧闹不已，但这对于改善我们的传球以及控球率是非常必要的。

那个赛季就像一次超长线路的过山车之旅。首场比赛我们主场1比2输给卡利亚里，之后在圣西罗与国际米兰战成平局，而第一场胜利直到第四轮才姗姗来迟。我们的队伍时不时能打出非常好的状态，但是未能加速前进，总是在获得一次好战绩后就命中注定般地马失前蹄。有一个问题是，夏天从德甲买来并且看上去非常强大的球员，在奥林匹克球场没有显示出他们的实力。何塞·安赫尔在布鲁尼科时看上去很像马尔蒂尼，但是在意甲赛场上根本没有任何发挥；与我们在电视里看到并对其大加赞赏的状态相比，路易斯·恩里克曾经在巴塞罗那青年队执教过的博扬完全变成了另一个人。不过，他真的是一个很棒的小伙子，嘘声和指责让他痛苦，也让我们感同身受，他还只有21岁，害怕和挫折让他无所适从，也让我们感到伤感。

球场外的路易斯·恩里克尝试所有办法让我们适应。主场比赛前的集训本来已被斯帕莱蒂取消，而恩里克甚至把客场比赛前的集训也叫停了，如果比赛时间和地点合适，我们会在星期日早上从特里戈利亚乘大巴出发。无论发生什么事，他总是站在我们这边。在训练时我们被他练得筋疲力尽——这一点还是要说明的——但是他的教练团队，从体能教练到心理教练，都非常和蔼可亲，我们都可以因为每一次训练诅咒他们，因为真的非常艰苦，但至少在他们的嘴上带着微笑。另外也有一些动作和仪式来帮助提升团队精神：在斯帕莱蒂时代，我们习惯在更衣室大家一起齐声大吼，而西班牙人希望把这个程序转移到球场中央进行，而这是一个让我们大家感到有点害怕的建议。最终我们找到了一个妥协的方法，开场哨前我们聚集在教练席前大吼。总而言之，路易斯·恩里克的确带来了一场革新，只是这种革新并没有被理解。

球迷们因为比赛踢得不流畅而发出嘘声，媒体因为没有在积分榜上高歌猛进而抨击批评，恩里克嘴角越来越频繁地冒出他生气时最爱骂的词汇。这只是经验不足的问题。路易斯·恩里克不希望留给别人心里没准的印象，所以即便我或者德罗西恳求他在比分领先时兼顾一下防守，他也不会改变自己认定的战术。我们无计可施，每次都是按照同样的方式进行比赛，而比赛成绩只能是镜中花水中月。我们越提醒他罗马面临的环境很艰难、不应该对太久没有起色的比赛成绩掉以轻心，他就越坚持，只要我们每个人都最好地执行他的战术体系，就能够不断取得胜利。这真是死胡同。

路易斯·恩里克对每一个人都一视同仁，贝尔加莫那个著名的下午就是一个明证。因为参加赛前会议迟到一分钟，德罗西在对阵亚特兰大的比赛中被他摁在了替补席上。我有一轮禁赛在身，所以当时不在场，我正在家里吃午餐，收到德罗西给我发来的短信："想知道一个新鲜事吗？我被罚坐上替补席了。"12点45分的会议是在大巴启程前往体育场之前召开的，一共持续一刻钟，教练布置了当天的阵型，并且放了最后一段视频，让大家了解对方球员在无球状态下的活动示意图。为了显示对其他队友的尊重，准时参会是正确的，因为时间真的很紧张，但是迟到一分钟，拜托……需要强调一下的是，德罗西非常生气，他发过来的第二条信息非常明确。"我肺都快气炸了，你能明白吗？"他其实并不是针对教练，实际上他非常认可教练这种对待任何人都一视同仁的权利和义务，只是这样的一个人让他感到心情激荡。

5月一个上午，罗马一队工作人员和罗马电视台记者们组织了一场赛季末的小型比赛。所有球员都坐在看台上，拿这场友谊赛的主角们逗乐，但是才过3分钟，路易斯·恩里克——他经常跟我们一起训练，所以状态很好——就拉伤了小腿，并回到更衣室。过了几分钟，我也从看台上走下来，想去看看他怎样了。我看到他坐在那里，眼神空洞。他注意到我的存在，抬起目光，过了许久才露出一丝微笑。

“队长，结束了。”

“怎么结束了？就因为一次拉伤吗？”我明白他的意思，但是我想尽可能地延缓这一个时刻的到来，因为那会让我很难过。

“我跟罗马的故事结束了。我老了，你看，才踢了三分钟就受伤了。我正在老去，是这座非凡而伟大的城市让我有了这样的想法。我已经无能为力了，我决定离开。”

我感到一种切肤之痛。那是一种我在职业生涯里每次面临告别时都会感受到的伤痛，但是这次更强烈，路易斯·恩里克触动了我的内心。我会永远记住他是一个真挚的人。我拥抱了他，两个人都湿了眼眶。

“能够执教你让我感到非常高兴，队长。现在还别跟其他人说，他们应该从我这里听到这个消息，就在明天。最后请你帮这个忙。”

我没有再回到看台，直接返回了家中，因为我可能没法跟大家解释为什么我的脸色那么难看。第二天，路易斯·恩里克把我们召集到球场中央，声音低沉而痛苦地宣布了他的决定。我们所有人都非常动情，有几位还请求他重新考虑，并且向他保证，一般来讲，与第一年相比，第二年就会轻松多了。大家脸上都流露出苦笑，有人上前拥抱他，而我，如果做点什么事情能让他留在这个城市，我会义无反顾地去做。那个赛季我们的成绩不能说好，联赛仅仅第七，因此失去了欧战的机会，意大利杯四分之一决赛被淘汰，而欧罗巴联赛甚至连预选赛都没有冲出去。尽管如此，我们都觉得失去路易斯·恩里克，我们丧失了下一年可能让我们有所斩获的一项资本。

几天后，我在特里戈利亚游泳池碰到了巴尔迪尼。他问我在下个赛季更愿意蒙特拉还是泽曼来执教罗马，这是继夏天说我懒散之后，他第一次跟我谈论一个严肃的话题。在两位前主教练之间进行选择在罗马城引起了很大的争议。他俩都刚刚结束了一个非常好的赛季：蒙特拉带领卡塔尼亚在意甲取得了亮眼的第十一名的成绩，而泽曼则执教佩斯卡拉赢得了意乙冠军。我不假思索就说出了蒙特拉的名字，我知道很多人都为此感到吃惊，因为大家都知道我对波希米亚人的感情。我在这里要确认一点：谁也别碰泽曼，要不然我一定不会善罢甘休。2012年夏天，我已经快满36岁了，尽管我并不是球队阵容里唯一的老队员，但正因我了解他，所以我并不幻想他有可能改变自己的执教方式。想到还要上上下下地跳台阶就让我感到害怕。蒙特拉有了上一年的经历之后，对于团队的理解要与时俱进得多，他在卡塔尼亚证明了自己的战术天赋，而这其中也有跟我们合作的影子。他可能是更好的选择。

回来的是泽曼。我能够理解俱乐部的选择，因为外界属意的人选一边倒的一致，每100个球迷里有90个希望回来的是泽曼，而这对俱乐部来说是无法置之不理的压力。罗马球迷特别喜欢他反叛而争议性的性格，他的形象深入人心，那就是他将为你而战，并且只为你而战，为了不让自己有退缩的念头，宁愿切断身后的退路。这是他留给人们（包括我）的一贯感觉，也让我们之间建立起一种唯一的情感关系。然而，管理像我们这样的一间更衣室又是另外一回事，可能需要更加个性化的手段，而他对所有事和所有人都是万年不变的铁腕手段。最初的某一天我鼓起勇气跟他说：“教练，您真的认为对我来说跳台阶是必不可少的吗？”他从来都是叫我“球星”，但是他对我的厚爱仅此而已。“你不想练吗，‘球星’？你别跳了，你也别再上场了。”就跟没说一样。

问题是，我们不像以前那样年轻了，而一个刻板但正直的老师已经不再拥有打动我们的魅力。泽曼也意识到这一点，他会更加紧盯谁在训练中停下来跟医生或理疗师聊天，并让没有百分之百投入训练的人坐上替补席。这并不是一种可持续的状态，因为球队的成绩——意甲冠军显然不可能，但是赢得了欧战资格——高低起伏，令人惊心动魄。例如，第2轮我们在主场迎战我们最喜欢的对手之一国际米兰，以一场漂亮的3比1赢得比赛；第3轮我们在主场2比3输给博洛尼亚，而比赛进行到第70分钟，我们还2比0领先。这是一件懊恼得让人想用脑袋撞更衣室墙的事。我们的队伍兵强马壮，就像一直以来的那样，在泽曼率领下，进球并不是问题；但是我们经常在最后搬起石头砸自己的脚，我们的防守让我们在进攻端取得的优势荡然无存。造成这个问题的原因是我们的掩护做得不够好，而这一点我跟教练说过很多次，并且央求他做出改变，再这样下去我们所有人都会崩溃。但是没用，我的话只是对牛弹琴。甚至，我在场上的任务仍然是最艰巨的，他经常在训练中向他人提到这一点，"'球星'比所有人的跑动都多，这不正常"，并且强调，很多更年轻的队友并没有充分履行自己的职责。队伍运转不畅的时候，这样的对比产生的效果是非常严重的，本来大家都认为我是选择他担任主教练的主要支持者，有些话让更衣室更加确信这一点，但是就像我们看到的，我更倾向于蒙特拉。

我们的战船飞快地下沉。我们在主场惨败给尤文图斯，罗马德比也输了，球队的走向依然像过山车，但是又无法把握住关键比赛。泽曼由于德罗西没有像塔赫齐迪斯那样在球场上来回奔跑而弃用他，并告诉我说，这是跟他对着干。这绝对是站不住脚的蠢话，德罗西是一个永远会把罗马利益放在高于一切位置上的忠臣。随后，他把皮亚尼奇剔除出了首发名单，让我们失去一个最高水准的中场球员。最终，当他自己也感到茫然不知所措的时候，我们在主场2比4惨败给卡利亚里，而第二个进球来自我们门将戈伊科切亚一个诡异的乌龙球。斯特克伦堡在替补席上坐了很长时间，直到下个星期日才重新找回自己在球门前的位置，因为那时泽曼已经下课了。对于爱他的人来说，比如我，一段非常痛苦的旅程结束了，大家早就知道最终的结局会是什么样子。没有任何人——首先是他——为此做出补偿。就在输给卡利亚里后的那个晚上，他被解雇了，第二天跟我们告别时他并没有说什么长篇大论，承认了自己的一些错误，但归根结底也就那么回事。那是在2月份，为了不在将来束手束脚，俱乐部促成了奥雷利奥·安德雷佐利担任我们的教练，他多年来一直是罗马一队教练组成员。这是一个很好的选择，在赛季进行到那个阶段再重起炉灶可能会适得其反。

就在被任命的同一天晚上，安德雷佐利给我打来电话，让我第二天比其他人早一小时到特里戈利亚："我得跟你谈谈。"谈话非常坦诚，他要求我给予支持，我当然会义不容辞。他在60岁迎来一个巨大的机遇，希望能够向那些称他为"摆渡人"的报纸证明他能够胜任。我喜欢他的决心，我也喜欢他重新构建球队的方式，而且成绩的变化是立竿见影的。在球队刚刚完成重组且主场输给桑普多利亚之后，我们在奥林匹克球场迎来积分榜榜首的尤文图斯。我们排在第九名，双方差距不小，如果这不是一场经典比赛，那么它最终的结果可能没有悬念。那天晚上，迎战最强对手激发了"我们是罗马"的豪情，也让我们创造了奇迹。从那些重新找到自己位置的人，例如德罗西和斯特克伦堡开始，我们踢了一场值得铭记的比赛，而第58分钟，我在禁区外一点的地方用右脚背打出一记完美的射门。足球如鱼雷般飞入球门死角，没有给布冯留下任何机会。

我得停下来说明一下，这是我最后一个对布冯的运动战进球。两个赛季后，我再一次洞穿他把守的球门，不过那是一个点球，而且比赛争议不断，那个进球最终并没有给人留下多么深刻的印象。2013年的这个进球，却是锁定1比0 比分的运动战进球，是一个有价值的进球，一个让我最亲密的朋友之一、世界上最好的守门员和俱乐部的标志性人物屈服的进球。

与他的俱乐部比赛时，我总是斗志昂扬，当然是从竞技方面来说。总而言之，那一脚势大力沉，将足球打进横梁下方的右脚射门的确让我百感交集。比赛结束后，我和布冯依然像往常一样拥抱，如果能够通过某种方式让我知道，那是我最后一个面对他的漂亮进球，我会很高兴，那样的话，我可能会用不同的方式来进行庆祝，我可以叫他一起吃晚餐，让他第二天再回去，反正那天是星期六。我们都有点老了，有些时刻应该让它们过得慢一些，而不是这样草草了事，“走了，再见，问你家人好”。我最后一个面对布冯（和尤文图斯）的精彩进球。幸福，骄傲，还有几分伤感，我们的运动生涯正在走向尾声。

安德雷佐利率领的罗马运转得相当不错，这当然是因为像这样分量很重的几场胜利点燃了队伍的推进器，能够在一段时间内对我们产生极大的推动力。我们从之前积分榜排名第九追到第五，意大利杯方面，我们再次显示了对国际米兰的优势，4月在圣西罗进行的半决赛第二回合，我们3比2获胜。半决赛第一回合我们已于1月在主场2比1击败了他们，时任教练还是泽曼。罗马城的气氛里多了某种对安德雷佐利率队成效的惊讶，在所有报纸上已经找不到“摆渡人”这个字眼，不像以前，好像用这个词是天经地义的。这算不上侮辱，但是人们应该考虑他们所用词语的意思，扪心自问，是否存在伤害别人的风险。这里的别人不是一个专业人士，而是一个活生生的人。摆渡人是把球队从失败带向新起点的人，但无论是失败，还是未来的征程都属于他人，跟他没有直接关系。为什么要在航程进行到一半，就否定他调转船舵，将轮船驶向广阔大洋的能力，特别是在他发现尽管现在处于低潮期，但是他有能力驾驶航船并且避免触礁的时候？

如果安德雷佐利赢得了意大利杯，可能他会得到认可，最后还是结果决定一切，你尽可以对你的战术原则和如何执行进行长篇大论，但是你不能率队赢得荣誉，球迷们就会抛弃你。在他的冒险征途最敏感的时刻，教练做出了几个错误的选择，特别是让刚刚结束一段漫长休养期的德斯特罗顶替奥斯瓦尔多的位置，而奥斯瓦尔多在春天简直就是个进球机器。这一安排的结局很糟糕，卢利奇的进球不仅让拉齐奥捧起了意大利杯，更让他们获得了仍悬而未决的欧罗巴联赛出线资格。奥斯瓦尔多因为没有上场而愤愤不平，夸张地在社交媒体上发表言论说安德雷佐利是拉齐奥球迷。教练感谢我们，并回到了助理教练的行列，他意识到自己的成绩并不够。但是，能够看到他在上赛季（2017/2018赛季）末以主教练身份带领恩波利重返意甲是一件很美好的事情。

鲁迪·加西亚是美国资本入主罗马之后选定的第三任主教练，他的前任是路易斯·恩里克和泽曼。春天，特里戈利亚有传言说，俱乐部联系了阿莱格里，他已经厌倦了AC米兰年复一年的实力收缩。这个并不确凿的消息一定程度是真的，只不过最后他更愿意留在米兰，于是萨巴蒂尼转向几年前率领里尔赢得法甲冠军、也发掘和开发了埃登·阿扎尔惊人天赋的法国教练。坊间对此颇有微词，经过最近几次失望之后，人们担心这又是一次赌博，而我也感到很茫然。时间不断流逝，我想再赢得一次意甲冠军的梦想还在，但是我觉得已经没有那么容易实现了。要实现目标就需要有一名专业教练和几名受到转会市场认可的球员，我没有办法不想到这一点，我唯一一个意甲冠军，与作为教练的卡佩罗和作为超级射手的巴蒂斯图塔的到来是紧密相关的。从这个意义上说，我承认，除了那个与意甲冠军难度不可相提并论的法甲冠军头衔之外，我对加西亚一无所知。我满腹狐疑。有人告诉我，在他第一次到体育中心现场考察时，萨巴蒂尼和青训方面新负责人塔兰蒂诺可能跟他说，我的运动生涯完了，我应该尽快结束。这听起来不是什么让人开心的事情，特里戈利亚的气氛正在变得沉重。全体集合那天，我第一次跟教练握了手，而他还没有就我的安排和球队的前景做出明确的抉择。

首先见证的是他的为人与个性。鲁迪·加西亚是一位很出众的人物，非常善于管理团队。他也很狡猾，他给我们安排非常轻松的训练：很多带球训练，很少的长跑。这让他的周围充满欢声笑语，足球运动员在夏天会很高兴不用进行强度那么高的训练，因为天气很热，人会很疲劳。等到要见真章的时候会发生什么，就像我和德罗西担心的那样，在当时并不是让球队担心的事。做带球训练时，加西亚和他的两位助手——弗雷德和克劳迪，两个人都非常和蔼可亲——带来新的训练方式，既有趣味性，又有竞争性，还会很乐意地在训练项目中跟我们赌上一杯咖啡。队伍的整体氛围令人愉悦，特别是令人觉得踏实安宁，这一点球迷们也感受到了，他们中很多人对于我们在意大利杯德比战的失利仍然耿耿于怀。加西亚很善于处理与球迷的关系，因为他知道如何更好地选用表达方式，会花费时间找到更合适的表述，向大家表明他作为罗马队一员的骄傲和喜悦，而在他之前没有一位教练这样做过。在与人沟通方面，他是一位专业人士。人们开始变得冷静，会听他的表态，乃至会期待他的新闻发布会，因为他总会开一些玩笑，或者让你感到豪情万丈。赢得罗马德比，也是取得他执教以来第一个重要成功之后，他说的那句“我们已经把教堂重新建在村子的中心位置”，对球迷们和我们的自信成倍增长发挥了重要作用，他最好地展现了俱乐部相对于罗马城的角色。很多年里，这一直都是我最喜欢的一个比喻，让我更为自己是罗马队长感到骄傲。

我得说，那一年俱乐部本身的工作做得更好，通过夏天转会市场，为特里戈利亚带来了高水平的球员：门将位置上有了德桑克蒂斯；后防线上有了贝纳蒂亚；中场有了斯特罗曼；锋线上则多了利亚伊奇和热尔维尼奥，当然还有1月纳英戈兰的加盟，这非常重要。我“反对”出售已有的球员，比如我为奥斯瓦尔多进入讨论名单感到难过，他是一位优秀的前锋，在跟布尔萨体育俱乐部的友谊赛中，我还让他主罚了一个点球。我的举动是给球迷们发出一个信号，自从安德雷佐利执教后的第一场比赛，主场对阵桑普多利亚，他在赢得点球后什么都没问我，径直拿着球走上点球点主罚，完全不顾20年以来罗马罚点球的人都是我。最后他还打飞了，这最终让球迷们对他产生了反感。球迷一直在嘘他。他的这次“抢罚”让我很生气，后来我们都说清楚了。对阵土耳其人这场比赛“赠送”给他的点球，是希望让他某种程度上重塑在公众中的形象，结果收效甚微。如果说买来的球员都是高水平的，就少不了进行一些令人痛苦的出售，其中包括奥斯瓦尔多、马基尼奥斯和拉梅拉。拉梅拉还恳求我帮他留下来，他在罗马过得非常适应。第一个星期日，我们在利沃诺2比0赢得比赛，德罗西先拔头筹，取得进球，而这为他的留队增添了砝码。如果没有一次夺人眼球的表现，萨巴蒂尼跟切尔西开始的谈判可能会继续进行下去。

尽管如此，加西亚的开局还是令人震惊：十连胜，新的最佳开局纪录。我们在场上没有中锋，我又成为突前人，我在外围的游弋能够吸引对方中卫的出击，从而为热尔维尼奥的快速插上创造空间，这一点是教练明确要求的，就像他们在里尔时一样。我比往常少了一些进球——我37岁了，你们不要忘记这一点——但是作为进攻组织核心，我再次感觉自己还是球队的关键人物。有人问到加西亚关于我的竞技状态时，他会出人意料地用自然而然的口气说：“托蒂比所有人状态都更好。”这归功于他的个性化训练，不是说有多么温和，而是有针对性地按照我在场上应该发挥的作用进行训练，再加上他对我的能力的灵活运用。我不经常上场，在与他达成一致的情况下，我非常乐意坐在替补席上，为最重要的比赛储存体力。赛季初只有两场重要的比赛，第四轮罗马德比和第七轮客场对阵国际米兰，而这两场比赛中，我的个人表现都堪比我运动生涯的黄金期。对阵拉齐奥，我在边路活动，经常改变位置，并给巴尔扎雷蒂助攻了取得1比0领先的进球，就好像我打的位置是右边锋一样；而在大胜国际米兰的比赛中，我贡献了一个精彩的进球和一个点球，中场结束，国际米兰以0比3落后，再也没能有所起色。一切都妙不可言，只可惜好景不长。

第八轮对阵那不勒斯，我受伤了。这次受伤很奇怪，臀肌腱从肌肉中跑了出来，我只能等待它在某一个时刻重新连接。这是一个自然而然的过程，我立刻征询了马里亚尼教授的意见，而他排除了通过手术加快恢复的可能性："如果我给你做手术，可能你在这之后要结束你的运动生涯。"我只能等，这是一次漫长而痛苦的等待，等到我再次回到场上时，已经是12月中旬，而我的大腿并没有恢复到应有的状态。我坚持到2月中旬，但是不得不再休息一个月，直到X光片的结果显示肌腱已经在原来位置的6厘米下方重新连接。然而，争夺意甲冠军的机会已经溜走了。

我这里说得详细一些，开始的十连胜只给我们带来对尤文图斯和那不勒斯5分的优势。一旦我们状态下滑，就像我从7月开始担心的那样，确实出现这样的情况，这样的分差对于保持优势来说太少了。我们充沛的体能被消耗殆尽，而且球队失去了队长，我这么说既没有狂妄自大，也没有虚假的谦逊，罗马战车很明显地慢了下来。经历太多平局，并在与尤文图斯直接对决中，以0比3的比分干净利落地输掉比赛。正是那支一赛季夺得102个积分的尤文图斯，他们已经为提前夺得意甲冠军大肆庆祝过，来到奥林匹克后，依靠奥斯瓦尔多的进球打败了我们，而我们在1月才把他卖给了南安普顿。这完全是一种命运的复仇，重要的是，这是他在斑马军团打入的唯一一个进球，真的令人难以置信。无论如何，那个赛季我们最后的成绩还不能仅仅用好来形容，在长达三年没有获得欧战资格之后（路易斯·恩里克执教时期我们仅仅打了资格赛），我们竟然又回到联赛第二名的位置，球队成员与教练组之间建立起了非常稳固的关系，奥林匹克球场的球迷们因我们前几个赛季的成绩感到愤怒，现在也跟我们冰释前嫌。我们有足够的资本满怀信心、雄心勃勃地规划2014/2015赛季。

同时，鲁迪·加西亚陷入了爱河。罗马是一个风言风语和媒体聒噪从不停歇的地方，即便在深夜，我讲述这个故事也是为了向大家描述在罗马工作难度有多大。你们可以做一个尝试，找一张刚到罗马的教练照片，然后把它与几个月后教练的另一张照片做比较。在第一张照片里，你们会看到一个状态满满的人，而在第二张里，他就会变成一个头发斑白、腰肢弯曲的早衰老头儿。我们回到加西亚谈恋爱这件事上来。我对整件事都完全知情，因为加西亚经常跟我们“老”队员一起吃饭。有一次在一家自助餐厅，偶然瞥见了弗朗切斯卡——一个在罗马电视台工作的漂亮女孩，他拿着叉子的手就那样悬在半空许久，一动不动。“她太优雅了，笑容真迷人。”

我们就此开他的玩笑，考虑到教练和球员之间保持一些距离是必要的，我们并没有过分地打趣他，而且我们也参与了很多。加西亚显示出的完全是一种高中生热恋的状态，我很高兴他没有对我们有所隐瞒，这是信任的体现。当时已经跟前任分手的加西亚是自由之身，这让他可以追求弗朗切斯卡，而他俩最终走到一起后，我们所有人都非常高兴。这样一个故事很快就变得众所周知，他们干脆把在斗兽场拍的那张著名的自拍照发布到社交媒体上，正式确定了恋爱关系。这真的很浪漫，但是当球队在联赛中跌跌撞撞地前行时，媒体聒噪重新变得无休无止：“教练的心已经不在这里了”“球队的阵型是由她来定的”“让她靠边站，别再让她分你的心”……这是罗马一个非常大的局限，可能还不仅如此：只要有什么进展不顺，人们就会在技术背景以外，直接在当事人的私生活里找到理由。你要么是赢得冠军的王者，要么是游手好闲的夜猫子。这是一种可笑的思考方式，遗憾的是，很多人都是如此。

我们这个赛季主要取决于几场关键比赛。在意甲，我们跟尤文图斯一样强力开局，到第六轮比赛，我们进行直接对决，双方当时的积分都是满分。在尤文图斯竞技场对阵，裁判是罗基，比赛充满了争议性的判罚，坦白说，我认为罗马其实是受害者。我们2比3输掉了比赛。他们得到两个点球，我们也得到一个——就像我之前说的，这是我面对布冯打进的最后一个进球，决胜球由博努奇打进，但比达尔处在越位位置上，他们从越位中获益，我们则受到越位球员的影响，关于这个进球的争执从未停息过。

加西亚模仿拉小提琴的动作来隐射裁判对尤文图斯的心理服从，但是并不是这场比赛左右了赛季的走向，几周后尤文图斯输给了热那亚，我们重新并驾齐驱。就像上一年一样，我们之间的对决实际上贯穿了整个联赛上半程，双方最终的积分差距定格在5分。从那之后，我们就迷失了方向，经历了一连串平局，而这最终断送了我们的希望。这个赛季我们再次夺得第二名，仍然是一个很好的成绩，但跟尤文图斯的差距一丁点都没有缩小，还是15分的分差。事实上，我们比拉齐奥只多1分，他们没有超过我们的原因是，我们在两场罗马德比中拿到了4分。

加西亚的第二个赛季也有欧战，那是一次让我们抱有巨大幻想的征程，但最终却在10月一个夜晚化为乌有。我们还是按照时间顺序来说。那一年，我们在冠军联赛小组赛第一次亮相是梦幻般的，我们在陷入疯狂的奥林匹克球场5比1大胜莫斯科中央陆军。第二场比赛在曼彻斯特伊蒂哈德球场进行，那是曼城队的主场。我们在意甲还未尝败绩，所以我们踢得很好，加西亚也确信我们能够在那里取得胜利。事实上，在开场几分钟因对方一个点球而比分落后之后，罗马重新组织起来，尽管没能赢球，但是打出了自己的风范。这归功于我。上半场进行到一半，纳英戈兰接后防线传球后，直接一脚将足球传往前方，这次传球为我打开一条极佳的通道。我看到守门员正在出击，而他们的防守队员都无法及时赶到，于是便非常冷静地沿着这条通道推进。只需轻轻地、出其不意地从下面碰一下足球，就可以刚刚好越过乔·哈特伸展的身体；球在我的右侧，抛开年龄，我做出了年轻小伙子般的动作，在奔跑过程中，我思忖了两次要把球打向什么位置，并最终把它送到我希望它抵达的地方，将球打进远端底角，这的确是一次极高水准的触球。之后我们在比赛中占据优势，并且将平局一直保持到终场，只在比赛快结束时遇到一点风险。最后20分钟，加西亚让伊图尔韦上场，保持场上的活力，而我坐在替补席上，观看了最后阶段的比赛。两场比赛我们赢得4分，而在更衣室还有一个惊喜等着我。先是欧足联官员，然后是其他人都来向我表示祝贺，我在38岁零3天的年纪成为欧洲冠军联赛历史上年龄最大的进球球员。另外，大概两个月之后，在莫斯科，面对中央陆军，我打进帮助球队取得暂时领先的进球，再一次改写了这个纪录。

在年轻时取得纪录和变成老球员之后创造纪录之间存在着巨大的差别。当然这两种情形都说明你是出类拔萃的，如果说前者会让人们看到你的出色，并增加对你的期望值，同时预示着你前程似锦，那么后者往往会带着一丝遗憾与惋惜。有多少次，我都听到自己毫无意义地用严肃的口吻自问，如果去了皇家马德里，我是不是有可能赢得金球奖……我正是为了不留下遗憾，才在大部分同龄球员已经坐在课桌旁学习教练课程的年龄，仍然继续上场踢球。媒体（比如曼彻斯特的媒体）说我仍然能够左右比赛——你们应该读一下英国媒体报道的标题——只要还有一丝精力，我还希望再获得一次意甲冠军奖杯，或者赢得一次欧冠冠军，能够让我完成最重要的“三冠伟业”。

这个赛季标志性的，也是让加西亚在罗马执教经历发生负面性转折的一场比赛，是冠军联赛小组赛第三轮。瓜迪奥拉率领的拜仁慕尼黑来到罗马奥林匹克球场，整个罗马城都为即将到来的胜利陷入狂热，所有人都相信我们能够赢得比赛。德国人目前拿到满分的积分，两年前伟大的瓜迪奥拉还不是主教练时，拜仁曾经赢得过欧冠奖杯，很多人都认为他们是这一届冠军联赛真正的夺冠热门。尽管如此，在特里戈利亚基地门外，没有一个碰到你的球迷不会用手指对你做出胜利的手势；每一位朋友都会问你要数量夸张的门票，“因为那将是一个历史性的夜晚”；电台、电视或者报纸上所有评论都认为这场比赛罗马将面临巨大的机会。这是一种集体错觉吗？事后证明的确如此，我承认我本人在比赛之前也是信心满满，因为我们的队伍运转得很好，所有信号都是积极的。我们开场后的表现并不差，只是……罗本第一次射门就破门得分，从那之后，比赛很快变成了一场噩梦。所有人都在进球：格策、莱万多夫斯基、梅开二度的罗本、穆勒、里贝里和沙奇里，真的是每一次射门都能变成进球，就像在老特拉福德那个夜晚一样。最后1比7的结果是我这一生最惨烈的溃败，这是在奥林匹克球场，而曾经那些欧战惨败都是在客场。我在上半场比分变为0比5时被替换下场，在一场没有任何希望的比赛里，需要卖力跑动的队友来平息球迷们的怨气。

球迷们甚至都没有嘘我们，对我们极度失望。但是，他们还在为我们打气，他们很快就明白，这种心理上的后坐力将对我们造成的风险。这样一次打击很难被“遗忘”。比赛结束后，瓜迪奥拉跟我说，他很遗憾让我们颜面扫地，但是在冠军联赛没有人会停下自己前进的脚步，而我知道他说的是对的。2002年秋天，在卡佩罗时代，我们曾经在罗马有过几个月的交集，因为他上场很少，到1月他已经回到布雷西亚。我记得他已经是一名成熟的组织核心，在场上显得不那么活跃，但是非常善于传球，与普通球员相比，他完全处在另一个水平；但是现在他已经成为世界上最著名的教练，我们在一起聊了5分钟，谈到了各自的家庭、马佐尼以及原来的老队友们。这并不能给我因1比7而受到的伤痛带来慰藉，不过我很高兴能跟他交谈。

在加西亚执教罗马时期，拜仁送给我们的这次惨败是一个标志性转折。这场打击让他变得极为消沉，以致很大程度上磨灭了他的自信。他并没有把这场比赛看作一次前进道路上的意外，而是为此耿耿于怀了好几个月，从而给他为我们打造的已经稳定成型的战术组织体系带来了混乱。加西亚并不是一个强求球员执行他的战术意图的教练，他会给执行战术的球员们留出合理的自由度，从而在场上创造出让你有更多选择的比赛环境。他的一大优点就是他传递给我们的平和心态，一旦他失去这份平和，我们接受他的指导就变得复杂起来。弗朗切斯卡不再来特里戈利亚了，以此平息社交媒体上指责她是罪魁祸首的狂轰滥炸。与此同时，1月转会市场也是一团糟，我们需要找到一个球员替代参加非洲杯的热尔维尼奥，新来的前锋敦比亚同样参加非洲杯。我们当然还有跟纳英戈兰一样从卡利亚里租借来的伊瓦沃，但是，像买来“忍者”（纳英戈兰）这样的操作并不是每年都有的，而伊瓦沃显然无法跟纳英戈兰相提并论。

加西亚强挺着撑到了赛季末，但是早在夏天就开始听到一些风言风语，尽管连续两次率队取得联赛第二名，他的位置依然不稳固。转会市场很重要，我们新买来了什琴斯尼、哲科、萨拉赫和吕迪格，并且大牌球员都没有离开。从纸面上看，我觉得，罗马已经很多年没有如此强大过了。在意甲，与正处于一场严重危机开端的尤文图斯（他们在前十场比赛里输掉了四场）相比，我们的开局相当不错，稳居积分榜榜首，而主要的对手是国际米兰。问题是9月26日与卡尔皮比赛中，我在上场10分钟并给萨拉赫送出一个助攻后受伤了。所有人都在庆祝他的进球，而我却叫来了队医，我感到还是那根出过问题的肌腱传来一股剧痛。就这样，我星期一在斯图尔特别墅医院度过了我39岁生日，希望尽力弄清楚伤势的严重程度。最后的结果是我直到新年前都无法再上场，等到再次参加比赛时——在对阵AC米兰的最后阶段——我们面临的形势已经无可挽回地恶化了。加西亚很痛苦地熬过了冠军杯小组赛，尽管没有上赛季那么艰难。在意甲，我们排在第五名，落后那不勒斯7分，而在意大利杯则轰动一时地被斯佩齐亚淘汰了。要求解雇教练的声音已经是众口一词，俱乐部决定再给他一个机会，直到新年后，我觉得主要的原因是俱乐部希望在春天从容地选择一个新教练。

那是令人痛苦的一段日子，大家都清楚俱乐部其实已经做了决定，只是推迟了下达最后判决的时间。加西亚也认命了，无论是精神上，还是体力上，他都不再有精力掌控形势，只是像等待解脱一般等待着最后的审判。在蒂布尔蒂纳路上一家餐馆举行的圣诞聚餐中，我看到俱乐部与教练分道扬镳的明确信号，因为他的助教们没有被邀请，被邀请的只有球队成员和教练，而加西亚到了以后突然发现自己是形单影只的那一位。我偷偷地注视着他，尽量不让自己被发现，那场景真的令人印象深刻。他的眼神看上去就像一只被追捕的动物，目光不断地在同席人之间跳跃，好像每个人都可能给他最后一击，致命的一击。1月9日，我们在主场战平AC米兰之后，俱乐部正式解雇了他。这之后我们休息了两天，等到星期二上午10点再回到俱乐部时，发现加西亚正在等着跟我们告别。“我们曾彼此相爱，你们给了我很多满足感。谢谢大家，也希望你们继续努力，因为你们有能力拿出比跟我共事时好得多的表现。”我们跟他的亲吻和拥抱也在匆忙与仓促间进行，因为回归罗马的卢西亚诺·斯帕莱蒂将在12点抵达特里戈利亚。

18

斯帕莱蒂悲剧的第二任期

我很高兴斯帕莱蒂能够回来。在他第一次执教罗马任期结束时，他说过一些心怀怨恨的话（包括对我），后来每次见面，例如在佛罗伦萨，我们依然会亲吻和拥抱。在罗马担任主教练那一段很长的时间里，他跟拉维莱塔餐厅（你们都知道，这是我最喜欢躲清闲的地方）老板克劳迪奥成了朋友。有一次克劳迪奥告诉教练我在那里吃晚餐，他便给克劳迪奥发了一张光着上身的照片（他的怪癖之一），为了让我知道他一点体重都没有增长。在另外一家我经常去的Scapicollo餐厅，我也会碰到他曾经的合作伙伴达尼埃莱·巴尔迪尼，在加西亚教练的位置岌岌可危的最后几个月，他总跟我说一句同样的话："我说，弗朗切斯科，把我们再带回罗马吧，你可以……"这当然是玩笑，但也是希望重新在一起共事的善意信号。

我把这件事跟伊拉莉说了，告诉她我觉得这样很好。我的理由跟当时对待泽曼问题的考虑正好相反：他俩都对我非常了解，但是波希米亚人丝毫不会动摇他的竞技原则，而斯帕莱蒂却是一个更灵活的人，他知道我需要什么才能让我的身体发挥出最佳状态，而他也一定会竭尽所能帮我完成我职业生涯的谢幕。现在的情况是，我已经定下目标，在意甲踢到40岁，然后挂靴，也就是说，踢完本赛季后再踢一个赛季。我们的重逢是在他跟球队的第一次碰面——他曾经带领的球队里只剩下为数不多的球员——斯帕莱蒂握着我的手问了我妈妈和爸爸的近况（他曾经住在阿克萨居民区，跟我父母非常熟识）。这是一种很恰当的拉近距离的方式。奇怪的是，他没有问起让我三个月没能上场的伤势（为了稳妥起见，直到上星期六我才归队）。这让我觉得心里不是滋味，而这一点我也告诉了伊拉莉。当然，我为此犯嘀咕可能有点早了，但是我期待的是他一开始就能有一种态度，一种更热情、更关心的态度。

在“他的”赛季开始前，也就是罗马跟维罗纳比赛前一天晚上，斯帕莱蒂把我们集合到一起，宣布了他对我们的纪律规定。“我知道最后一场比赛，也就是跟米兰比赛前一个晚上，你们有人打牌打到深夜。就像你们内部制度规定的那样，我不希望看到你们玩牌。”我觉得自己难逃干系，我是队里最热爱此道的“扑克迷”，常常玩到欲罢不能。我不会弄到很晚，但是在集训时当然会玩。

“实际上，并不是所有人都签字同意这项制度……”我试着为自己开脱。

斯帕莱蒂的回答很干脆：“别给我找麻烦，凯科。”他用了朋友称呼我的昵称，这给我和整个更衣室传递了一个信息，那就是这件事没得商量。我没有反驳。这是我们之间的第一次争论，他赢了。

第二次争论有些半私密性质。我说“半私密”是因为从第二个任期开始，斯帕莱蒂每次都想尽办法让我跟他发生争执的现场有两个见证人，很显然双方各有一个。维托每次都在，他会再叫上一个他团队的成员或者新闻办公室的工作人员。这可不是什么好信号。在尤文图斯与罗马的比赛，也就是他的第二场比赛开始前，我在训练中有几次传球失误，我们产生了争执。他非常严厉地斥责了我，而我在某一时刻对他发了飚。我跟他解释说，我正在花费比预期更长的时间让自己恢复到百分之百，他这样当着众人面说我，而不是单独找我谈话，不会对我有任何帮助，更何况我还是队长。他的回复一反常态的强硬，完全不顾及年近40岁的我的忧虑。

“之前我一切都由着你，弗朗切斯科，从现在起不会了。你应该像其他人一样跑动，即使你的名字是托蒂。”他的话大意如此，这让我感到非常恼火，因为我并没有想过得到任何偏袒。第二天晚上，我在尤文图斯竞技场更衣室里跟布冯打招呼，他满脸堆笑地问我：“跟‘警犬’（指斯帕莱蒂）处得怎么样？”看到我的脸色，他瞬间换了一副严肃的面孔。

过了一小段时间，队友们明白了斯帕莱蒂是在针对我，因为他在训练中责备我的口吻，完全像一个教练平时批评那些头脑发热的毛头小伙子。这样对待球队队长显然有失偏颇，以至于有人在早餐时间我到底对他做了什么。伊拉莉也有这样的疑问，在家里听完我的讲述之后，她往往变得像一个难缠的律师。“你确定没有因为什么对他缺乏尊重？有没有哪一句话或者哪一个动作可能是他理解错了？”我发誓，我曾经多次扪心自问，相对于愤怒，我更多的是无法相信发生的一切。直到他在回答一些记者具有争议性的问题时，我才明白，他仍然坚信，他2009年不得不结束与罗马第一次合作，我在其中起到了一些作用，或者更确切地说，是怪我没有仗义执言，他一直指责我选择了沉默。

与斯帕莱蒂的紧张关系，与我从未如此缓慢和艰辛的伤势康复过程交织在了一起。我终于在对阵弗罗西诺内比赛中登场踢了一段时间，之后在雷焦艾米利亚对阵萨索洛比赛中，他让我在上半场快结束时热身准备，随后就把我忘了。于是，半小时后，我跟一个年纪跟克里斯蒂安差不多大的球童玩起了颠球，我还问他在场上踢什么位置，很让人开心的一件事情。比赛踢得很轻松，等到换人名额用完后，我回到板凳席上，我还跟皮亚尼奇开了个玩笑，比赛最终以2比0的比分结束，而我想着一切都还挺顺利，但根本不是那么回事。刚到晚上，我跟那个小朋友颠球的图片就出现在电视上，有人评论说，我对球队命运并不那么关心。第二天，我又在很多报纸上看到关于我对球队漠不关心的言论。这完全是一直以来与俱乐部走得最近的记者们毫无必要的恶意揣测，谁知道他们为什么要这样。如果我拉个长脸，他们会问你为什么要摆着一副臭脸？如果我开玩笑，他们会问你为什么要嬉皮笑脸？我第一次产生了一种疑虑，那就是关切我是否退役的人不止斯帕莱蒂一个。

不管怎么样，球队的表现非常好。在输给都灵后就一路气势如虹地取得八连胜，在积分排行榜上再次回到第三的位置，这意味着可以参加冠军联赛资格赛。在欧战中，我们由于抽签遇到皇马付出了代价，在欧冠八分之一决赛出局。尽管我们的关系已经破裂，但并不会让我否认斯帕莱蒂是一位伟大的教练。在这样一支经过大刀阔斧调整的队伍里，我确信能够找到让自己做出贡献的方法，只不过我没有得到这样的机会。我感到备受打击，以至于在2月中旬客场对阵卡尔皮比赛之前，我做了一件之前从未做过的事：我请了病假。或者更确切地说，因为感到肌腱有些不对劲，我告诉球队我无法上场比赛，请求留在罗马。我想的是，坐在家里的沙发上和坐在替补席上没有区别，反正都是只能观战。后来我冷静地思考这件事，我明白了这已经是我谢幕的开始。我不再对自己有信心，这就是我的想法。

那是一段很痛苦的日子，但是伊拉莉的表现却非比寻常，一方面，她为我打气，另一方面，她会坚持她的观点。她认为我应该在赛季末退役，我的时间到了。她的意见让我感到很沉重，我知道这是她的真实想法。2月20日，星期六，我们与巴勒莫比赛前一天，我需要去意大利国家广播电视公司参加早就跟多纳黛拉·斯卡纳迪约好的一档电视节目，就世界杯夺冠十周年接受采访。录制时间在午餐前后，现场有一位罗马俱乐部新闻官员，他授权多纳黛拉可以问我几个关于我罗马生涯的问题；在同一时刻——我后来才知道的——斯帕莱蒂正在新闻发布会上宣布，第二天晚上我将第一次作为首发队员登场。

我一次又一次地看了多纳黛拉的采访，网上很容易找到，我说，我很期待他能换一种方式对待我，特别是希望他能面对面地跟我说清楚一些我在报纸上看到的事情。仅此而已。我没要求出场比赛；我没有批评他；甚至他对当时和未来罗马的价值评价，我还表示认可。我要求俱乐部给我更多尊重以及明确的态度，这个是有的，因为那个赛季末我的合同就将到期，而我希望继续踢球。在罗马，或者在其他什么地方，我收到的来自国外的邀约也很多。尊重的意思就是让我了解真相。我这边的真相是，夏天我在波士顿跟帕洛塔主席聊过，他跟我说：“你自己来决定。”12月，我又在罗马德鲁西酒店见过他，他问我对在俱乐部担任高层职位有什么想法。我回答他说，我还想再踢一年，而这好像让他感到很惊讶；在我接受意大利国家广播电视公司采访几天后，帕洛塔来到罗马，他提议听听斯帕莱蒂关于我未来的意见。我回答说，“我想他可能不想知道”，然后我们就互相告别了。我们一直保持着非常好的关系，但是问题仍然摆在桌面上，没有得到解决。

我们现在回过头，从那次采访的负面后果造成我跟教练之间第一次危机说起。事情发生在星期日，就像经常发生的那样，落在纸面上的言论比在电视上说的话往往让人更加印象深刻。意大利国家电视广播电视公司1频道新闻栏目在相关报道里采用的标题称，我对教练进行了抨击，但是在采访中我根本看不到相关内容，我说我期待教练能用不同的方式对待我，这也算抨击吗？第二天上午出版的很多报纸都对这件事情进行了添油加醋。我早餐时自己一个人坐在一桌，离斯帕莱蒂和他团队成员的桌子很远，跟他们一起共进早餐的还有维托。他走过来叫我：“他想跟你谈谈采访的事情。”我们一起去了会议室。教练手里拿着新闻简报，激动地上下挥舞着，好像手里拿着的是一根大木棒。

“现在我该怎么做？”他连着问了三次，语调越来越不耐烦。

“教练，您看了那个采访吗？您看，维托把它录下来了……”

“我一点也不在乎那个采访，问题是报纸上写的这些东西。”

“您要知道，我说的都是您的好话，我要求俱乐部给我更多尊重。”我跟他说话用的尊称，在我记忆里这是第一次。这也是我们之间关系闹僵的一个明显标志。我们继续谈了很久，我试图把情况说清楚，而他则不断地强调他的愤怒。我想我会因这个采访承受一笔不菲的罚款。但是，我没想到接下来我却挨了一记耳光。

“够了，再继续下去也没有意义，你根本就没明白。你做错了，现在你回家去吧。”

这是最令人耻辱的惩罚。我被赶出了特里戈利亚，被赶出了我自己的家。我因为愤怒而浑身颤抖。沉默了许久，我说出了我能想到的最刻薄的话。

“非常好，我接受您的惩罚。那我们就来看看是我还是您最终要承担相关的后果。”

“你难道是在威胁我吗？”

“您知道，罗马球迷们是站在我这一边的。我说了您的好话，您却要把我赶走。您必须为此承担责任。”

“你现在已经跟大家一样了，忘了你曾是不可或缺的时代吧。”

“你这个懦夫，现在我对你起不到什么作用了，你他妈就想整我，是吗？你回到这里有你的任务，你应该把它做好！”

我们什么话都说了，到后来不再有任何的含蓄和顾忌。我筋疲力尽地离开了特里戈利亚，一刻钟后，我按响家里的门铃，妻子看着我感到非常惊讶。我的情绪极度低落，是我印象中最糟糕的时刻，我谁也不想见。如果我能够搭一架飞机去往其他大洲，我当天就会那么做。跟巴勒莫的比赛在晚间进行，但是我决定不去奥林匹克球场，否则，我可能无法承受大家注视我的目光。就在此刻，伊拉莉掌控了局势（维托也认为她有道理，并对她表示支持）：“所有人都要去球场看比赛：我们、我们的朋友、亲戚，所有人。更何况，你没有什么需要隐瞒的，也没有什么需要求得别人原谅的。正因如此，你才需要露面，让人们知道谁是问心无愧的。”我刚想试着表示反对，她很坚决地说：“听着，如果今天晚上我们不去球场，以后你就从我身边走开。”这是一种甜蜜的威胁，源自爱。“好吧，你给大家打电话安排一下，今天晚上我们一起去奥林匹克。”

比赛之前，我还去了一趟更衣室，气氛有一些压抑。教练和队长之间掰手腕不可避免地动摇了球队军心。我看到了斯帕莱蒂，他显得有些吃惊，问我来这里做什么，我回答说，一个队长永远都会来跟队友们致意。仅此而已，无论是我，还是他，都不想再重燃战火。我想，这次争吵可能也让他付出了某种程度的代价。我正要上楼返回我们的包厢，安杰洛打电话告诉我，广播念到双方队伍成员名单时，斯帕莱蒂的名字遭到球迷们的嘘声。从更衣室走向包厢，我心情颇为急切，心头涌起万千思绪，特别是想到我公开露面，所有人看到我，会有什么样的情形在等着我。

等待我的只有掌声，所有人都站了起来。在我刚一出现在观众席时，球迷们爆发出山呼海啸般的欢呼声，而此时电视镜头也捕捉到了我，将我的图像播放到球场的大屏幕上。你们还记得我在本书开头特别提到我的一个疑问吗？我究竟做了什么事情，配得上这么多人对我怀有同样的感情？是的，激动和感激让我在那一刻全身都起了鸡皮疙瘩。伊拉莉是对的，就在我想要告诉她这一点时，她给我发了一个信息，在那种喧闹的环境下进行对话并不容易。这条信息我一直没有删，她给我写的是："这才是你最大的收获。"我给她回了一个亲吻的表情，那是感激的吻。

罗马轻松地以5比0赢得了比赛，哲科和萨拉赫分别梅开二度，而每当摄像机镜头捕捉到斯帕莱蒂，球迷们都会用合唱骂他，并对他报以嘘声。接下来那个月，对阵佛罗伦萨，我上场踢了几分钟，此前的比赛进行到最后几分钟，我还在伯纳乌登场过一次。很可惜，这个时间太少了，我已经百分之百恢复了，新的节食计划让我减掉4公斤体重，我的状态完全可以跟年轻小伙子看齐。我再回到场上已经是4月11日罗马对博洛尼亚的比赛，从某种意义上说，我已经是强弩之末，两个月远离赛场让我的心理承受能力消失殆尽。残酷一点说，我开始相信斯帕莱蒂说的是对的，我的时代已经结束了，我确实变得不那么重要了。我的自信心下降到了警戒线以下。让我惊讶的是，上半场结束，我们0比1落后，教练叫我起来热身，让我在下半场立刻上场。到那时为止，我只踢了很少的比赛，球队成绩到了如此地步，好像只有这时，他们才会愿意冒险让我上场。想到这些，我觉得备受屈辱。在第46分钟上场，我们需要追赶比分。这正是我一直在寻求的机会。

足球的魔力之一是，即使你一段时间没有练习，也能轻松找回状态。正因如此，我没有哪个动作是做不出来的，技能还跟我如影随形，随时等着我在需要时发出召唤。当然，也有一些球员在失误两次后变得束手束脚，认为自己已经力所不及。我不是这样，我上场第一次触球就是不停球，直接送出一个穿透性的直传，从博洛尼亚防线中路撕开一道口子，从而让萨拉赫找到空间射门得分，将比分改写成1比1。这对我来说很简单。做出这个动作我甚至想都没想，就是我的本能，它在欢迎我的重返赛场。我们没有再进球，比赛就这样结束了，但是我知道我的45分钟（我突然觉得踢的时间还挺长）是高水平的表现。我脑海里好像浮现出一幅“图表”，上面显示我的自信心指数已经扭转颓势，重新上扬。这并没有那么难。

媒体重新以某种方式提到我，这也佐证了我的出色表现，但是我也知道，这对于内部平衡来说不是一件好事。下一场比赛，我们将前往贝尔加莫竞逐积分榜第二名的位置，而赛前我觉得有些不对劲。在客场球队入住的酒店，斯帕莱蒂总是雷打不动地住在我隔壁，有一次我问他是不是偶然，他直接回答我说：“我想更好地管束你。”这一点得到了球队一位后勤人员的证实，教练总希望横亘在我、纳英戈兰和皮亚尼奇中间，因为我们三个人在睡觉之前总是形影不离。他恼火的原因还是那个老问题——玩纸牌，他认为这会分散我们的精力和注意力。

自从他回到罗马以后，我们知道他对玩纸牌深恶痛绝（第一次谈话的情形一直浮现在我们脑海里），我们再也没有玩过。有人会带着手提电脑或者平板在睡觉之前娱乐一下，电脑游戏让我们乐此不疲。星期六晚上在贝尔加莫，我、纳英戈兰和皮亚尼奇都聚在我房间里，电脑屏幕上显示的游戏是Burraco网站的得克萨斯扑克，此时，大概23点30分，斯帕莱蒂穿着黑色队服偷偷溜到我房间，肩膀靠着墙壁在门口的地上坐下来。由于走廊里灯光比较昏暗，不注意真的很难看到他。为了给我们制造出其不意，他没有跟我隔壁的理疗室结账，那里的门一直开着。午夜0点前几分钟，德罗西从理疗室走出来，他每次比赛前一个晚上都习惯做完按摩再睡觉。在昏暗的光线里，他几乎不敢相信自己的眼睛。“教练，是您吗？您在这干吗？”斯帕莱蒂小声回答说：“没事，没事。但我知道你会通知你的朋友们……”德罗西假装没听明白：“通知谁啊？我只管我自己的事。”说完他就回到房间，并立刻在Whatsapp上给皮亚尼奇发了一条信息：“小心，教练正埋伏在你们门外。”当时是0点15分，规定的时限已经过了15分钟，其实没什么大不了的，但是纳英戈兰和皮亚尼奇都觉得应该从窗户跳下去逃走。我们的房间在三楼，太高了。

我们不知道该怎么办，只能努力压制着不笑出声，当时的场景确实比较搞笑，如果让他听到声响显然是不明智的。最后我将门打开一条缝，正好看到斯帕莱蒂伸长的双腿。纳英戈兰走出去，装着被绊了一下：“天啊，谁？教练，这是什么鬼……”皮亚尼奇跟着他走出去，而我在他们身后把门关上了。我还是听到斯帕莱蒂的挖苦：“你们别耍小聪明，我知道你们在弗朗切斯科的房间里做什么，你们在玩纸牌。” 皮亚尼奇立刻回应说：“什么纸牌？没有，我们在玩电脑。”“明天再跟你们算账。”这是我听到最后一句话，一句威胁的话。

第二天早上吃早餐，他没有跟我们打招呼。马尔科·多梅尼基尼，他的团队成员之一，过来找我们打探消息：“怎么回事？你们昨天玩纸牌了？”拜托……“没有，根本没有玩牌，我们在玩电脑。”我感觉他就像在跟几个小孩子聊天，这还不算完，在赛前会议上公布的首发阵容里没有皮亚尼奇（显然是一种惩罚），斯帕莱蒂再次重申玩牌是不允许的，而昨天晚上有人把这条禁令当成了儿戏。我已经没有力气辩解了。

比赛踢得很疯狂。我们不费吹灰之力就取得了2比0的领先，迪涅和纳英戈兰分别打入一个进球，但是达利桑德罗的破门和博列洛的梅开二度改变了场上的局势：亚特兰大3比2反超，而此时斯帕莱蒂把头转向我们——皮亚尼奇和我坐得很近——对我们说："都是你们干的好事，在新闻发布会上，我会把事实都说出来。"离比赛结束还有10分钟，他让我换下了德罗西，而我很快就在禁区边缘用一记漂亮的射门将比分改写成3比3平。把球带入禁区的佩罗蒂和滑铲把球传给我的弗洛伦齐都表现非常出色，而面对斯波尔蒂耶洛破门的那一记右脚怒射则是我的成名绝技。两分钟后，哲科接我的助攻差一点就不可思议地将比分定格在4比3。

离比赛还剩一分钟，斯帕莱蒂因为抗议被罚下场，他在更衣室门口等着我们，明显有些垂头丧气。最后一名队友走进更衣室后，他猛地把门关上，然后开始大声喊了起来。我的衣橱离门口最远，我挨着德罗西和弗洛伦齐，俯下身子脱下脚上的球鞋。我没有意识到突如其来的寂静。我抬起头，突然发现斯帕莱蒂的脸挨着我的脸，距离只有一厘米。他在等着我。"够了，你还在搞事，你还妄想发号施令，你现在该走了。你不管我的禁令玩牌，我跟你没什么好说的了。"他扯着嗓子跟我喊出一堆话。这是我跟斯帕莱蒂之间最后一次争吵，我火冒三丈，四个人上来把我们隔开，才避免我们打得不可开交。此后，一切都偃旗息鼓了。恢复平静后，他走到新闻发布厅说，虽然我进球了，但是追平比分是球队整体的功劳——这样说很好，所有人都看出来，他在故意贬低我——我走出更衣室对球队管理人员说，"现在该我说了"，我的身边立刻有人把我团团围住。事实上，我放弃了争辩，就像往常一样，我觉得可能对罗马造成不好的影响。第二天，斯帕莱蒂团队成员看到他仍然怒气未消，便过来找我，而我跟纳英戈兰和皮亚尼奇一起找他道歉。我道歉不是因为我们玩了纸牌——他一直喋喋不休地坚持认为就是如此——而是因为星期六晚上弄到太晚。他说我们凌晨1点才结束，而实际上当时是0点15分，不管怎么说，他还是有道理，我们毕竟超出了只能玩到0点的时间限制。这时最好还是息事宁人，毕竟这个问题就到此为止了。我在赛季结束后将离开罗马，至于之后做什么再看吧。

有一股力量已经在奔流涌动，我明显感觉有一双无形的手在操控着一切。对博洛尼亚贡献的助攻、追平亚特拉大的进球，下一步将是什么？或许是决定翻盘的一次梅开二度？三个晚上之后，我们迎来最后一轮在周中举行的意甲比赛，在奥林匹克对阵都灵。比赛进行到第85分钟，我们还是1比2落后。哲科和皮亚尼奇已经替补上场，斯帕莱蒂把最后一个换人名额留给了我，比赛时间已所剩无几。我在比赛形成死球时上场，我们在前场右路得到一个任意球，马诺拉斯面对传球头球蹭到后点，我从左侧前插倒地铲射，成功将球送进了球门。这就发生在南看台下方，我兴奋到近乎疯狂。

三天前，我曾在贝尔加莫破门，在那之前，我最后一次在奥林匹克球场进球，也是此前我最后一个进球，还要追溯到9月联赛第4轮罗马2比2战平萨索洛的比赛。我的进球将比分改写成1比1，当时对方门将开球失误，被皮亚尼奇夺得球权，而他立刻把球传给了我。我身处空位，但是踢的质量并不高，与对都灵的破门完全无法相提并论。对都灵的进球让我再次找到了久违的在南看台下奔跑的激情，我甚至跨越了好几个广告牌。对于一个久疏战阵的球员来说，面对这种情况往往会在心里发出疑问："如果我能打进这个球，我是能跳过这个广告牌，还是有可能被绊倒，让整个球场的人都嘲笑我？"就跟游泳一样，他们刚把你扔进水里，你就能想起来该怎么做。那一刻，南看台场面令人震撼，球队扳平了比分，而且进球是由我完成的，球迷们疯狂到不能自已。倒数第3分钟裁判卡尔瓦雷塞 "送"给我们一个点球，他判定佩罗蒂传中时马克西莫维奇手球，那其实是根本不存在的。当然还是由我主罚，此刻我感受到双重压力，一方面是因为球队寄予厚望，我们需要赢得那场比赛来保持与追赶者的差距；另一方面则是我个人的原因，如果在我上场仅4分钟就打进反超比分的进球，那将成为我一生中最重要的壮举之一。我们之前很多次谈到纸牌，现在的情形像极了一次最经典的全部押进。由于下雨，球场非常湿滑，我决定用常用的右脚背罚球，但是我踢得并不好，角度不够刁钻，力道也不够大。不过，这至少是一个合格的地滚球。帕代利碰到了足球，却没能阻止它最后进入球门，我打进了！上来拥抱我的队友们欣喜若狂，南看台的球迷们泪流满面，甚至在我离场时，斯帕莱蒂都默契地拍了我一下。那真的是一次不可思议的射门。

就像我很多次说到的，球迷们的爱就像整个职业生涯推动我扶摇直上的风。他们对我怀有一种痴心而浓烈的情感，这种情感的根源是说得清的——我同时是罗马人、罗马队员和罗马队长，而且还很有实力，但是它如此强烈和厚重的原因却是道不明的。当然，从我第一次登上意甲赛场到最后一场的25年里，有一些时刻，这种情感让我心旷神怡、如沐春风，也有一些瞬间，我感觉它就在我的皮肤上奔涌，炽热而绝对。这段时间是我最能感受到这种情感的时期之一，用一句结婚誓言来描述的话，它不是在陪我同甘，而是在伴我共苦。在对都灵独中两元之后，我在跟那不勒斯的比赛中踢了最后几分钟，这是一场对我们赶上甚至在最后时刻实现反超非常关键的比赛，我策动了纳英戈兰在第89分钟打入的、将比分改写为1比0的进球。接下来的那周，我在跟热那亚的比赛中上场，并且在几分钟之后打入一个漂亮的任意球，将比分扳成2比2平，而艾尔·沙拉维在比赛最后阶段锦上添花再入一球，帮助我们赢得胜利。又过了一周对阵切沃，在我上场的半小时里——斯帕莱蒂开始给我更多的上场时间——我给皮亚尼奇送上一个非常漂亮的一脚出球助攻，正因传球太过精彩，他在得分后甚至都没有庆祝，而是在把球推入球门之后，立刻用手指着我向球迷们示意，意思是这个进球完全是我传球的功劳。

尽管此后那不勒斯不再哑火，并且在积分榜上最终领先我们，我们不得不参加欧冠资格赛，但是斯帕莱蒂率领的罗马似乎获得了重生。然而，如果说在重生过程中，很多人因为我上场时间过少愤懑，因为一段精彩的历史正以悲怆的方式走向尾声而恼怒，那么在最后几周，他们见证了我充分参与球队创造成功的历程。我感觉如释重负，就像孩子们在看到爸爸妈妈终于不再吵架之后松了一口气。那一年，球迷们因为我承受了很多，而且他们没有办法过多地责难教练，不管怎么说，教练的工作开展得富有成效。现在我在某种程度上重新成为主角——某种程度上是因为我自己知道，在我这个年龄我不能奢望在星期日晚上踢满90分钟了——人们终于可以痛快淋漓地表达喜悦之情。任何人都无须因为在一场没有队长参加却获得胜利的比赛中欢呼雀跃而感到心有愧疚。世事本就如此，人在非理性的时候都难以控制自己。

在我写本书的时候，我已经告别职业生涯整整一个赛季，对那一段阴云密布的日子，我早已释怀，不过我对一件事坚信不疑。我应该在罗马和都灵比赛那个晚上退役：我在最后4分钟上场，但是已经足够我连中两元反超比分。我在南看台下奔跑，球队赢得了比赛，队友们把我抛向空中庆祝胜利。那本来应该是一次完美的谢幕，伊拉莉和维托都这么跟我说，他俩在这些事情上不约而同地有着相似的意见。实话实说，在那个欣喜若狂的夜晚，这样的想法曾在我的脑海里一闪而过，但很快就消失了，在那个时刻我可能不知道怎么引出这件事，怎么跟大家解释，具体该怎么做。我应该临时做出这个决定，那可能是最好的选择，因为我的球迷总会特别地赞许我内心的自发性抉择。

赛季结束之前，我跟俱乐部总经理毛罗·巴尔迪索尼有过一次谈话，我认为我在赛季末的精彩表现，会让俱乐部的想法发生一些改变，他们不再抗拒跟我续签合同。事实上在6月，帕洛塔就带着准备好的合同回到了罗马，我只需要在上面签字。那是我犹疑不决的时刻，我收到很多国外的邀约，从中国到日本，从美国职业足球大联盟到阿布扎比，而伊拉莉对此好像态度积极，为了说服我，她跟我说：“我可以离开电视荧屏一年时间，而你可以安心地享受告别过往足球生涯之后的时光。不要只看这个赛季末的表现，那就像一个奇迹。到了明年，情况会变得更糟，你不要自欺欺人。”我知道她说的是对的，不过有一件事她并不明白。事实上，没有人能够明白，除非是亲身经历过。此前，我已经不把自己当成一名职业球员看待了，后来突然间我又觉得自己的身份并没有发生变化。这是一种令人陶醉的感觉，就像一次全新的初露锋芒，而不是直白地认为自己仅仅是推迟了职业生涯谢幕的时间。那些天我甚至梦想至少在那么几场比赛中再次首发登场。感觉自己重生的喜悦让我兴奋得不能自已，我在合同上签了字。

伊拉莉在我40岁生日之际接受《米兰体育报》的采访，那时，我的最后一个赛季刚开始实际上就已经结束了。伊拉莉在采访中将斯帕莱蒂称为“一个小心眼的人”。只有与自己的女人关系扭曲的人才会想，我能够或者我必须做点什么来阻止那个采访的公之于世。伊拉莉是一个非常有个性的人，她跟我一起为熬过那些苦闷的日子付出了很多，她曾竭尽所能不让我苦闷的情绪变成消沉的意志，她曾想方设法向我们的孩子——特别是克里斯蒂安，因为他是最大的——解释我的处境。克里斯蒂安很多次从头到尾地跟我们一起面对了每一件事情，也面对了他引以为傲的冠军球员爸爸正在走向迟暮的现实。一旦依拉莉觉得她说什么话合适，她就会那么去做。在采访内容发布的前一个晚上——我们一起在家里吃晚餐，安杰洛也在——他们提前给我透露了一些伊拉莉表述中最刻薄的内容，所有人都看着我，并爆发出哄堂大笑。“你疯了吗？这会带来麻烦的，他会杀了我……”

事实上，第二天斯帕莱蒂跟我说这样的情况是不正常的：要么我跟我妻子谈，然后安排妥当；要么就让他来处理。其实没什么可安排的，伊拉莉显然不是那种表达一个观点24小时后就把她说过的话收回去的人。教练后来也显示了他的幽默感，为了向我表示祝贺，他转给我一个视频，视频的内容是他送给我一辆德罗宁车模，那是电影《回到未来》中的经典车型，送给我妻子一张米娅·马蒂尼的单曲CD，并且还保证自己非常喜欢“小心眼的人”这个称呼。我邀请斯帕莱蒂来参加生日聚会也是因为她的坚持，她很清楚我从来都是个硬骨头。那天跟他在特里戈利亚的对话有些令人感觉如梦似幻。

“弗朗切斯科，你真的希望我参加你的生日聚会吗？”

“教练，您看您的情况。我邀请了您……”

“我来的话，你的朋友们会吃了我。”

“如果他们吃了您，那说明是有原因的……”

需要说明的是，与上个赛季那些争吵相比，所有这些我们都是以非常轻松的方式说出来的。不管怎么样，星期日在都灵我凭借一个点球打进我职业生涯在意甲的第250个进球，也是我最后一个进球。自那以后，我断断续续地踢过一些比赛，这里5分钟，那里3分钟，然后在我们止步八分之一决赛的欧联杯踢过几场完整的比赛。伊拉莉在赛季初就跟我说过：“这是最后一个赛季，最后一个，弗朗切斯科。一年时间很快就过去了，所以你现在就做准备吧，你的职业生涯将要画上句号了。”但是这并不容易。6月我签订最后一次续约合同后，帕洛塔跟我说，他梦想给我一个像科比·布莱恩特那样的最后赛季，一座城市接一座城市地与人们告别，最好是组织一些相关的周边活动。我跟他解释说意大利不是美国，但我很喜欢他的主意，我其实为最终没有尝试将其付诸现实感到遗憾。自那次以后，俱乐部唯一一次谈到我退役的事情是在离赛季结束还有五轮的时候，在罗马和拉齐奥比赛之前，他们问我是否愿意在新闻发布会上就我的最后一场罗马德比说些什么。当时我就明白了，很明显，我得退役了，只不过我正式知道这一点是通过那样的方式。正因如此，2月，我在训练方面完全松懈下来。

我想，要跟像我这样一个人说“一切都结束了”，绝不是世界上最轻松的一件事。再后来，6月底，我跟伊拉莉去伦敦与帕洛塔见面，商谈我在罗马新工作关系的条件。罗塞拉·森西在离开前曾跟我签订一份任命为我球队高层的合同，规定在我退役当天将由俱乐部时任掌管人付诸实施。在会见时，我们看到在场的还有弗朗哥·巴尔迪尼。我们谈话的内容好像一部侦探小说的最后一页，解开谁是杀手的谜底。在此之后，则是新的开始。

“是我，弗朗切斯科。”

“你怎么了，弗朗哥？”

“是我让你退役的。”

“……”

“是我想聘请斯帕莱蒂，并且给予他支持，我知道他的想法跟我是一致的。几年前我曾跟你说我想卖掉你，但是每一个我联系的教练都要求我保证你会留在球队。”

“我记得。”

“斯帕莱蒂没有跟我提出这个要求。另外，我们都知道在最近几个赛季，你的存在对罗马来说是一种负担。”

“你们出售我的球衣挣来的几百万欧元呢？还有那些友谊赛的出场费，我出不出场都一样吗？”

“这是事实。但是下赛季你就会看到，在卸下你这个沉重的包袱之后，当然俱乐部感激你的贡献，罗马将会开启一个新的历史篇章，一个美好的篇章，当然其中依然有你。”

“我希望能做副主席。不是因为我多么看重职务的高低，我只是希望能够成为在特里戈利亚说一不二的人。”

“你并不需要这些，弗朗切斯科。”

“为什么？”

“你是托蒂，永远都是。球迷们愿意听取你的意见，相信你，爱你。我们球队高层就像无趣的抄写员，真正的罗马是你。”

19

我宁愿先于此刻死去

我职业生涯最后一场比赛是一个过于庞大、难以言说的主题。有一个月时间，我都努力不让自己去想它，就把它放在内心深处，但这个日子还是越来越近了。

距离联赛结束还有四轮，斯帕莱蒂让我蒙受了最后的屈辱。我非常看重在圣西罗球场做一次告别，这是一座传奇的球场，一座一直怀着敬意和欣赏对待我的球场。我知道AC米兰的球迷为我做了精心的准备，这是一份巨大的荣幸，通常情况下，你对一个历史性对手抱有敬意时，你会为他鼓掌。距离比赛结束还剩10分钟，沙拉维为我们将比分改写为3比1，我想最后一次换人应该轮到我了。第84分钟，斯帕莱蒂把布鲁诺·佩雷斯叫过去，用他换下了哲科。“我担心他们的反击。”斯帕莱蒂在后来回答记者们愤慨的提问时这样回答，对于这次没有让我替补出场的换人，他们从中察觉到一种耻辱。好像这样还不够，在最后无关紧要的几分钟里，我们还获得一个点球。德罗西主罚了点球，如果我在场上，应该由我来主罚。在圣西罗球场打进自己职业生涯最后一个进球，那将会是一个多么美妙的故事啊。

我们继续向联赛第二名发起冲击，这个位置可以让我们直接进入欧冠联赛。第36轮，我们在奥林匹克3比1击败了尤文图斯，让他们不得不推迟夺冠庆典，同时继续保持对不再丢掉任何积分的那不勒斯的领先优势。我在第93分钟替补出场，有足足1分钟的时间走向布冯和他打招呼，不过是在球场上。这些都是小事，但在那个时刻对我来说却显得十分重要。接下来一周，我们有些艰难地在维罗纳获得了胜利，现在只剩下主场对热那亚的比赛了。罗马队需要拿到3分，以保证直接进入欧冠而不参加附加赛，这将是最好的结果。在这座城市里，完全没有人谈论这件事。罗马对热那亚的比赛，奥林匹克球场因为另一个原因而座无虚席。

这是很特别的一周，从斯帕莱蒂试图跟我进行交流就能看出来。他来找我的态度就像他在罗马第一个时期一样，那时我们的关系还很好。他必须面对我的冷漠，过去一年半的气氛令人无法忘记。

“弗朗切斯科，我们一起找一个好方式让你完成最后一场比赛。”

“您怎么想的，教练？”

“你来告诉我，你希望首发吗？”

“嗯，我不喜欢……因为如果不能获胜，那就会是我的错。”

“看你说的。”

“教练，就像您一年来所做的那样做吧。您就考虑怎么对球队更好，以球队利益为重，不用顾及我。如果我们最后时刻能4比0领先，那时候我再上场跟所有人告别。”

“好吧，我知道跟你是没法理论的……”

我很气愤，这很正常，但我坚持倾听了足足一小时。他问我现在有什么打算，而我明白不管怎么样都跟他无关了，他已经决定离开。维托坚信，对一名伟大的冠军球员来说，总要有某个人对他们说出“一切都结束了”，否则他们会一直坚持下去，因为我们不会意识到时光的飞逝。对我来说，斯帕莱蒂就是那个人，而他最终因为做这件事的方式付出了代价，承受了很大的压力。他本人曾在电视上说，如果时间可以倒流，他不会接受第二次执教罗马的邀请。我们终于结束了冗长的谈话，最终达成共识，在下半场将我换上场，至于上场的时间由他根据比赛的进程来决定。我的年龄到了40岁零8个月，从2月起就没有认真进行过训练，我也不能忘记，罗马在星期日那场比赛并不那么轻松。

这是纷繁复杂的一周。在此期间，我要筹集所有人找我要的票。我一直都会帮人找很多票，通常情况下，朋友和熟人每人要两三张就满足了。

这一次，他们的需求量都很大，每个人都要10张、15张，因为没有人愿意错过我的告别赛，连与我亲近的人——我所指的是那些能见到我的人——也被这样的请求所包围。我不想过多地去想星期日的事情，但这是不可能的。我遇到的每个人都对我说“我不相信，你不应该退役”，很显然这是一种客套方式，却成了在伤口上撒盐。正是在那几天里，我内心最深处、最隐秘的地方告诉自己，我仍然不想离开。伊拉莉知道我的想法，但她尽力让我为庆典仪式（庆典，这么叫它对吗？那显然不是一个节日）的准备和比赛当天的后勤保障而忙碌。我的好朋友沃尔特·维尔特罗尼给我寄来一封信的草稿，信里充满诗情画意和回忆，但我觉得太沉重了。“你必须自己写，我可以帮助你。”伊拉莉说，于是坐在家里大床上一起将那些重要的想法写进这封长信中。我会时不时停下来，因为我的喉咙感到哽咽。

“别哭，唉！”她语气一如往常坚决地劝我。我没有哭，或者说只是在试图确保她没有察觉到的情况下哭了那么一下。我过敏了。我感冒了。有一只小虫子飞进我眼睛里了。我之前写的最后一封信是写给她的，那是婚礼前的一封表达爱意的信笺。我告诉她我只是被那份回忆所感动，也许她会相信我。

然而，我能做到在8万人面前读这封信吗？我突然对自己感到怀疑，在我内心深处，我只习惯在这么多人面前踢球，而不是说话。当然，我曾在不同场合的公众面前发言，但并不是面对这些人。如果我读不下去怎么办？伊拉莉有了一个主意。“如果你念不下去了，就让孩子们往前走，就像在接力比赛中交接棒一样。”克里斯蒂安立刻拼命地摆手，你们想都别想。夏奈尔表现出的不仅仅是她愿意，而且渴望如此。或许在她看来，她甚至可以直接替我来读这封信。我们还跟维托一起写下那个下午最重要的几个方面。有时候我感觉自己就像在组织其他人的退役仪式，另一些时候我需要给自己以力量，来舒缓逐渐增长的焦虑。但我无法在任何事情上集中5分钟以上的注意力，无论是电视节目、电话，还是电脑。为了分散自己的注意力，我在Youtube上查找了一些伟大的英国现代足球运动员的告别仪式：贝克汉姆、杰拉德、特里。就是这样，我看了所有视频，也在其中找找灵感。对于即将发生的事情，我没有感觉到痛苦，对于我所处的这种情绪状态，正确的定义应该是伤感。

星期六晚上，我们在家里吃晚饭。厨房里，我注意到克里斯蒂安和夏奈尔并没有像往常一样穿上睡衣，而是穿上准备外出的衣服。他们似乎有些兴奋，伊莎贝尔的保姆还在外面转，这种种奇怪的言行，我并没有去探究。我的情绪非常低落，以至于感觉透不过气。吃完饭后，我倒在沙发上看比赛，直到中场休息时，家里人还是清醒活跃的状态。“哎？你们为什么还不去睡觉？”在得到答复前，我的余光注意到连接外院摄像头的监视器里有什么在移动。一辆小摩托车闯入监视器，这很少见。我把这事告诉伊拉莉，而她像往常一样不以为意：“应该是去邻居家的。”好吧，我待在屏幕前，几分钟之内，监视器里又出现一辆小摩托，之后是第三辆，最后有十几辆。“伊拉莉，叫保安，这是个团伙！”她走到自己放手机的地方（在那里我看不见她），两分钟后，她脸上带着取笑的表情回来了：“邻居家在开派对，你就放心吧，看你紧张成什么样了。”片刻的沉默，我不知道应该怎么回应她。她抓住机会对我说：“这样吧，我们一起去新罗马买个冰激凌吃吧，这样可以让你冷静一些，好吗？”克里斯蒂安忍住笑。明天我就退役了，他们还在拿我开玩笑。

我们骑上自己的小摩托车，克里斯蒂安坐到我的车上，他不敢跟她妈妈一起走，因为我总是告诉他伊拉莉不会带人。从院子出去的栅栏门打开了……我在监视器中看到的摩托车队就在那里等着我们。喇叭声、鼓掌声、大笑声，满满的欢欣愉悦。我所有最亲密的朋友都手持头盔列成一队。我看着伊拉莉。“反正今晚你应该睡不着，我们在罗马城兜兜风吧。”她让我感到惊讶，同时也很开心。几分钟前还很忧伤的我一下子兴奋起来。我爱死这个女人了。

这是5月下旬一个燥热的夜晚，也是罗马的光华在一年中得到最完美展现的时候。我完全没有拒绝，带领着人群沿着克里斯托弗·哥伦布大街前进，转向泰斯塔齐奥区，我知道球迷在救赎圣母教堂广场的一块路牌上贴了标语，我无法不让自己在那块写着“弗朗切斯科·托蒂（罗马第八任皇帝）广场”的路牌下拍张照片。这是一个奇迹。从那里，我们沿着台伯河畔大道前行，来到市中心附近时，我们一头钻了进去，因为我突然冒出一个想法，想在时隔多年后再去看看纳沃纳广场，一想到这，我简直欣喜若狂。多么壮丽。我们围着广场转了两三圈，我意犹未尽，但必须走了。有人认出了我（我戴着头盔，谁知道他们是怎么认出来的），而且在那个时间——大概23点——那里的人并不少。我们沿着科尔索大道前行，这是另一个我想念了很久的地方，然后去位于人民广场上方的苹丘露台上买了冰激凌。朋友们把冰激凌拿给我和伊拉莉，这样我们就有一点时间可以待在一边，坐在长椅上，眺望罗马城灯火通明的一座座屋顶，那是一个完美的时刻。我和所有人讲了我准备的那封信，想到可以在奥林匹克球场听到我读它，他们都很激动。之后我们又转了几圈，因为汽车里的人认出了我，然后我们又欣赏了另一些景致，游历了罗马城其他一些绝美之处，所有这一切都那么壮观。我们回到家时已经是凌晨4点了，整晚时间我都没有因为想到第二天就要退役告别足球而感到慌乱，甚至仿佛重温了意甲夺冠的那个夜晚。我感到很疲惫，很快就像小天使一样睡着了。

星期日早晨。我像往常一样去特里戈利亚训练基地吃早餐，那是个特殊的日子，街上和体育中心门口成群结队的年轻人提醒了我这一点。那场比赛非常重要，但这一次，他们的合唱并非和往日一样为了激励球队获胜，而只是为了我。我在特里戈利亚待了很久，面对队友投射来的目光，我尽量不让自己引起注意。我看到他们都很伤感，同时也因想到球场内的盛景而感到激动，毕竟现在球场满座的情况已经很少见了。所有人都期待着一个热泪盈眶的下午，那是甜蜜的、阳光的、充满温情的泪水。“想想那会是怎样的一天啊。”有人对我说，“你告别足球，这一幕发生在奥林匹克球场，设想一下，如果最后一场比赛在客场，那将会多么扫兴。”我从没考虑过这个问题，但确实如此。

比赛18点钟开始。饭后有一次技术会议，我有些心不在焉地观看了分析热那亚定位球战术的视频。紧张的情绪在不断上升。从我早上醒来之后，想到的都是一连串“最后一次做这个，最后一次做那个”，现在离上大巴去球场的时间越来越近了，这是我的另一个最后一次，我无法让自己冷静下来。会议之前，妈妈给我打了电话：“我不去现场了，我做不到。你就享受这个夜晚吧，我会在电视机前哭泣。”为了你，我一生都留在罗马，妈妈，首先就是为了你。如果今晚人们如我所想那般毫无保留地真情流露，也是你的功劳。

我洗完澡穿衣服时，维托打来电话：“这里有几个小伙子想和你合影。”来了，来了，但你们得快点，大巴车就要开了。非要赶在今天拍照吗，哎？要是能躲开这事就好了……我来到广场上，那里有一辆大巴车。我心里升起一股无法抑制的火气。“啊，这车里足足有50个座位！我要和每个人都拍照吗？你疯了。”维托笑着，没有回答。大巴车里的人突然同时站了起来，之前他们都弯着腰躲在座位上，为的是不让人看见。伊拉莉出现在最前面，就在车门的台阶上，快速地扫一眼就能明白，车里的都是我最亲近的人。他们唱着、跳着，展示着他们的“队服”——写着“6 UNICA”的白色T恤，上面的内容太美妙了。我不知道应该说些什么。“我们的人数你已经猜得差不多了，”维托对我说，“一共是48人。多可怜，看看他们汗流浃背的，从吃午饭时他们就在这，在大太阳下等着你。”我和每个人亲吻和拥抱，安杰洛、贾恩卡洛兄弟、班比诺、西尔维娅和梅洛里。最重要的支持已经在这里了，现在起，我必须独自面对一切。

在去往球场的路上，我关闭了那台对准我的摄像机，它在为以后制作纪录片录制素材。德罗西和弗洛伦齐坐在我后面，我只要一走神，他们就在那做鬼脸，可气的家伙。他们在利用现在的机会，因为到了那个真正的时刻，他们会哭成泪人。德罗西对我说："我会交给你一份来自全队的礼物，但是你别想我再向你多透露半个字。到时候由于激动，我无法看你的脸，这一点应该让你知道。"到达球场后，我认为自己发烧了。尽管天气很热，一阵寒战贯穿我的脊背。从大巴车到更衣室这段路从未像今天这样断断续续，所有人都让我停下，有我认识的，也有我从未见过的。我感觉有人"出卖"了第一排位置，因为在一些非工作人员禁止入内的区域里挤满了陌生的、明显激动万分的面孔。摄影师让我先去绕球场一周，以便拍摄一些漂亮的问候球迷的照片，我心甘情愿地答应了，更衣室实在太拥挤了。

比赛很奇怪。他们的小男孩佩莱格里很快就进球了，幸运的是，哲科同样快速地扳平了比分。很明显，罗马控制着比赛，创造了自己的机会，只是无法成功破门。中场休息时，比分是1比1，那不勒斯已经在桑普多利亚主场取得2比0的领先。我们早就知道会这样，这是真正的确认。没有别的可能性，如果我们想要拿到联赛第二，就必须获胜。回到更衣室，斯帕莱蒂请我开始热身。

就在那时，我清晰地听到一种与平时奥林匹克球场内听到的完全不同的轰鸣声。那是一种长时间的隆隆声，就像一辆马力极大的摩托车从很远的地方开过来，它的分贝在慢慢升高，当它驶近时，音效就如雷鸣一般。在比赛前绕场一周时，我看到球场周围到处都有人展示献给我的旗帜和标语，我想，这是90分钟之后那一刻的序幕吧。此后，人们对比赛的揪心程度超越了对于我上场比赛的关注。人们知道我下半场要出场，而在那之前，人们还可以专注于罗马队的命运。看到我在场边慢跑，所有人的注意力都被吸引了，人们在关注我为什么出现在那里。我要说，这种感觉越来越强烈，哪怕听起来显得有些自我。我感觉自己像瘫痪了，当斯帕莱蒂叫我上场换下萨拉赫时，我的双腿一直在颤抖。顺便说一句，这也是萨拉赫这位冠军球员在罗马的告别之战，一年之后，人们已经在谈论他赢得金球奖的可能性了。如果此时此刻是在3月的布雷西亚而非5月底的罗马，我敢肯定，我想尽快整理好裤子，一定会被鞋子卡住，就像1993年那个首秀的下午。如果那样，将会是一个完美的轮回，从第1场意甲比赛到第619场。主裁判塔利亚文托向我示意入场，邀请我开始了这场比赛。那是下半场的第9分钟。这一次斯帕莱蒂给了我很多时间，最重要的是，他在比赛还没胜券在握的情况下就派我出场。

我的体能确实不如以前，我清楚这一点，球场也会让我更加确信这一点，所以我会利用自己的技术进行一脚出球。我给斯特罗曼制造了无人盯防下从禁区边缘外进行远射的机会，之后，在禁区里，我通过跑动提示哲科进行一次简单的头球摆渡。我准备起右脚射门，这时德罗西赶到，那天他就像一头野兽，带着三倍于我的决心用左脚完成一记射门。我甚至需要抬起腿，否则就可能被他踢到。那是让我们2比1反超的进球，似乎让笼罩在我们球场上的阴霾远去了。几分钟后，拉佐维奇利用什琴斯尼出击失误将比分扳成2比2，而后在反击中，又是拉佐维奇打中门框。我感到一阵惶恐。人们是为我而来的，为了让那一天完美无缺，我们必须获胜，得到3分。我送出一次30米的长传，沙拉维头球攻门，顶高了。现在我们几乎将比赛压缩在热那亚的半场进行，第90分钟，我们的奖励终于来了。哲科头球摆渡，佩罗蒂在几步远的地方漂亮的凌空抽射，3比2，所有人都陷入疯狂。佩罗蒂跳过好几个广告牌，跑到南看台下，我是最后几个来到他身边的人之一，因为我翻过障碍的速度很慢，我不想让自己受伤。恐惧消失了，几乎。塔利亚文托示意补时5分钟，同时对欣喜过度的佩罗蒂出示了一张黄牌。

5分钟。就是这样，我在此刻成为关注的焦点。罗马队还在争取想要的结果时，人们的注意力却集中在别处。目标已经达成，我们的任务就是

“消耗”掉5分钟，而我突然发现眼前的场面是多么盛大。现在的情况有点矛盾，我必须浪费掉我职业生涯的最后5分钟。对我而言，如果可以，我愿意再踢5000分钟。这种想法一直折磨着我，我都不知道怎么来到角旗区，拉克索尔特在我面前，而我准备出球。在我踢到球的那一瞬间，塔利亚文托三声哨响，结束了。一些热那亚球员来到我身边率先和我拥抱，然后是拉克索尔特，好像在那时他才意识到自己成了伟大场景的一部分。

结束了。我感觉自己内心有一个巨大的空洞，有一个让人无法呼吸的旋涡。我短暂地和队友庆祝了一下，毕竟我们达成了自己的目标，这是一件了不起的事情，但这之后我得赶快回到更衣室。我是这样想的，如果无法控制自己的情绪，就按照我自己背下来的提纲来发言。所以在那一刻，我需要让自己消失一会儿，去换衣服，此时其他人留在场上，俱乐部主席从看台上下来，场内可以布置背景了。

这是第一个极为艰难的时刻。球场内的喧嚣传进空荡荡的更衣室，就像远处传来的低语，那里只有我、维托和5个器材管理员。对于我在罗马大家庭的这一段非凡历史来说，他们都是最重要的人。他们也是一生都倾情于我的人，甚至还不仅如此，在此之前，他们的父辈也是如此。想想贾尼尼，他的爸爸曾是罗马青训的主管。想想德罗西，他的爸爸是罗马U19青年队主教练。想想布鲁诺·孔蒂和之前我讲述过的跟他儿子达尼埃莱的关系。现在，5个器材管理员开始痛哭流涕，我不得不对他们大喊——开始流下的眼泪让我的声音断断续续——“你们不要这样”“如果我们开始就这样，一整晚就都得如此了”，以及所有我能想到的却又笨嘴拙舌的话。他们转过身，为了不看我，我也转过身，不看他们。维托后来告诉我，就在我对他转过身脱下球衣时，他感到一瞬间的眩晕。他想到，那是我脱下的最后一件罗马队球衣，是最后一件浸透着我的汗水的球衣，他觉得脚下像踩空了一样。我的内心感到一阵刺痛。脱下球鞋，我又踌躇了一阵。之后加快了动作，走出更衣室。我坐在更衣室外的台阶上，等待着登上舞台的时刻。我在那里坐了很久，差不多20分钟，从很多照片中能看到我空洞无神的目光。事实上，我并没有在思考未来，而是在回忆过去，回想那些曾经的胜利、失败、伤病。与这一切作别是一种最深重的切肤之痛。一切准备就绪，体育场在等待着我。我被告知可以出去了，我边走向独立看台区的南出口，边想，如果此时帕洛塔手里拿着新合同等着我，并告诉我这一切只是个巨大的玩笑，那该有多好。但这只是短时间内在我脑中一闪而过的痴心妄想。我清楚地知道，已经结束了。我走到灯光下，奥林匹克球场的山呼海啸如同意甲夺冠的那一刻。所有人都站起来鼓掌。体育场上空回荡着《角斗士》的音乐。

我回看过很多次当时的画面。直到现在我还会看，每次回看，都会发现一些新细节，比如一条我未曾注意到的横幅，一张让我感受到最强烈情感的脸庞。那天下午在奥林匹克球场发生的一切史无前例，数万人哭得就像他们挚爱的亲人离世一般悲伤，他们将我的退役当作与自己人生一个重要部分的告别。不伪善地说，我知道那将是一个特殊的仪式，介乎于毕业庆典和全城哀悼之间。但这样的情况，我没有想到。倾注在我身上的情感与感激如此厚重，以至于我又想起那个问过自己无数遍的问题：我所做的足够配得上这一切吗？我只能用一种方式回答：我爱这些人，发自内心地爱着他们，我所做的一切只有一个目标，就是听到他们在罗马进球时爆发出的充满欢乐与自豪的呐喊。我是一个简单且有求必应的人，几乎从不说不，有时我终归要因为这里的人对我的如此厚爱付出一些代价，让我无法在我的城市里尽情地享受它所带来的欢乐。只要能够再次感受到人们对我如此夸张的热情，我情愿没有任何犹疑地再来一次。那一天最有名的一条横幅写着“我宁愿先于此刻死去”，很好笑，也很发人深思。即便是为了好玩，而且带有典型的罗马苦涩幽默，写下它的人*将我退役带来的痛苦

* 2018年，意媒报道，这条横幅是一个叫乔瓦尼·拉扎里尼的小伙子写的，并与朋友一起展示。——译注

置于他个人的死亡前面……我到现在依然无法理解。

帕洛塔是第一个走到我面前的人，他拥抱了我，并在我耳边用英语说了一大段话，我什么也没听懂，重要的是他说话的语调，充满感情和尊重。说实话，我对人们给他的嘘声感到有些遗憾，就像我向其他管理层人员致意时听到那些哄场声音时一样遗憾。结束了，即便是爱我的人也需要明白这一点。第二个艰难时刻伴随着伊拉莉和我的孩子们走上草皮而到来。这是我提出的一个条件，在绕场时，我只想让我的家人陪在我身边。孩子们向我跑过来，我之前筑起的那道让自己不过于激动的防线彻底崩塌了。我们拥抱在一起很久很久。显然我需要一点点宣泄，在这次流泪后，我感觉自己重新振作了起来。我把伊莎贝尔抱在怀里，开始绕场。

所有人都在哭泣。有人无声地落泪，有人因抽泣而颤抖，很多情侣相拥而泣，甚至还有人转过身，因为他们无法让自己拥有直视我的力量。这不仅仅是一个难忘的时刻，它的意义远胜于此。我慢慢地经过北看台，不时地鞠躬致意，这是我对这份崇高的情感唯一可以表达敬意的方式。我爱你们。我爱你们所有人，爱你们每个人。来到台伯河看台下，我停下来靠在一块广告牌上，极目寻找那些南看台的老球迷，我知道他们在那里，在四分之一世纪前他们就曾陪伴我开始自己的职业生涯，之后我很快成为他们的宠儿，他们一直支持我、护佑我。那些记忆在一瞬间灼烧着我，我把一只手插进头发里，依旧沉浸在感动之中无法自拔。维托必须像往常一样过来，柔和但不失坚定地把我带走，否则，谁也不知道我会因为深陷情感旋涡而在那里停留多久。我不时地用手抚摸克里斯蒂安金色的头发，仿佛在寻找年轻的能量。在我职业生涯中最困难的绕场，或者说围绕跑道的致意过程中，我太需要这种能量了。来到南看台前，这种艰难几乎变成攀登珠穆朗玛峰。

我的计划是将一个足球踢上看台，此前还有一个更疯狂的想法，如果命运给我机会，在最后的星期日，我能获得一个罚点球的机会，况且在胜局已定的情况下，我会直接把球踢上南看台，这是为我的球迷送上的一份极致的礼物。其实，“胜局已定”是一个我只给极少数几个人承诺过的前提条件，我无论如何都愿意这么做……哪怕仅仅一球领先。就是这样，我们不用夸大其词。点球最终没有出现，而我送给南看台的足球是维托递给我的，连同一支记号笔。我在上面写下“我会想念你”，然后签名，在把球远远踢出去之前，我凝视它许久，不愿和它分离。对我来说，似乎一切都具有象征意义，我的最后一次出脚意义非凡。我做出了决定。我半转身发力，用右脚外脚背将球踢向看台，以便让球飞到更高区域。在球落下的地方，我看到一片混乱，有那么一会儿，我在问自己，到底是谁把它带回家了。几天后我知道了答案，那个成功获得足球的小伙子来到特里戈利亚，为了让我知道是他拿到了球，还给我看了一段他手机拍摄的视频。在视频里可以看到，球被开出来后，越飞离他越近，直到砸在他的智能手机上。是的，我把他的手机打到了地上，结果屏幕碎了；不过从那个小伙子对我所讲的话来看，倒是没有赔钱的问题。“有人给我开出10万欧元的价格，要买这个球，但给我1000万欧元我也不会给。”好啦，这又不是什么圣物。

我回到主席台下，看到全队已经列队站好。德罗西排在队尾，他走出来，将礼物送给我，就像他之前说的一样，他低头看着地面，他没有力量凝视我的双眼。他抚摸着克里斯蒂安的头，试图摆脱尴尬，随后，他递给我那个带有所有队友签名的纪念银盘时，我拥抱了他，而他开始痛哭流涕。德罗西回到自己的位置，我走到队伍另一头开始致谢。斯帕莱蒂在那里等待着我。我没有迟疑，走向他和他握手，但眼神并没有交汇。我绕场时，摄像机镜头几次捕捉到斯帕莱蒂，体育场内对他爆发出强烈的嘘声；我知道他后来和天空电视台记者发生了激烈的争吵，他以为是那个记者决定拍摄的那些画面。我重新回到队列前，从法齐奥开始，我还停下来拥抱了埃莫森·帕尔米埃里，他当时拄着拐杖，我叮嘱他“好好干”。他是个很棒的小伙子，我希望他回到赛场时会变得更强大。我拥抱了老将洛邦特，他是我“康复训练营”的伙伴，一个了不起的人。很多人都哭了，阿利松对我说“谢谢”，他的脸红得像辣椒，即便坚强如马诺拉斯也无法忍住泪水。我来到队尾，在那里等待我的是因为不同原因和我最亲近的队友。纳英戈兰不是那种爱哭鼻子的人，但他无法掩饰自己激动的心情。弗洛伦齐已经哭成了泪人。德罗西，嗯……他已经告诉过我了。即使这一次，他没有看我。我们彼此间多么惺惺相惜，达尼埃莱。

他们将麦克风递到我手里，此时奥林匹克球场内齐声高喊“一个队长，这里只有一个队长”，我之所以想把它用在本书书名（原著书名）中，因为那是我最钟爱的声音。这句话让我无论在哪里比赛，在意大利也好，在欧战也好，都会提醒我自己所扮演的角色，提醒我这句口号带给我的殊荣和责任。

我开始念起那封和伊拉莉一起准备的信，中间经常停顿下来，不是因为心情激动，更多的是为了让这段诵读更有节奏。现在我已经比较冷静了，考虑到这封信里涉及的几个主题所饱含的热情，我理当如此。其中有一个主题，我想做特别说明，那就是我对未来感到害怕，因为我将不能再依靠我的双脚来工作。感谢他们，我做任何事都会被他们宽容。感谢他们，让我可以与那些令人难以置信的人推心置腹。感谢他们，让我得以经历美妙的25年时光，因为在我刚刚进入罗马更衣室时，我还是个孩子，而今我离开时，我已经是一个男人。我向所有人强调，生为罗马人和罗马队员是一种殊荣，多年来一直作为我球迷的队长，更是一份无上的荣耀。现在，人们哭得不再那么厉害了，大屏幕上继续播放摄像机拍摄到的情绪万分激动的球迷们，但从一些近景镜头捕捉到的面容上，我注意到，他们两颊的泪痕已经干了。是时候为所有人总结过往发生的一切了。最后一次回忆我们的荣耀，回溯所有日子里最特别的一天，获得意甲冠军的日子，这是必不可少的，然后畅想未来会发生什么。在奥林匹克球场的气氛中，我可以清楚地感受到，在场所有人的生命在这里交融。一个个鲜活而深刻的生命，以及他们内心的人性光辉。所有让我们融为一体的一切，就是这种人性光辉的结晶。说到这里，很多人可能希望我能把摘下来的队长袖标戴到我和依拉莉爱情的结晶——我们的儿子克里斯蒂安的手臂上。我从未想过这一点，我不想给他任何预设和压力。他非常喜欢足球，而且踢得还不错，但时机成熟并且他的能力达到一定水准时，决定他人生的将是他自己。我发现，这种自由是一个爸爸可以给孩子们最好的礼物。因此，队长袖标交给了马蒂亚，罗马U13梯队队长，他出生于2006年，正是我拿到世界杯冠军的那一年。他把袖标紧紧地绑在自己的胳膊上，又转了两圈，生怕会失去它。我知道，当他在这座城市不同球场踢球时，很多人都会指着他说："这就是那个接过托蒂队长袖标的孩子。"我希望这不会给他带来压力，如果他是一名队长，就意味着他已经有了自己少年时该有的个性。如果你想戴上队长袖标，你就要具有最基本的禀赋。

剩下的就是队友将我抛向空中——我只能忍着，这种庆祝方式总让我感到害怕——最后一次和他们一起淋浴，无数张在场地内外的合影，因为每个人都有一个"决不能错过这个机会"的亲戚。在我们返回特里戈利亚（我的车停在那里）时，刚刚在奥林匹克球场发生的事情相关的评论已经见诸媒体。现在，我非常平静。我曾对这个仪式感到有些惧怕，害怕会发生什么事情破坏它，但一切都很顺利。我感觉很好，但是很空虚。现在，我的焦躁不安只与未来有关了。25年来，我的人生一成不变，找到新的节奏，找到新的能让我投入和热爱的东西并不容易。这些我明天再想吧，我只想回家。不过，伊拉莉有个不同的想法："我们去克劳迪奥那里吧，今夜可不应该在沙发上度过。"

"好吧，但我们应该提前通知他，现在已经关门了。"

"我们去试试。"

我们来到切斯提亚金字塔附近，从很远处就能看到餐厅的招牌已经熄灭了，餐厅里漆黑一片。我感到一丝不快，之前要是打个电话就好了。

“我们过去好好看看，来吧”。回想起前一天晚上夜游罗马，我觉得这里也有什么暗地里组织的活动。让伊拉莉开心一下也很好，于是我装作浑然不知。“如果你真要去我们就去，但我看都关门了。”我们小心翼翼地走近拉维莱塔，里面一片漆黑，悄无声息。她试着动一下门把手，把手很“奇怪”地往下转动。这是一个信号。一时间灯火通明，人们从桌子后面闪现出来，他们都是朋友和至亲，比在特里戈利亚大巴车上的人还要多，150个人都穿着同样的T恤，就是现在众所周知的“6 UNICA”。那是一个充满歌声，甚至是舞蹈的美好夜晚，在某个时候，克劳迪奥腾空了桌子，我们不敢相信自己竟然爬到了桌子上。大家欢声笑语，开着玩笑，聊着奥林匹克球场的这个下午，喝着不知多少种美酒，最重要的是，所有人都在我的耳边提高音量，以防止沉默和孤独让我的思绪过于沉重，或让我萎靡不振。

我们2点30分回到家，克里斯蒂安和夏奈尔已经抵抗不住困意沉沉睡去，院门在轨道上滑动，伊拉莉很快注意到厨房的灯亮着。发生了什么事？在把车停进车库前，我让她先下车，两分钟后，我进入家门，瞬间感到强烈的不安。伊莎贝尔呼吸困难，保姆们因此而慌乱不已。我们怎么办？伊拉莉给她妈妈打电话，她妈妈就住在我们旁边，她们一起出发前往圣婴儿童医院急诊科。我把另外两个孩子放到床上，然后在沙发上等待消息。我心急如焚，以至于突然忘记了一切，忘记了这一天、过去几个月、我的职业生涯。伊莎贝尔的突发状况胜过其他任何事情，或者说此时焦点已经集中到她的身上，所有投射到我的故事上的聚光灯都转向了她，而且这些故事持续太长时间了。我只希望她能平安，这是我唯一的要求，当伊拉莉通过短信告诉我她对治疗反应良好时，我终于松了一口气。另外两条短信和图片说清楚了一切，医生说这是一种喉痉挛——声带肿大导致呼吸困难——应该是由某种过敏或者病毒引起的。当他知道她是我女儿，下午曾在奥林匹克球场草坪上打滚后，断定她一定是在那里得的病。没有什么是抗生素无法治愈的。

当然，如果伊莎贝尔不出现在草坪上，那么伊莎贝尔遭遇的危急和我的退役是没有任何关系的。现在我放松多了，但我禁不住去想，现实的生活已经对我发出了结束派对的信号：弗朗切斯科，你已经享受够多的欢乐时光了。早晨7点，伊拉莉带着安睡的伊莎贝尔回来了。可以说，我生命中最长的一天终于结束了。

3个月的假期，其间在伦敦和帕洛塔以及巴尔迪尼有过一次会面，关于这次见面的内容我已经说过了。我再次提出想接管蒙基的工作，他是新来的体育总监，一个在塞维利亚取得过辉煌的西班牙人，他从一开始就慷慨地展现出愿意跟我分享这一职位的荣幸。这些年来，罗马已经成为一家非常坚实稳固的俱乐部，财政状况不再有波动起伏，尽管这在当今的足球界已经成为一种常态。当我代表罗马在全世界旅行，比如出席欧冠抽签仪式，我能感受到人们对俱乐部，当然也有对我的那份敬意。经历了一段适应期，我认为自己最好的角色是在技术领域，与教练和球队保持接触，因为我清楚地知道他们需要什么才能够发挥出最大的潜力。然后，请允许我这样说，我能很快识别出冠军球员，或者说比其他人更快看出来。我只要看一眼一个小伙子的停球、一次射门或者一次盘带，就知道他有多少足球天赋。如果他的天赋超过某个门槛，他就有能力以某种方式与我的天赋产生共鸣。这是一种魔力。

我坚信自己在新的职业生涯里也能留下烙印，但那段旧的岁月永远不会被遗忘，因为它的很大一部分被拍摄下来，我只需要一个遥控器就能开启一次时光之旅。然而，我需要带克里斯蒂安去看一位出色的眼科医生。那天晚上，我正在回看一段老的进球集锦，那是泽曼第一次执教罗马期间的进球，克里斯蒂安在沙发上抓着我，问我是不是在哭。怎么会？不过是普通的过敏。我只是感冒了。还有，刚刚有只小飞虫飞进我的眼睛里。

鸣谢

保罗·孔多提议跟我一起写下我一生的故事，我立刻欣然应允，因为我了解他做过的一些采访，也赞赏他对于人性讲述的深度。因此，我需要尽可能地向他提供所有的“原材料”——40年的回忆，再加上这一段非凡旅程中常伴我左右的人内心所留存的记忆。我向妈妈菲奥蕾拉和爸爸恩佐求助，以此重建我的童年时代。我的哥哥里卡多和表哥安杰洛，是重温青少年时代最好玩的往事不可或缺的人物。还有一些挚友，比如贾恩卡洛兄弟——他们的名字分别是潘塔诺和奇卡奇——帮我回忆起那些我并未忘记、只不过在脑海中沉睡于某个角落的时刻。在回忆有些事情的时候，我很多次笑出声来；我把孩童时代的我和现在作为爸爸的弗朗切斯科重新合二为一。我想克里斯蒂安和夏奈尔会因他们的爸爸年轻时的一些壮举而开怀大笑，或许小伊莎贝尔有一天也会这样。

当然，从我遇见伊拉莉那章开始，重拾回忆变得更加简单，也更加甜蜜。她对足球并不是特别了解，正因如此，这个女人改变了我的生命。她的爱和她极为细腻的内心让她总能读懂我作为一个人而不是一个名人的心境，也因此总能在微妙的时刻给我提供正确的建议。没有她的支持，我无法应对与球员生涯如此漫长的告别，而且她会用令人难以置信的方式——不会让他们感到难过的方式——向孩子们解释，为什么在多年的轻松愉悦和无忧无虑之后，他们的爸爸会经常带着忧伤和落寞回到家中。伊拉莉真的就是我的秘密，我还要感谢她的姐姐西尔维娅，感谢她促成我们的第一次相遇，也要感谢她在我需要花大量时间在这本书上，同时兼顾很多俱乐部管理层工作的时候给予我们的关照。

维托·斯卡拉早已超越了我运动生涯的界限，他是那种我希望所有人都能拥有的好朋友，忠诚、宝贵、善于用一个充满勇气的“不”来规劝你，而不是顺从地说一声“是”来纵容你。我还是个大孩子时，我们就认识了，我们一起度过了我全部的球员生涯，无论在罗马队，还是在国家队。有一些场上的“内幕”其实是他回忆起来的，重新听到这些，有时候会让我动容。还有照片：卢西亚诺·罗西和他的儿子法比奥给我拍了成千上万张，有了这样高质量的素材，挑选照片虽然要花很长时间，但并不困难。

保罗很了解罗马，但他并不是罗马人，为了充分深入地了解我的世界的某些方面，他需要一些帮助。阿莱西奥·纳尼尼，出生和成长于罗马城郊夸德拉罗区和卡潘尼尔区之间的记者，与保罗成为搭档，向他详细解释了青少年足球的现状和从小就承载在我身上的种种期望。他是罗马球迷，所以这些期望也有他的一份。随后我向保罗和阿莱西奥引荐了其他一些帮我“保管秘密的人”，从克劳迪奥到文森特·坎德拉，从达尼埃莱·普拉德到乔治·佩里内蒂，从罗塞拉·森西到马尔切洛·里皮。我要感谢他们每个人都欣然接受帮助我回忆起过去的故事。

对于里佐利出版社如此坚定地想要讲述我的故事，我感到受宠若惊。这让我感觉自己真的很重要，为了让本书问世，出版社投入了其团队中最强大的精锐力量。社长马西莫·图尔盖塔一直像人盯人一样追着我，直到我们正式签订合同；编辑安德烈亚·坎扎内拉在文字方面做了深入的工作，使很多方面得到了完善（尽管有些不情愿，但保罗也承认这一点）；公关经理路易莎·科里基奥负责本书的最终审定和发行。和他们多次交谈之后，我明白了一件事情，这一切并不仅仅是一份工作。想想看，最后反而是他们来感谢我……